中青年学者“双碳”目标学术研讨系列

碳交易驱动新能源发展路径优化与政策协同

方国昌◎著

中国财经出版传媒集团
中国财政经济出版社

图书在版编目（CIP）数据

碳交易驱动新能源发展路径优化与政策协同／方国昌著．—北京：中国财政经济出版社，2023.1

ISBN 978－7－5223－0958－3

Ⅰ.①碳…　Ⅱ.①方…　Ⅲ.①二氧化碳－排污交易－影响－新能源－产业发展－研究－中国　Ⅳ.①F426.2

中国版本图书馆CIP数据核字（2021）第238032号

责任编辑：彭　波　　　　　　　　责任校对：徐艳丽
责任印制：史大鹏

中国财政经济出版社 出版

URL：http：//www.cfeph.cn
E－mail：cfeph@cfemg.cn

社址：北京市海淀区阜成路甲28号　邮政编码：100142
营销中心电话：010－88191522
天猫网店：中国财政经济出版社旗舰店
网址：https：//zgczjjcbs.tmall.com
北京财经印刷厂印装　各地新华书店经销
成品尺寸：170 mm×240 mm　16开　18.5印张　324 000字
2023年1月第1版　2023年1月北京第1次印刷
定价：78.00元
ISBN 978－7－5223－0958－3
（图书出现印装问题，本社负责调换，电话：010－88190548）
本社图书质量投诉电话：010－88190744
打击盗版举报热线：010－88191661　QQ：2242791300

前　言

中国的资源环境承载能力已接近极限。在能源危机和环境污染步步逼近、持续大范围频繁极端天气成为新常态、《巴黎协定》正式生效且中国做出承诺的背景下，进行能源体系革命，获取新型能源就变得十分迫切。《中共中央关于制定国民经济和社会发展第十三个五年规划的建议》提出要推进能源革命，加快能源技术创新，建设清洁低碳、安全高效的现代能源体系。以环保和可再生为特征的新能源可以更好地控制温室气体排放，是能源体系革命中的重要一环。开发利用新能源可提高能源安全，是应对气候变化和实施可持续发展战略的重要途径，而新能源的可持续发展在很大程度上依赖于完善的新能源演化发展体系及政策协同措施。

碳交易机制因其可期的经济与节能双重效果，被认为是政府达成二氧化碳减排目标最直接的政策工具。碳交易可以推动低碳经济更好发展，其所具备的价格发现和资源配置功能，能够促使经济体以最低的成本完成碳减排的任务。2015 年 9 月，中国在中美《气候变化联合声明》中承诺到 2017 年启动全国碳排放交易体系。碳交易机制对我国总体经济、产业经济及环境都会带来一定的影响。影响最直接、最深的将是能源行业，而新能源有望长期受益。新能源企业可通过出售 CCER 获取额外收益，也可受益于强制减排企业在新能源领域的直接投入。碳交易的推行给新能源发展带来了机遇。基于新能源演化发展规律、驱动机制构建碳交易背景下的新能源演化发展模式及相应的政策协同措施，是突破当前的资源环境“瓶颈”，实现我国经济、社会和环境可持续发展目标的有效路径。

碳交易和新能源作为环境政策工具的重要组成部分，引起各国的关注。2000 年欧盟制定了世界上第一个气候治理计划；2008 年欧盟通过了气候和能源一揽子计划，即 20/20/20 计划；2014 年欧盟进一步提高了气候治理目标。欧盟从能源总量和结构两个方面着手，制定了应对气候变化和维护能源安全的双重目标。在这个框架下，欧盟先后实施了碳交易排放体系以及一系列新能源促进政策，如欧洲智能能源计划、生物质能行动计划等。20 世纪 70 年代美国出台了《能源税法》，90 年代出台了《能源政策法》，大力推广和发展新能源。2009 年 6 月，美国实施第一部专门关于能源和气候的法案《美国清洁能源与安全法案》，规定了低碳技术和新能源的投资规模，建立碳排放权的限额与交易制度；自下而上建立区域碳交易体系，如西部气候倡议、中西部温室气体减排协议和区域温室气体倡议等。日本早在 1974 年就提出了新能源技术开发计划，1997 年正式出台《新能源法》，在节能减排目标方面，日本计划 2020 年温室气体较 2005 年降低 15%，2020 年新建住宅的太阳能使用率达到 70% 以上。发达国家居安思危、未雨绸缪，早早开始部署新能源、碳交易等能源—气候战略规划。

作为全球最大的二氧化碳排放国，中国的碳减排市场潜力巨大，因此研究碳交易问题，就不可避免地需要探究中国的碳交易。2013 年 6 月 18 日，深圳碳排放权交易市场在全国七家试点省市中率先启动交易。经过近两年的发展，七个碳交易试点地区均已运行并完成了 1 ~2 个履约周期的跟踪、分析以及评估碳交易试点建设和实施情况，进一步完善了碳交易管理体系。2017 年碳交易率先在电力行业启动，全国有 1700 多家电力企业纳入碳交易系统，2020 年全国碳市场建设要达到预期目标。对发展中国家，新能源是刺激生产、创造就业、解决能源贫困的有效方法之一。中国从 2010 年开始风能和太阳能的发电规模不断增加，到 2017 年已经突破 4000 亿千瓦时，在总发电量中的比重不断上升。风能和太阳能的发电装机规模已经提前完成国家“十三五”规划目标。中国提出将于2030年左右使非化石能源占一次能源消费比重达到20%左右，这些政策措施的制定与逐步落实，可从根本上解决当前资源环境“瓶颈”。

综上所述，新能源是市场规避未来能源供需风险的重要途径，而碳交易机制能够改善能源消费总量与能源消费结构，从而实现环境红利。基于此，符合中国国情的碳交易驱动新能源发展路径优化与政策协同研究具有重要的学术价值和现实意义。本书共分九章：第1章是绪论；第2章是基于能源公正的碳排放权配额分配优化分析；第3章是碳交易约束下的节能减排系统政策协同研究；第4章是碳交易驱动下的新能源演化模型；第5章是新能源、碳交易和能源发展规划；第6章是碳交易背景下的新能源演化发展与政策协同；第7章是后补贴时代新能源汽车发展演化分析；第8章是公众意愿视角下的政企碳减排演化分析；第9章是碳交易驱动下的政企碳减排演化分析。

本书得到了国家自然科学基金面上项目“碳再平衡视域下能源转型和碳交易交互耦合效应与政策协同研究”（项目号：72274092），国家自然科学基金面上项目“碳交易驱动视角下的新能源发展路径优化与政策协同研究”（项目号：71774077），江苏省碳达峰碳中和科技创新专项（BE2022612；BE2022610）等项目的资助。

方国昌

2023年1月

目　　录

第 1 章

绪　论

1.1

碳交易和新能源现状分析

工业生产消耗了大量化石能源，化石能源的使用一方面提高了生产效率，是社会进步与发展的重要基础；另一方面，生产和消费产生大量温室气体，导致全球气候变暖，生态系统失衡，极端气候灾害事件频发，严重威胁人类的生存和发展，与可持续发展原则背道而驰。面对经济增长与环境承载力之间日益尖锐的矛盾，各国纷纷实施一系列环境政策，推进节能减排，发展低碳经济以谋求可持续增长。同时，各国也加强了环境领域的国际交流与合作，相关国际组织与国际条约应运而生。1979 年，第一次世界气候大会在瑞士日内瓦召开，气候变化问题开始成为国际社会关注的话题。1988 年，联合国政府间气候变化委员会（Intergovernmental Panel on Climate Change，IPCC）成立，负责评估气候变化及其产生的影响。1992 年，IPCC 就气候变化问题达成了《联合国气候变化框架公约》，这是世界上第一个旨在减少温室气体排放、减缓气候变化的国际公约。以此为基础，在联合国的积极倡导下，国际上又进行了《京都议定书》、巴厘岛路线图、哥本哈根气候大会、坎昆气候大会、巴黎气候大会等一系列气候谈判，气候问题得到越来越多的重视。

在环境问题日益严峻的今天，中国的资源环境承载能力已接近极限。作为世界上最大的发展中国家，中国难以重复发达国家曾经“先污染，后治理”的工业化道路。改革开放以来，中国经济高速增长，目前经济总量稳居世界第二。2018 年中国 GDP 突破 90 万亿元，对全球经济增长的贡献率大于 30%，成为拉动全球经济增长的新引擎，创造了令世界瞩目的“中国奇迹”。2020 年中国 GDP 首次突破 100 万亿元。在耀眼的成就之后，我们也要反思“中国模式”存在的问题。在国内生产中，长期以来中国依靠高污染、高能耗的粗放型发展模式，部分地区以牺牲环境、耗竭资源为代价实现 GDP 的增长。在对外贸易中，中国处于全球价值链的中低端，出口产品集中在劳动密集型和资源密集型产品上，承担了很多发达国家转移过来的环境压力。在经济新常态下，过去“竭泽而渔”的发展模式已经无法适应新时代的要求，高速发展必须转变为高质量发展。中国面临着经济总量和人口规模带来的巨大环境压力，全面建成小康社会离不开绿水青山，污染防治是三大攻坚战之一，如何减少温室气体排放、应对气候变化、提高能源效率成为当下热点话题。

1.1.1 碳交易研究现状

碳交易是一种市场交易机制，其主要商品是二氧化碳的排放权。碳交易的进行是基于不同国家或者不同企业之间碳减排成本的差异，减排成本低的国家或者企业倾向于通过治理减少碳排放，卖出多余配额，而减排成本高的国家或者企业倾向于购买碳排放配额以实现环境规制目标。碳交易的理论基础是科斯定理，只要碳排放配额的分配没有达到最佳利用程度，交易机会总是存在的（谢东明和林翰文，2012）。碳交易市场中的参与者不断调整减排策略与交易目标，直到边际减排成本等于碳排放权的市场价格。当所有的减排机会都得到充分利用，市场机制就能够以最低的成本实现碳减排目标，碳交易就实现了最佳效率（Sijm，2005）。因此，从这个角度来讲，碳交易可以降低社会总的减排成本，实现环境效益与经济效益的统一（余萍和刘纪显，2020）。

（1）碳交易的减排效率。

影响碳交易市场运行效率和减排效果的因素来自很多方面，许多学者对其进行了探究。从全球角度看，国际碳交易市场的运行机制主要来自《京都议定书》规定的框架，虽然全球碳交易发展迅猛，但是全球统一的碳交易市场机制还没有建立。发达国家通过提供金融投资和高附加值商品来换取发展中国家的自然资源和低附加值的初级工业品，因此发展中国家往往是碳的净出口国，而发达国家往往是碳的净进口国（Prell，2016）。全球大气环境具有公共物品的特点，某一国家或地区碳排放增加或减少，由此造成的后果由全人类共同承担，存在溢出效应和“搭便车”现象。减排标准高的国家的部分产品生产会转移到减排标准低的国家，产生碳泄漏，可能导致单个国家达到了减排目标，但全球的碳排放总量却可能增加（周迪和罗东权，2021）。闫云凤（2015）建立了世界诱导技术变化混合模型，发现全球碳交易市场可以在一定程度上控制全球气温的上升。Larch 和 Wanner（2017）发现碳泄漏会抵消非全球性的区域气候协议的效力，实施碳关税能够减少碳排放和碳泄漏。

从单个国家或地区的角度看，黄向岚等（2018）利用双重差分法分析中国碳交易的减排效果，发现碳交易机制能够改善能源消费总量与能源消费结构，从而实现环境红利。Zhao 等（2016）从碳价格、交易量、市场流动性和信息透明度四个方面分析了中国碳交易的市场效率，结果表明市场效率并不理想，并从制度安排、技术发展、市场参与者和供求关系等方面探讨了碳交易市场效率低下的原因。Fan 等（2017）发现碳价格和市场基本面之间的联系较弱，碳交易市场的信息效率相对较低，而市场规模的扩大和交易量的提升有利于改善碳交易市场效率（Zhao et al.，2017）。汤铃等（2014）建立了关于碳交易的 Multi－Agent 仿真模型，发现碳交易能够减少碳排放，减排效率随着碳价格的提高先升后降，同时也会对经济增长产生一定的负面冲击，并且碳价格越高，对经济增长的负面冲击越大。刘宇等（2016）采用一般均衡模型分析发现碳交易对经济的负面影响较小，与减排效果相比可以忽略，无须过度担忧。Jakob（2018）认为碳交易造成的经济与环境之间的冲突可以通过以市场为基础的环境政策来缓解，碳交易将产生可观的公共收入，可以用于基础设施建设，提供重要的公共物品。孙睿（2014）等发现碳交易具有能源强度效应和技术进步效应，对总体产业结构影响不大，而对能源部门和交通运输部门的减排效果更加明显。在微观层面，碳交易可以促进企业减少碳排放，但企业的减排方式主要是压缩产量而非技术创新（屈秋实等，2021），政府应该采取相应的激励措施减少企业的研发风险，促进企业主动减排。

（2）影响碳交易发展的因素。

影响碳交易发展水平的因素较多，包括经济发展、能源生产、能源消费、金融市场、科技、政策、制度等因素。杜子平和刘富存（2018）构建神经网络模型研究七大类共 16 个因子对中国碳交易的影响，发现化石能源价格、宏观经济发展水平和工业发展水平对碳交易的影响程度最大。碳价格与传统能源价格之间负相关，由于我国对国外石油高度依赖，因此国外石油价格的波动对我国碳交易的发展有较大影响（赵选民和魏雪，2019；张跃军和魏一鸣，2010）。而且传统能源价格与碳价格之间是双向作用的，石油是对碳交易影响力最大的化石能源（汪中华和胡垚，2018；王双英等，2011）。邹亚生和魏薇（2013）认为在清洁发展机制的框架中，工业生产指数对碳交易现货价格的影响程度较大。

在碳交易市场的发展初期，政策性和制度性因素的影响力更大。Song（2018）研究上海环境与能源交易所的碳排放许可证价格与碳交易政策之间的关系，证明上海碳交易市场的政策性较强，需要政府的扶持。中国碳交易市场还处在起步阶段，相关法律法规还不完善，在可行性、操作性和全面性等方面亟待完善，制度的缺失会对碳交易市场的发展产生不利影响，需要借鉴欧美国家的先进经验（何晶晶，2013；雷立钧和荆哲峰，2011）。李志学等（2014）认为一些企业存在超标排放的现象，影响碳交易市场的正常运转，政府必须对企业的碳排放进行监控，采取相应的惩罚措施，遏制违规违法行为。不同地区的产业结构和技术水平不同会造成减排成本不同，政府需要协调好地区之间的利益，兼顾公平和效率，降低外部性，合理分配减排任务（汪明月等，2019；傅京燕和代玉婷，2015；崔连标等，2013）。

当碳交易市场发展得较为成熟时，碳交易的金融属性开始显现。碳排放权是一种兼具投资性和流动性的金融资产，常见的资产形式包括碳期货、碳基金、碳证券等（任卫峰，2008）。高莹和郭琨（2012）发现投资者的预期对碳价格的波动有较大影响，碳排放权期货可以发挥一定的价格发现作用。郑勇（2010）认为碳金融衍生品以标准化合约为标的，大大减少交易成本和交易时间，有利于形成合理的碳价格，降低碳交易风险。目前碳交易还停留在企业层面，而随着生活水平的提高，个人能源消费不断增加，推进个人碳交易的重要性日益增加（刘自敏等，2018；陈红敏，2014）。Guo 等（2018）将家庭碳排放进行划分，并计算了各部分的碳排放系数，为个人碳交易计划的制定和实施提供了有价值的参考。将上游生产者和下游消费者同时纳入碳交易体系中，有利于更全面地控制碳排放，是未来碳交易的重要发展趋势之一（赵立祥和张雪红，2019）。政府应该加强低碳生活和环保理念的宣传，激励居民购买低碳产品，积极参与个人碳交易，从而促进低碳产业的发展（刘自敏和朱朋虎，2020）。

1.1.2 新能源研究现状

从世界能源的总体发展趋势上看，化石能源向新能源的转换成为历史发展的必然，这是继煤炭取代木柴、油气取代煤炭之后的第三次能源升级转换（Zou et al.，2016）。新能源的内涵随着社会生产方式和科技水平的进步而不断丰富，新能源与常规能源之间没有绝对的分界线，现在的新能源在未来可能变成常规能源（杨宇和何则，2021）。目前常见的新能源包括风能、太阳能、生物质能、页岩气、地热能和海洋能等。2009 年 1 月，国际新能源组织成立，为新能源代言，旨在向全世界推广新能源。Fu 等（2017）利用网络分析的方法，对 1988～2013 年可再生能源交易的地理特征及其演变进行了分析，发现可再生能源贸易正在蓬勃发展，并在全球范围内形成了复杂的网络，但是对可再生能源的空间组织模式和演化规律还需要进一步研究。近年来，中国开始重视新能源开发与利用，新能源逐渐成为现代能源体系中的重要组成部分（奚剑明和吴瀚然，2021）。

（1）新能源的减排效率。

一个国家的能源结构和能源政策取决于经济发展水平与环境质量之间的权衡取舍，通常情况下符合环境库兹涅茨曲线（Nguyen et al.，2018）。Jebli 等（2016）搜集了 1980～2010 年 25 个经合组织成员有关能源与经济的数据，证明经济与环境之间的发展规律符合倒“U”形环境库兹涅茨曲线，对于发达国家来说，新能源与碳排放量呈负相关，与产出呈正相关，而发展中国家恰好相反。Dogan 等（2016）发现可再生能源消费增加、贸易开放和金融发展减少了碳排放，而不可再生能源消费的增加则导致了排放水平的提高。部分学者担心新能源的投资会造成能源价格上涨，对经济产生负面影响，而 Jim 和 Kim（2018）通过实证分析发现新能源消费将促进经济增长，兼具经济效益和生态效益。方国昌等（2013）运用非线性动力系统理论分析新能源对经济和能源的影响，发现当新能源发展较为成熟时，能够有效降低能源强度，促进经济发展。

Jenniches（2018）认为评估新能源不能仅仅局限于经济效益，还需要从创新、公众健康、就业等方面综合考量。发达国家将发展新能源作为应对气候变化的措施，而发展中国家还要考虑农村边远地区的能源供应问题，新能源对于发展中国家的意义更加丰富（姜浩等，2020）。Shahsavari 和 Akbari（2018）认为发展中国家人口和能源需求的快速增加带来了如贫困、污染、疾病等问题，新能源是刺激生产、创造就业、解决能源贫困的有效方法之一。此外，新能源对国家的长期能源安全具有重要意义，国家能源安全是新能源发展的重要驱动因素（Wang et al.，2018）。牛学杰和李常洪（2014）认为对于中国来说新能源具有四重使命，即能源安全、经济增长、生态保护和服务社会，必须将新能源提升到国家能源战略的中心位置。大力发展新能源可以在国际气候谈判中占据有利地位，也是中国承担大国责任、推进人类命运共同体的表现（陈夏娟，2020）。

（2）影响新能源发展的因素。

影响新能源发展的因素较多，如科技水平、经济水平、产业政策、油气价格、产业结构、贸易结构等。产业结构与能源结构之间的协调发展依赖于GDP增长速度、碳强度等变量的传导作用，经济增长能够优化产业结构与能源结构（黄维和等，2021）。李治国和潘鑫馨（2015）对新能源领域相关上市公司分析后发现金融市场的成熟与进步有利于新能源产业的发展。新能源行业普遍存在融资困难，拓展新能源行业的融资渠道能够降低新能源的投资成本和市场风险，提高市场竞争力，有效促进新能源的发展（许箫迪等，2018）。新能源产业是资本密集型、技术密集型产业，它的投资成本大、投资周期长、市场风险高。马丽梅等（2018）探讨了新能源的局限性和外部压力，储能技术和经济成本是最大的挑战。政府需要制订相关产业政策，引导新能源的成长（刘雯赫，2021）。政府的调控措施包括税收优惠、财政补贴、标准设定、过程控制和价格控制等，规制性措施与激励性措施相结合，构成一个有机整体（于文轩，2018）。He 等（2016）认为根据政府参与程度和市场发展程度，新能源开发可分为三个主要阶段：政府支持阶段、过渡阶段和市场驱动阶段。在新能源起步阶段，政府实行税收优惠等扶持政策，可以增强新能源的市场竞争力，从而实现减排目标。相反，当政府取消新能源扶持政策时，可能会对新能源的发展产生负面影响，Karneyeva 和 Wüstenhagen（2017）对德国、意大利和瑞士的光伏产业进行案例分析，发现当政府逐步取消对光伏行业的激励措施时，上网电价降低，对光伏产业的投资减少。

但是，当新能源产业发展到一定程度时，政府的产业政策方向需要转变，仅仅通过税收减免、财政补贴难以满足企业可持续发展的需求。周亚虹等（2015）发现传统的补贴政策强调供给侧，以高利润吸引企业投资新能源，忽视了市场需求与技术升级，常常导致同质化问题严重。Wang 等（2017）运用持续市场份额模型分析中国新能源出口贸易波动的影响因素，发现中国部分地区的新能源产业出现产能过剩，在全球市场上缺乏竞争力，新能源技术落后于国际先进水平（罗来军等，2015）。因此，在新能源产业扩张后，政府产业政策的重点应该是激励企业通过技术创新实现内生增长，实现供给、需求和技术的同步发展（Lin and Tan，2017），同时培育新能源的国内市场需求，倡导绿色生活方式，提高居民对新能源的认可度，形成良好的社会氛围（罗铭杰和刘燕，2020）。

1.1.3 碳交易与新能源的关系

（1）新能源和碳交易政策实践。

碳交易和新能源作为环境政策工具的重要组成部分，许多国家和地区都同时出台了这两类政策。2000 年，欧盟制定了世界上第一个气候治理计划——欧盟气候变化计划。2008 年，欧盟通过了气候和能源一揽子计划——到 2020 年碳排放量较1990 年降低 20%，可再生能源比例提高到 20%，简称“20/20/20 计划”。2014 年，欧盟进一步提高了气候治理目标——2030 年之前碳排放量较 1990 年减少 40%，可再生能源在能源结构占比增加到 27% 以上（张敏，2015）。欧盟从能源总量和结构两个方面着手，制定了应对气候变化和维护能源安全的双重目标（郭咪，2013）。在这个框架下，欧盟先后实施了碳交易排放体系（EU - ETS）以及一系列可再生能源促进政策，如欧洲智能能源计划、可再生能源固定电价政策、生物质能行动计划等。

两次石油危机使美国认识到保障能源安全的重要性，20 世纪 70 年代美国出台了《能源税法》，90 年代出台了《能源政策法》，大力推广和发展新能源。2009 年 6 月，美国实施第一部专门关于能源和气候的法案——《美国清洁能源与安全法案》，规定了低碳技术和新能源的投资规模，建立碳排放权的“限额与交易制度”，自下而上建立区域碳交易体系，如西部气候倡议、中西部温室气体减排协议和区域温室气体倡议等（于智勇，2014）。日本早在 1974 年就提出了“新能源技术开发计划”，1980 年设立了“新能源综合开发机构”，推进新能源逐步取代化石能源。1997 年日本正式出台《新能源法》，对新能源提供多项补贴与优惠政策，鼓励能源企业主动承担新能源开发的责任。在节能减排目标方面，日本计划 2020 年温室气体较 2005 年降低 15%，2050 年降低 60% ~80%，2020 年新建住宅的太阳能使用率达到 70% 以上。对于能源问题，发达国家居安思危、未雨绸缪，早早开始部署新能源、碳交易等能源—气候战略规划。面对环境压力和经济下行压力，中国必须趁势而行，迎难而上，汲取发达国家的先进经验，在经济新常态下将技术创新、能源转换和经济结构转型有机结合起来，实现经济发展与环境保护的良性互动。

（2）新能源和碳交易之间的冲突效应与促进效应。

然而，不同环境政策之间的相互作用机制比较复杂，减排效果不能简单叠加，政策之间的相互作用是高度不确定的。Fisher 和 Preonas（2010）发现在环境政策体系中，各项环境政策能否在减排目标和运行机制方面协调发展需要系统地研究。在第一阶段（2005 ~2007 年），欧盟碳交易体系中的碳排放权供过于求，碳价格一度暴跌接近于零。很多学者认为造成 EU – ETS 第一阶段濒临崩溃的重要原因是可再生能源目标与碳排放交易计划相互矛盾。Kocha 等（2014）对欧盟碳价格影响因素的相对重要性进行量化，发现风能和太阳能发电的增长是碳价格下跌的重要因素之一。同时，使用碳交易和可再生能源这两项政策控制碳排放不仅会产生大量超额成本（Böhringer et al.，2016），也削弱了对碳排放配额的需求，降低了碳价格（Radgen et al.，2011），从而有利于传统化石燃料的生产和消费，抑制了碳交易计划所覆盖的行业进行创新和投资的动力，变相促进了污染密集型行业的发展。Richstein 等（2015）认为欧盟需要调整 EU – ETS 排放量的限额，使碳价格与可再生能源政策脱钩，以适应过度的可再生能源投资。

但是，也有许多学者持相反态度，认为碳交易和新能源政策是相互促进的。Río（2017）基于创新经济学和政治经济学视角，认为气候和能源政策组合需要进行多学科分析，除了考虑经济效益和成本外，还要考虑环境问题和能源安全问题。Müsgens（2018）以欧洲电力市场为例，分析了欧洲碳排放交易计划与可再生能源补贴之间的相互依赖关系，可再生能源发电补贴虽然增加了额外成本，但是同时也促进了就业增长、减少对进口的依赖、保护不可再生资源。Yu 等（2017）对碳交易和新能源产出之间的关系进行跨国评估，发现碳交易在很大程度上提高了新能源产量，促进了新能源发展。Bird 等（2008）认为美国碳交易的实施提高了化石燃料的使用成本，从而对可再生能源的发展产生激励。Mo 等（2016）评估中国碳交易制度对风电投资的影响，发现不稳定的碳价格将会抑制新能源投资，稳定的碳价格可以降低新能源的投资风险。程永伟和穆东（2018）建立了碳交易制度下的新能源汽车生产决策模型，发现碳价格的提高有助于增强新能源汽车的市场竞争优势，碳交易对新能源汽车的生产决策具有一定影响力。

(3) 两种政策工具的协同与融合。

除了上述两种观点，还有一些学者对碳交易和新能源的组合持中立态度，视具体情况而定。碳交易和新能源之间既存在促进效应，也存在冲突效应，重要的是如何将两者的综合效果最大化。碳交易将提高化石能源的使用成本、增加新能源的竞争力，而新能源的发展将会压低碳价格，导致碳交易体系的失效（Tu，2017）。为了减轻碳交易与新能源之间的冲突效应，需要对碳交易上限进行调整，通过降低上限来稳定碳价格，例如，欧盟于2018年设立市场稳定储备，当碳价格过低、碳配额过多时将吸收过量的碳排放量。欧盟《2030年气候和能源政策框架》规定碳排放上限需要从2021年起每年降低2.2%。Rathmann（2007）认为需要在国家整体减排目标中预留出新能源减排的部分，使碳交易与新能源保持相对独立。Bird等（2011）对不同碳交易上限和不同的可再生能源配额标准的政策组合进行模拟，发现当碳交易上限较低时，可再生能源能够实现更快的增长。对于新兴经济体来说，协调好新能源政策和减排目标是有益的，并且随着减排目标的提升，新能源技术将会获得更快的发展（李倩等，2021）。

1.2 相关理论研究进展

1.2.1 能源经济学相关理论

(1) 能源经济学。

能源是指能够直接或者间接提供光、热、动力等能量来源的总称，能源的生产和消费构成复杂的系统，包括研发、开采、加工、运输、调配、销售等环节，受到地理环境、政策、经济、人口和技术等因素的影响。能源的本质是资源，在一定历史时期内，能源开发规模和速度是有限的，但人类的需求是无限的。能源资源是稀缺的，必须合理配置能源资源，与经济学的研究内容密切相关。在能源的开发利用过程中，涉及供求关系、市场价格、成本利润、投资融资、产业政策、政府调控、宏观经济等要素，与经济社会的发展息息相关。能源经济学最早起源于1865年，英国经济学家杰文斯在其著作《煤的问题》一书中将能源纳入经济学的研究范围之中。近年来环境污染和经济增长之间的矛盾不断加深，能源经济学的应用价值不断提升，能源经济学迎来新的发展契机。能源经济学是能源与经济交叉融合的学科，将基本的经济原理与经济分析方法运用到能源领域，研究能源系统发展过程中涉及的各种经济问题，包括能源与经济发展的关系、能源与生态环境的关系、能源的优化配置、能源生产和消费结构、能源国际贸易和金融产品、循环经济和低碳经济等。

（2）环境问题与市场“失灵”。

环境问题不仅仅是化石能源生产和消费引发的问题，实质上也是市场“失灵”的体现。市场“失灵”的原因包括不完全竞争、信息不完全和不对称、外部性、公共物品等，其中与能源经济学联系比较紧密的是外部性和公共物品。

经济主体从事经济活动时产生的成本和结果并不是完全由本人承担，经济主体的行为对他人或者社会产生的额外影响，被称为外部性。外部性可以分为两类，正外部性指的是经济活动中的私人收益小于社会收益或者私人成本大于社会成本，使他人和社会受益，如教育、科研等。相反，负外部性指的是经济活动中的私人收益大于社会受益或者私人成本小于社会成本，使他人和社会受损，如吸烟、排污等。外部性是一种非市场性影响，无法通过价格体现，超出了市场资源配置的范围，因此仅仅通过市场机制无法解决外部性问题。工业革命以来，能源的生产和消费以煤炭、石油等化石能源为主，企业的生产经营产生大量二氧化碳及其他污染物。部分企业对排放物缺乏有效的监测和处理，直接排入大气、河流和土壤之中，造成环境污染和气候变暖。但是，这些企业并没有为环境问题买单，企业的生产成本小于社会成本，出现负外部性。

公共物品是相对于私人物品的经济学概念，社会成员不需要支付费用便可以使用公共物品，并且一个人的消费不会影响他人的消费，具有非排他性和非竞争性，如国防和义务教育。由市场机制决定的公共物品的生产远远不能满足社会总需求，甚至为零，需要政府的介入。生态环境是典型的公共物品，每个人的生存和发展都离不开良好的生态环境，但是环境保护和污染治理需要投入大量成本，且不能在短期内获得经济利润，具有公益性质，私人部门缺乏经济激励，必须由政府主导解决环境问题。

解决能源与环境领域的市场：“失灵”，主要有两条思路：一是新制度经济学中的科斯定理，强调在市场机制的框架下界定产权、降低交易成本，使外部成本内部化，如碳排放权交易、排污权交易等；二是福利经济学中的庇古税，强调政府干预，根据“污染者付费原则”，政府对产生污染的企业或个人征税，明确环境的外部成本，同时对环保企业进行补贴，弥补私人成本与社会成本、私人收益与社会收益之间的差距，如碳税、新能源电价补贴等。因此，政府发展新能源和碳交易有利于控制碳排放，保护生态环境，缓解化石能源导致的市场“失灵”。

（3）新能源产业政策。

产业是基于生产力发展和社会分工，具有相似属性的企业及其生产经营活动的集合。产业经济学是探索企业与企业之间、企业与产业之间以及不同产业之间的组织结构和发展规律的经济学。政府为了实现一定的经济目标或者社会目标，以直接干预或间接干预的方式对某个产业或企业的经济活动进行扶持或调控。简而言之，产业政策就是政府为了促进国内产业的成长与发展、提高产业的资源配置效率和市场竞争力所采取的一系列政策的总和，是对货币政策和财政政策的补充。实施科学合理的产业政策有利于指引产业发展方向，规范产业发展过程，弥补市场“失灵”，增强国内产业在国际上的市场竞争力。

具体到能源经济领域，新能源产业是基于新能源开发与应用，形成集研究、开发、推广、生产、运输、使用等完整产业链集合。新能源的发展阶段大致可以分为研发阶段、技术示范阶段、商业化初期阶段和商业化成熟阶段。新能源产业的发展有利于转变以煤炭、石油等化石能源为主的传统能源结构，保证国家能源安全，实现国家节能减排目标，保护生态系统，提高环境质量，培育新的经济增长点，实现经济与环境的和谐发展。新能源要想取代传统化石能源，必须发展出高效的商业模式，培育成熟的产业链。由于新能源产业的技术风险和市场风险较高，且投资成本大、周期长，仅仅依靠市场的力量无法迅速发展起来，存在市场“失灵”，需要政府这只“看得见的手”进行干预与调控。

新能源产业政策就是针对能源产业发展的实际情况，围绕能源发展目标所实施的各种政策法规的总和，常见的新能源产业政策包括技术政策、财税政策、金融政策和国际贸易政策等。新能源产业政策的主要目标是引导和支持新能源产业、使新能源成为未来能源生产消费体系中的主导能源。政府需要制订新能源产业发展战略与规划，通过金融、贸易、财税、技术和人才投入等政策工具，调节新能源产业发展的生命周期，实现新能源产业可持续发展，提升新能源产业的国际竞争力。

1.2.2 非线性动力系统理论

（1）非线性动力系统基本概念。

系统是由具有内在联系的各种元素相互作用形成的有机整体。如果系统的状态随着时间变化而发生变化，系统处于不平衡状态，那么该系统就具备了动力系统的特征。系统动力学研究的是随时间演化的定性行为，强调系统中的状态变量与时间变量之间的关系，如周期运动、混沌运动和渐近行为等。系统动力学的核心思想是系统结构决定系统功能，强调从系统内部来解释各种问题发生的根源，而非外界的干扰或随机事件。

系统动力学的表达需要借助数学模型。系统随时间变化的状态变量可以通过连续微分方程描述，也可以通过离散方程描述，这类方程统称为动力学方程。过去受到学科发展程度和计算机技术的制约，线性动力系统相对简单，忽略了一些实际因素，因此线性动力系统运用比较广泛。但是线性动力系统的局限性较大，无法解决日益复杂的实际问题，随着计算机技术的发展，非线性动力系统的求解变得相对简单，对很多长期以来被认为是难以求解的非线性问题的分析取得了很大成功，运用范围更加广泛。一个国家或地区的经济可以看成一个经济系统，经济系统内部包含生产力、生产方式、人口因素、科技因素、自然因素、国际环境等方方面面的变量，层次繁多，关系复杂。经济系统内部各变量的相互作用以及外界对系统的影响是非线性的，因此经济系统需要采用非线性方程进行刻画和求解。

（2）混沌理论。

确定性系统由确定性条件约束，初始状态决定下一时刻的状态，给定初值则必定得到确定的解或过程。在确定性系统中，根据初始状态和运动规律可以计算未来任一时刻的运动状态。混沌存在于确定性系统中，对初始运动状态极其敏感，初值的极小改变会引起解的极大改变，具有不可预测性。混沌现象通常具有以下 4 个特征：①对初始值非常敏感，长期运动状态难以预测；②运动轨线无规则；③功率谱具有连续性、噪声背景和宽峰特征；④出现复杂的分形结构（吸引子）。19 世纪末，法国数学家庞加莱最早发现了混沌运动。混沌理论将确定性、随机性与不可预测性融为一体，连接着确定论和概率论这两大科学体系，被认为是20世纪物理学三大成就之一。

混沌系统控制就是人为地、有效地影响混沌系统，使之达到理想状态，可以分为2种情况，即抑制混沌行为和加强混沌行为。混沌系统控制与常见系统控制存在本质区别，常见的系统控制无须考虑是否保持原有的系统结构，只要能够完成控制目标即可，而对混沌系统进行控制需要保证系统结构不变，利用微小的扰动实现控制目标。混沌系统对初始值极其敏感，这在系统控制中是一个重要优点，只要对变量施加极小的影响就可以对混沌系统产生极大的影响。因此，在调控过程中，需要充分利用混沌的特点，巧妙选取控制变量和调控幅度，达到“四两拨千斤”的效果。

找到混沌吸引子对于系统控制非常重要。吸引子是一个数学概念，指的是在任何有界集上出发的非定常流的所有轨道收敛到某一个有界集，简单来说就是系统朝着某个稳态发展，这个稳态就称为吸引子。吸引子往往具有复杂的分形结构，具有相对稳定性，但不是静止的。在整个系统中，吸引子以外的运动将收敛到吸引子上，但是吸引子轨道上的运动具有极强的初值敏感性，内部轨道相互排斥，极小的变化都会按指数的形式相互分离。对于系统来说，混沌吸引子具有遍历性，可以在吸引子的轨道上实现系统控制目标，具有很强的灵活性。吸引子与混沌运动具有非常密切的联系，在耗散系统中吸引子的出现是混沌存在的重要特征，观察吸引子的结构有助于了解混沌的运动特点和演化规律。

（3）BP神经网络。

20世纪80年代以来，神经网络逐渐兴起，简单来说，神经网络是一种模拟人脑神经系统的信息存储与处理的数学运算模型。神经网络由大量的简单计算单元（神经元）构成，具有非程序化、适应性、实时学习的特点。BP神经网络即反向传播神经网络（Back Propagation Network），是神经网络中运用最广泛的类型之一。BP神经网络由输入层、隐含层和输出层构成，BP神经网络的基本运行原理是：样本训练数据从输入层传进隐含层，经过隐含层的处理后，再传输到输出层，最后经过输出层的处理之后产生结果。如果输出结果与期望值存在误差，那么误差将会沿着路径逐层传递，同时对各层的权值进行修正。之所以被称为反向传播神经网络，是因为网络状态前向更新，误差反向传播。通过样本数据的训练，BP神经网络能够不断修正网络权值与阈值，使误差函数沿着负梯度方向下降达到极小值，从而不断逼近输出结果的期望值。

BP 神经网络本质上就是对连接权值进行动态调整，其结构简单、计算量小、容错性好，具备较强的学习能力，处理非线性问题具有明显的优势，在智能控制和经济预测等领域有着广泛的应用。但是 BP 神经网络也存在一些缺陷。首先，神经网络存在多个极小值，BP 算法容易在局部区域形成极小值而导致网络停止学习，得到局部最优解而无法得到全局最优解；其次，BP 神经网络多次训练导致学习效率下降，收敛速度也变慢，训练时还会损失原有的样本，对于复杂系统的学习有时不能达到收敛状态；除此之外，BP 神经网络对于隐含层个数和节点个数的确定缺少理论基础，常常依靠经验判断，科学性不足。

1.3 研究内容和意义

1.3.1 研究内容

本书以碳交易背景下的新能源发展迫切需要解决的关键科学问题为研究对象，采用多学科交叉的研究方法，从理论和实证两个层面对我国新能源演化发展规律、驱动机制及政策协同问题开展系统研究。在充分获取大样本调研数据的基础上，深入剖析碳交易实施下的新能源演化发展影响因素，揭示其演化发展规律；探究新能源演化发展驱动机制，构建多变量约束下的新能源动态演化模型；通过分析新能源动态演化模型中碳价格、新能源价格、碳强度、能源强度、经济增长等变量，协调优化新能源在节能减排系统中的作用；将系统的演化行为可视化，结合仿真图像，通过观察系统的演化行为，形象地展示了变量之间的变化规律和演化趋势，针对当前中国客观现状提出碳交易驱动新能源发展政策协同方案。

本书共分九章：第 1 章是绪论，梳理了碳交易和新能源现状及国内外研究进展，简述了相关理论，分析了研究内容和意义；第 2 章是基于能源公正的碳排放权配额分配优化分析，借助基尼系数探讨了我国省际碳交易配额分配方案；第 3 章是碳交易约束下的节能减排系统政策协同研究，构建了碳交易约束下的节能减排模型，探究了系统政策协同的条件并给出协同措施；第4章是碳交易驱动下的新能源演化模型，建立碳交易驱动下的新能源演化模型，进行情景分析；第5章是新能源、碳交易和能源发展规划，探讨了碳交易对新能源的驱动机制，分析了能源规划目标的同步性与差异性；第6章是碳交易背景下的新能源演化发展与政策协同，构建碳交易背景下的新能源演化发展模型，探究了碳交易背景下的新能源发展政策协同；第7章是后补贴时代新能源汽车发展演化分析，建立新能源汽车产业政府、企业和消费者演化博弈模型，进行新能源汽车产业政府企业消费者博弈仿真分析；第8章是公众意愿视角下的政企碳减排演化分析，建立政企演化博弈模型并给出公众意愿视角下政企博弈演化路径情景分析；第9章是碳交易驱动下的政企碳减排演化分析，构建了碳交易驱动下的政企演化模型，探讨了系统的动力学行为，给出碳交易驱动下的政企演化路径情景分析。

1.3.2 研究意义

根据中国节能减排现状开展碳交易背景下的新能源演化发展规律、驱动机制及政策协同研究，对于从根本上解决当前的资源环境困境，保障我国经济、社会和环境的可持续发展具有重要的现实意义。为解决当前的资源环境问题，我国相继出台了一系列法律法规，如《中华人民共和国可再生能源法》《中央企业节能减排监督管理暂行办法》《中华人民共和国环境保护法》（中华人民共和国主席令第九号）等。国家领导人在公开场合不止一次地表明节能减排的决心。2015年11月30日，国家主席习近平在巴黎气候变化大会开幕式题为《携手构建合作共赢、公平合理的气候变化治理机制》的重要讲话中指出，中国在“国家自主贡献”中提出将于2030年左右使二氧化碳排放达到峰值并争取尽早实现，2030年单位国内生产总值二氧化碳排放比2005年下降60%～65%，非化石能源占一次能源消费比重达到20%左右。这些政策措施的制定与逐步落实，为节能减排的顺利开展提供了政策上的支撑。从根本上解决资源环境的“瓶颈”更需要符合中国国情的节能减排措施和推行能源体系革命的具体做法。新能源具有污染少、储量大的特点，对于解决当今严重的环境污染和资源枯竭问题具有重要意义。这是能源体系革命中不可或缺的一部分。因此，深入探讨碳交易背景下的新能源演化发展规律、驱动机制及政策协同研究，对于解决资源环境问题，实现我国经济、社会和环境的可持续发展具有积极的现实意义。

基于新能源演化发展规律、驱动机制构建的碳交易背景下的新能源演化发展模式及相应的政策协同措施，是突破当前的资源环境“瓶颈”，实现我国经济、社会和环境可持续发展目标的有效路径。新能源发展与当前节能减排现状的突出问题主要体现在：当前能源危机与经济衰退对中国能源发展战略形成新挑战，资源环境问题日益突出，经济、社会和环境可持续发展受到威胁；节能减排是中国协调当前资源环境与经济发展问题的必选之路；新能源在节能减排系统中发挥的作用越来越大，是能源体系革命中的重要部分；碳交易在中国推行；当前新能源体系难以适应新能源的发展需要。正是在这种背景下，本书将从中国实际情况出发，从微观和宏观角度对新能源领域的关键科学问题展开研究，努力构建具有中国特色的碳交易背景下的新能源演化发展模式，提出政策协同思路与调控战略，探索一条适合中国国情的可持续发展之路。

对碳交易背景下的新能源演化发展规律、驱动机制及政策协同进行深入探讨，不仅具有很强的现实性、针对性、对策性和操作性，而且还具有很强的基础性、战略性和前瞻性，是具有深远意义的选题。碳交易背景下的新能源系统演化分析是基于当前节能减排现状的新研究热点，相关研究大多是对问题的定性表述，对碳交易背景下的新能源系统的定量刻画相当匮乏。本书利用经济学、管理学、社会学和系统科学的相关理论来研究新能源的演化机制及其优化配置问题，在促进节能减排的同时又保障经济发展的基础上，研究新能源演化的理论基础，理顺碳交易影响下的新能源演化规律与驱动机制，探索新时期中国新能源演化发展的理论创新。该研究有利于推进中国能源体系革命问题的研究，丰富建设新常态下具有中国特色的新能源理论体系，加快推进中国能源发展战略转型的进程；有利于推动多学科融合，促进形成新的交叉研究领域；有利于节能减排的开展，实现经济发展和保护环境“双赢”的目标，维持生态、经济及社会的可持续发展。

第 2 章

基于能源公正的碳排放权配额分配优化分析

从碳排放权市场交易的角度来看，影响碳交易配额的因素有很多，其中碳价是最为首要的影响因素，其余则是碳排放权交易规则、监管机制以及信息披露等因素。Mansanet（2007）利用多元回归法引入虚拟变量对碳价与天然气价格、布伦特原油价格进行研究，结果也表明化石能源价格对碳价会产生影响。Emilie（2008）认为工业产值对碳价也有十分重大的影响。Liao 和 Chen（2009）则从资源约束角度考虑，认为二氧化碳影子价格是约束条件下的隐含价值。因此，可从碳排放权交易制度设计等方面进行考虑，规范碳排放权交易价格，如通过使用拍卖机制、设定碳排放权价格的上下限等手段，稳定碳配额交易，提高碳交易市场的灵活性（Wang et al.，2020；Zhou and Wang，2021）。

我国学者的研究主要集中在碳交易配额方面，其中关于价格影响因素方面的分析，主要包含碳排放权交易中的定价研究。洪涓和陈静（2009）从供给与需求的角度研究了我国碳交易价格的影响因素，在需求端主要影响因素是需求方的配额数量和实际排放量这两个因素，在供给端的主要影响因素是我国 CER 的实际签发率和交易成本。于波涛（2011）从中国碳交易的影响因素角度出发，构建了碳交易价格指标体系，将这些影响因素分为生态、技术、市场和政策管理四个方面，运用层次分析法，进而确定各影响因素的权重。陈晓红和王陟昀（2010）从市场影响、需求和供给三个方面对欧盟排放交易体系进行了研究，实证结果表明，在政策和制度的约束条件下，碳配额供给对碳排放权交易价格的影响因素最大。张云（2015）通过对碳交易试点的面板数据进行分析，研究了碳交易价格影响因素，发现能源价格变动对碳价有重大影响，而政策信息对碳价影响程度不高。王倩等（2015）发现我国 7 个碳交易试点的碳价格影响因素存在一定差异。

在影响碳交易运行成效的因素中，碳配额初始分配方案发挥着重要的作用（Wu and Zhang，2019）。合理的碳交易配额初始分配方案有助于碳交易的发展。碳配额分配方案，主要集中于国家间碳交易配额分配问题的研究，可以总结为：（1）人均排放趋同分配方案：发达国家慢慢减少其人均年碳排放量，而发展中国家逐渐增加其人均年碳排放量，到某一目标年两者趋同；在达到人均排放相同之前，发展中国家的人均年排放量会一直低于发达国家人均年排放量。（2）考虑各国历史责任的分配方案：部分发展中国家提出考虑各国历史责任的分配方案，这其中包括巴西提案。因为减排义务的确定仅依靠有效排放计量，但各国计量方法不同，即使各国所承担的减排义务相同，也会使各国的人均有效排放量有很大差异（Li et al.，2021）。所以对碳交易配额进行分配时，仅依靠碳排放强度指标是远远不够的。碳交易配额初始分配要考虑国家间的平衡。因此，在碳交易配额分配过程中的公平性问题也需要考虑（Li et al.，2021）。

国务院发展研究中心课题组（2009）从碳配额方面，为我国碳减排提供了理论基础；Starkey（2012）通过研究了基于平等的个人碳交易，发现人均平等分配并不是真正的完全公平，而效率、公平以及有效性是碳交易的三个关键指标。除了核算标准选择及其公平原则阐释的研究外，在核算标准确定的情况下，全球碳排放公平性度量也是研究的一个重要方面，这也为核算标准选择及其公平原则阐释提供重要的量化依据。国外相关研究主要运用了基尼系数法（Heil，1997；Padilla，2006；肖黎姗等，2011）和泰尔指数法（Duro，2006；杨骞和刘华军，2012）。此外，Tan（2017）不仅引入了基尼系数，也从生态承载力和经济贡献这两个方面对省级区域的公平性和差异性进行了研究。从碳配额初始分配原则的角度来说，碳配额初始分配最核心的两个原则就是公平和效率。选择什么样的指标来体现公平或者效率，是一个关键问题。

2.1 基于公平性碳交易配额初始分配

中国地域辽阔，不同省份之间区位因素有较大的不同，因此，在碳交易配额影响因素中，公平性是碳交易配额必不可少的一个前提条件。碳交易配额初始分配是碳交易配额制定中的一个关键问题，如果在碳交易配额分配过程中忽视了能源公平，那么就会导致分配结果不合理，从而带来一系列的问题，也势必会由于分配结果不公平，导致各地区之间很难达成共识。从国家宏观角度来看，由于各地区分配结果不公平，各地方政府就会倾向于对分配方案做出消极回应，使碳交易配额分配方案失去意义，也就不能有效地减少二氧化碳排放。因此，本章首先构建了基于公平性的碳交易配额优化分配模型，并研究了我国省际碳交易配额的影响因素。并在此基础上又以华东地区为例，研究了“二孩”政策开放后，人口增长率以及 GDP 增长率对华东地区碳交易配额的影响（Fang et al.，2018）。

在影响碳交易配额的因素时，碳交易配额初始分配方案发挥着举足轻重的作用，因为供给的角度保证了碳交易的运行。因此，在研究碳交易影响因素之前，应先对碳交易配额进行公平的初始分配。基尼系数是判断收入分配公平程度的指标，但近年来，基尼系数也越来越多地被应用在环境评价领域，这不仅仅可以量化分配公平性指标，同时也可以作为政策依据，减少环境政策的不确定性。本节将根据基尼系数基本原理，建立基于公平性的碳交易配额初始分配体系，并对现有的分配结果进行公平性评价。

2.1.1 模型设定

寻找对碳交易配额影响敏感的向量，是碳交易配额公平分配的前提和关键。首先，从人口数量的角度考虑，每个人都应享有一定的碳配额。人口越多，则该地区所得到的碳配额指标也应该越多，故选取人口作为评价指标。其次，经济的发达程度也应该作为一个考虑的方面，经济较为发达的地区应分得较多的碳配额。此外，碳交易配额还与该地区对全国碳汇的实际贡献有关（碳汇主要是指生态系统储存并吸收二氧化碳能力，本章选取生态生产性土地面积作为指标，来衡量该地区对全国碳汇的实际贡献，即生态生产性土地面积越大，表明其碳汇量越多，故而应分得较多的碳配额）。最后，当前化石能源储量是自然禀赋所带来的天然差异，一个地区蕴含的化石能源越多，表明它就可以得到越多的碳交易配额。因此，以公平性为出发点，选取人口数量、生态生产性土地面积、GDP、当前化石能源探明储量四个指标作为依据，对碳交易配额进行初始分配。

要做到资源的有效分配利用，提高分配效率与分配结果的合理性，就必须考虑分配过程中的公平性，而基尼系数法能恰好体现碳交易配额分配过程的公平性。故本章以环境基尼系数为衡量指标，对碳交易配额进行优化分配。

分配思路如下：

（1）以省区市为基数，按照本章选取的四个指标（人口数量、生态生产性土地面积、GDP 和化石能源储量）按递增顺序排序。

（2）计算各省区市人口、生态生产性土地面积、GDP 和化石能源储量的累计百分比，采用梯形面积法计算出基于人口、生态生产性土地面积、GDP 和化石能源储量的基尼系数，计算公式为：

$$G_j = 1 - \sum_{i=1}^{n} (X_{j(i)} - X_{j(i-1)})(Y_i + Y_{i-1}) \tag{2.1}$$

$$X_{j(i)} = X_{j(i-1)} + M_{j(i)} / \sum_{i=1}^{n} M_{j(i)} \tag{2.2}$$

$$Y_{j(i)} = Y_{j(i-1)} + W_{j(i)} / \sum_{i=1}^{n} W_{j(i)} \tag{2.3}$$

其中，$X_{j(i)}$ 为指标 j 的累计百分比（各区域人口、生态生产性土地面积、GDP、化石能源储量的累积百分比）；$M_{j(i)}$ 为指标 j 在第 i 个区域的分配量；$Y_{j(i)}$ 为基于指标 j 的二氧化碳排放量的累计百分比；n 为分配区域的个数；当 $i = 1$ 时，$(X_{i-1,} Y_{i-1})$ 即为 $(0,0)$；

（3）以所选取的四个指标所对应的环境基尼系数总和最小为目标函数，以各省区市可以分配的碳配额为变量，在既定的二氧化碳总量削减目标的条件下，对各个指标的环境基尼系数以及各省区市的削减比例进行约束，从而进行优化求解，以得到最佳的碳交易配额分配方案。

根据上述思路，可以得到以下的计算方法：

目标函数：

$$\min F = \sum_{j=1}^{4} G_j \tag{2.4}$$

约束条件：

Ⅰ. 各个指标基尼系数约束：

$$G_j \leqslant G_{0(j)} \tag{2.5}$$

Ⅱ. 碳排放强度总量减少约束：

$$\sum_{i=1}^{n} W_i / \sum_{i=1}^{n} GDP_i = (1 - q) * \sum_{i=1}^{n} W_{0(i)} // \sum_{i=1}^{n} GDP_{0(i)} \tag{2.6}$$

Ⅲ. 各地区碳排放强度削减比例的约束：

$$P_{i0} \leqslant \frac{W_{0(i)}/GDP_{0(i)} - W_i/GDP_i}{W_{0(i)}/GDP_{0(i)}} \leqslant P_{i1} \tag{2.7}$$

其中，G_j 为优化后环境基尼系数值；$G_{0(j)}$ 为各个指标环境基尼系数现状值，即初始值；W_i 为第 i 个区域内分配得到的碳交易配额；q 为碳排放强度削减比例；$W_{0(i)}$ 为第 i 个区域内碳排放初始排放量；P_{i0} 为各省区市碳排放削减率下限；P_{i1} 为各省区市碳排放削减率上限。

通过式（2.1）至式（2.3）可以计算出基尼系数，再通过式（2.4）至式（2.7）可以获得碳交易配额最优分配方案。首先通过运行式（2.6）和式（2.7），可以得到全国各个地区的碳配额；然后将各地的碳配额分配结果代入式（2.1）至式（2.3）可以获得基尼系数数值，获得的这些基尼系数必须要满足式（2.5），计算才会停止。客观地说，满足式（2.5）至式（2.7）的结果有许多，即可以得到许多碳交易配额分配结果，进而得到许多不同的基尼系数；经过大量的计算和反复验证，可以得到满足式（2.4）的基尼系数，那么这一组基尼系数所对应的碳交易配额分配方案即为基于公平性的最优分配方案。

2.1.2　数据来源与测算方法

模型中关于碳排放量的数据并没有直接的统计数据，需要经过计算得出。碳排放包括人工排放和自然排放，一般计算的是人工排放，按照美国能源部下属的二氧化碳信息分析中心（carbon dioxide information analysis center，CDIAC）的计算，碳排放总量包括固体燃料、液体燃料、气体燃料以及水泥生产的碳排放。根据国情，我国的能源碳排放量主要由煤炭、石油、天然气这三大化石燃料组成。

根据徐国泉等提出并改进的碳排放量分解模型中的算法，得到碳排放估算公式为：

$$Q_t = E_c\delta_c + E_o\delta_o + E_n\delta_n \tag{2.8}$$

其中，Q_t 表示能源碳排放总量；E_c、E_o、E_n 分别表示煤炭、石油、天然气消耗实物量（吨）；δ_c、δ_o、δ_n 分别表示煤炭、石油、天然气消耗的碳排放转换系数（吨碳/吨），即一吨能源转化为二氧化碳的数量。

由于燃料燃烧率、含碳量和碳氧化率等指标的差异，不同机构提供的碳排放转换系数略有不同，取平均值确定为各能源消耗碳排放系数是比较可信的（见表2.1）。

表2.1 各类能源的碳排放系数

数据来源	煤炭消耗碳排放系数	石油消耗碳排放系数	天然气消耗碳排放系数
DOE EIA	0.7020	0.4780	0.3890
日本能源经济研究所	0.7560	0.5860	0.4490
徐国泉	0.7476	0.5825	0.4435
国家科委气候变化项目	0.7260	0.5830	0.4090
平均值	0.7329	0.5574	0.4226

因此，按照实物测算的碳排放关系式为：

$$Q_t = 0.7329E_c + 0.5574E_o + 0.4226E_n \tag{2.9}$$

本节也将采取式（2.9）对碳排放量进行测算。

此外，本节选取的其他数据人口、GDP数据选取依据2016年国家统计局数据，生态生产性土地面积以及化石燃料储量数据来源于历年《中国能源统计年鉴》和《中国统计年鉴》。

此外，本章还涉及生态生产性土地，这是指具有生态生产能力的土地或水体。生态生产性土地可分为耕地、草地、化石能源用地、森林、建筑用地和水域6大类。生态生产性土地的计算就是将这6类土地进行加总，生态生产性土地数据来源于国家统计局网站。

2.1.3 实证结果与分析

根据“十三五”规划，到2020年我国单位国内生产总值二氧化碳排放（即碳强度）比2015年下降18%。为保证分配方案的可实施性，以及我国整体环境质量现状，本节将碳排放强度削减比例q设定为18%。同时，从各省区市实际削减比例可能性以及公平性的角度考虑，各省区市单位国内生产总值二氧化碳变化率上限P_{i1}设为40%，下限P_{i0}设为1%。借助VBA、Matlab对模型进行优化求解，最终得到基于公平性的碳交易配额分配方案。

（1）我国省际基尼系数计算结果分析。

通过式（2.1）至式（2.7）计算，可以得到 2016 年初始基尼系数以及经过模型优化分配之后的基尼系数，如表 2.2 所示。

表 2.2　　　　　　　　　　基尼系数优化结果

指标	人口	GDP	生态生产性土地面积	化石能源储量
初始基尼系数	0.2825	0.3002	0.2840	0.6640
优化基尼系数	0.2626	0.2745	0.2708	0.6533
变化幅度	-7.08%	-8.55%	-4.66%	-1.51%

通过表 2.2 可以看出，碳交易配额优化分配之后的人口、GDP、生态生产性土地以及化石能源储量的基尼系数都比初始基尼系数值小，四个指标的基尼系数总和从 1.5307 减小为 1.4612，表明优化分配后的结果体现了分配的公平性。具体来看，四个指标的基尼系数总体变化幅度各不相同，其中化石能源储量的基尼系数未发生较大的变化，而人口和 GDP 的基尼系数变化相对较为明显，这表明分配后的碳配额在人口和 GDP 上更能体现公平性。

通过绘制洛伦兹曲线，可以对分配后的碳配额结果的公平性有一个直观的了解，以生态生产性土地为例，绘制洛伦兹曲线，如图 2.1 所示。

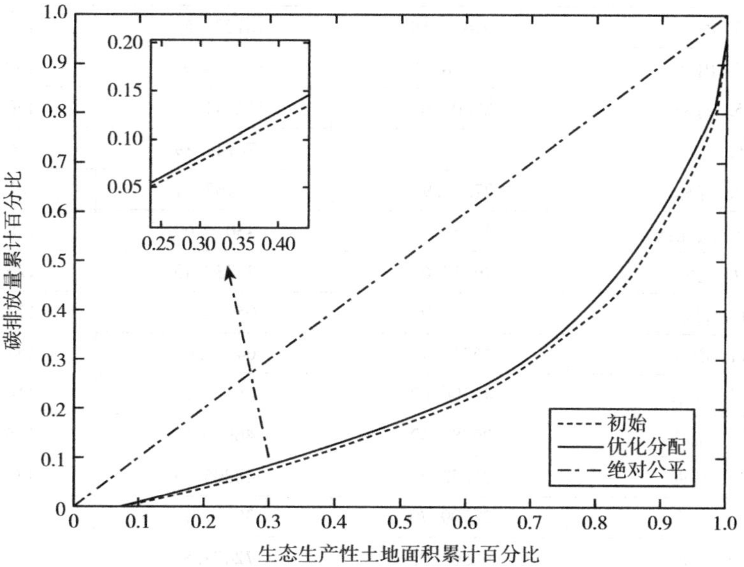

图 2.1　基于生态生产性土地面积的优化结果对比

由图 2. 1 可知，优化分配后的洛伦兹曲线更加靠近绝对公平时的洛伦兹曲线。由洛伦兹曲线含义可知，分配后的碳配额更加公平，更加体现了公平性原则。人口、GDP 以及化石能源储量的洛伦兹曲线均与生态生产性土地面积的洛伦兹曲相类似，故不再赘述。因此，在经过优化后分配之后，碳交易配额在人口数量、生态生产性土地面积、GDP 以及化石能源储量这四个指标上均比初始情况更加公平，体现了分配公平性原则。

（2）我国省际碳交易配额结果分析。

根据基尼系数最小化优化分配方法，对模型进行优化求解，得到 2020 年我国各地区二氧化碳排放分配额（见表 2. 3）；由表 2. 3 可知，2020 年，虚拟分配后所得的碳配额均大于初始排放量。其中，内蒙古、湖南、广东、甘肃变化幅度较为明显，这表明，如果一个地区在某个指标是突出的，那么它将分配到更多的配额（如内蒙古、甘肃的化石能源储量较大，广东的 GDP 较大，湖南的碳汇较多），它们的碳排放额变化百分比都大于或等于 139. 98%。

表 2. 3　　　　2020 年全国各地区二氧化碳排放配额情况

地区	初始排放量	分配排放量	碳排放额变化率
1. 北京	11286. 76	13876. 79	122. 95%
2. 天津	20340. 69	23710. 95	116. 57%
3. 河北	91428. 18	101234. 5	110. 73%
4. 山西	82238. 76	107464. 9	130. 67%
5. 内蒙古	80601. 61	112841. 4	140. 01%
6. 辽宁	72169. 05	76749. 89	106. 35%
7. 吉林	27367. 91	29463. 11	107. 66%
8. 黑龙江	36958. 97	43010. 69	116. 37%
9. 上海	26319. 67	33333. 43	126. 65%
10. 江苏	84120. 95	105012. 3	124. 83%
11. 浙江	46741. 95	64357. 07	137. 69%
12. 安徽	40506. 62	46375. 1	114. 49%
13. 福建	29883. 42	40630. 26	135. 96%
14. 江西	21852. 21	28805. 17	131. 82%
15. 山东	128799. 70	130087. 7	101. 00%
16. 河南	64501. 05	72477. 84	112. 37%
17. 湖北	37089. 97	50705. 19	136. 71%

续表

地区	初始排放量	分配排放量	碳排放额变化率
18. 湖南	31473.66	44063.13	140.00%
19. 广东	65422.32	91591.25	139.98%
20. 广西	24329.46	33682.63	138.44%
21. 海南	6163.57	6779.93	110.00%
22. 重庆	15841.13	21073.55	133.03%
23. 四川	37701.80	48911.49	129.73%
24. 贵州	29390.93	30876.84	105.06%
25. 云南	24521.56	30453.41	124.19%
26. 西藏	42.34	54.75	129.31%
27. 陕西	48697.73	51486.98	105.73%
28. 甘肃	22173.93	31182.45	140.03%
29. 青海	6058.97	6543.69	108.00%
30. 宁夏	20862.28	21288.36	102.04%
31. 新疆	46969.52	48473.43	103.20%
总计	1281856.67	1554659.19	121.28%

“十三五”规划是针对碳排放强度提出的，为更加清晰地展示分配结果，对表 2.3 所得的数据进行整理，给出虚拟分配后中国碳排放强度变化图。

安徽、山东、河南、海南、贵州、西藏、宁夏、新疆等地区碳排放强度下降幅度较大。由于碳排放强度是个比率概念，在碳排放额变化不大的情况下，只要 GDP 发生变化，碳排放强度就会发生变化。海南、贵州、西藏、宁夏、新疆为经济欠发达的地区，这些地区经济水平不高，GDP 基数小，GDP 容易发生大幅变化；因此，这些地区只要经济稍有发展，碳排放强度就会显著下降；其中对于安徽、山东、河南来说，这些省份碳排放配额增长幅度较小，且 GDP 增长率较高，故而碳排放强度下降较为明显（注：港澳台地区由于数据缺失，假设碳排放强度未发生变化）。

2.2 我国省际碳交易配额影响因素分析

本节碳交易配额初始分配是基于公平性考虑的，因此基于公平性考虑的四个指标（人口数量、生态生产性土地面积、GDP 以及化石能源储量）都对碳交易配额有影响，生态生产性土地以及化石燃料储量是一个地区初始禀赋，可以认为是在短期内不会发生较大的变化；而对于人口以及 GDP 来说，在短期内会发生一定幅度的变化且中国各省区市之间在人口、GDP 方面存在很大的差异，也会导致碳交易配额存在较大的差异。因此，本节从人口和 GDP 的角度对我国省际碳交易配额影响因素进行分析。

2.2.1 人口对我国省际碳交易配额影响

为了研究人口对我国省际碳交易配额的影响，首先绘制出中国各地区人口数量与碳交易配额之间的图形，如图 2.2 所示。

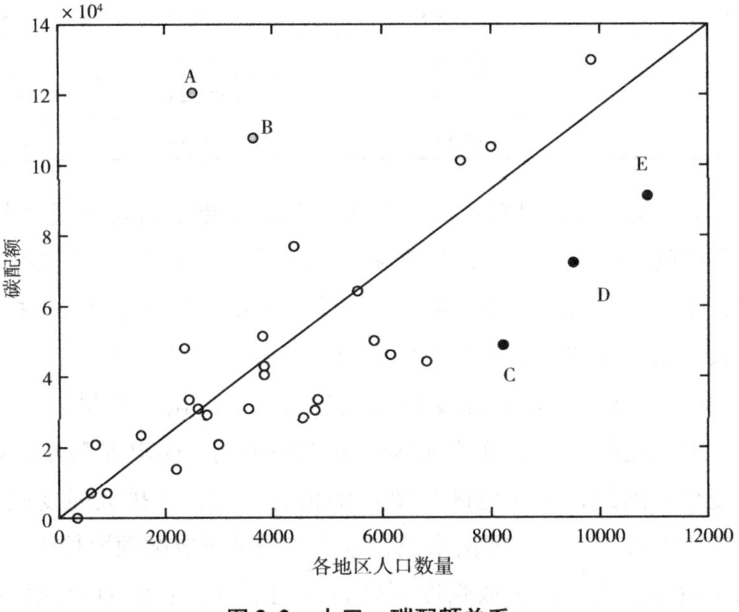

图 2.2 人口—碳配额关系

由图 2.2 可知，对角线表示全国人均碳交易配额水平，图中 A、B 两点远高于中国人均碳交易配额平均水平（A 代表内蒙古，B 代表山西），这是因为山西与内蒙古有较多的化石能源储量，故而从公平性的角度出发，需要分配较多的碳交易配额；又由于山西与内蒙古人口不多，故山西与内蒙古较大地高于中国人均碳交易配额；又由图 2.2 可知，图中 C、D、E 三点远低于中国人均碳配额平均水平（C 代表四川，D 代表河南，E 代表广东），这是因为四川、河南、广东都为人口数量相对较多且 GDP 较大的省份，故从公平性的角度出发，需要分配较多的碳交易配额，但更多的人口数量使这些省份人均碳交易配额低于全国人均碳交易配额水平；此外，与全国人均碳交易配额水平基本相当的有青海、甘肃、吉林、黑龙江、浙江，除浙江外都为北方人口数量较少的省区市。浙江虽然人口较多，但自然环境较好，环境承载能力强，较大的碳汇又保证了可以分配到更多的配额。因此，即使浙江有较多的人口，该省的人均碳交易配额也能达到全国人均碳交易配额水平。

将图 2.2 的结果进一步归纳，并指出图 2.2 中各省区市与全国人均碳交易配额水平之间的关系，可以得到如表 2.4 所示的结果。

表 2.4　　　　我国人均碳配额分配

高于全国平均水平的地区（11 个）	宁夏、天津、新疆、上海、内蒙古、山西、陕西、辽宁、河北、江苏、山东
低于全国平均水平的地区（15 个）	西藏、海南、北京、重庆、贵州、福建、江西、云南、广西、湖北、安徽、湖南、四川、河南、广东
等于全国平均水平的地区（5 个）	青海、甘肃、吉林、黑龙江、浙江

由表 2.4 可知，高于我国人均碳交易配额平均水平的地区中，大部分为人口较少，但化石能源储量较多且 GDP 较大的地区（如内蒙古、新疆、山西、河北、辽宁等）；对于低于中国人均碳交易配额平均水平的省份中，主要为人口相对较多的地区（如北京、四川、河南、广东）；以及经济相对落后的地区（如西藏、青海、云南、海南等），这些地区碳配额较小，故这些地区低于全国人均碳交易配额。此外，等于全国人均碳交易配额平均水平地区有青海、甘肃、吉林、黑龙江、浙江，由于在前面已经有所分析，故此处不再重复。

综上所述，各省区市碳交易配额水平与各省区市人口数量呈正相关关系，人口越多该省区市的碳交易配额就越多；各省区市人均碳交易配额与全国人均碳交易配额关系主要取决于化石能源储量与人口数量，若一个地区化石能源储量较多而人口数量较少，那么该地区高于中国碳交易配额的平均水平，反之亦然。环境承载力也应作为一个影响地区人均碳交易配额与全国人均碳交易配额水平关系的一个因素，若一个地区环境承载力较强，即使该地区的人口数量较多，该地区的人均碳交易配额也会与全国人均碳交易配额水平基本相当；反之，若一个地区环境承载力较弱，在人口不多的情况下，才可以达到全国平均的人均碳交易配额水平。

2.2.2 GDP 对我国省际碳交易配额影响

为了研究 GDP 对我国省际碳交易配额的影响，本节首先绘制出中国各地区 GDP 数额与碳交易配额之间的图形（见图 2.3）。由图 2.3 可知，对角线表示全国平均单位 GDP 碳交易配额，其中 F、G 两点远高于中国碳交易配额的平均水平（F 代表山西，G 代表内蒙古），这同样是因为与山西和内蒙古有较多的化石能源储量有关，故从公平性的角度出发，需要分配较多的碳交易配额，而山西与内蒙古的 GDP 相对化石燃料储量来说并不大，故而这两个地区高于全国平均单位 GDP 碳交易配额；而图 2.3 中 H、I、J 三点远低于中国碳交易配额的平均水平（H 代表北京，I 代表江苏，J 代表广东），由于北京、江苏、广东等地都为经济发展水平较高的地区，GDP 数值较大，因此，相对更多的人口数量使这些地区低于全国平均单位 GDP 碳交易配额；此外，与全国平均

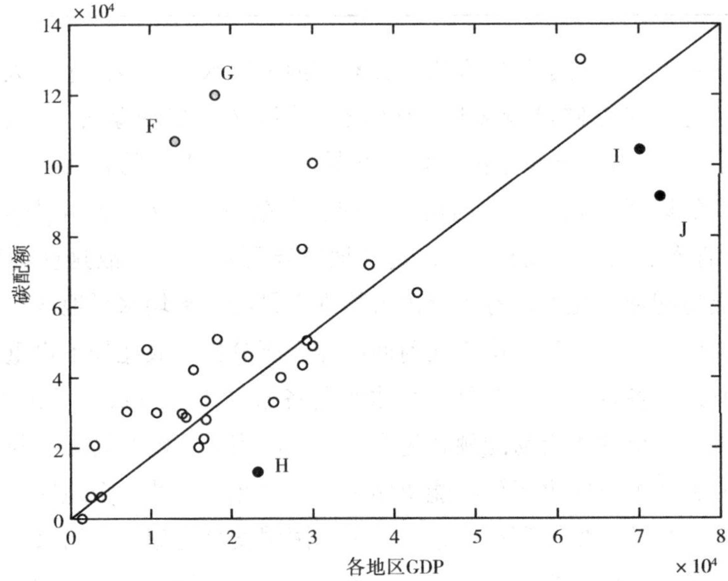

图 2.3 GDP—碳配额关系

单位 GDP 碳交易配额水平基本相当的地区有福建、江西、湖北、四川，这些地区皆为中国南方地区，自然环境较好，虽然这些地区的 GDP 相对较高，但由于有较好的环境承载力，也可以达到中国平均的单位 GDP 碳交易配额。

将图 2.3 的结果进一步归纳，并指出图 2.3 中各省区市与全国平均单位 GDP 碳交易配额水平之间的关系，可以得到如表 2.5 所示的结果。

表 2.5　　单位 GDP 碳交易配额分配

高于中国平均水平的地区（18 个）	青海、宁夏、海南、新疆、内蒙古、甘肃、吉林、贵州、山西、陕西、黑龙江、辽宁、云南、广西、安徽、河北、河南、山东
低于中国平均水平的地区（9 个）	西藏、天津、北京、上海、重庆、浙江、湖南、江苏、广东
等于全国平均水平的地区（4 个）	福建、江西、湖北、四川

由表 2.5 可知，高于全国单位 GDP 碳交易配额平均水平的地区中，几乎都为中国北方地区（内蒙古、辽宁、甘肃），这些地区相对于化石燃料储量来说，GDP 较小而碳排放较多，故会高于全国单位 GDP 碳交易配额的平均水平；以及经济欠发达的偏远地区（青海、云南、广西），这些地区 GDP 数额较小，故而会高于全国单位 GDP 碳交易配额的平均水平；而低于全国单位 GDP 碳交易配额平均水平的地区中，主要为经济较为发达的地区（浙江、广东、江苏、北京等），这些地区 GDP 数额较大故而会高于全国单位 GDP 碳配额的平均水平；此外，等于全国单位 GDP 碳配额平均水平地区有福建、江西、湖北、四川，由于在前面已经有所分析，故此处不再重复。

综上所述，各省区市碳交易配额水平与各省区市 GDP 数额呈正相关关系，GDP 数额越大，该地区的碳交易配额就越多。中国各省区市碳交易配额水平与全国单位 GDP 的碳交易配额水平关系，主要取决于化石能源储量与 GDP 数额，若一个地区化石能源储量较大而 GDP 较低，那么该地区会高于全国的碳交易配额的平均水平，反之亦然。与前面分析结果相类似的是，环境承载力也应作为一个判断与全国单位 GDP 的碳交易配额水平关系的一个因素，若一个地区环境承载力较强，即使该地区的经济较为发达，GDP 数额较大，该地区单位 GDP 碳交易配额与全国人均碳交易配额水平基本相当。

2.3 华东地区碳交易配额影响因素分析

华东地区是中国经济发展最快的地区之一，尤其是以华东六省一市为主（上海、江苏、浙江、安徽、福建、江西、山东），近年来华东地区的经济发展速度一直高于中国平均水平。因此，华东地区作为中国经济的中心，对中国起着举足轻重的作用。此外，华东地区人口数量众多，约占全中国人口数量的三分之一。将经济体量大、人口稠密的华东地区作为试点进行研究，有益于中国整个区域碳交易配额的研究。

由表2.2可得，通过2020年碳交易配额的分配后，人口和GDP这两个指标的基尼系数变动较为明显，分别变动了7.08%和8.55%，表明人口和GDP对基尼系数有较大影响，即人口和GDP对碳交易配额有较大的影响。2016年中国的人口增长率为4.96‰，GDP增长率为6.7%。预计“二孩”政策放开后，人口自然增长率为6‰至7‰；根据目前中国的经济发展趋势，GDP增长率也将在6% ~7%波动。结合目前中国的经济发展趋势、预定政策目标以及正在推行的全面“二孩”政策的角度出发，本节将在6‰~7‰人口增长率和GDP增长率之间对华东地区碳交易配额影响因素进行讨论。

2.3.1 人口增长率既定时碳配额影响因素分析

当人口增长率在6‰~7‰变化、GDP增长率在6% ~7%变化时，根据基尼系数最小化优化分配方法，对各地区碳配额度进行优化求解，并分析人口和GDP增长率的变动对华东地区碳交易配额度的影响。

当控制人口增长率在6‰~7‰时，华东各地区碳配额虚拟分配结果如图2.4所示。

由图2.4中可以发现，山东、江苏的碳交易配额随着GDP的增长率的增加而减小，其中山东更为明显。为了进一步分析具体的原因，对人口、GDP、生态生产性土地以及化石能源储量这四个指标进行交替检验（固定三个指标，并使剩余的一个指标变化，通过观察最终的检验结果可以找到敏感的变量）。测试结果表明，化石能源储量和GDP是影响配额的主要因素。以6‰人口增长

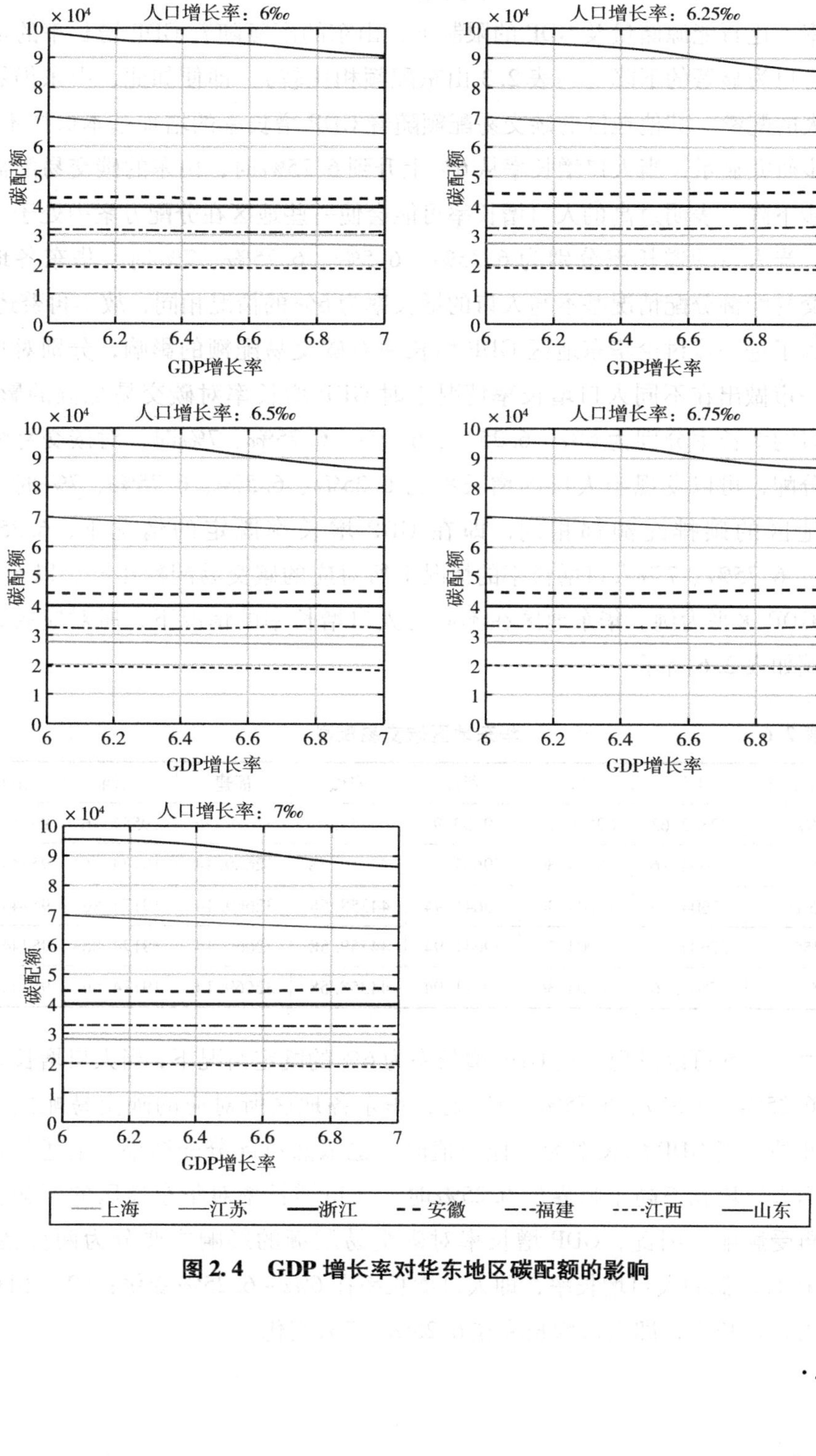

图 2.4　GDP 增长率对华东地区碳配额的影响

率为例，可以发现当“二孩”政策实施之后（人口增长率会上升），在高人口增长率、化石能源储量及 GDP 的限制下，山东的配额随着 GDP 增长率的增加反而有更为显著的下降（与表 2.3 山东配额相比较）。即便如此，山东仍然拥有最大的配额。其他地区的碳交易配额随着 GDP 增长率的增加基本保持不变。进一步研究显示，当人口增长率从 6‰上升到 6.25‰时，山东的碳交易配额也进一步下降，表明过高的人口增长率可能会使一些地区在分配方案中处于不利地位。当人口的增长率分别为 6.25‰、6.5‰、6.75‰、7‰时，华东各地区的碳交易配额分配情况基本与人口的增长率为 6% 的情况相同，故不再赘述。

为了进一步讨论华东地区 GDP 增长率对碳交易配额的影响，分别对华东六省一市做出在不同人口增长率情况下时 GDP 增长率对碳交易配额的影响。当人口的增长率分别为 6‰、6.25‰、6.5‰、6.75‰、7‰时，对碳交易配额进行分配，可以发现当人口的增长率为 6.25‰、6.5‰、6.75‰、7‰时，华东各地区的碳排配额都相同，即在 GDP 增长率既定的情况下，6.25‰、6.5‰、6.75‰、7‰人口增长率的情况下所对应的碳交易配额相同。以 6% 的既定 GDP 水平为例，华东地区在不同的人口增长率的情况下，所对应的碳交易配额如表 2.6 所示。

表 2.6　华东地区碳交易配额

人口增长率	上海	江苏	浙江	安徽	福建	江西	山东
6‰	27382.63	69620.77	39309.93	42274.09	31489.46	19551.76	99268.61
6.25‰	27604.16	70004.36	39641.94	44358.58	32669.14	19174.86	95444.19
6.5‰	27604.16	70004.36	39641.94	44358.58	32669.14	19174.86	95444.19
6.75‰	27604.16	70004.36	39641.94	44358.58	32669.14	19174.86	95444.19
7‰	27604.16	70004.36	39641.94	44358.58	32669.14	19174.86	95444.19

由表 2.6 可以发现，在 GDP 增长率为 6% 的既定情况下，当人口增长率分别为 6.25‰、6.5‰、6.75‰、7‰时，华东各地区所对应的碳交易配额都相同。此外，当 GDP 增长率为其他数值时，也依然有此分配结果。上述分析表明，当人口增长率高于临界值 6.25‰时，人口增长率对华东地区的碳交易配额不再受影响。因此，GDP 增长率对碳交易配额的影响主要分为两种情况：（1）相对较低的人口增长率，即人口增长率在 6‰ ~ 6.25‰变化；（2）相对较高的人口增长率，即人口增长率在 6.25‰ ~ 7‰变化。

在两种人口增长率的基础上，GDP 增长率对碳交易配额的影响如图 2.5 所示。

由图 2.5 可知，通过比较不同人口增长率情况下两条曲线之间的距离可以发现，除山东外，华东各地区在两种人口增长率情况下的碳交易配额的差距并

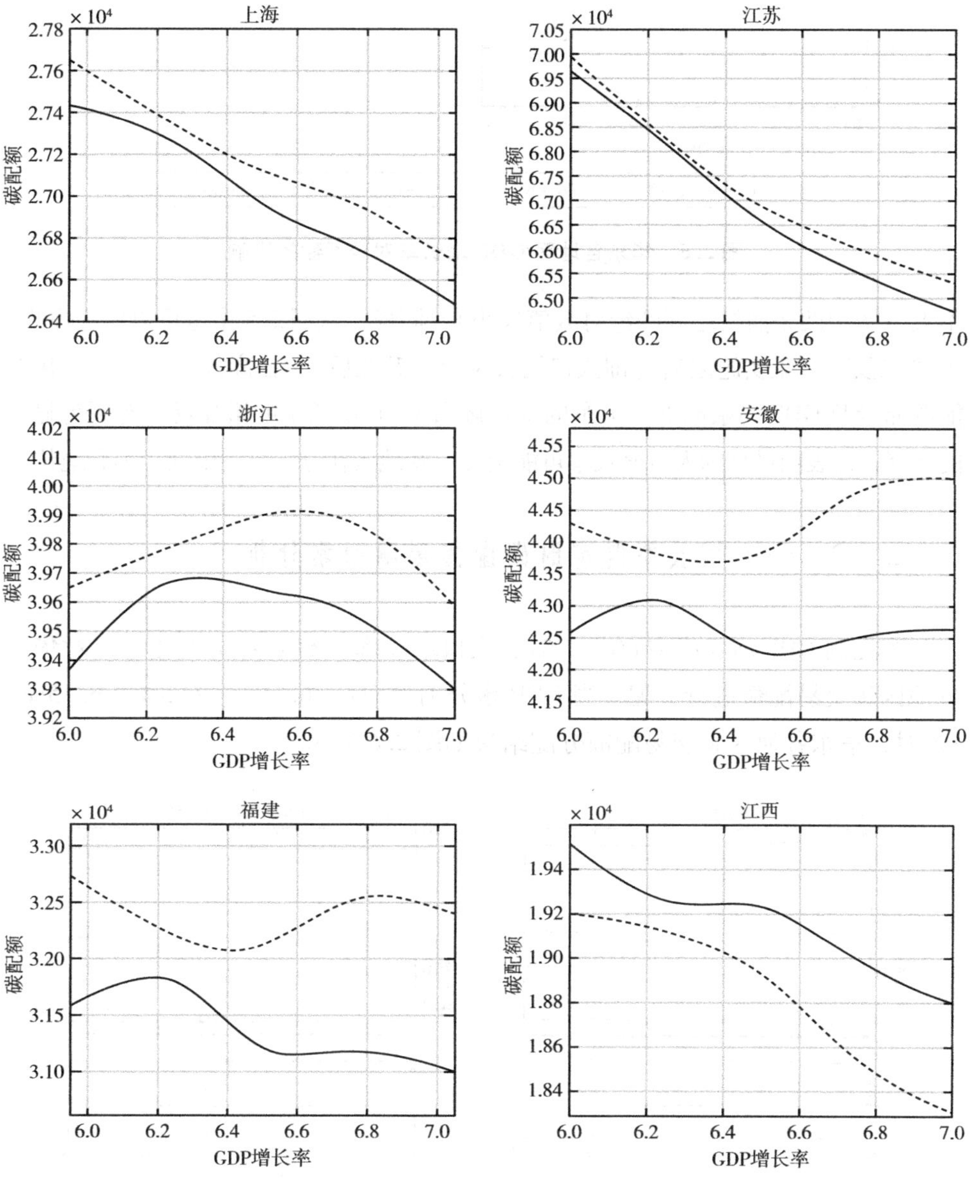

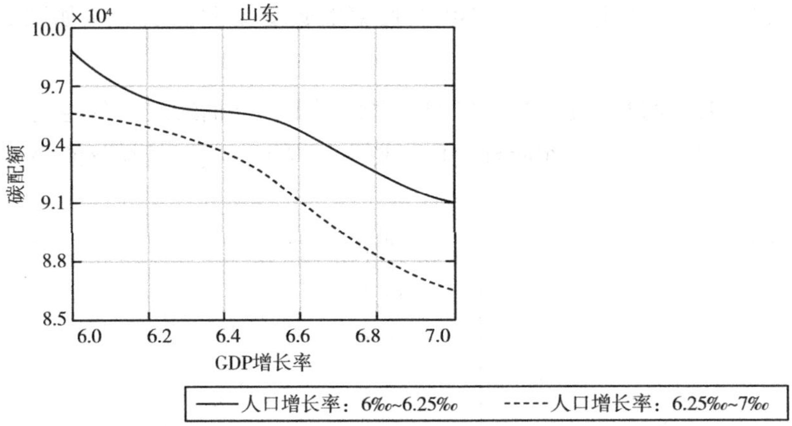

图 2.5 华东各地区 GDP 增长率对碳配额的影响

不大（图中两条曲线之间的绝对数值较小）。同样，从图2.5中也可以明显发现，当“二孩”政策实施之后（即人口增长率会上升之后），在高人口增长率、化石能源储量及GDP的限制下，山东的配额随着GDP增长率的增加反而有更为显著的下降，这表明过高的人口增长率可能会使一些地区在分配方案中处于不利地位。

2.3.2 GDP 增长率既定时碳配额影响因素分析

当控制GDP增长率在6‰~7‰、人口增长率在6‰~7‰变化时，对华东各地区碳交易配额进行分配。当GDP率分别为6%、6.25%、6.5%、6.75%、7%时，华东各地区碳交易配额分配结果如图2.6所示。

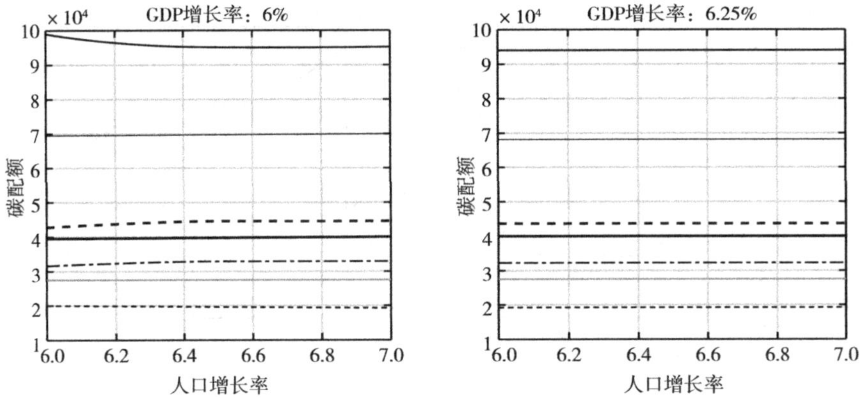

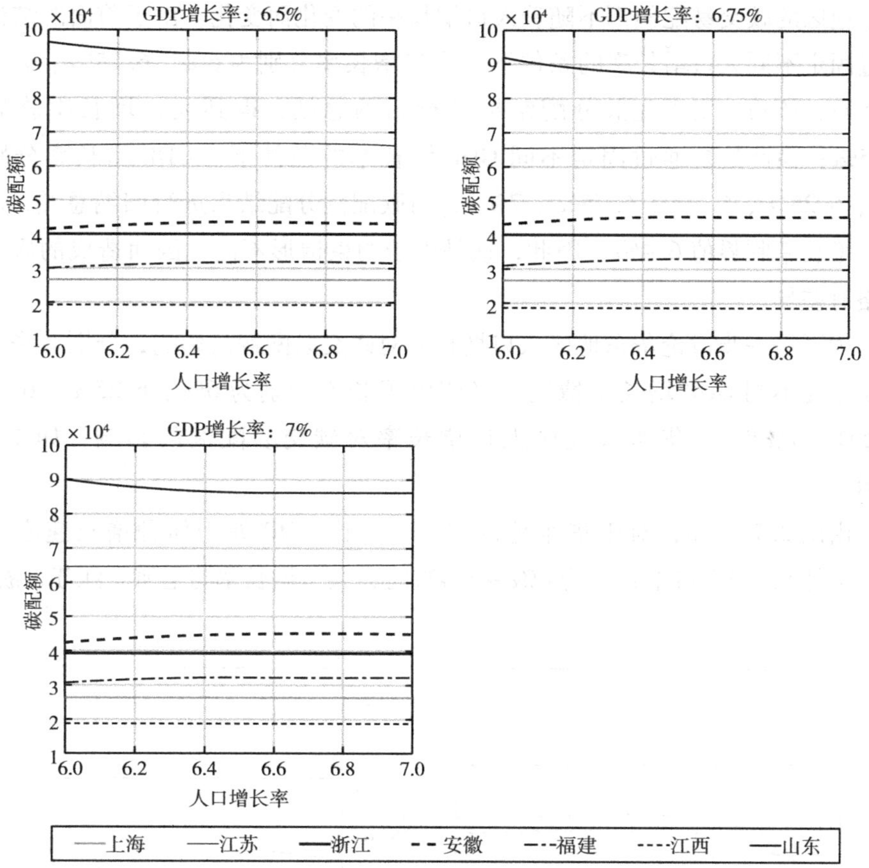

图 2.6　人口增长率对碳交易配额的影响

在图 2.6 中可以发现，以 6% 的 GDP 增长率为例，当人口增长率在 6‰～6.4‰变化时，山东的碳交易配额随着人口增长率的增加而明显减少，而华东其他各地区的碳交易配额并不随着人口增长率的增加而明显波动；而当人口增长率在 6.4‰～7‰变化时，包括山东在内，所有华东地区的碳交易配额都不随着人口增长率的变化而变化，即当人口增长率达到 6.4‰时，华东地区的碳交易配额达到一种稳定状态。当 GDP 的增长率分别为 6.25%、6.5%、6.75%、7% 时，华东地区各省的碳交易配额分配情况基本与 GDP 的增长率为 6% 的情形相同，故不再赘述。

在前面分析中，指出当人口增长率高于临界值 6.25‰时，人口增长率对华东地区的碳交易配额不再影响；而此处指出，当人口增长率达到 6.4‰时，华东地区的碳交易配额都不随着人口增长率的变化而变化。由于前面的结论是通过固定不同人口增长率的条件下（人口增长率分别为6‰、6.25‰、6.5‰、6.75‰、7‰），对碳配额分配结果进行归纳总结，得到人口增长率临界值6.25‰；而此处是通过固定不同GDP增长率的条件下（GDP增长率分别为6%、6.25%、6.5%、6.75%、7%），对碳配额分配结果进行归纳总结，得到人口增长率临界值6.4‰。因此，这是由于约束情形不同，因而造成的研究结果略有差异。

为了进一步讨论华东地区人口增长率对碳交易配额的影响，分别对华东地区做出在不同GDP增长率情况下（GDP增长率分别为6%、6.25%、6.5%、6.75%、7%时），华东各地区人口增长率对碳交易配额的影响，如图2.7所示。

由图2.7可知，对于华东地区来说，无论GDP处于何种增长速率（除6.25%外），当人口增长率为6‰~6.4‰时，人口增长率与上海、江苏、浙江、

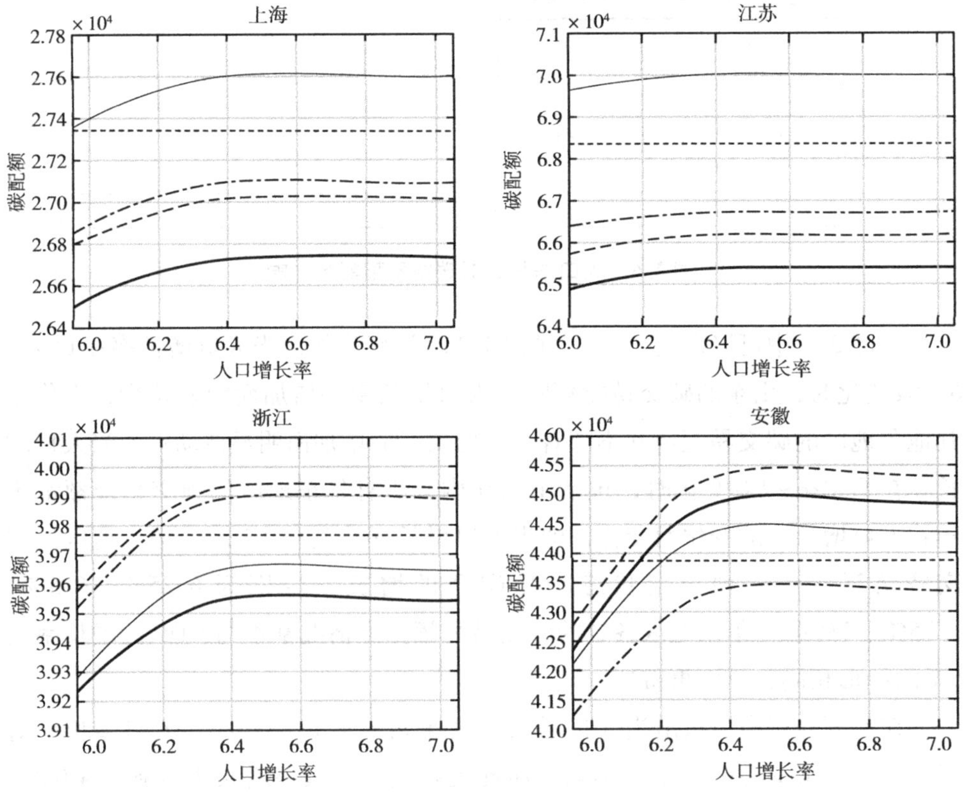

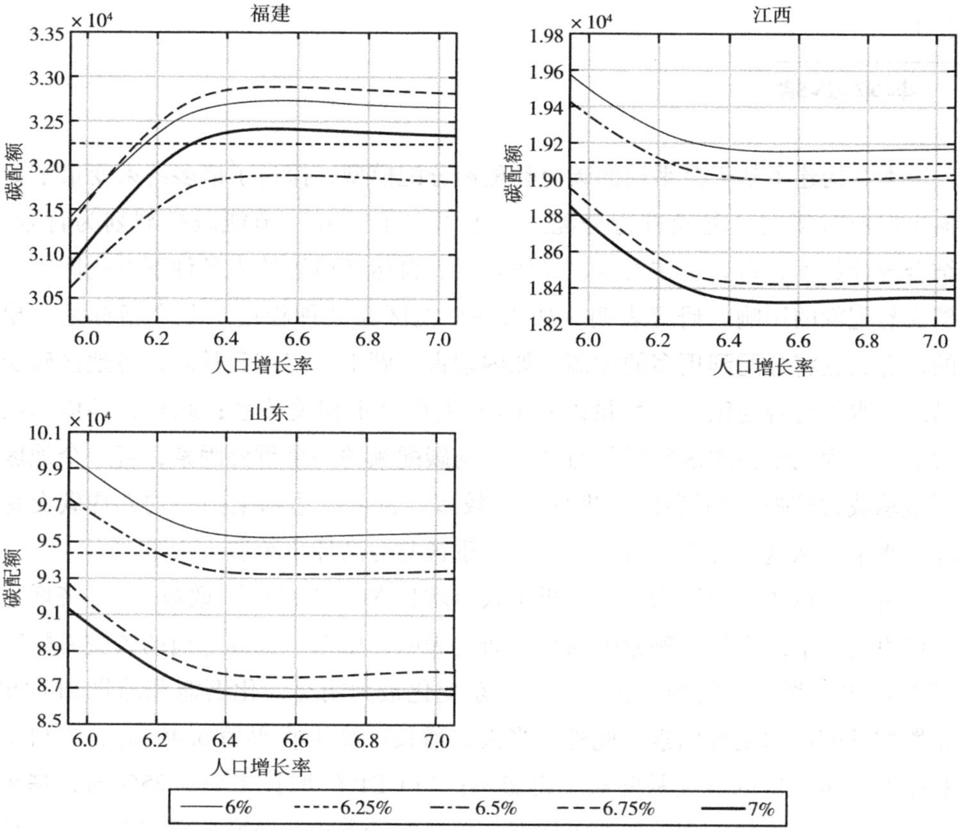

图 2.7　华东各地区人口增长率对碳配额的影响

安徽、福建地区的碳交易配额呈正相关关系，而与江西、山东地区的碳交易配额呈负相关关系（其中山东较为明显，而江西则不明显）；而当人口增长率为 6.4‰～7‰时，人口增长率对碳交易配额影响不大，碳配额曲线基本表现为水平，表明人口增长率仅在一定范围内对碳交易配额有影响。

由图 2.7 还可以发现，当 GDP 的增长率为 6.25%，华东地区的碳交易配额不随人口增长率的变化而变化，这表明当 GDP 的增长率为 6.25% 时，华东地区的碳交易配额达到一种稳定状态。在这种状态下，无论人口增长率为多少，对碳交易配额都不会产生影响，如果想要改变碳交易配额，只能寻找人口增长率之外的其他条件。

2.4 本章小结

本章构建了基于公平性的碳交易配额分配模型，探讨了诸多约束变量下如何更好地对碳交易配额进行分配。以中国“十三五”节能减排规划为背景，结合统计数据，研究了在人口、经济发展、自然环境等约束条件下对我国省际碳交易配额的影响。研究表明，如果一个地区在某种程度上某个指标是突出的，那么它将分配到更多的配额，如内蒙古、湖南、广东和甘肃；各地区碳交易配额水平与各地区人口数量以及 GDP 大小呈正相关关系；此外，环境承载力也应作为判断各地区碳配额与全国平均碳配额的一个重要因素，若一个地区环境承载力较强（如浙江），即使人口较多，也可以达到全国平均人均碳交易配额水平。从这个意义上讲，该地区应重视并提高环境承载力水平。

进一步以华东地区为例，分析了人口增长率（“二孩”政策）、经济增速等约束变量下碳交易配额分配结果。研究表明，山东、江苏等地的碳交易配额随着 GDP 的增长率的增加而减小，山东变化最为明显，化石能源储量和 GDP 是影响其配额的主要因素。此外，当人口增长率高于临界值 6.4‰时，人口增长率对华东地区的碳交易配额不再影响；当 GDP 的增长率为 6.25% 时，华东地区的碳交易配额达到一种稳定状态。人口增长率和经济增长率临界值的发现扩展了碳交易的研究范畴。

第3章

碳交易约束下的节能减排系统政策协同研究

对于减排政策——碳税还是碳交易的抉择问题上，学术界一直存在较多争论。Metcal（2009）认为政府征收新的税种难度相对较小，民众易于接受，随着人们对气候变暖问题的重视和认识深入，碳税征收的阻力则会变得更小。有的学者则认为碳交易可以指定一定的减排目标，适合较为严格的减排形势，并且可以给决策者带来额外的经济收益，容易得到政府和决策机关的青睐（Tavins，2008；Murray et al.，2009）。碳交易作为市场经济框架下控制碳排放的最有效措施之一，在节能减排（Energy - saving and Emission - reduction，ESER）体系中扮演着重要的角色（Liu et al.，2021）。其发展对于应对气候变化、优化能源结构、促进经济增长和加速产业结构转变具有重要意义。因此，建立碳交易市场、完善碳交易机制，是中国实现减排承诺、应对全球气候变暖的不二选择。

碳交易市场是指碳排放权交易市场，或以碳排放权交易为实质的碳信用市场，其理论基础来自经济学中著名的外部性理论和科斯定理。在1969年，Sewell等（1969）发表了《污染、财产与价格：一篇有关政策制定和经济学的论文》，文中第一次提出排放权交易的概念，即将经济学中的产权理念应用于环境保护领域，从而构建了排污权交易的经济学理论基础。在进一步的研究当中，学者们发现碳排放交易权可以作为大宗商品，成为某种意义上的金融资产。Kosobud等（2005）将碳排放权资产这一属性放大，并进行了定价机制方面的研究，他认为碳排放交易权作为一种稀缺资源，其可能遵循不同的定价模型，从而与其他资产有着明显不同的定价方式。

1992年制定的《联合国气候变化框架公约》一般被认为是碳交易市场这一概念的最早起源，是首个应对全球气候变化给人类生存带来影响的国际公约

（黄晟和李兴国，2017）。国际上认为，全球碳排放市场的诞生时间应为2005年，虽然在此之前，荷兰和世界银行于2002年就率先开启了碳排放权交易的先河。目前国际碳市场可分为两大类，碳配额交易市场和项目交易市场。

中国拥有全球最大的碳市场，但却无法掌控碳排放权的定价权或参与碳交易的定价机制。因此，一些学者认为，我们应当健全碳交易机制，加快碳交易市场建设，首先通过自愿减排来积累碳交易的相关经验，熟悉碳交易流程、提高中国在国际碳交易市场的地位（路正南和罗雨森，2020）。而一些学者对于中国目前碳交易市场的发展状况表达了担忧，他们认为，尽管中国是清洁发展机制（Clean Development Mechanisms，CDM）市场的最大卖家，但相比于欧盟而言，中国的碳市场仍处于起步阶段，试点运行的碳交易所的发展状况也未取得较为理想的成果。针对这些问题，他们建议应当建立全国统一的碳交易场所或平台，国家运用金融手段对CDM进行大力支持，从而扩大碳金融对于碳交易的影响（张盈等，2014）。何晶晶（2013）认为，目前，国内碳交易市场主要集中在清洁发展机制项目上，其他碳金融相关产品缺乏，碳交易二级市场发展之后，难以与国际接轨，因此缺乏市场流动性，难以激励企业更好地参与碳交易。

自2013年起，全国建立了七大碳排放权交易试点，分别是北京、天津、上海、广东、深圳、重庆和湖北，且于2015年正式上线CCER（中国核证自愿减排量）产品。历经七地试点，2017年12月19日，国家发改委宣布全国碳排放权交易市场正式启动。但截至目前收集的统计数据显示，国内碳交易市场的交易总量和规模以及交易价格，与中国实际的减排潜力并不匹配，存在较大差别。刘丽巍、张泽文（2014）认为，我们应当建立全国统一的碳排放权交易市场体系，培育企业和金融机构等市场主体通过碳交易机制解决碳排放权的稀缺性问题，进一步完善交易平台建设，从而形成碳排放权交易的市场定价机制。付萌、章永洁（2014）对北京市碳交易试点市场进行了分析，他们认为碳排放权交易目前存在的一大难题是监管问题。由于碳交易所涉及的行业众多，规范碳交易制度和监管参与交易的企业对政府来讲是不可避免的考验。除此之外，企业参与碳排放权交易的前提是取得碳排放配额，除国家免费分配的部分以外，企业只能通过拍卖取得，这无疑增加了企业的经营成本，削减了企业的利润空间。Fang等（2018）以欧盟实际情况分析得出，碳交易可以控制碳排放从而达到节能减排的目的。从短期来看，对碳交易的投资阻碍了经济的发展，过度的政府管控和过高的碳价也将对碳交易系统产生严重的负面影响。

3.1 碳交易约束下的节能减排模型

动力系统在经济学和金融学领域的广泛应用，为经济学领域相关的各类学科的研究带来了全新的视角和方法。其中，节能减排系统作为一个异常复杂的非线性系统，如何研究与其相关的各类要素和指标的发展变化给整个系统带来的影响不失为一个难题。节能减排系统中包含节能减排本身、碳排放、经济发展、新能源发展、碳交易、碳税等诸多要素，用一个多维系统研究恐怕过于复杂。因此，本章选取了由 Fang 和 Tian（2012）提出的一种三维 ESER 混沌系统，来探寻节能减排模型内部各要素的演化发展规律，为保护环境、节约资源提供一个新的思路和研究方向。

3.1.1 模型构建

以碳排放权交易对象来分类，碳交易市场可划分为两大类：基于项目的碳交易市场和基于配额的碳交易市场（苏建兰和郭苗苗，2015）。中国作为世界上最大的发展中国家，不仅开展了基于项目的 CDM 活动，且从 2013 年起，在全国建立了七大碳排放权交易试点，分别是北京、天津、上海、广东、深圳、重庆和湖北，2015 年正式上线 CCER（中国核证自愿减排量）产品。历经七地试点，2017 年 12 月 19 日，全国碳排放权交易市场正式启动，率先从发电行业启动，分阶段稳步推行碳交易市场建设。因此，本章将在节能减排模型中引入碳交易量这一重要变量，试图探寻中国可持续发展之路的更优解。由 Fang 和 Tian（2012）提出的一种三维 ESER 混沌系统，与实际情况吻合程度很高，为本章研究提供了良好的理论依据。本章将碳交易量引入三维动力系统，试图建立一个碳交易约束的四维非线性动力学系统。根据节能减排、碳排放、经济增长、碳交易量等相互影响相互制约的关系，可得四维碳交易约束下的节能减排模型如下：

$$\begin{cases} \dot{x} = a_1x\left(\dfrac{y}{M} - 1\right) - a_2y + a_3z + a_4u \\ \dot{y} = -b_1x + b_2y\left(1 - \dfrac{y}{C}\right) + b_3z\left(1 - \dfrac{z}{E}\right) - b_4u \\ \dot{z} = c_1x\left(\dfrac{x}{N} - 1\right) - c_2y - c_3z - c_4u \\ \dot{u} = d_1u\left(\dfrac{y}{P} - 1\right) - d_2x + d_3z \end{cases} \tag{3.1}$$

其中，$\dot{x}$［为方便讨论记为 $x(t)$］为随时间变化的节能减排量，$\dot{y}$［记为 $y(t)$］为随时间变化的碳排放量，$\dot{z}$［记为 $z(t)$］为随时变化的经济增长量（GDP），$\dot{u}$［记为 $u(t)$］为随时间变化的碳交易量。其中 a_i、b_i、c_i、d_j、M、C、E、N、P 为正常数，$t \in I$，I 为一个经济时期（$i=1, 2, 3, 4$，$j=1, 2$）M、C、E、N、P 的单位都可转化为标准煤，M 为 $y(t)$ 对 $x(t)$ 影响的转折点，C 为一个经济时期内 $y(t)$ 的峰值，E 为一个经济时期内 $z(t)$ 的峰值，N 为一个经济时期内 $x(t)$ 对 $z(t)$ 影响的转折点，P 是一个经济时期内 $y(t)$ 对 $u(t)$ 的拐点。

式（3.1）中第一个公式表示：在某个经济时期内，随着时间的变化，节能减排量 $x(t)$ 的发展与对节能减排的经济投入 $z(t)$ 成正比，与碳排放量 $y(t)$ 的发展成反比，a_4u 表示碳交易量的提高意味着对于碳交易投入的增多和重视会推动节能减排的发展。当 $y(t)$ 到达一个峰值时，节能减排加速发展从而更好地控制碳排放。由 $a_1x\left(\dfrac{y}{M} - 1\right)$，当 $\dfrac{y}{M} - 1 > 0$，即 $y > M$ 时，$x(t)$ 的发展速度加快；当 $y < M$ 时，$x(t)$ 的发展速度变缓。

式（3.1）中第二个公式表示：在某个经济时期内，在碳排放量到达峰值 C 之前，$y(t)$ 的增长速度很快，达到峰值之后，其发展速度变缓。经济增长 $z(t)$ 的发展在早期会导致大量的碳排放，而在经济增长到达峰值 E 之后，其对 $y(t)$ 的影响会逐渐变缓。$x(t)$ 的开展会对 $y(t)$ 造成负影响，即节能减排的开展会减缓或减少碳排放量的发展速度。同时，b_4u 表示碳交易 $u(t)$ 的开展也会对节能减排 $y(t)$ 产生重要影响，碳交易量增多意味着能源部门或企业会更多地关注碳交易，一方面会采取各种手段减少因碳排放量引起的损失，另一方面会更加积极开展相应的节能减排活动以期从中获得经济收益，因此会使碳排放 $y(t)$ 得到有效的控制或减少。由 $b_2y\left(1 - \dfrac{y}{C}\right)$，当 $1 - \dfrac{y}{C} > 0$，即 $y < C$ 时，意味

着在一个经济时期内，若节能减排量未达到峰值，$y(t)$ 的发展速度是递增的，相反，当 $y > C$ 时，$y(t)$ 的发展速度是减缓的。由 $b_3z\left(1-\frac{z}{E}\right)$，当 $1-\frac{z}{E}>0$，即 $z < E$ 时，$z(t)$ 对 $y(t)$ 呈现积极或正向的影响，随着时间的推移，$z(t)$ 发展到其峰值水平 E 之后，即 $z > E$ 时，$z(t)$ 对 $y(t)$ 的影响开始转变为负向。

式（3.1）中第三个公式表示：在一个经济时期内，存在 $c_1x\left(\frac{x}{N}-1\right)$，当 $\frac{x}{N}-1<0$，即 $x<N$ 时，意味着对于节能减排 $x(t)$ 的投入在初期会对经济增长 $z(t)$ 的发展产生一定的抑制作用，但随着节能减排技术的发展和对节能减排的投入与关注，即 $x > N$ 时，$x(t)$ 的发展会反过来促进 $z(t)$ 的发展，增加经济效益。碳排放量 $y(t)$ 的增加会抑制 $z(t)$ 的发展，c_3 为对 $x(t)$ 等的经济投入，对其投入越多，对经济增长的影响越不利。c_4 表示碳交易等碳金融体系对于经济发展的影响，如直接投资、银行贷款、碳期权期货等一系列金融工具。

式（3.1）中第四个公式表示：碳交易受到节能减排技术发展、政府调控以及供求关系等多重因素的影响。其中 d_1 为不同经济发展阶段中，供求关系对碳交易 $u(t)$ 的影响系数，由 $d_1u\left(\frac{y}{P}-1\right)$，若 $\frac{y}{P}-1>0$，即 $y > P$ 时，表示经济社会的碳排放量较多，为了达到排放量目标，对于碳排放交易权的需求自然增多，因此会导致碳交易量的上升；反之，若碳排放量较少，即 $y < P$，此时市场对于碳排放交易权需求自然也会随之减少。d_2 为节能减排技术的发展对于碳交易量的影响系数，其含义为随着国家对节能减排的不断重视和投入，节能减排技术将得到更多发展和应用，因此会使除碳交易以外的其他节能减排技术迅速发展，碳交易份额逐渐减少。d_3 为经济发展对碳交易量的影响系数，一方面宏观经济发展本身对于碳交易量有一定影响；另一方面国家或政府也会通过一些经济手段来调控碳交易量，如控制碳价、直接或间接投资、调整碳配额等。

3.1.2　模型动力学行为分析

式（3.1）是一个非常复杂的非线性动力系统，a_i、b_i、c_i、d_j、M、C、E、N、P 的不同取值都会使式（3.1）产生不同的动力学行为，经过大量试验发现，当取表3.1的参数时，式（3.1）会出现吸引子、分岔等动力学行为。

固定参数如表3.1所示，取初值［0.015 0.758 1.83 0.008］，这时得到一个吸引子如图3.1所示。

表3.1　　系统（3.1）的参数

参数	a_1	a_2	a_3	a_4	b_1	b_2	b_3	b_4	c_1	c_2
数值	0.09	0.003	0.005	0.07	0.41	0.096	0.8	0.076	0.035	0.006
参数	c_3	c_4	d_1	d_2	d_3	M	C	E	N	P
数值	0.074	0.004	0.048	0.001	0.0075	0.9	1.6	2.7	0.35	2.4

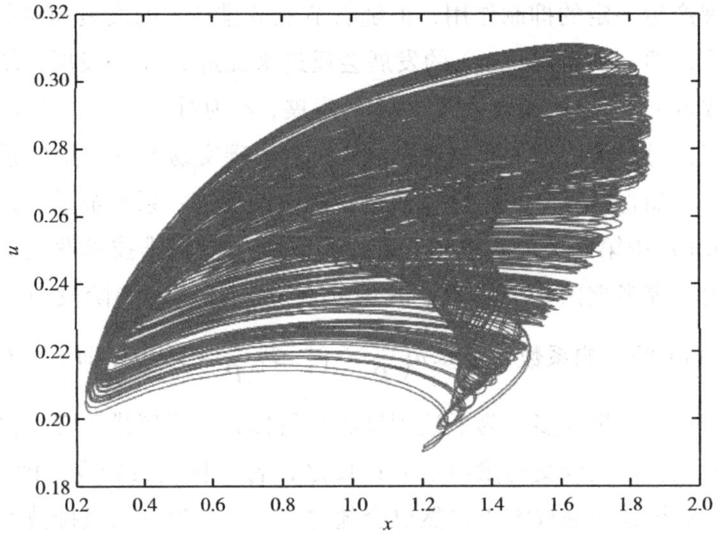

图3.1　节能减排吸引子（2D）

一个系统有朝某个稳态发展的趋势，这个稳态就称为吸引子。它是一个数学概念，描写运动的收敛类型，存在于相平面。

吸引子分为三类：第一类是最简单的吸引子，定点吸引子或不动点吸引子。在相空间中，定点吸引子是一个点，它将周围的轨道全部吸引过来。第二类是所谓极限环吸引子，系统在远离平衡态时，经过若干分叉点之后，由于自组织作用，系统可以进入一个规则而又稳定的周期震荡状态。极限环引子在相空间中是一个封闭的环，它将周围的轨道吸引到这个周期性的循环之中。这两类吸引子分别描述了系统的两类不同的长期行为：周期性的重复某种运动系列。但是，如果系统进一步分岔，更加远离平衡态，有可能达到一种新的稳态，即第三类吸引子，这种吸引子被称为奇异吸引子或者混沌吸引子。

从混沌吸引子外部看，是聚集的过程；从混沌吸引子内部看，是分散的过程。系统在宏观演化上是有迹可循的，而从微观上看，我们又无法指出系统具体的演化轨道。由于图 3.1 中的吸引子是在三维节能减排系统上受到 a_4u_1、b_4u_1、c_4u_1、$du_1\left(\frac{y_1}{p}-1\right)$等碳交易约束项后得到的，我们称为碳交易约束下的节能减排吸引子。

分岔常出现在动态系统的数学研究当中，其主要讨论的是非线性方程（微分方程、积分方程、差分方程等）中参数对解的定性性质的影响。其中，参数与解的稳定性、周期性、平衡位置等基本性质的关系是研究的重点。

对于某些确定的非线性系统，当系统的某一参数连续变化到一临界值时，系统会发生质的变化，即定性性质、拓扑性质等会发生突然变化。它是非线性系统内部固有的一种特性，是一种有重要意义的非线性现象。

由于混沌运动对初始条件极为敏感，因此，当系统的初值发生极其微弱的变化时，在极短的时间内，系统的误差将会变得很大。Lyapunov 指数是定量描述这一现象的量。最大 Lyapunov 指数大于零，就有混沌存在。对系统来说，若在某一点最大 Lyapunov 指数等于零，其余两个小于零，则此时有分岔发生。关于系统参数 c_1的分岔图和 Lyapunov 指数图如图 3.2 和图 3.3 所示。

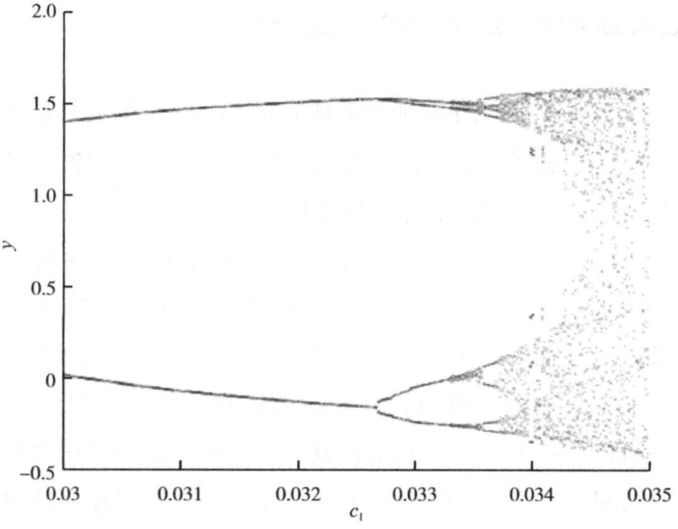

图 3.2　分岔图

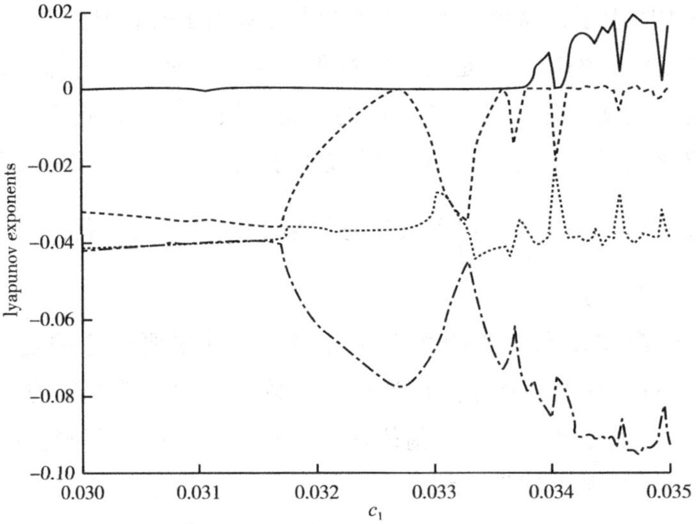

图 3.3　Lyapunov 指数图

如图 3.3 所示，系统中出现了分岔现象，且最大 Lyapunov（李雅普诺夫）指数大于零，说明式（3.1）对应的系统存在混沌吸引子（见图 3.1），从数值仿真角度也可证明混沌现象的出现。

3.2

系统政策协同的条件与实证分析

协同这一概念最早由德国物理学家 Haken（1983）提出，是 20 世纪 70 年代时由多门学科演变发展而来的，是系统科学的重要分支理论。经过十几年的发展，协同理论成为广泛应用的综合性学科。

事实上，早在 20 世纪中期时，西方国家便开始意识到各级政府和各个部门之间由于长期的干预主义盛行和分权制度已经存在严重的政策不协调问题（朱光喜，2015），从而开启了政治学家和社会学家对于协调政策的研究。Meijers 和 Stead（2004）认为，政策协同是指政府在政策制定过程中对跨界问题的管理，这些问题超越了现有的政策领域边界和单个部门的职责范围，需要多元主体间的协同配合。Kim（2011）指出政策在不同的实施环境中会产生不稳定的现象，因此政府应该通过政策协同来减少这种不稳定情况的发生。Kehoe

（1987）发现非协同的政府可能会因为其他国家所采取行动的传递效应而付出较大的代价。Matei 和 Dogaru（2013）强调在制定政策时，不同政府部门或各级政府之间乃至政府部门内部应当采取政策协同来减少或冲淡不同主体的利益冲突。Lee 等（2011）和 Carley（2011）发现不同政策的组合实施效果要优于单一政策的实施效果，政策协同能帮助政府取得更好的政绩。

柳卸林等（2007）认为政策协同的重点在于不同政策之间首先要协调，而不能相反方向用力，否则会带来意想不到的负面结果。彭纪生等（2008）发现创新政策协同对经济绩效和技术绩效的影响有着显著的方向性差异。目前，学者们对于我国节能减排政策的研究主要集中在分析不同政策情景中的政策实施途径、政策本身的不足、实施环境的复杂性以及对政策实施效果的评估上（王艳和苏怡，2020），少有关注节能减排政策协同问题。由于政策制定的主观性、实施环境的多变性、效果的不确定性，使某些政策难以发挥其本来的功效，而对节能减排的发展产生微乎其微的效果。因此，如果从政策本身出发，结合政策协同这一管理模式，对其有效性进行发掘和讨论，对于指导节能减排政策的制定、实施将有重大意义。

在本节中，我们将重点讨论碳交易约束下的节能减排系统在不同城市或地区是否能达到协同发展，或者说，在什么样的条件下，能够实现不同城市或地区的节能减排系统协调同步。一方面，碳交易作为市场经济体制下最有效率的节能减排措施，国家也在积极推动和建立统一的碳排放市场，但由于各地经济发展水平、节能减排状况、碳排放情形均存在较大差异，因此如何制定合理的政策措施来推动是我们当前面临的难题。另一方面，政策的制定、执行以及产生的相应效果或效应是否能达到令人满意的目的也是政府最关注的问题。

3.2.1 碳交易约束下的节能减排系统政策协同条件

节能减排体系的发展在全国范围内并不均衡，因此碳交易约束下的节能减排系统发展具有很强的地域属性。目前，国内共有八个区域碳交易市场，由于海南三亚的碳排放权交易中心设立于2017年年中，成立时间较短，参考意义不大，因此本章未列出相关数据。另外七大碳交易试点：北京、天津、上海、广东、深圳、重庆和湖北等地，经过几年的发展与建设，为启动全国统一碳市场提供了宝贵的经验。本章将选取其中的北京、上海两个地区相关的统计数据来进行实证分析。这两个地区作为碳交易建设试点，对于研究碳交易约束下的节能减排系统具有不可或缺的重要意义。北京和上海作为两大超一线城市，是经济、文化、科技等发展的核心区域，因此，研究这两个标志性城市的节能减排体系协同发展问题，不仅有助于发挥其自身优势，更为实现全国统一的碳排放权交易市场提供了一定的指导和示范作用。

在本章中，系统（3.1）表示北京—上海两个区域的节能减排演化系统，其中北京用A表示，上海用B表示。普遍来讲，两个城市（区域）情况肯定有些许差别，也即两个系统的参数肯定有所不同。截至2017年底，北京、天津、上海、广东、深圳、重庆和湖北等七地碳交易试点区域的交易量和成交额见表3.2。

表3.2　　中国试点区域碳交易价格、数量和成交总额

碳交易市场	交易启动时间	成交价格（元/t）	成交量（万t）	成交总额（万元）
深圳	2013－06－18	30.1	2427	73000
上海	2013－11－26	16.0	2694	43000
北京	2013－11－28	35.3	2013	71000
广东	2013－12－19	14.6	4816	70000
天津	2013－12－26	14.1	350	5000
湖北	2014－04－04	19.5	5129	100000
重庆	2014－06－19	3.7	816	3000

资料来源：中国碳排放交易网。

通过表3.2我们可以看出，碳交易市场的减排效果在七个试点之间存在一定差异。其中上海、北京、广东、湖北减排效果较为突出，不过各区域成交量之间仍存在明显差异，平均成交价格差异也较大。其中成交量最多的湖北与成交最少的天津，其碳交易成交量差异高达十几倍之多；成交单价最高的北京与成交单价最低的重庆差距也达到了近十倍。之所以出现这种情况，一方面是由于从客观来讲，各地本身的碳排放情况、节能减排情形存在较大差异，试点地区的碳交易完成额在制定时就考虑到各种因素，采用自治的方式，由各地政府制定符合该区域的碳交易规则，因此初始完成额在制定时的不同使各地碳交易量必然存在一定差异。另一方面，各试点地区碳交易进度不一，经济发展较快或经济发达地区，碳交易发生频繁、交易量大、市场机制灵活，而经济不发达或发展较为缓慢的区域，其碳交易市场也相对冷淡、交易量小、交易价格较低。且各试点之间的价格流动性较差，并没有形成良好的价格机制。由此可见，国家期望从各试点经验基础上建立一个完善、成功、具有效率的全国碳交易市场，还有很长的路要走。

本节选定北京、上海两试点区域，一方面是由于它们碳交易市场成立时间几乎是同时的，且交易量和交易价格之间存在一定差异但并非差异最大，因此跨区域交易或首先实现两地碳交易的同步发展难度相对较小；并且两地碳交易市场较为活跃，减排潜力大，对于完善全国统一的碳交易市场结构具有重要意义。另一方面，北京地处华北平原北部，是中国的首都、直辖市，也是国家中心城市，全国政治经济文化中心，也是综合交通枢纽城市；而上海地处长江入海口，是长三角经济带的龙头城市，同北京一样是直辖市和国家中心城市，也是国际经济、金融、贸易和科技中心。因此，这两个地区作为中国超一线城市的存在，其重要的战略地位和不同的地理位置使其既相似又有很大的差异，研究北京、上海这两个指标性城市，讨论不同系统之间的同步问题，有助于系统之间的协调发展，对于研究碳交易约束下的节能减排有着重要意义，不仅有助于发挥它们在地理和经济上的相同点和优势之处，协调政策在不同环境当中的稳定性，更有利于推进全国碳交易市场的统一建设，具有重要意义。

为了分析方便且分析结果具有实际意义，假设 A、B 的 $x(t)$、$y(t)$、$z(t)$、$u(t)$ 的发展系数（除以下提到的 a、a'，b、b'，c、c'，d、d'外）及变量间相互影响的拐点相同，其他参数不同，由此得到区域 A、B 的系统 (3.2)、系统 (3.3)。

A 区域（北京）的碳交易约束下的节能减排系统为：

$$\begin{cases} \dot{x}_1 = ax_1\left(\dfrac{y_1}{M} - 1\right) - a_2y_1 + a_3z_1 + a_4u_1 \\ \dot{y}_1 = -b_1x_1 + by_1\left(1 - \dfrac{y_1}{C}\right) + b_3z_1\left(1 - \dfrac{z_1}{E}\right) - b_4u_1 \\ \dot{z}_1 = c_1x_1\left(\dfrac{x_1}{N} - 1\right) - c_2y_1 - cz_1 - c_4u_1 \\ \dot{u}_1 = du_1\left(\dfrac{y_1}{P} - 1\right) - d_2x_1 + d_3z_1 \end{cases} \tag{3.2}$$

B 区域（上海）的碳交易约束下的节能减排系统为：

$$\begin{cases}\dot{x}_2 = a'x_2\left(\dfrac{y_2}{M}-1\right)-a_2y_2+a_3z_2+a_4u_2\\ \dot{y}_2 = -b_1x_2+b'y_2\left(1-\dfrac{y_2}{C}\right)+b_3z_2\left(1-\dfrac{z_2}{E}\right)-b_4u_2\\ \dot{z}_2 = c_1x_2\left(\dfrac{x_2}{N}-1\right)-c_2y_2-c'z_2-c_4u_2\\ \dot{u}_2 = d'u_2\left(\dfrac{y_2}{P}-1\right)-d_2x_2+d_3z_2\end{cases} \tag{3.3}$$

在系统（3.2）、系统（3.3）中，a、a'分别为$x_1(t)$、$x_2(t)$的发展系数；b、b'分别为$y_1(t)$、$y_2(t)$发展速度的弹性系数；c、c'为由于节能减排的投入而对经济增长$z_1(t)$、$z_2(t)$的抑制系数；d、d'为碳交易$u_1(t)$、$u_2(t)$的发展系数。由于A、B两个区域经济发展程度、对于节能减排的经济投入、节能减排相关技术发展以及政府相关政策的不同，因此a、a'不尽相同；并且，A、B两区域经济产业结构、工业占比、对于资源能源的消耗程度存在或多或少的差别，因此b、b'也不相同。另外，虽然A、B两区域都是国际经济和金融中心，其经济发展政策和策略、经济体量规模和对节能减排重视及经济投入还是存有一定差异的，这使c、c'也是不同的。最后，A、B两个城市的碳交易市场规模、发展程度、政策导向等都存在差异，d、d'也不相同。其他系数的实际意义与变量之间的相互影响密不可分，由于两个区域均为直辖市和国家中心城市，变量之间的相互关系在一定程度上存在共性，为分析方便且不失真实性，可以认为这些系数基本相同。为使不同区域能够更好地协调发展，研究不同系统之间的同步问题，这不失为一个好方法。对于系统（3.2）、系统（3.3），它们的同步有利于实现全国碳交易市场的统一发展和管理，从而为节能减排的发展打下坚实基础。

非线性混沌系统同步问题的研究一般是基于混沌系统控制的研究基础上来的，包括耦合同步、驱动—响应同步、自适应同步和反同步等（陈彦飞，2013）。本章采用的方法是自适应同步控制方法，其原理简而言之就是利用现代控制理论中常用的自适应控制技术来自动调整系统的某些参数，使系统达到混沌同步的目的。为分析方便，假设A区域节能减排系统为驱动系统，即系统（3.2）为驱动系统，B区域的节能减排系统即系统（3.3）为响应系统。对系统（3.3）施加适当的控制项$r_1(t)$、$r_2(t)$、$r_3(t)$、$r_4(t)$，使两个系统达到同步。$r_1(t)$、$r_2(t)$、$r_3(t)$、$r_4(t)$ 分别是对 B 区域节能减排发展速度、碳排放发展速度、经济发展速度以及碳交易发展速度的控制，其中 $r_i(t)$ 受到 A、B 两区域节能减排数量、碳排放量、经济增长量以及碳交易量的多重制约，是一个复杂的多元函数。

根据已知的系统（3.2）、系统（3.3），可得响应系统（3.4）为：

$$
\begin{cases}
\dot{x}_2 = a' x_2\left(\dfrac{y_2}{M} - 1\right) - a_2 y_2 + a_3 z_2 + a_4 u_2 + r_1(t) \\
\dot{y}_2 = -b_1 x_2 + b' y_2\left(1 - \dfrac{y_2}{C}\right) + b_3 z_2\left(1 - \dfrac{z_2}{E}\right) - b_4 u_2 + r_2(t) \\
\dot{z}_2 = c_1 x_2\left(\dfrac{x_2}{N} - 1\right) - c_2 y_2 - c' z_2 - c_4 u_2 + r_3(t) \\
\dot{u}_2 = d' u_2\left(\dfrac{y_2}{P} - 1\right) - d_2 x_2 + d_3 z_2 + r_{4(t)}
\end{cases}
\tag{3.4}
$$

其中，$\begin{cases} a' = a + \gamma_1 a \\ b' = b + \gamma_2 b \\ c' = c + \gamma_3 c \\ d' = d + \gamma_4 d \end{cases}$，$\gamma_i(i = 1,2,3,4)$ 表示对应未知参数之间的关系，定义系统的状态误差为 $e_1 = x_2 - x_1$，$e_2 = y_2 - y_1$，$e_3 = z_2 - z_1$，$e_4 = u_2 - u_1$。

则系统（3.2）和系统（3.4）的误差系统为：

$$
\begin{cases}
\dot{e}_1 = \dfrac{a}{M}(x_2 y_2 - x_1 y_1) + \gamma_1 a\left(\dfrac{x_2 y_2}{M} - x_2\right) - a e_1 - a_2 e_2 + a_3 e_3 + a_4 e_4 + r_1(t) \\
\dot{e}_2 = b e_2\left(1 - \dfrac{y_1 + y_2}{c}\right) + b_3 e_3\left(1 - \dfrac{z_1 + z_2}{E}\right) + \gamma_2 b\left(y_2 - \dfrac{y_2^2}{c}\right) - b_1 e_1 - b_4 e_4 + r_2(t) \\
\dot{e}_3 = c_1 e_1\left(\dfrac{x_1 + x_2}{N} - 1\right) - c_2 e_2 - c e_3 - c_4 e_4 + \gamma_3 c z_2 + r_3(t) \\
\dot{e}_4 = \dfrac{d}{P}(u_2 y_2 - u_1 y_1) + \gamma_4 d u_2\left(\dfrac{y_2}{P} - 1\right) - d e_4 - d_2 e_1 + d_3 e_3 + r_4(t)
\end{cases}
\tag{3.5}
$$

此时，两系统的同步问题转化为误差系统（3.5）在原点的渐进稳定性问题。因此选取适当的控制系统（3.6），驱动系统（3.2）和响应系统（3.3）可实现同步。

$$
\begin{cases}
u_1(t) = -\dfrac{a}{M}(x_2y_2 - x_1y_1) - \hat{\gamma}_1 a\left(\dfrac{x_2y_2}{M} - x_2\right) + a_2e_2 - a_3e_3 - a_4e_4 \\
u_2(t) = -b_3e_3\left(1 - \dfrac{z_1 + z_2}{E}\right) - \hat{\gamma}_2 b\left(y_2 - \dfrac{y_2^2}{c}\right) + b_1e_1 + b_4e_4 \\
u_3(t) = -c_1e_1\left(\dfrac{x_1 + x_2}{N} - 1\right) + c_2e_2 + c_4e_4 + \hat{\gamma}_3 cz_2 \\
u_4(t) = -\dfrac{d}{P}(u_2y_2 - u_1y_1) - \hat{\gamma}_4 du_2\left(\dfrac{y_2}{P} - 1\right) + d_2e_1 - d_3e_3
\end{cases}
\tag{3.6}
$$

参数的估计律为：

$$
\begin{cases}
\dot{\hat{\gamma}}_1 a = \left(\dfrac{y_2}{M} - 1\right)x_2e_1 \\
\dot{\hat{\gamma}}_2 b = \left(1 - \dfrac{y_2}{C}\right)y_2e_2 \\
\dot{\hat{\gamma}}_3 c = -z_2e_3 \\
\dot{\hat{\gamma}}_4 d = \left(\dfrac{y_2}{P} - 1\right)u_2e_4
\end{cases}
\tag{3.7}
$$

并且，$\tilde{\gamma}_i = \gamma_i - \tilde{\gamma}_i$，$\tilde{\gamma}_i a = \gamma_i a - \tilde{\gamma}_i a$，$i = 1, 2, 3$，$\tilde{\gamma}_1$、$\tilde{\gamma}_2$、$\tilde{\gamma}_3$为$\gamma_1$、$\gamma_2$、$\gamma_3$的估计值。

把控制系统（3.6）代入误差系统（3.5）得：

$$
\begin{cases}
\dot{e}_1 = \tilde{\gamma}_1 a\left(\dfrac{x_2y_2}{M} - x_2\right) - ae_1 \\
\dot{e}_2 = be_2\left(1 - \dfrac{y_1 + y_2}{c}\right) + \tilde{\gamma}_2 b\left(y_2 - \dfrac{y_2^2}{c}\right) \\
\dot{e}_3 = -ce_3 - \tilde{\gamma}_3 cz_2 \\
\dot{e}_4 = \tilde{\gamma}_4 du_2\left(\dfrac{y_2}{P} - 1\right) - de_4
\end{cases}
\tag{3.8}
$$

从系统（3.8）可以看出，系统的稳定性与响应系统的参数无关，只要误差系统稳定，就能实现两个参数不同的节能减排系统的混沌同步。

定理3.1：非线性系统的状态空间模型的一般形式为：

$$
\begin{cases}
\dot{x}(t) = f[x(t), u(t), t] \\
y(t) = h[x(t), u(t), t]
\end{cases}
\tag{3.9}
$$

如果对于任意给定实数 $\varepsilon > 0$，存在一个与 ε 和 t_0 有关的实数 $\delta(\varepsilon, t_0) > 0$，只要初始状态 $x(t_0) = x_0$ 满足 $\|x_0 - x_e\| < \delta(\varepsilon, t_0)$，系统的解 $x(t, x_0, t_0)$ 满足 $\|x(t, x_0, t_0) - x_e\| < \varepsilon, \forall t \geqslant t_0$，那么称该一般形式的平衡点 x_e 是 Lyapunov 意义下稳定的。

定理 3.2：如果状态空间模型所示动态系统的一个平衡状态 x_e 满足：

(1) x_e 是 Lyapunov 意义下稳定的；

(2) 存在一个实数 $\delta(t_0) > 0$，使只要初始状态满足 $\|x_0 - x_e\| < \delta(t_0)$，就有 $\lim\limits_{t \to \infty} \|x(t, x_0, t_0) - x_e\| = 0$，则称 x_e 是渐进稳定的。

在上述非线性动力系统中，使用定义判定系统的零解稳定性是很困难的，因此本章采用 Lyapunov 直接方法。Lyapunov 虚构了一个以状态变量描述的能量函数 $V[x(t)]$，只要标量函数 $V[x(t)]$ 正定，其对时间的导数 $\frac{d}{dt}V[x(t)]$ 负定，则不需要知道系统运动方程的解，就可以证明平衡点的稳定性。

定理 3.3：在系统的控制函数取式（3.6），参数估计率取式（3.7）的情况下，当 $y_1 + y_2 > C$ 时，系统（3.5）是渐进稳定的。即对于任意的初始值，$[x_1(0), y_1(0), z_1(O), u_1(0)]^T$ 和 $[x_2(0), y_2(0), z_2(O), u_2(0)]^T$，有 $\lim\limits_{t \to \infty}\|e\| = 0$，$e = [e_1, e_2, e_3, e_4]^T$。

定理 3.4：在原点的领域 Ω 内，存在一个正定函数 $V(x)$，并且沿其解的导数 $\frac{dV}{dt}$ 是负定的，则系统在原点是渐进稳定的。

证明：构造 Lyapunov 函数：

$$V = \frac{1}{2}(e_1^2 + e_2^2 + e_3^2 + e_4^2) + \frac{1}{2}(\tilde{\gamma}_1^2 a^2 + \tilde{\gamma}_2^2 b^2 + \tilde{\gamma}_3^2 c^2 + \tilde{\gamma}_4^2 d^2) \tag{3.10}$$

显然 V 是正定函数，将式（3.6）、式（3.7）代入式（3.5）有：

$$\begin{aligned}\dot{V} &= e_1 \cdot \dot{e}_1 + e_2 \cdot \dot{e}_2 + e_3 \cdot \dot{e}_3 + e_4 \cdot \dot{e}_4 + a^2 \tilde{\gamma}_1 \cdot \dot{\tilde{\gamma}}_1 + b^2 \tilde{\gamma}_2 \cdot \dot{\tilde{\gamma}}_2 \\ &\quad + c^2 \tilde{\gamma}_3 \cdot \dot{\tilde{\gamma}}_3 + d^2 \tilde{\gamma}_4 \cdot \dot{\tilde{\gamma}}_4 \\ &= (\gamma_1 - \tilde{\gamma}_1)\left(\frac{x_2 y_2}{M} - x_2\right)ae_1 - ae_1^2 + be_2^2\left(1 - \frac{y_1 + y_2}{c}\right) + (\gamma_2 - \tilde{\gamma}_2) \\ &\quad \left(y_2 - \frac{y_2^2}{c}\right)be_2 - (\gamma_3 - \tilde{\gamma}_3)cz_2 e_3 - ce_3^2 + (\gamma_4 - \tilde{\gamma}_4)\end{aligned}$$

$$\left(\frac{u_2y_2}{P}-u_2\right)de_4-de_4^2-(\gamma_1-\tilde{\gamma}_1)\left(\frac{x_2y_2}{M}-x_2\right)ae_1-(\gamma_2-\tilde{\gamma}_2)$$

$$\left(y_2-\frac{y_2^2}{c}\right)be_2+(\gamma_3-\tilde{\gamma}_3)cz_2e_3-(\gamma_4-\tilde{\gamma}_4)\left(\frac{u_2y_2}{P}-u_2\right)de_4$$

$$=-ae_1^2+be_2^2\left(1-\frac{y_1+y_2}{c}\right)-ce_3^2-de_4^2 \tag{3.11}$$

由定理3.4可知，当V是正定、$\dot{V}$是负定时，系统是渐进稳定的。原系统中a、b、c、d均为正数，由$\dot{V}<0$有$1-\frac{y_1+y_2}{c}<0$即$y_1+y_2>C$时，系统在原点是渐进稳定的，证毕。

基于系统所对应的现实情形，C是城市（区域）在某个经济时期碳排放量的峰值，其隐藏的含义是能源消耗的最大量。根据理论分析证明的结果，两个不同地区碳交易约束下的节能减排系统同步问题，核心在于一定经济时期内两地碳排放峰值的大小。显然，在目前或短期内两地是无法同时达到这一峰值的，因此，在一定的经济时期内，我们可以认为存在$y_1+y_2<2C$，即给予系统适当的控制，当满足条件$C<y_1+y_2<2C$时，两城市（北京、上海）的节能减排系统是可以达到同步的。结合实际的经济、资源、环境的发展情况来看，并不是碳排放越少越好，过少的碳排放意味对能源利用的极大限制或抑制，也就是对经济发展的抑制，因此，为了保持经济发展的步伐，我们需要将碳排放控制在合理的范围内，即$y_1+y_2>C$。

由于本章以两个地区节能减排发展协调同步出发，试图为全国碳交易市场的同步提供新的思路，因此，如果通过适当的控制和调节，使两地区在碳排放均达到峰值之前实现其同步，即$y_1+y_2<2C$，不仅有利于资源环境的可持续发展，也能将该结论延伸至其他地区甚至全国，从而为全国统一碳排放市场和节能减排体系协调发展提供新的思路。

3.2.2 系统数据获取及参数辨识

节能减排的核算主要来源于以下四种情形（Fang et al.，2013）：（1）因能源利用率和转换率提高而减少的碳排放；（2）发展核能、新能源和可再生能源而减少的碳排放；（3）碳捕获与封存；（4）新增森林碳汇吸收的碳排放。

由于情形（1）数据不全，情形（3）在中国起步不久，因此本章节能减排的核算主要采用情形（2）、情形（4）途径。对于情形（2），北京和上海均未发展核能，北京主要有水电、风电、光伏发电的数据，上海主要有风电和光伏发电的数据。

碳排放量主要指能源消耗所引起的碳排放；且节能减排与碳排放数据单位均为万吨标准煤，按照国家发改委根据中国的煤炭利用比例，建议取值煤炭的含碳量为67%，即1kg标准煤燃烧排放0.67kg碳，约合2.46kg二氧化碳，通过换算将万吨标准煤转换为二氧化碳。

经济增长指标为各地区GDP，其中GDP的换算是除以煤炭的每月平均价格得到其数量并将其换算成标准煤，再转换为二氧化碳。

碳交易量即为各地区碳交易市场的成交量并将其换算成二氧化碳。其中国内碳交易市场于2015年正式上线CCER（核证自愿减排量）产品，因此2014年的碳交易量只有基于配额的成交量，2015年及以后，碳交易量为配额和CCER的成交总量。

本节选取了2014～2017年的年度或季度数据，然后以地区月度工业增长率拆分成月度数据。因参数辨识变量无量纲，且只需要反映出数据的大小关系即可，所以对2014～2017年的数据做了无量纲处理，以2014年1月为基期，且基期GDP的换算是以煤炭、石油、天然气、电力的消耗比例将GDP分为四份，然后除以当月各能源价格，得到每份GDP可购买的各能源数量，再将其换算成标准煤然后转化为二氧化碳，节能减排量、碳排放量、碳交易量等同样，由上述换算方式统一其单位为万吨二氧化碳。因此，最后得到的节能减排、碳排放、经济增长、碳交易量数据如表3.3、表3.4所示。数据来源于国家统计局官网、国家能源局官网、中经网产业数据库、北京统计局官网、上海统计局官网、北京市园林绿化局官网、中国能源报、中国碳交易网、中国碳市场年度报告、北京碳市场年度报告、上海碳市场年度报告、上海统计年鉴、北京统计年鉴、中国能源统计年鉴、中国统计年鉴等。

BP神经网络（Back propagation network）是人工神经网络（Artificial Neural Network）中最广泛应用的一种。简单来讲，神经网络是一种运算模型，是由大量处理单元互联组成的非线性、自适应信息处理系统。它是在现代神经科学研究成果的基础上提出的，试图通过模拟大脑神经网络处理、记忆信息的方式进行信息处理（方国昌，2013）。而BP神经网络是一种按照误差逆向传播算

表 3.3　2014～2017 年北京节能减排、碳排放、经济增长、碳交易的统计数据　单位：万吨二氧化碳

时间	x_1	y_1	z_1	u_1	时间	x_1	y_1	z_1	u_1
201401	22.7774	1400.8129	14434.1600	18.0297	201601	7.4488	1368.2602	73991.0184	124.4289
201402	22.7559	1399.4939	43037.4061	18.0127	201602	7.5151	1380.4406	74235.8885	125.5366
201403	22.7345	1398.1748	44774.5019	17.9958	201603	7.5961	1395.3277	75244.9127	126.8904
201404	22.8846	1407.4081	57029.0026	18.1146	201604	7.5225	1381.7940	79184.9650	125.6597
201405	22.5629	1387.6226	58348.0947	17.8599	201605	7.6551	1406.1547	75786.7563	127.8750
201406	23.0991	1420.5984	59977.1132	18.2844	201606	7.9866	1467.0565	79151.6437	133.4134
201407	23.1634	1424.5555	57331.1281	18.3353	201607	7.6551	1406.1547	72923.8302	127.8750
201408	22.7345	1398.1748	58062.1427	17.9958	201608	7.9866	1467.0565	72101.3046	133.4134
201409	22.7774	1400.8129	58900.0323	18.0297	201609	8.1266	1492.7706	64034.0704	135.7518
201410	22.8203	1403.4510	79514.7080	18.0637	201610	7.6551	1406.1547	59153.0930	127.8750
201411	21.7479	1337.4993	74439.8143	17.2148	201611	8.1340	1494.1239	61877.2320	135.8749
201412	22.8203	1403.4510	76935.2464	18.0637	201612	7.8245	1437.2823	62666.5952	130.7058
201501	7.5155	1465.2498	55683.5165	72.7297	201701	8.1511	1478.9809	50604.8059	123.4214
201502	7.4728	1456.9324	56541.8298	72.3168	201702	8.1969	1487.3054	51294.2319	124.1160
201503	7.4301	1448.6150	57352.9557	71.9040	201703	8.2428	1495.6299	51581.3384	124.8107
201504	7.1031	1384.8482	70911.6895	68.7388	201704	7.6693	1391.5740	52298.4204	116.1272
201505	7.0604	1376.5308	73418.3073	68.3260	201705	7.7305	1402.6733	53823.9828	117.0535
201506	7.2311	1409.8004	75625.3740	69.9774	201706	8.2122	1490.0802	57764.8860	124.3476
201507	6.6907	1304.4466	68647.9464	64.7480	201707	8.4110	1526.1529	83809.8060	127.3579
201508	6.9751	1359.8960	76001.5304	67.5003	201708	7.9446	1441.5208	81684.3419	120.2953
201509	6.8187	1329.3988	78366.3645	65.9865	201709	8.0593	1462.3320	61016.1681	122.0320
201510	7.2311	1409.8004	100344.4386	69.9774	201710	7.9675	1445.6830	70074.2299	120.6426
201511	7.6932	1499.9057	110991.1041	74.4499	201711	7.9675	1445.6830	70193.2418	120.6426
201512	7.1244	1389.0069	91755.6847	68.9453	201712	8.0211	1455.3949	66359.3860	121.4531

表 3.4　　2014～2017 年上海节能减排、碳排放、经济增长、碳交易的统计数据

单位：万吨二氧化碳

时间	x_1	y_1	z_1	u_1	时间	x_1	y_1	z_1	u_1
201401	1.1028	2340.3600	20136.3514	16.9568	201601	3.3099	2369.8767	85919.4847	191.8904
201402	1.0957	2325.1800	51815.8690	16.8467	201602	3.2870	2353.4867	84851.8769	190.5631
201403	1.0885	2309.9633	53605.4010	16.7366	201603	3.2608	2334.7500	84410.2742	189.0462
201404	1.0844	2301.3100	59668.9360	16.6737	201604	3.0417	2177.8533	89714.0039	176.3420
201405	1.0926	2318.6533	62386.8680	16.7995	201605	3.1365	2245.7600	87007.1581	181.8408
201406	1.0916	2316.4900	62581.5343	16.7838	201606	3.1561	2259.8033	87642.9310	182.9785
201407	1.0711	2273.0767	65601.4908	16.4692	201607	3.3687	2412.0433	81704.3220	195.3035
201408	1.0281	2181.8867	64976.2049	15.8085	201608	3.5159	2517.4233	80812.3203	203.8362
201409	1.0363	2199.2667	66312.9677	15.9344	201609	3.4211	2449.5167	68630.9624	198.3373
201410	1.0333	2192.7400	81927.6846	15.8872	201610	3.3916	2428.4333	61014.4905	196.6308
201411	1.0435	2214.4467	81277.5561	16.0445	201611	3.5061	2510.3833	62094.0388	203.2673
201412	1.0639	2257.8600	81624.7424	16.3591	201612	3.7907	2714.1400	70678.6767	219.7638
201501	1.7156	2394.0033	68252.5331	242.7894	201701	10.2332	2631.2181	58904.9019	350.6925
201502	1.6956	2366.1367	68888.5342	239.9608	201702	10.1351	2606.0061	58804.3460	347.3322
201503	1.6756	2338.2333	69449.1087	237.1322	201703	10.0282	2578.5021	58183.7681	343.6664
201504	1.6940	2363.7900	74831.0724	239.7250	201704	9.5557	2457.0260	57481.7004	327.4759
201505	1.6840	2349.8567	77484.2631	238.3107	201705	9.7162	2498.2820	59675.5666	332.9745
201506	1.6790	2342.8900	77698.7646	237.6036	201706	10.0995	2596.8381	62666.3926	346.1102
201507	1.5657	2184.8200	77366.4006	221.5748	201707	9.9747	2564.7500	86653.8788	341.8335
201508	1.5624	2183.8667	81986.4149	221.1033	201708	10.0371	2580.7941	89973.9272	343.9719
201509	1.5607	2177.8533	86384.8204	220.8676	201709	10.1262	2603.7141	66840.1712	347.0267
201510	1.6956	2366.1367	101373.0763	239.9608	201710	9.0387	2324.0899	72058.8067	309.7580
201511	1.8222	2542.7600	113261.0093	257.8753	201711	9.1814	2360.7619	73319.9844	314.6457
201512	1.6973	2368.4467	94176.2080	240.1965	201712	8.4772	2179.6937	63572.1860	290.5127

法训练的多层前馈神经网络，其具有结构简单、模型清楚易懂、计算量小等特点，因此不仅在传统的计算机领域，如模式识别与智能控制等方向上有普遍应用，在经济或金融预测方面也有广泛应用。如较早之前，吴微等（2001）就利用 BP 神经网络来预测股票涨跌。也有学者通过建立经济系统的评价指标体系，然后用 BP 神经网络来训练实际数据，得出相应参数，从而对经济发展进行预测。还有学者通过 BP 神经网络模型和曲线拟合得出各年龄段占比与两个经济发展指标之间的影响关系。然后结合 2030 ~ 2050 年我国未来人口的预测数据，用同样的方法分析了人口结构变化对人均 GDP 和居民消费水平的影响（闫佩玉，2018）。

传统的 BP 神经网络算法已经是人工神经网络领域具有重大意义的进步，但也并不是完美无缺的，仍然存在如学习收敛速度慢、训练次数多、无法保证收敛到全局最小点等缺点。因此本章采用 LM 算法（Levenberg - Marquardt）来优化建模，这种算法比传统的 BP 算法使用的梯度下降法模型训练时间要更快。

借助基于改进的神经网络 BP 算法对系统进行参数辨识，首先将系统（3.1）离散化，得差分方程如下：

$$
\begin{cases}
x(k+1) = x(k) + T\left[a_1 x(k)\left(\dfrac{y(k)}{M} - 1\right) - a_2 y(k) + a_3 z(k) + a_4 u(k)\right] \\
y(k+1) = y(k) + T\left[-b_1 x(k) + b_2 y(k)\left(1 - \dfrac{y(k)}{C}\right) + b_3 z(k)\right. \\
\qquad\qquad \left.\left(1 - \dfrac{z(k)}{E}\right) - b_4 u(k)\right] \\
z(k+1) = z(k) + T\left[c_1 x(k)\left(\dfrac{x(k)}{N} - 1\right) - c_2 y(k) - c_3 z(k) - c_4 u(k)\right] \\
u(k+1) = u(k) + T\left[d_1 u(k)\left(\dfrac{y(k)}{P} - 1\right) - d_2 x(k) + d_3 z(k)\right]
\end{cases}
\tag{3.12}
$$

在前面模型构建时，为了分析方便且不失真实性，我们假设 A、B 两区域的 $x(t)$、$y(t)$、$z(t)$、$u(t)$ 的发展系数及变量间相互影响的拐点相同，其他参数不同，即除 a、a'，b、b'，c、c'，d、d'外，两个系统的其他系数均相同，因此我们将两城市（区域）的实际数据加和，所辨识的参数具有两系统特性，相当于取平均值，这样处理有助于分析两系统在不同参数时的同步情况，使其更具有现实意义。取实际数据的前 n－1 组数据作为输入数据，后 n－1 组数据作为输出数据，对输入输出变量做归一化处理：$\bar{x}_i = (x_i - x_{min})/(x_{max} - x_{min})$，选择合适的 BP 神经网络，置所有可调参数为随机数，将其输出结果代入差分方程，所得结果与目标输出比较得到误差 e（傅敏等，2017），便可得到实际系统参数如表 3.5 所示。

表 3.5　　实际系统的参数

a_1	a_2	a_3	a_4	b_1	b_2	b_3	b_4	c_1	c_2
0.6992	0.7072	0.4318	0.2897	0.5889	0.6044	0.4453	0.2969	0.0106	0.0895
c_3	c_4	d_1	d_2	d_3	M	C	E	N	P
0.0867	0.0529	0.2184	0.4365	0.9867	0.9680	0.2278	0.5826	0.6834	0.6267

取系统参数如表 3.5 所示，初值为［0.0000239 0.00374 0.0346 0.000035］，初值单位是 10^{10} 吨二氧化碳，得到实际系统的相应相图如 3.4 所示，实际相图表明了系统最终达到了稳定的状态，与现实情况相符。

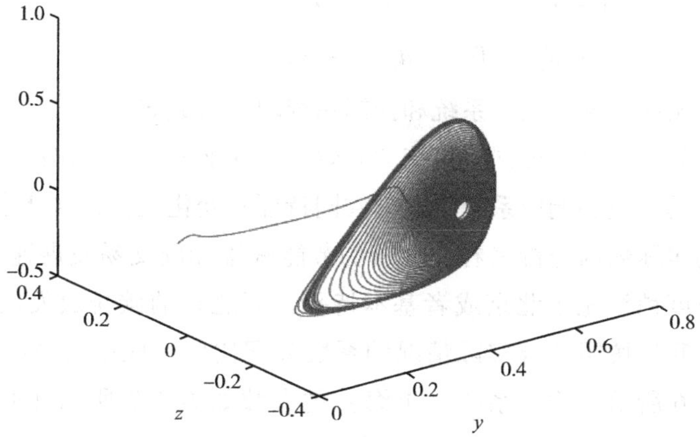

图 3.4　实际系统相图

3.2.3　实证结果与分析

为了方便叙述，对变量的表述方式做如下变化：

驱动系统为：
$$\begin{cases}\dot{x}_1 = ax_1\left(\dfrac{x_2}{M}-1\right)-a_2x_2+a_3x_3+a_4x_4\\[2ex]\dot{x}_2 = -b_1x_1+bx_2\left(1-\dfrac{x_2}{C}\right)+b_3x_3\left(1-\dfrac{x_3}{E}\right)-b_4x_4\\[2ex]\dot{x}_3 = c_1x_1\left(\dfrac{x_1}{N}-1\right)-c_2x_2-cx_3-c_4x_4\\[2ex]\dot{x}_4 = dx_4\left(\dfrac{x_2}{P}-1\right)-d_2x_1+d_3x_3\end{cases} \tag{3.13}$$

其矩阵形式为：$\dot{X} = AX+\sum_{i=1}^{4}\varphi_i(\chi)\psi_i(X)$，其中，$X\in R^n$，为系统状态向量，$A\in R^{n\times n}$，是系统参数矩阵，$\chi$ 是状态变量，$\varphi_i(\chi)$ 是关于 χ 的线性函数，$\psi_i(X)$ 是关于 X 的线性函数。则，$\varphi_1(\chi)=\dfrac{a}{M}x_1x_2$，$\varphi_2(\chi)=-\dfrac{b_2}{c}x_2^2-\dfrac{b_3}{E}x_3^2$，$\varphi_3(\chi)=\dfrac{c}{N}x_1^2$，$\psi_1(X)=[1,0,0,0]^T$，$\psi_2(X)=[0,1,0,0]^T$，$\psi_1(X)=[0,0,1,0]^T$，$\psi_1(X)=[0,0,0,1]^T$；$A=\begin{bmatrix}-a & -a_2 & a_3 & a_4\\ -b_1 & b & b_3 & -b_4\\ -c_1 & -c_2 & -c & -c_4\\ -d_2 & 0 & d_3 & -d\end{bmatrix}$。

同理，响应系统、误差系统和控制系统均可写成如上形式。

下面用数值仿真验证同步系统的有效性。在前面算法得出的实际系统的参数反映了驱动系统和响应系统参数的共同特性和变化规律，从北京和上海两区域各变量的实际数据分析来看，上海的节能减排和碳交易发展速率显然更快，经济发展速度稍领先于北京或者基本持平，而北京的碳排放发展速度快于上海。因此，我们按照符合实际情况的系数分配比例，取驱动系统（北京）的参数如表 3.6 所示，响应系统（上海）的参数如表 3.7 所示（此处的参数并不一定就是 A 地区和 B 地区的实际参数），但我们所关注的重点是通过研究 A、B 两地参数变化过程中系统的演化规律，从而推广扩大至其他具有不同发展系数，不同初始条件的地区或区域实际节能减排系统的演化规律。因此这样分析有助于我们探究任意不同区域的碳交易约束下的节能减排系统协调发展，以下为我们展示了数值仿真的一系列结果。

表 3.6　　　　驱动系统的参数（北京）

a	a_2	a_3	a_4	b_1	b	b_3	b_4	c_1	c_2
0.6890	0.7072	0.4318	0.2897	0.5889	0.6034	0.4453	0.2969	0.0106	0.0895
c	c_4	d	d_2	d_3	M	C	E	N	P
0.0870	0.0529	0.2160	0.4365	0.9867	0.9680	0.2278	0.5826	0.6834	0.6267

响应系统（上海）的参数如表 3.7：

表 3.7　　　　响应系统的参数（上海）

a'	a_2	a_3	a_4	b_1	b'	b_3	b_4	c_1	c_2
0.7094	0.7072	0.4318	0.2897	0.5889	0.6054	0.4453	0.2969	0.0106	0.0895
c'	c_4	d'	d_2	d_3	M	C	E	N	P
0.0864	0.0529	0.2208	0.4365	0.9867	0.9680	0.2278	0.5826	0.6834	0.6267

取驱动系统的初值 [0.0000228 0.00140 0.0144 0.0000180]，响应系统的初值 [0.00000110 0.00234 0.0201 0.0000170]，单位均为 10^{10} 吨二氧化碳。在控制系统（3.6）和参数估计律系统（3.7）下，利用龙格库塔算法在 Matlab 中进行仿真计算，得到两系统的误差变化曲线和节能减排部分状态变量轨迹如图 3.5 和图 3.6 所示。

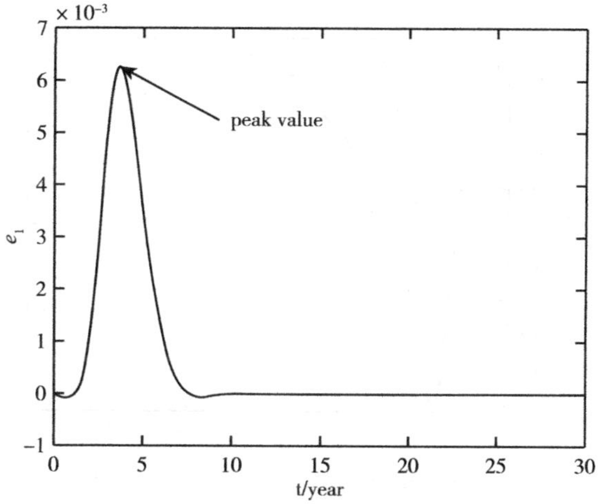

（a）节能减排系统——节能减排误差分量e_1的变化

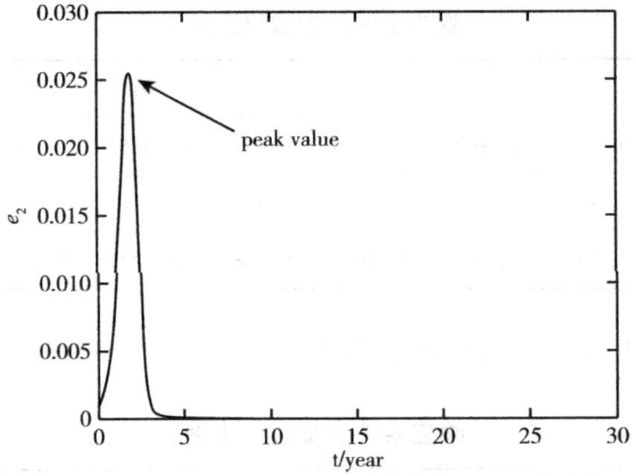

（b）节能减排系统——碳排放误差分量e_2的变化

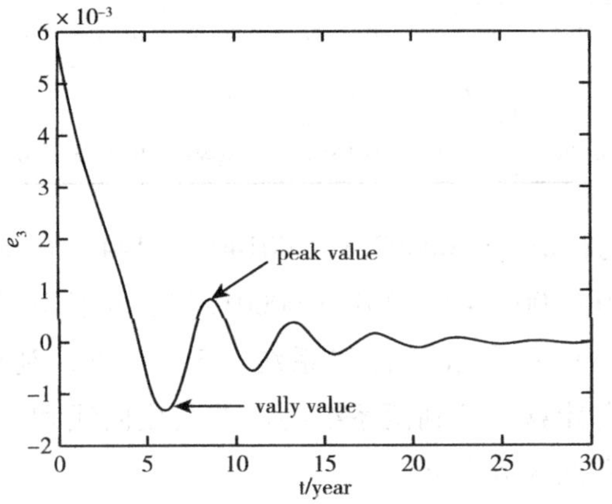

（c）节能减排系统——经济增长误差分量e_3的变化

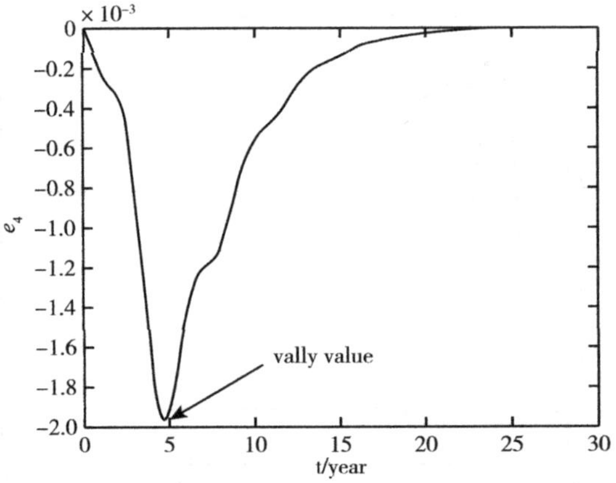

（d）节能减排系统——碳交易误差分量e_4的变化

图3.5 节能减排系统——碳交易误差分量的变化

从图3.5（a）两地节能减排系统的节能减排分量误差演化图可以看出，在短期内，A（北京）和B（上海）在节能减排这一分量上会达到一个峰值（peak value），这意味着两地节能减排初期的发展速度和发展阶段并不一致，在短期内发展步伐的差异逐步增大，而且从长期来看，处于差异最大的一个阶段，随着时间的推移，两地节能减排的步伐差距越来越小，最后达到协调发展。

碳排放路径展示了与节能减排路径相似的演化趋势，从图3.5（b）可以看出，最初两地的碳排放量也是差异较大，因此，在初期两地的节能减排系统在碳排放这一分量上无法达到同步状态，在峰值之后，两地区的碳排放误差会经历一个较为快速的减小过程，而后达到同步。

经济增长路径的误差演化图则与上述节能减排路径、碳排放路径的演化展现了完全不同的发展态势。观察图3.5（c）我们可以看出，在2020年左右，两地的经济增长误差会达到谷值（vally value），而后慢慢回升，但并未直接回升到同步的状态，而是经过反复的震荡，在较为长期的发展之后，才能实现不同地区节能减排系统在经济增长路径上的协调同步。

图3.5（d）展示了两地碳交易路径的误差演化图，与上述三个分量也存在明显差别。在短期内，A（北京）和B（上海）的碳交易量会达到一个谷值，之后开始回升，但回升的曲线并非十分平滑，而是有小范围的波动，最终在中长期达到了两地碳交易的同步发展。

图3.5的节能减排系统各个分量的误差演化图向我们展示了两个地区初值不同、实际发展系数不同的节能减排系统如何在自适应控制的方法下误差趋近于0的过程。

为了更好地展示两个节能减排系统的同步过程，我们选取系统的两个状态变量，也是与本章研究的碳交易约束条件密切相关的两个变量：碳排放 $y(t)$ 和碳交易 $u(t)$，来进一步观察两个系统是如何在各个状态变量上达到协调同步的发展。具体如图3.6所示。

从图3.6可以较为清晰地看出两个不同区域同步的过程，图3.6展示了两个地区节能减排系统不同分量的同步步伐，由于初值经过换算以后其差异非常微小，并且我们在设定两系统的系数时是根据实际数据展示的情况做出了合理的假设，因此其差别也并非明显，但根据图示细节，我们还是可以看到两系统的状态变量在初始阶段并未重合，有一定的间距，即从实际情况来看，初始时期两地区并未达到同步发展的状态，而后在控制系统的作用下，两地区节能减

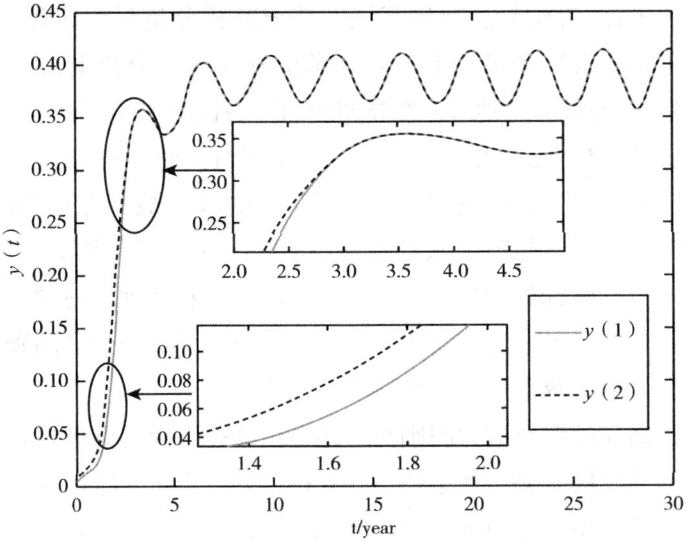

（a）节能减排系统——状态变量y（t）的变化

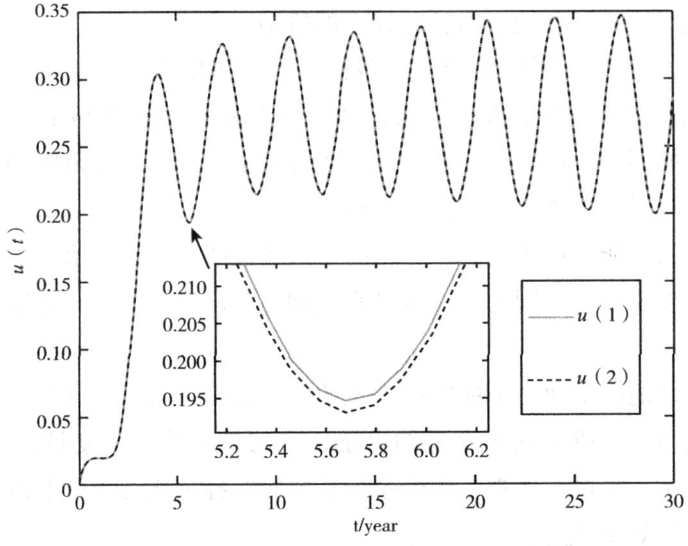

（b）节能减排系统——状态变量u（t）的变化

图3.6　节能减排系统——状态变量的变化

排系统的各状态分量慢慢靠近，逐步重合，最终达到了协同发展。

由上述误差系统和状态变量的演化趋势图可知，自适应同步控制方法下的两个实际系统参数不同、初值不同的驱动—响应系统达到了同步状态，也即两个不同地区或区域的节能减排系统实现了协调统一发展。

我们通过理论证明的方法给出了 A、B 两个实际参数不同、初值不同的节能减排系统的协调发展条件，即与两地区一定时期内碳排放的峰值密切相关。本章重点研究的是碳交易约束下的节能减排系统的演化发展趋势，则碳交易这一约束条件至关重要，也是我们探讨研究的重要变量，因此，下文重点研究当某地区一定时期内碳排放峰值发生变化，会对两个地区的节能减排系统中碳交易这一变量的同步情况造成何种影响。图 3.7 展示了碳交易这一状态变量随着碳排放峰值变化的演化趋势。

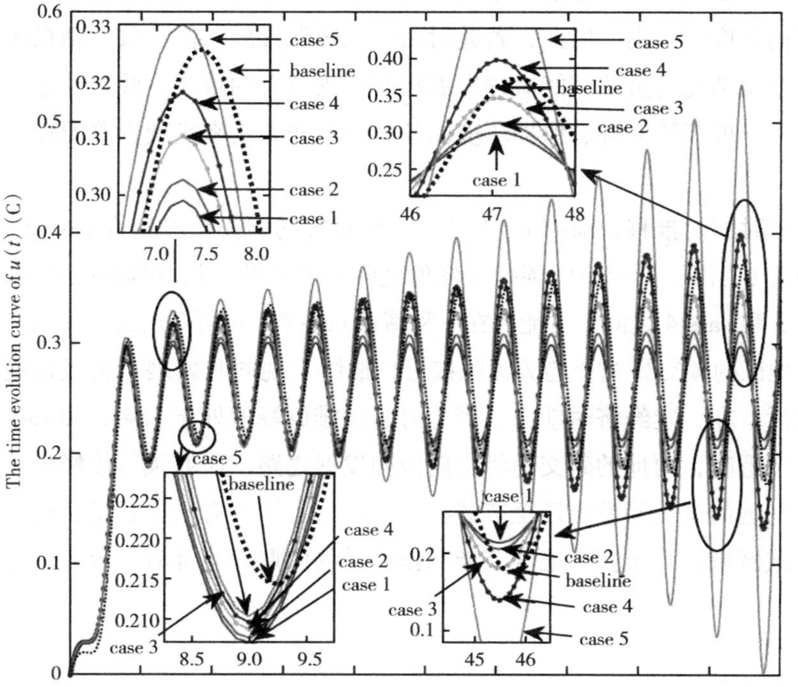

图 3.7 碳交易演化图

在图 3.7 中，为方便分析，我们以 A 地区（北京）节能减排系统中碳排放峰值为 C =0.2278 所对应的节能减排演化图作为 baseline（基准线）[此处的 C =0.2278 并不一定就是 A 地区的碳排放峰值，但我们所研究的重点是 C（碳排放峰值）变化过程中所带来的两个系统的演化规律，因此这样分析有助于我们探究两系统的协调发展，从而指导全国范围内碳交易市场和节能减排体系的构建和统一发展]，case 1（情形 1，下同）为 B 地区（上海）节能减排系统中碳排放峰值 C =0.2278 所对应的节能减排变化曲线，case 2 ~ case 5 为 C 由 0.2278 逐渐增加到 0.2358 所对应的节能减排演化图，其中 case 2 =0.2288，case 3 =0.2308，case 4 =0.2328，case 5 =0.2358。

从图 3.7 所展示的细节图可以发现，在初期，上海（case 1：C =0.2278）和北京（baseline：C =0.2278）的碳交易发展情况差别较大，baseline 震荡回缩在 case 5 所对应的演化趋势图之间。这意味着在这一时期，两地的碳交易发展状况还未达到协同发展。两地区经济发展在现阶段或者未来短时期内仍旧存在差异，产业结构、能源消耗总量、碳交易市场以及节能减排技术等各个方面均有不同程度的差别。因此，若此时两个地区碳排放峰值一致，则意味着某一地区的能源消耗过量或节能减排发展没有得到应有的重视，政府、企业或公民没有积极开展节约资源、保护环境的各项措施和方法来实现资源配置的帕累托最优。

随着时间的推移，baseline（北京）所对应的碳排放峰值在 case 3（上海）和 case 4（上海）所对应的碳排放峰值之间来回波动，且持续时间较久，因此，在 case 3 和 case 4 之间，可能存在一种情形 case 6，其所对应的碳排放峰值能够使两个地区的碳交易演化趋势无限接近，最终实现同步发展。也就是说，经过控制之后，在一定经济时期内，当上海的碳排放峰值处于 case 3 和 case 4 之间的某种情形时，两地的碳交易将走向协同发展之路。研究碳排放峰值的不同情形对于两地的碳交易发展乃至节能减排系统的发展具有重大意义，对于两个不同地区或区域，乃至多个地区节能减排体系的协调发展都有一定的指导作用。

3.3 政策协同研究

3.3.1 系统政策协同研究

在 3.2 节中，已经用理论证明和数值验证的方式证明了两个不同系数不同初值的系统可以通过一定的控制方法达到同步，也就是说，像北京、上海这两个节能减排发展步伐不同，且发展起始条件也有些许差别的地区可以在一定的条件下达到协同发展，那么如何通过政策的制定和实施来实现系统同步即达到协同的目标，正是本章所要研究的内容。

首先，我们将2020年作为政策协同效应产生作用的目标时间。这个时间的设定与本章选取的碳交易这一重要约束变量密切相关。一方面，2020年是我国“十三五”规划成果检验关键时期；另一方面，2020年也是我国统一碳交易市场建设的重要节点。根据国家发改委的相关指示，我国统一碳市场建设共分为三个阶段：第一阶段，也就是2014年、2015年，我们出台了很多政策，也在各地区设立一些碳交易市场试点，作为构建统一碳市场的基础和根本；2017～2020年是碳市场建设的第二阶段，我们试运行并逐步完善建设碳市场；到了2020年之后将全面推进碳交易市场的统一，也就是碳市场建设的第三阶段。因此，本章的研究将2020年作为政策协同效应研究的目标时间，试图通过政策的出台和实施，使北京、上海两地区能够尽快达到协同发展，从而为统一全国碳市场迈出重要一步。

（1）节能减排路径政策协同研究。

本章所研究的碳交易约束下的四维节能减排模型，碳交易量对于系统中的每个变量都有很强的影响，因此碳交易量对于节能减排、碳排放、经济增长的影响是我们本章研究的重点内容。本节首先从实际系统的动力学行为研究开始，将节能减排这一变量的误差演化图像化，从而分析节能减排路径的政策协同问题。

已知a_4表示碳交易对于节能减排发展的影响，即a_4为碳交易量对节能减排这一变量的影响系数，图3.8展示了当a_4逐渐变小时，两地区节能减排误差演化情况。当a_4由0.2897逐渐减少到0.1897时，我们可以看到误差曲线的波动幅度在2020年target time（目标时间，图3.8～图3.12中表述相同）之前变得略微剧烈，这表明，在初期碳交易量的减少将会对节能减排的发展产生较大的影响和波动。这是因为碳交易作为现阶段最为重要的节能减排措施和方法之一，其减少将会不利于节能减排体系的发展，因此对系统的稳定性将产生更为剧烈的影响。

虽然到2020年目标时间时，各曲线所对应的状态均未达到同步，但$a_4 = 0.1897$所对应的情形在2020年之后却最快达到同步状态。因为随着经济的发展和国家对节能减排的重视与投入，将会使得除碳交易市场以外的其他节约资源、保护环境的方法措施得到更多的发展，因此，此时的碳交易约束并不失为一件坏事。这表明，通过碳交易约束确实可以促进两地区节能减排，进而达到更快的协同发展，但这肯定需要一定的时间和发展过程，结合现阶段的实际情况来看，不宜对碳交易产生过多限制，而应鼓励和积极发展碳交易。

a_4的减少意味着随着时间的推移，两地区碳交易量的减少将增加人们对于其他节能减排措施和方法的关注和投入，从而使两地区在节能减排路径发展上达到协同状态。因此，在政策制定方面，两地政府应当超越单个政府的职责和权限，进行跨界合作，充分意识到多元主体协同的重要性。北京、上海都是中国的经济、金融、文化等发展中心，其共同作为超一线城市的地位如出一辙，但碳交易市场的发展步伐还是有很大差别。北京虽然碳交易量低于上海，其平均交易价格及总价却远高于上海。

首先，为减少碳交易约束对于节能减排的影响，从而使两地节能减排路径达到协同发展，一方面可以加快两地市场的流动性、健全价格形成机制，减少由于信息不对称所造成的价格差别过大；另一方面，应当支持像北京、上海这样条件成熟的地区明确和统一碳排放控制目标，这样不仅可以使碳排放权在两地之间合理分配和交易，也可充分提高碳交易市场效率。

其次，应该充分贯彻落实《节能减排“十三五”规划》中的各项措施，尤其是像北京、上海这种技术发达、产业结构优化较为快速的城市或地区，更应积极推动节能减排技术的发展，加大节能减排工程的投入，提高能效水平。

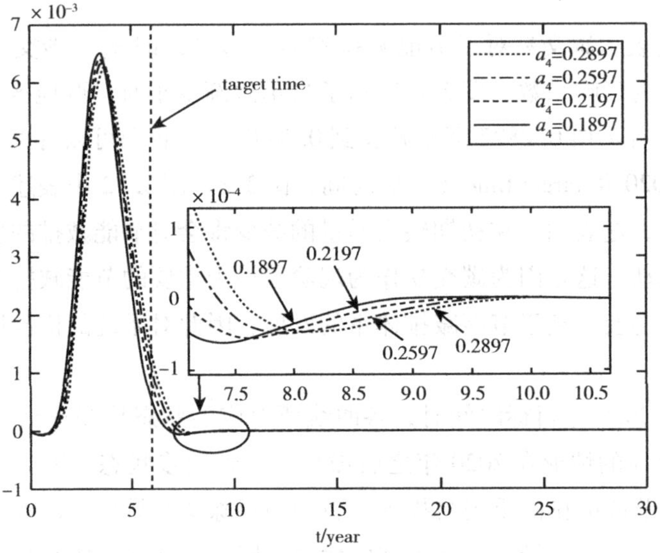

图 3.8　节能减排误差演化图

两地政府之间应当加快资源配置交流，制订有效的激励和约束机制，充分发挥两地市场配置资源的基础性作用，给全国其他地区做出示范性行为和成果。

（2）碳排放路径政策协同研究。

b_4u 表示碳交易对碳排放的影响，即 b_4 为碳交易量对碳排放这一变量的影响系数，图3.9展示了当 b_4 逐渐减小时，碳交易对碳排放的演化影响。可以看到，当 b_4 从0.2969减少到0.2369的过程中，北京、上海两地的同步误差曲线逐步平稳，且达到同步状态所需的时间逐步变短，这说明碳交易的调控可以有效调节两地的碳排放，进一步对整个节能减排系统的同步状态起到一定积极作用。

可以看到在目标时间（2020年）之前，两地的同步状态在经过初期较大的起伏和波动之后已经处于比较稳定的发展趋势，这表明碳排放已经得到了一定的控制。但如果继续减少 b_4 至0.1269，则碳排放的波动反而比 $b_4=0.2369$ 所对应的情形更加剧烈，这意味着，碳交易量的减小虽然使碳排放得到了一定的约束和控制，但一味地减少则可能是碳交易市场的不活跃或流动性较差，两地之间存在较大的交易壁垒，使碳交易市场的统一步伐减缓。

设定政策时碳交易体系的总量控制目标设置得过于严格，会导致可再生能源比例高于其配额量，使绿色证书和固定电价失去其原有意义，从而导致碳排放交易体系的建立也会变得没有意义。因此，政府若要通过政策协同达到"1+1>2"的效果，可借鉴欧盟国家在解决环境和资源问题时常用的一些政策措施，将能源政策与气候政策进行组合，往往会获得远远超过单独实施任一种政策时的正面效果。

例如，当排污权交易与再生能源补贴政策共存时，通过协调两个政策间的关系，能够使节能减排的效果更上一层楼。若同时实施碳交易政策与可再生能源发电政策，则会使碳交易需求变少。这是因为政府鼓励和补贴政府开展可再生能源发电，使可再生能源发电量增加，那么二氧化碳排放量则会减少，从而使碳排放配额的需求降低，碳交易需求则会受到控制或减少。那么根据图3.9所示的情况，政策协同对于两地区的同步就会起到积极的促进作用，从而加速两地协同发展的速度。

（3）经济增长路径政策协同研究。

近年来，随着"低碳"一词走进大众视野，与低碳相关的各种名词，如"低碳城市""低碳校园""低碳出行"等纷纷成为潮流。自然地，由可持续发

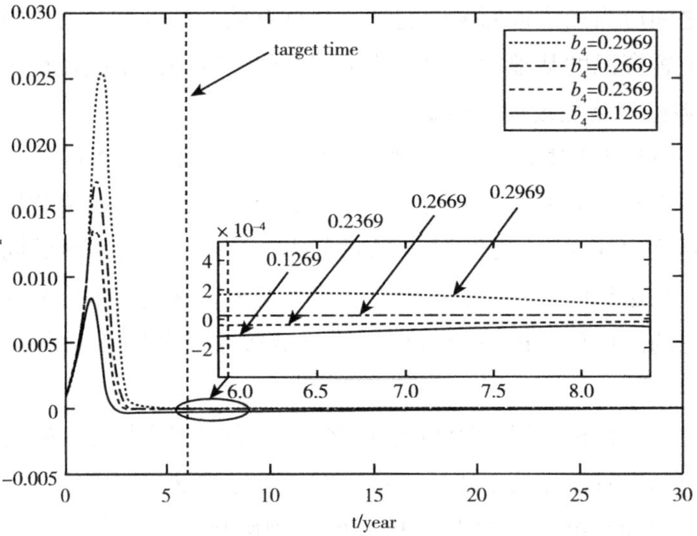

图 3.9　碳排放误差演化图

展理念所指导的“低碳经济”也成为我们所积极倡导和推进的经济发展模式。低碳经济的特征是以减少温室气体排放为目标，构筑低能耗、低污染为基础的经济发展体系，包括低碳能源系统、低碳技术和低碳产业体系。即经济增长和节能减排“两手齐抓”。因此，如何通过经济、金融政策推进碳交易乃至节能减排的发展，也是我们所研究的重要课题。

如图 3. 10 所示，c_4为碳交易对经济的影响系数，包括但不限于直接投资或融资、碳期权、银行贷款等金融工具。其内在的含义包括两部分：为推进碳交易市场的发展而进行的经济投入，还有碳交易市场稳定成熟之后对于经济的促进作用。图 3. 10 展示了当 c_4变化时，两地区经济增长误差演化图。

可以看到，当 c_4 由 0. 0529 增长到 0. 1029 时，对于碳交易的经济投入增加，使两地区的同步曲线波动逐渐缓和，虽然在目标时间（2020 年）附近并未达到同步状态，但加快了两地协调发展的速度。当 c_4增加到 0. 1529 时，可以明显观察到两地区的同步曲线波动态势越发明显，且在 2020 年附近有着大幅的波动情形出现，最终达到同步状态的步伐比其余情形都更为缓慢。这意味着，在现阶段或碳交易发展的初期阶段，对于碳交易的过多投入会阻碍经济的协调发展，进而影响整个节能减排系统的协同。

虽然，为了推动低碳经济的发展，我们应当也必须在一定程度上加大对节

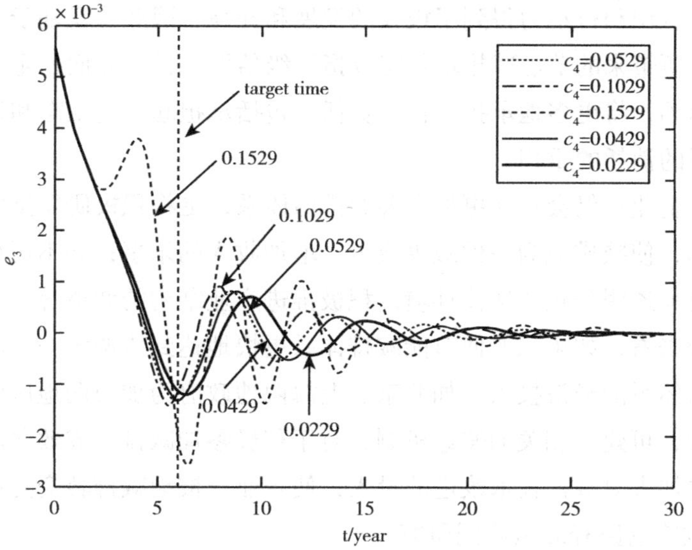

图 3.10　经济增长误差演化图

能减排各项措施办法的投入，碳交易市场的建设也是其中一项。但是结合基本国情与市场经济的现状，在降低能耗的基础之上，要构建新的经济发展之路，还需要结合经济发展的各项指标，进行合理的结构调整，不可一窝蜂地“下猛药”。对碳交易的过多投入，必然意味着其他经济发展指标的投入分配不均，当前，我国碳交易体系还处于一个较为初级的层面，企业虽然具有一定的节能减排意识，实际上并未遵守低碳规则，因此虽然政府鼓励并且投入大量资金支持企业建立相应的排污节能设施，但在实际排污操作时，企业依旧采取传统的粗放式排放，对环境造成了不可逆转的不良影响。

与此同时，在立法层面，对于这种污染环境、浪费资源的行径，也并没有建立起完善的监督和惩罚体系，甚至在基础的立法层面上，也依旧不够全面，因此，过多的投入往往带来完全不对等的成果。

若减少 c_4的值，如 $c_4=0.0429$ 和 $c_4=0.0229$ 所对应的情形来看，虽然其最终达到同步的时间有所延长，最终不同地区还是走向了同步发展之路。因此，减少对于碳交易的经济投入，在短期之内，对于不同地区的节能减排体系的协调发展无法起到积极的作用，但在长期，对节能减排的协同发展并无阻碍。

由于随着时间的推移，经济极大发展，社会达到一定的发达程度，一方面人们对于保护地球这个共同家园的事实认识更加深刻，也乐于付诸行动，公众的节能减排意识和行动力得到了极大的发展和提高，因此公众基于主动的低碳生活的选择所带来的节能减排增长将以指数级倍增；另一方面，企业不再单纯以利益为驱动，将更多地承担起社会责任，包括承担起恢复生态和谐、减少非可再生能源的消耗的重担。

因此，企业不仅会建立更加完善的排污体系，更将积极研发排污技术，降低排污成本，使减排成为一件减少成本、增加收入的乐事；必不可少的，国家也将提供更加透明公正的法律环境，积极推进产业结构的调整等。因此，从经济增长路径来看，如果想要使节能减排体系更快地达到协调统一，应适当增加对于碳交易体系的经济投入，如北京、上海两地政府为加快两地区碳排放权交易的流动性，可建立相关的奖惩机制，对于积极参加减排且成效斐然的企业进行奖励，并加大对减排技术改进的投入，使企业由被动减排转变为主动减排。

（4）碳交易路径政策协同研究。

d_2为节能减排技术的发展对于碳交易量的影响系数，图 3. 11 展示了当 d_2 变化时碳交易随时间变化的发展路径。可以看到，d_2由 0. 4365 减小至 0. 3565 的过程中，误差曲线的波动趋势并不是一成不变的。

在目标时间（2020 年）之前，d_2的减小使误差曲线的波动稍有减缓，对于系统的同步起到一定积极的作用。在这个时期，技术进步是节能减排发展的

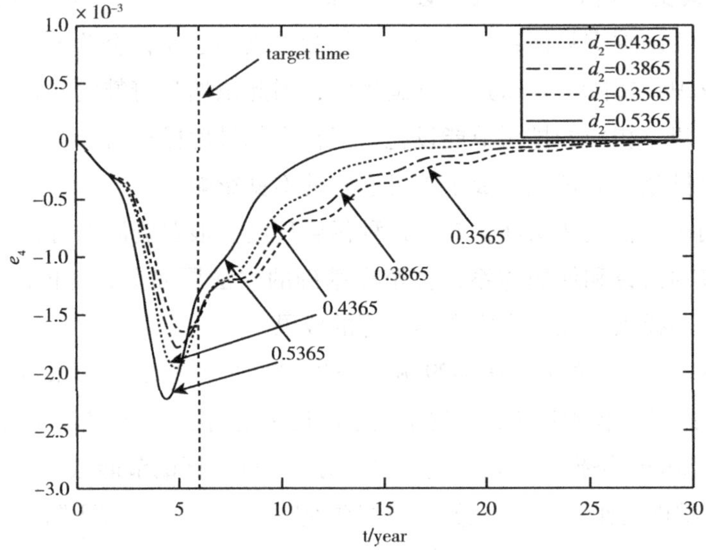

图 3. 11　碳交易的误差演化图（d_2）

重要途径和依靠，一旦技术发展变慢意味着国家对于其他节能减排技术的投入变少，对于研发活动的支持力度大大降低，企业积极性降低，碳交易市场作为为数不多的节能减排途径，将成为政府扶持和企业选择的优先选择。在2020年之后，$d_2=0.4365$所对应的情形却更为快速地达到了同步状态。

结合$d_2=0.5365$所对应的情形，即从节能减排技术更快发展时的情况来看，碳交易市场在目标时间（2020年）之前，d_2的增加使两地碳交易市场的同步发展变得更为艰难，这不难理解，虽然我们极力倡导可持续发展之路，强调基于低碳背景发展节能减排，目前的现实情况却是，我国碳交易市场建设与其他节能减排技术的发展都处于起步阶段，国家和政府对于改善环境，节约资源的经济投入已经有了巨大的改善，但仍然杯水车薪。因此，如果要发展节能减排技术，增加对其投入，必将分走推动碳交易体系建设和完善的一杯“羹”，现阶段节能减排技术的快速发展，意味着经济、资源和科技的倾向，对于碳交易市场的统一发展必然是不利的。

而到了2020年之后，我们发现误差曲线进行了较为快速的调整，最快达到了同步状态。猜想是由于在该阶段，节能减排技术发展到一定程度，已经成为改善环境资源、转变经济方式的重要技术措施之一，并由此激发了以此进行盈利活动的新型节能型企业，从而进一步推动经济的发展，因此，此时节能减排技术发展由政府主导型转变为企业自发型，国家也将倾向更多的资源投入碳交易市场的统一建设中。

此外，根据我国对于碳交易市场建设的“三步走”计划，在2020年之后，相信碳交易市场的统一建设应当也初见成效。自2013年以来，我国已在北京、天津、上海、重庆、湖北、深圳、广东开展了碳交易试点工作。2017年，海南首个碳排放权交易中心也落户三亚，随即年底，国家发改委就全国碳排放交易体系启动工作召开新闻发布会，会上正式宣布了全国统一碳市场的启动，可见我国对于建立全国统一的碳交易市场的决心和行动力。因此，国家对于建立全国碳交易市场的支持和全力推进，必将使北京、上海两地的碳交易市场以更快的步伐协同发展。

d_2的变化带给我们的启示是非常深刻的，即科技是第一生产力，在节能减排领域也同样适用。事实上，政府对于积极推动节能减排技术的发展早有认知，自1998年以来，关于节能减排科技政策的颁布数量总体处于上升状态，且政策内容更加具体（张国兴等，2017），由单一的政策措施变为不同政策协同使用，并且每一种政策都会制定与之匹配的目标，以结果为导向，推动节能减排技术的发展。2014 年，科技部联合各相关部门正式出台了《关于印发 2014～2015 年节能减排科技专项行动方案的通知》，提出充分发挥科学技术的力量，带动节能减排的发展和经济结构的转变（何小钢和张耀辉，2012）。也就是说，科技为我们解决环境和资源问题提供了更多解决方案，政策则是保证这些方法措施运行实现的驱动力量，因此，合理使用节能减排科技政策，对于资源配置、经济发展方式转变有着不言而喻的重要性。

d_3 为经济发展对碳交易量的影响系数，一方面经济发展本身对于碳交易量有一定影响；另一方面国家或政府也会通过一些经济手段来调控碳交易量，如控制碳价、直接或间接投资、调整碳配额等。

图 3.12 展示了 d_3 由 0.9867 减小到 0.7367 的过程中，碳交易的误差演化趋势图。不难发现，d_3 的减少会加快两系统碳交易路径的同步状态，进而影响整个节能减排系统。在 2020 年（target time）以前，d_3 的减少会使碳交易的波动趋势更加明显，其波动幅度更大，较为直观的是误差（绝对值）呈现递增的状态。而 2020 年之后，$d_3=0.7367$ 所对应的碳交易误差演化情形反而以更快速的发展态势达到同步状态，即曲线最快平直。$d_3=0.9867$ 所对应的情形则在经过一系列波动之后慢慢平缓，在后期才达到同步状态。

结合实际情形分析，这是由于经济发展本身对于碳交易确实是有一定影响的，但这是一个长期而缓慢的过程。从过往的经验来看，虽然国家对于环境保护、提高能源利用效率、减少碳排放等方面的投入逐年增长，但从整体的经济增长体量来讲，仍然杯水车薪。

中国碳交易市场启动较晚，短期内，抛开国家和政府对于碳市场的直接投入，宏观经济发展对碳交易市场的发展还难以产生较为明显的影响，可以说是积累量变的过程。因此，经济发展对于碳交易的影响，难以从宏观经济发展本身对碳交易市场的被动影响体现，主要是国家或政府通过经济手段直接调控碳交易，典型方式有两种：通过价格控制的碳税政策、通过数量控制的碳排放权交易机制。在理想情况下，也就是在完全竞争市场，不存在信息不对称和交易费用的条件都达到满足，碳税和碳交易机制可以达到相同的政策效果（胡艺等，2020）。即两者可相互补充或相互替代。但在现实经济生活中，这种假设是难以成立的，碳税和碳交易机制所带来的政策效应并不相同甚至差别很大。因此，究竟是选择碳税政策还是碳排放政策，学术界的讨论声音一直不断。

站在支持碳税政策的立场，学者们认为，政府对于征税这件事已经有相当的经验，驾轻就熟，因此碳税作为新税种，制定和执行起来难度并不高；而且税率作为金融工具也比较容易根据经济发展状况和环境评估情况来调整；若征收碳税，政府不仅可以增加收入，也可以产生其他“经济红利”。

其他学者则选择支持碳排放交易政策，他们认为碳排放交易所规定的限额，可以使企业被迫减排，并且达到一定的减排目标，更适用当前我们迫切需要改变环境和资源状况的情形；碳排放权除了限额以外，也可在市场流通交易，从而产生“经济红利”。

现阶段我国采取的是碳排放权交易机制，即通过碳交易市场的建设和完善来达到节能减排的目标。那么，如果想达到图 3. 12 中的更快速的协同发展目标，可以采取多种经济规制手段来影响碳交易，如政府对于碳交易价格进行一定的管制。截至 2017 年底的碳交易市场数据显示，北京和上海两地的碳交易价格一直差异较大，未形成良好的价格机制，碳交易市场流动性较差。针对这种情况，可以联合两地政府，对两地碳交易价格进行规定，不一定要完全一致，可结合各地实际情况，设置合理的碳价格区间，分时段、分区间对于碳交易价格进行设定，有利于两地规范碳交易市场，增强碳交易流动性，更好地实现不同区域间的碳交易市场同步发展。

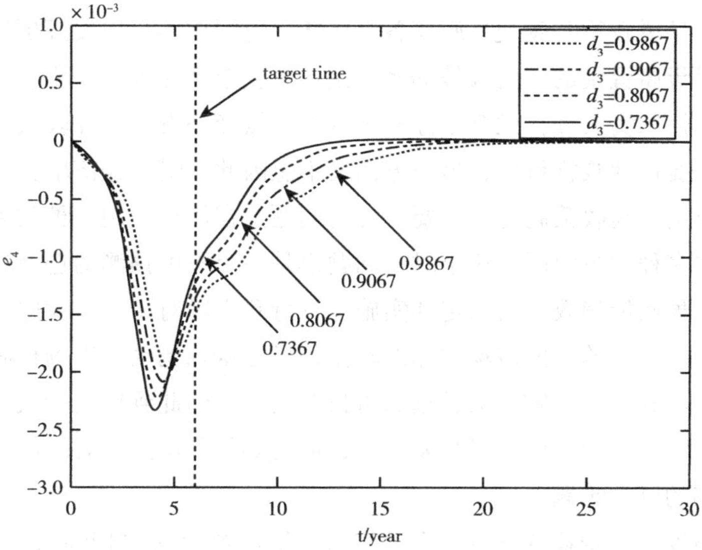

图 3. 12　碳交易量的演化趋势（d_3）

3.3.2 系统政策协同中存在的问题和对策

(1) 存在的问题。

本章将碳交易量引入三维动力系统，根据节能减排、碳排放、经济增长、碳交易量等相互影响相互制约的关系，建立了一个四维的非线性动力模型：碳交易约束下的节能减排模型。并分别从节能减排路径、碳排放路径、经济增长路径、碳交易路径的演化趋势分析了如何通过政策协同来使两个不同地区的节能减排系统更快更好地达到协调同步发展。但在政策设计的过程中，仍然存在很多不足和值得继续讨论的问题。下面从政策的制定者——政府，政策的实施对象——企业和公众的角度集中分析讨论。

政府角度：首先，从政策的制定者——政府的角度来看，由于节能减排所具有的“外部性”特征，导致在这一领域市场机制往往会“失灵”，只能依靠政府来调节。但很多时候，政府和企业之间存在巨大的信息不对称，往往是政府制定了政策，在实施时却困难重重。例如，一些企业为了获得政府的节能减排补贴，承诺投资节能减排设备并达到一定减排数量，但日常运营和真正排放污染物时，减排设备根本不开，只有在政府监督局管理部门检查时再临时开放，营造一种节能减排的假象。

其次，碳税政策和碳交易政策各有优势，协同作用可以发挥更好的节能减排效果这是毋庸置疑的。但政策的制定是一个复杂又庞大的工程，首先要考虑政策的可行性和实操性，尤其是像我国这种区域经济发展差异较大的国家，一方面政府想要达到减排目标，另一方面又不想因此而阻碍经济增长的步伐，如何使两者协调，是政策制定者首要考虑的问题。在何时使用一种政策，又在何时使两种或多种政策协同，这个时机问题也是一个不可预测的选择过程。

最后，虽然依赖政策的制定和实施这种行政手段对于目前我国严峻的节能减排形势是最合适的，但市场主体的减排积极性难以调动，市场机制在此时也失去效力，不利于节能减排的长远和可持续发展。因此到底是行政手段严格到底，还是简政放权让经济市场自发调节，或者如何平衡这两者之间的关系，也是政府面临的巨大难题。

企业角度：从企业的角度来看，作为经济市场中的“理性人”，企业当然是以利益为导向，以追求利润最大化为最终甚至唯一目标。因此寄希望于企业主动加入节能减排的行列，似乎是一种“天方夜谭”。企业、民众、公共机构构成了我国的能源消费市场，其中，各类企业毫无疑问是最大的能源消耗部门，并且数据显示我国企业对于高碳化石燃料的依赖性非常高，不利于环境保护和节约资源。靠着高能耗所带来的巨大经济红利，企业不会轻易放弃。

因此，我国经济增长现在面临巨大的能源缺口，企业对于国际能源市场的依赖也越来越严重。

这就不难理解，企业的任何生产和经营活动的目的是获得收益，如果投资节能减排设备或者加入强制碳减排目标，则会大大增加企业的生产经营成本，从而削弱利润空间。如果此时政府的补贴和扶持不足，则不仅会削弱企业参与节能减排活动的积极性，甚至会影响到企业的正常运营。

公众角度：从公众的角度出发，首先对我国环境和能源形势的认识不足、对节能减排的重要性理解不够，是第一个问题。

当然，居民能源消费也存在结构性和差异性。如城镇居民用电量明显高于农村居民，但农村居民用电量的增长态势也日趋明显；城镇居民，尤其是一二线城市居民，已经有意识地开始转向“清洁能源”，而农村居民则依旧以沼气、木柴、煤炭、秸秆等作为能源主要来源；并且随着人民生活水平的提高，对于出行的要求也发生巨大转变。以汽车（私人汽车）保有量数据为例，调查显示，2008年末，全国民用轿车保有量为2438万辆，而公安部交管局发布的数据显示，截至2018年6月底，10年内全国机动车保有量达3.19亿辆，其中私家车保有量为1.8亿辆。可想而知，这一数据的背后所带来的能源消耗是多么庞大。如果中国千人汽车保有量达到美国的水平，全世界的石油都供应不起。因此，政府在制定政策时，往往最多考虑如何规制和管控企业的节能减排问题，而忽略了公众这个最普遍的对象，这对于节能减排的长远而良好发展也是不利的。

（2）对策与建议。

结合前面对节能减排各个路径的政策协同分析以及对存在问题的总结，我们分别从政府、企业、公众三个角度给出以下建议与对策。

政府角度：首先，在制定政策时应当对我国目前的经济发展阶段和节能减排目标有深刻的认识。为了减少由于政府和企业之间信息不对称所付出的巨大成本，一方面应当寻找更多的数据和理论支撑，用事实说话；另一方面，应当对市场和企业进行充分的调查，虽然这样做可能会在前期投入大量的信息收集成本，但对于政策能够更长远地发挥效应是有着更加积极的作用的。而且，不同地区或城市之间，当地的政府要根据各地区的实际情况细化政策目标和节能减排成果，既要经济发展，也要节能减排，做到两者兼顾。

其次，各地政府应当结合该地经济发展状况，合理选择政策措施，或在不同情况下配合使用不同政策，来达到双赢的目的。如本书所分析的北京和上海这类经济发展快速、产业结构较为完善、企业数目众多的一线城市，可以让大中型企业（碳排放源）加入碳排放交易权机制，而一些小的企业和居民，则可以为资源消耗付费，即收取碳税。这样，一方面可以达到特定数量的减排目标，另一方面也可以带来税收收入。对政府来讲，管理成本也比实施单一政策要节约很多，社会中的每个人都将承担起节能减排的义务，也能使公众在潜移默化中树立和接受节约资源、保护环境的观念，更好地加入其中。

再次，节能减排的“外部性”注定了市场机制在这一领域的失效，因此，政府在制定和开展节能减排工作时，务必做到“看得见的手”和“看不见的手”共同调控。在发挥政府政策引导作用的基础上，简政放权，让市场发挥其自由调节作用，激发市场活力。一方面，政府应当制定各项政策措施来激励和引导更多的企业进入碳交易市场；另一方面，准入门槛也有设定合理，尤其是针对高耗能、重污染企业，碳交易市场准入标准的设定和监督是十分重要的。在这些前提之下，更要加强对企业的监管，节能减排设施安装好之后，是否真的投入生产，这是重点检查的领域。可以采取突击检查，让企业无法临时抱佛脚，不能蒙混过关。当然，除了制定政策、监督企业之外，政府提高相应的节能减排补贴，才是对企业最大的激励，才能真正降低企业节能减排的风险和压力，从而使企业逐渐对节能减排这种行为产生惯性，在潜移默化中影响企业的生产经营行为。当然，这其中必不可少的还是监督问题。对于政府的节能减排补贴，应当成立专门的监督管理委员会，跟踪和监管政府补贴资金的用处和去向，使投入的每一分钱都能真正贡献到节能减排当中。

最后，政府不仅要当政策的制定者、执行者、监督者，更要当政策的宣传者。作为能源消耗第二位的居民，其减排潜力不容小觑。因此，在督促企业履行保护环境、节约资源的义务同时，政府要加大环境保护的宣传工作，动员全社会参与低碳经济的建设。努力提高消费者的环保意识、绿色意识，对于公众节约资源、保护环境的突出行为进行积极宣传并给予适当鼓励，做出榜样示范。鼓励公众购买绿色产品，如纯电动汽车、油电混合汽车等，并对此种购买行为加大补贴力度和优惠政策，同时也应注意如电动汽车等相关产品的配套基础设施建设，从而以市场机制促进公众在潜移默化中加入节能减排的行列。值得注意的是，当前政府对于居民的节能减排政策调控中，行政限令居多，如强制居民拉闸限电，虽然在短期内，这种方法可以起到一定的降低碳排放的作用，但从长远来讲，一方面这对于发电厂和供电站会造成一定损害；另一方面，也对经济有所影响。而且，很容易激发民众的“逆反心理”，对于强制要做到的事，即使并非会对自身利益造成损害甚至是有益的，对于普通人来讲也很难怀着平常心去对待，更别提采取积极的态度了。

企业角度：作为经济“理性人”，追逐眼前的利益固然重要，但长远发展才是企业安身立命之本。因此，企业在实现利润最大化的同时，也应承担一定的社会责任，树立企业品牌，营造环保绿色的健康形象。另外，企业要大力发展高新技术产业，走新型工业化道路，加快淘汰落后生产能力的工艺、设备，构建跨产业生态链，推动产业转型。例如，开展可再生能源的研究和使用，尤其是加大对新能源的投资力度，新能源在不久的未来将是可再生能源的主力军。

除此之外，企业节能减排技术创新能力薄弱，环保技术和管理人才缺乏，是我国企业节能减排发展停滞不前的重要因素。目前我国企业特别是中小型企业的自主创新能力薄弱在节能减排技术研发和应用方面表现得尤为明显，一方面企业节能减排技术创新意识缺乏，高层和管理人员缺少环保、低碳意识，也没有相关领域的指导经验和积累，使企业既不重视对节能减排新技术的研发，也几乎没有任何研发能力，无法依靠发展节能减排技术而降低能耗、提高能源利用效率，只能一味地增加原材料及能源的投入来提高产量，从而带来更多的经济效益。并且由于核心技术的缺乏，中国很多企业往往充当国外企业的“代工厂”，于是带来了额外的环境污染和资源浪费。另一方面，企业对于市场需求盲目自信或过于在意眼前的利益，争相投入生产“爆红产品”，这种盲目跟风、忽略自身优势和市场供给规律的企业不仅不能实现对利益的追求，反而造成了更多的资源浪费，导致产能过剩。

人才缺乏也是企业有效开展节能减排的一大制约因素，目前我国中小企业最缺少的是有可持续发展战略意识的法人代表、环保科技领军人物和环保技术工人三个层次的人才，这严重影响了企业节能减排技术创新能力的提升和企业的长期健康发展，因此，一方面我国企业要充分利用政府重视节能减排工作的契机，灵活运用各种优惠政策，在企业内部建立自主创新体系；另一方面企业应当将眼光放长远，提高自主创新能力，牢记“科学技术是第一生产力”基本原理，加大对节能减排新技术的投入，抢占市场先机，预定未来的巨大利润空间。

公众角度：环境和资源问题是公共问题，是人类生存的共同话题，是每一个人应该重视和讨论的议题。资源环境问题需要我们全民参与，同政府和企业共同努力，为可持续发展之路添砖加瓦。公众参与应当分为两个方面：直接参与和间接参与。

直接参与主要表现为：树立正确的环保理念，积极开展环境保护、资源节约的宣传活动、身体力行的投入环保活动，一些简单易行的改变，就可以减少能源的消耗。例如，离家较近的上班族可以骑自行车而不是开机动车上下班；短途旅行选择火车而不搭乘飞机；市区出行尽量选择乘坐公共交通工具，如地铁、公交；在不需要继续充电时，随手从插座上拔掉充电器；离家之后，尽量将所有不必要的电源关闭；如果一个小时之内不使用电脑，顺手关上主机和显示器；如果必须采用汽车出行的方式，则可选择新能源汽车，如纯电动汽车、混合动力汽车、燃料电池电动汽车等；减少使用各种一次性用品：一次性拖鞋、一次性筷子、一次性纸杯或塑料杯等，这些一次性用品给人们带来了短暂的便利，却给生态环境带来了灾难。它们加快了地球资源的耗竭，所产生的大量垃圾造成了严重的环境污染，因此我们应当减少甚至杜绝一次性用品的过多使用。

间接参与主要表现为：遇到环境污染、资源浪费的情形，尤其是这种污染和浪费行为对自己的生活造成影响，我们应当采取诉诸法律或举报的行为，维护自己的合法权益不受侵害。其实这种参与是非常容易的，我们每个人都知道，当自己的财产或者生命健康受到威胁时，理应采取正当手段来维护，只是当这种侵害变成环境或资源时，我们似乎却意识不到。因此，我们应当在任何情况下维护自己的合法权益，表达自己的利益诉求，而不是一味地退让，或害怕与某些企业对抗。

3.4 本章小结

本章通过对四维节能减排系统在不同路径上的政策协同效应分析，得到了一系列关于碳交易约束下节能减排系统如何通过政策协同来更快地达到同步状态的结论，即不同地区的节能减排体系如何通过政策的设计和合理施用来达到协调发展。

研究结果显示，我们应当从三个方面：政府、企业、公众入手，发挥政府的领导和监督作用，制定符合区域经济发展和资源消耗结构的政策措施，加大对企业减排补贴的力度，积极开展环保节能的宣传活动；企业应当承担起更多的社会责任和节能减排的义务，树立良好的企业形象，积极开展节能减排技术的研发活动，推动新能源技术的发展和在各个领域的广泛应用；公众则应该树立良好的环保意识，从生活中的每一件小事做起，力行节碳，携手拯救人类共同的家园。同时，对于部分企业的环保不作为，应当勇敢站出来，积极维护自己的合法权益，与破坏环境、浪费资源的丑恶行径做斗争。

第 4 章

碳交易驱动下的新能源演化模型

化石能源的使用导致了气候变暖和环境污染问题（郑颖等，2020），面对日益严峻的节能减排形势，许多国家和地区制定并实施了一系列环境政策，环境政策的种类不断丰富。环境政策大致可以分为命令控制型和经济激励型。经济激励型环境政策通过排污权、排放权和补贴等经济手段激励企业进行技术创新，实现节能减排，具有更高的经济效率，是未来环境政策制定的主要方向。

继木柴、煤炭和油气之后，世界将迎来新能源时代。中国作为能源消耗大国，开发新能源对于我国的发展是至关重要的。目前来看，中国的新能源产业起步较晚，对于新能源的研究还有很多进步的空间。杜晓茜（2011）在《欧洲能源发展战略与政策研究及对我国的启示》一文中对欧洲新能源政策进行了研究，结合 2010 年欧盟最新出台的能源发展战略，分析了当前世界能源发展战略的特点以及将产生的各种影响，最后提出对我国能源发展改革的建议。刘志雄（2012）在《中国新能源发展分析及路径选择》中对中国能源消费现状进行了系统的分析，研究了中国新能源产业发展的现状及特点，发现中国新能源产业发展迅速，但相比发达国家还是相对落后的，发达国家新能源发展的政策及实践对中国具有指导意义（奚剑明和吴瀚然，2021）。

中国新能源发展缺乏自主创新，政府应加大对新能源产业的投入力度，加大对新能源核心技术的研发力度，结合本国能源分布的基本情况，探索中国的新能源产业发展之路（陈国平等，2020；王跃峰，2020）。王蕾（2019）对新能源产业发展进行了回顾与展望，改革开放 40 多年来，中国新能源产业的规模不断壮大，技术进步明显，新能源产业的国际竞争力增强，对减轻环境污染、解决能源危机有着重大促进作用（陆威文等，2020）。在当前全球能源低碳转型的趋势下（徐晓亮和许学芬，2020），新能源产业的国内外形势也发生了巨大变化，中国作为新能源大国，需要清晰识别未来的能源转型方向，抓住新能源产业的核心环节，提早布局可能会引起能源体系发生革命性变革技术的研发，成为引领新能源发展和推动世界能源转型的重要力量（郭立伟和叶峥，2020；白玫，2020）。

碳交易本质上是一种市场机制，其目的是减少温室气体排放以达到节能减排的目的（余萍和刘纪显，2020）。作为最有效率的市场手段之一，碳交易机制以其低成本、高效率的特点在国际上得到了广泛的认可（曹先磊，2020）。目前，对碳交易市场的研究主要集中在碳排放权的分配、碳交易价格和减排效率这几个方面（王喜平和郄少媛，2020；方恺等，2020）。碳交易机制的最终目的是节能减排，碳交易市场的参与者受到供求关系的影响，最终会使碳交易市场实现均衡。程永伟和穆东（2017）研究了我国 7 个碳交易试点市场在 2014～2015 年的数据，运用了加权碳价格、价格稳定性、交易活跃度、配额松紧度、市场参与度等评价指标，并利用 DEA 评价模型进行效率研究，最终得出了深圳、湖北和天津的碳交易市场 DEA 有效，上海、北京、广东和重庆的碳交易市场运行效率依次递减。杨劬等（2017）以 7 个碳交易试点市场为研究对象，从市场运行效率、经济效益、社会效率、环境效益以及能耗排放控制多个角度比较各市场的运行效率，结果表明各市场运行效率的表现差异很大。

碳交易和新能源支持政策以市场机制为载体，是常见的经济激励型环境政策（张涛和任保平，2019；胡珺等，2020）。然而不同环境政策之间的相互作用机制比较复杂，减排效果不能简单叠加（李启庚等，2020）。经济—能源—气候系统是一个相互制约、相互依存的动态系统，一个变量的变化将会带来其他变量与整个系统的变化。基于经济发展、能源消耗和气候变化之间的复杂关系，本章试图借助非线性动力系统理论，建立新能源演化模型，刻画新能源、碳交易、碳排放量和经济发展的运动路径与演化规律（Fang et al.，2020）。

4.1 中国新能源和碳交易发展状况

4.1.1 新能源的内涵及发展状况

中国地大物博，能源总量较为丰富，但是中国人口规模庞大，因此人均资源占有量远远落后于全球平均水平。能源的地区分布极不均衡，区域之间能源禀赋和经济发展水平不匹配，东部沿海地区人口密集、能源需求量极大，但是能源储量贫乏，能源供不应求。西北、西南等地区能源储量丰富，但是经济发展水平落后于东部发达地区，能源供过于求，“西气东输”“西电东送”等工程的实施就是为了解决能源生产和消费不匹配的矛盾。从能源生产结构看，中国能源具有“富煤贫油少气”的资源禀赋特点，长期以来煤炭占能源生产总量的比例处于70%～80%，但是2016年这一比例首次下降到70%以下。中国原煤和原油生产比重缓慢下降，与之形成对比的是天然气、太阳能及其他能源的比重不断增加，传统的能源结构正在发生转变，新能源在能源系统中的重要性不断提升。

目前，新能源在国际上还没有形成标准的定义。1978年，第33届联合国大会第148条决议最早将新能源定义为常规能源以外的所有能源。1981年，联合国世界新能源及可再生能源会议进一步细化新能源的定义，新能源就是运用新技术和新材料，以现代化方式开发传统的可再生能源，使其取之不尽、用之不竭，同时具有清洁环保的特点，具体包括三大类：（1）大中型水电；（2）新可再生能源，如太阳能、风能、地热能、小型水电、现代生物质能等；（3）传统生物质能，如薪柴、秸秆等。国际上将“新”与“可再生”视为一个完整的定义，这类能源统称为新能源和可再生能源（New and Renewable Sources of Energy），缩写为“NRSE”，但是核能并没有包括定义之中。而国内的定义更加宽泛一些，中国更习惯于简称“新能源”，新能源是利用新技术和新原料进行生产、目前没有大规模使用、具有良好发展前景的能源类型，除了太阳能、风能、生物质能等外，页岩气、可燃冰、核能等非可再生能源也属于新能源的范畴。新能源的核心在于“新”，新能源是一个不断发展的动态概念，随着时代的发展和科技的进步，新能源的内涵不断更新，新型能源的出现将取代落后的能源，能源性能不断提升。

中国新能源开发潜力巨大，太阳能开发潜力超过85万亿千瓦时，风能开发潜力超过20万亿千瓦时，地热能资源约占全球总量的1/6，具备大规模开发的条件和广阔的消费市场。根据英国石油公司出版的《2018年BP世界能源统计年鉴》，中国可再生能源消费占全球可再生能源消费总量的21.9%，可再生能源消费增长幅度达到31%，占全球增长的36.0%。其中，太阳能增幅最大，达到76%，其次是生物质能（25%）和风能（21%），核能增长17%。

目前新能源最主要的利用形式是发电，根据《中国电力行业年度发展报告2018》，2017年中国煤炭消费占能源消费总量的60.4%，下降6.6个百分点，而清洁能源占比首次突破20%，达到20.8%。根据图4.1，从2010年开始风能和太阳能的发电规模不断增加，到 2017 年已经突破 4000 亿千瓦时，在总发电量中的比重不断上升。风能和太阳能的发电装机规模已经提前完成国家“十三五”规划目标，新增新能源发电装机占新增装机总规模的 53.7%，首次突破 50%，电力生产结构不断优化。根据图 4.2，在新能源发电大省如内蒙古、新疆、河北等地，2017 年新能源发电量在发电总量中的比重已经突破了 10%，青海已经突破了 20%，新能源在能源体系中的地位稳步提升。

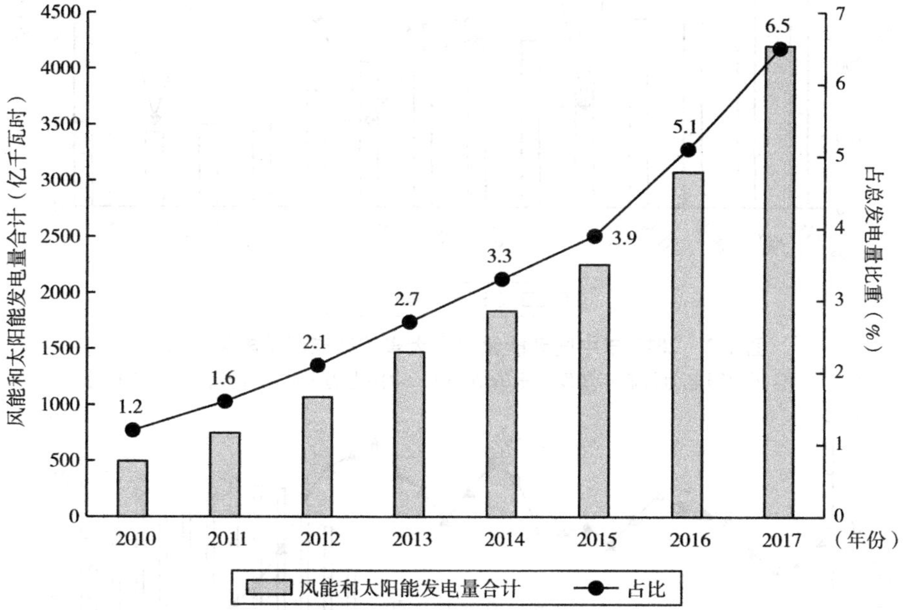

图 4.1　2010 ~ 2017 年全国风能和太阳能发电量合计与占比

数据来源：《中国电力行业年度发展报告 2018》，中国电力企业联合会，2018 年 6 月。

中国新能源呈现出良好的发展势头，但是在发展过程中也出现了一些问题。从图 4.3 中条形图的发展趋势来看，太阳能发电量呈现波浪式上升。从太阳能发电量的增长率看，2016 ~ 2017 年维持在 30% 以上的增长速度，但是受国内外经济增速放缓、贸易环境恶化等因素的影响，2018 年增长率下降到 20% 左右。太阳能发电受到季节的影响，存在明显的周期性，每年的 5 ~ 9 月是太阳能发电量的高峰期，在一定程度上导致电力并网和调峰存在难度，发电装机容量和实际上网使用量存在差距，造成资源浪费。因此，新能源产业需要提升发展的协调性和系统的协调性，解决新能源并网消纳问题。

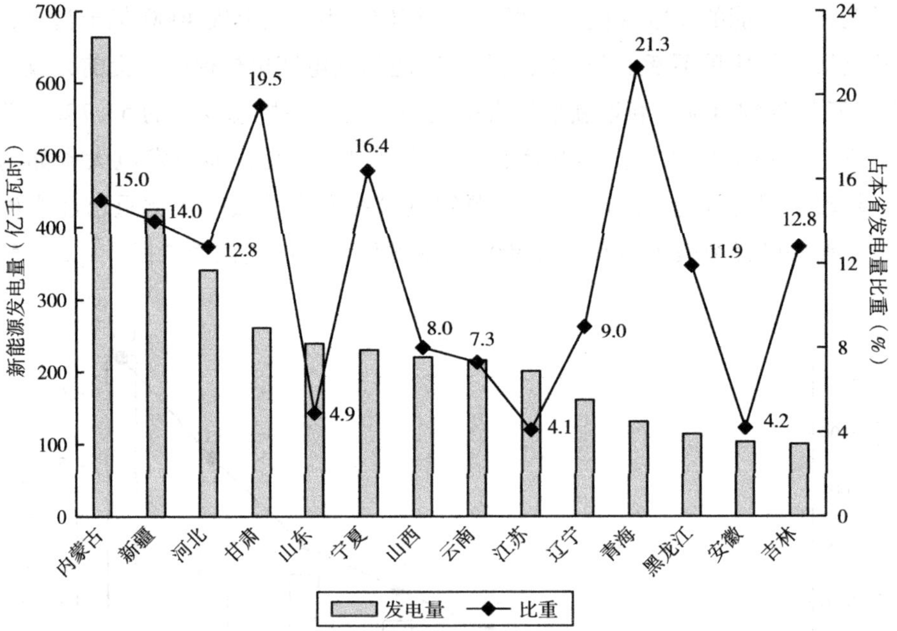

图 4.2　2017 年中国新能源发电大省的新能源发电量及占比

数据来源：《中国电力行业年度发展报告 2018》，中国电力企业联合会，2018 年 6 月。

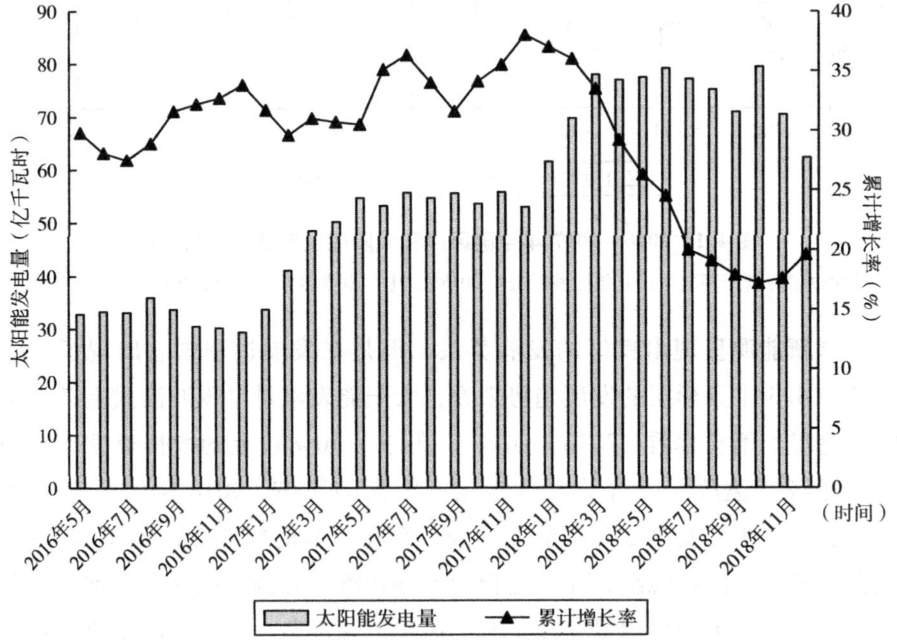

图 4.3　2016 年 5 月至 2018 年 12 月中国太阳能发电量

数据来源：国家统计局网站。

4.1.2 碳交易市场规模、交易量与成交价

为了应对气候变化、实现减排目标，2011 年国家发改委印发了《关于开展碳排放权交易试点工作的通知》，同意北京、天津、上海、重庆、湖北、广东及深圳开展碳排放权交易试点。从 2013 年 6 月开始，这 7 个地区陆续启动碳交易市场试点工作。2016 年底，福建新增海峡股权交易中心开展碳交易工作，成为全国第 8 个碳交易市场。这些碳交易试点地区在核查企业碳排放历史数据、分配碳排放权、建立交易系统和监管体制等方面进行了大量探索，积累了丰富的经验。

中国碳交易市场发展迅猛，市场规模大幅扩张。截至 2018 年 12 月，北京、天津、上海、重庆、湖北、广东、深圳以及福建这 8 个地区的历史总成交量达到 1.63 亿吨，总成交额达到 35.3 亿元。如图 4.4 所示，自开市以来至 2018 年 12 月，碳交易成交量由高到低依次是湖北、广东、深圳、上海、北京、重庆、福建和天津。其中，湖北和广东是交易规模最大的两个试点地区。湖北碳交易成交量达到 5781 万吨，占比超过 1/3；广东达到 4204 万吨，占比超过 1/4。

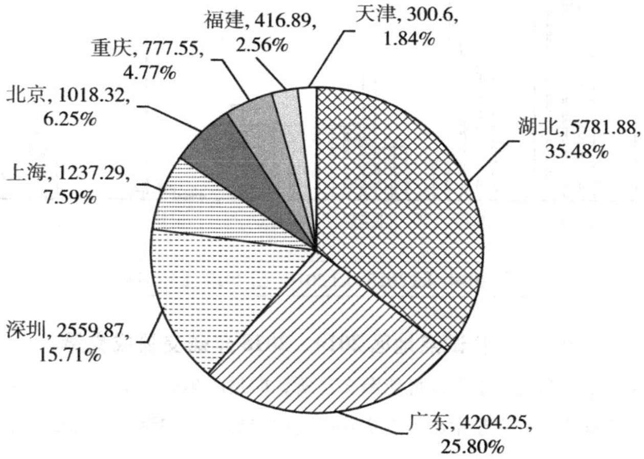

图 4.4 各试点地区碳交易历史成交总量及占比

数据来源：北京环境交易所、上海环境能源交易所、广州碳排放权交易所、天津排放权交易所、深圳排放权交易所、湖北碳排放权交易中心、重庆碳排放权交易中心和海峡股权交易中心官方网站，由中国碳交易网汇总。

进一步细化碳交易数据，图 4.5 展示的是 2014 ~ 2018 年 8 个市场每年的碳交易成交量。如图 4.5 所示，每个地区对应的条形图依次是 2014 年、2015 年、2016 年、2017 年和 2018 年的年度交易总量。虽然不同试点地区的启动时间和运行模式存在差异，但是发展规律存在相似之处。湖北、广东和深圳较为相似，起步较早，发展相对成熟，碳交易量位居前三，2014 ~ 2015 年是碳交易的发展起步阶段，碳交易量迅速提升，2016 ~ 2017 年达到峰值，2018 年碳交易量开始下降，2019 年碳交易量继续下降的可能性较大。上海和北京近 5 年的碳交易量较少，但是发展趋势平稳，略有上升。重庆、福建和天津碳交易量最少，市场波动大、活跃度低，碳交易机制还不成熟。

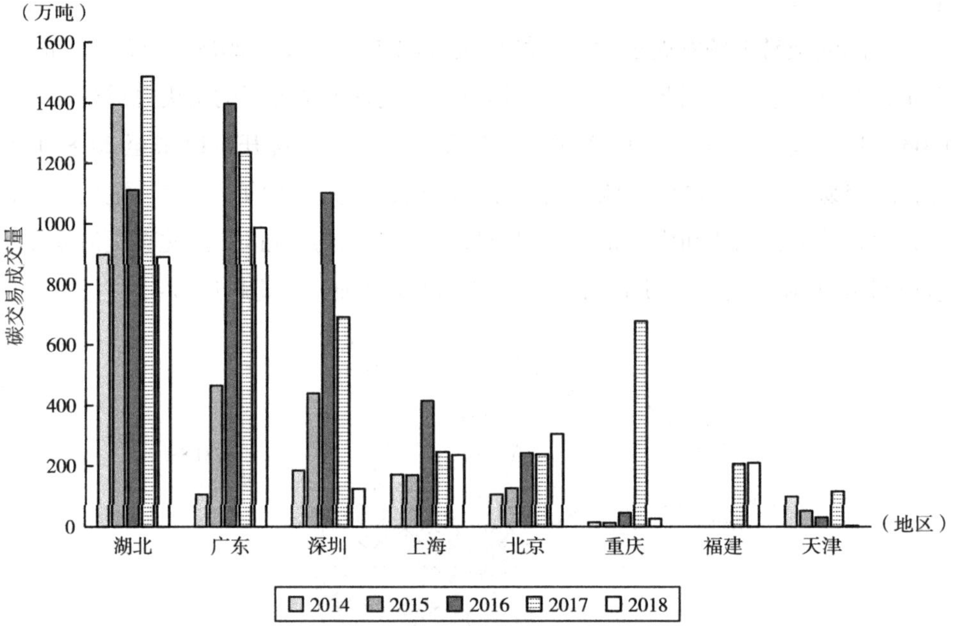

图 4.5　各试点地区 2014 ~ 2018 年碳交易成交量

数据来源：北京环境交易所、上海环境能源交易所、广州碳排放权交易所、天津排放权交易所、深圳排放权交易所、湖北碳排放权交易中心、重庆碳排放权交易中心和海峡股权交易中心官方网站，由中国碳交易网汇总。

在政府确定温室气体排放总量并进行排放权的初始分配后，碳交易市场能够通过供需双方的交易自发形成碳价格。在市场机制中，价格能够调节供给和需求，是优化资源配置的杠杆。在发展成熟的碳交易市场中，价格能够在一定程度上反映市场效率。为了分析中国碳交易市场效率，我们选取了规模最大、发展相对成熟的两大试点地区——湖北和广东，对市场每日交易量和成交价进行分析。

图 4.6 中黑色条状图反映了湖北碳交易市场日成交量的变化趋势，可以发现碳排放权的日成交量分布非常不均衡，交易高峰集中在每年的 7 月至 10 月，日成交量最高突破了 70 万吨，而其余时间成交量大多低于 10 万吨，且有相当长的时间碳交易成交量为 0。图 4.6 中的折线图反映了湖北碳排放权的价格变化趋势，2014～2015 年碳价格在 25 元左右波动，2015～2016 年碳价格下跌至 15 元左右，2018 年开始反弹上升，目前维持在 30 元左右的高位上。

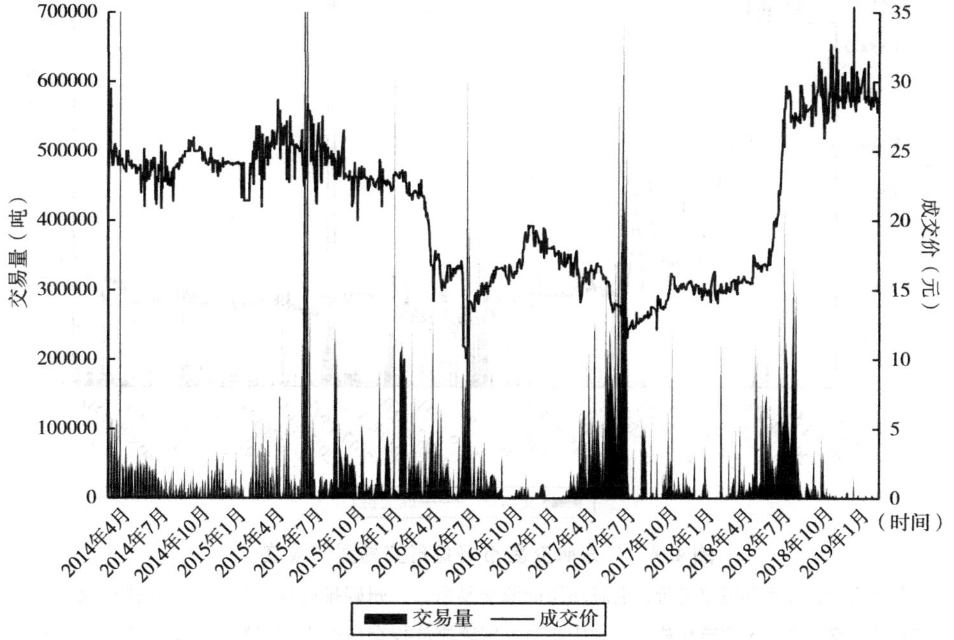

图 4.6　湖北碳交易市场每日交易量与成交价

数据来源：北京环境交易所、上海环境能源交易所、广州碳排放权交易所、天津排放权交易所、深圳排放权交易所、湖北碳排放权交易中心、重庆碳排放权交易中心和海峡股权交易中心官方网站，由中国碳交易网汇总。

图 4.7 中的黑色条状图反映了广东碳交易市场日成交量的变化趋势，广东的日成交量同样分布不均衡，日成交量最高突破 100 万吨，其他大部分时间低于 10 万吨以下。在碳交易启动的最初 2 年，广东的碳交易量极少，2016 年 2 月以后碳交易开始活跃起来，且高峰集中于每年的 6 月。图 4.7 中的折线图反

映了广东碳排放权的价格变化趋势，自开市以来至 2015 年 6 月碳价格一路下跌，后基本稳定在 18 元左右，目前有小幅上升的趋势。综合这两幅图，我们发现国内碳交易市场交易量具有明显的周期性，波动幅度大，分布不均衡，一年内存在相当长的时间市场有价无市，市场活跃度有待提升。在价格方面，经历大幅度的波动之后，目前碳价格变化趋于平稳，在 20～30 元，目前有小幅上升的趋势。

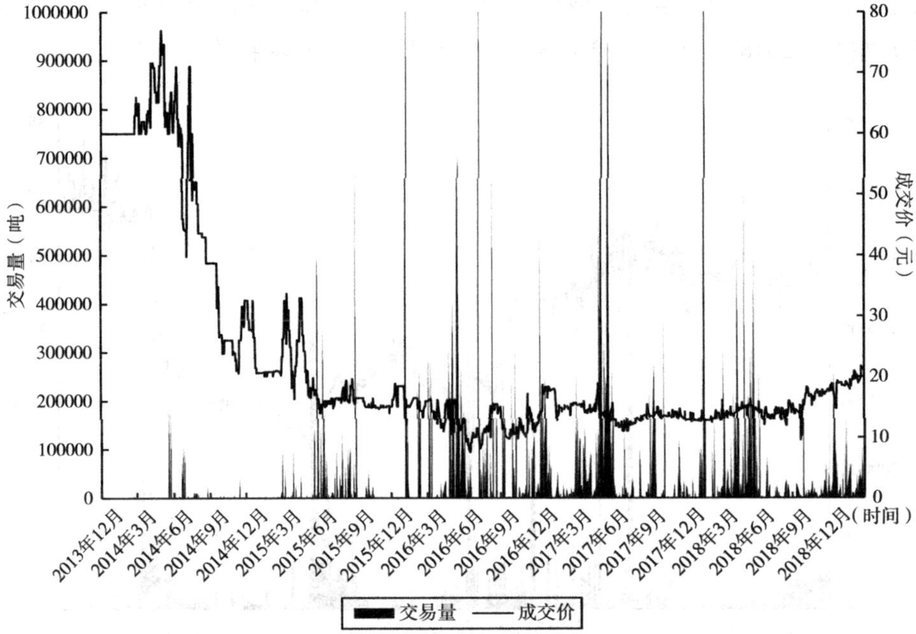

图 4.7　广东碳交易市场每日交易量与成交价

数据来源：北京环境交易所、上海环境能源交易所、广州碳排放权交易所、天津排放权交易所、深圳排放权交易所、湖北碳排放权交易中心、重庆碳排放权交易中心和海峡股权交易中心官方网站，由中国碳交易网汇总。

4.2

碳交易驱动下的新能源演化模型

4.2.1　碳交易驱动下的新能源演化模型

为了探究新能源和碳交易的发展规律，厘清新能源与碳交易之间的互动关系，本章基于新能源、碳排放、经济增长和碳交易之间复杂的演化关系，构建碳交易驱动下新能源演化模型：

$$\begin{cases} \dot{x} = a_1x(y - M) + a_2z + a_3u(u/N - 1) \\ \dot{y} = -b_1x + b_2y(1 - y/C) + b_3z(1 - z/E) - b_4u \\ \dot{z} = c_1x(x/F - 1) - c_2y - c_3z - c_4u \\ \dot{u} = d_1u(y/P - 1) - d_2x + d_3z \end{cases} \tag{4.1}$$

其中，$x(t)$ 为随时间变化的新能源使用量，$y(t)$ 为随时间变化的碳排放量，$z(t)$ 为随时间变化的经济增长量，$u(t)$ 为随时间变化的碳交易量，$t \in I$，I 为一个经济时期。

第一个方程式：a_1为 $x(t)$ 的发展系数，a_2为 $z(t)$ 对 $x(t)$ 的影响系数，a_3为 $u(t)$ 对 $x(t)$ 的影响系数。不同碳排放量对新能源的影响存在差异，因此，在方程中假设存在阈值 M，参数 M 表示碳排放量 $y(t)$ 对新能源 $x(t)$ 影响的转折点，当碳排放总量小于阈值 $M(y < M)$ 时，则 $a_1x(y - M) < 0$，化石能源的消耗量较小，没有达到峰值，能源供应压力和环境压力较小，发展新能源的外在驱动力不大，新能源发展缓慢。当碳排放量大于该阈值 $M(y > M)$ 时，则 $a_1x(y - M) > 0$，碳排放总量较大，迫切需要发展新能源来保证能源供应、控制碳排放、保护生态环境，此时新能源的发展速度变快。

方程中假设新能源的使用量与经济发展状况成正比（$+a_2z$），一方面是因为工业是经济的基础，一国工业越发达，经济发展水平才会越高，工业发展离不开化石能源。发达经济体完成了从第二产业向第三产业的转型升级，工业化进程消耗了大量的化石能源，历史碳排放量较大，需要发展新能源以治理环境污染、保障能源安全。另一方面，新能源产业是资本密集型和技术密集型产业，对资本投入和科技水平的要求较高，这些都是建立在一定的经济基础上。

不同的碳交易发展水平对新能源的影响存在差异，因此在方程中假设存在阈值 N。参数 N 表示碳交易 $u(t)$ 对新能源 $x(t)$ 影响的转折点，当碳交易量 $u(t)$ 小于该阈值（$u<N$）时，则 $a_3u(u/N-1) < 0$，碳交易量较小、市场活跃度较低，碳交易市场尚不成熟，因此碳交易对新能源的驱动效果不显著。当碳交易量 $u(t)$ 大于该阈值（$u>N$）时，则 $a_3u(u/N - 1) > 0$，碳交易量较大，参与者的多样性和活跃度提升，市场机制较为成熟，能够有效激励生产者使用新能源，此时碳交易能够有效促进新能源的发展。

第二个方程式：b_2为$y(t)$发展速度的弹性系数，b_1为$x(t)$对$y(t)$的影响系数，b_3为$z(t)$对$y(t)$的影响系数，b_4为$u(t)$对$y(t)$的影响系数。新能源的发展能够减少化石能源的使用，从而减少碳排放量，因此在方程中假设碳排放量与新能源使用量成反比（$-b_1x$）。在一个经济时期内，不同碳排放量对应的碳排放增速存在差异，因此在方程中假设碳排放量存在阈值C。当碳排放量$y(t)$小于该阈值（$y<C$）时，则$b_2y(1-y/C)>0$，碳排放的增速较快。当碳排放量$y(t)$大于该阈值（$y>C$）时，则$b_2y(1-y/C)<0$，碳排放的增速减缓。

同样，在一个经济时期内经济发展水平存在差异，对碳排放的影响也会存在差异，因此在方程中假设经济发展水平存在阈值E。当经济发展水平$z(t)$小于该阈值（$z<E$）时，则$b_3z(1-z/E)>0$，碳排放的增长速度较快。当经济水平$z(t)$大于该阈值（$z>E$）时，则$b_3z(1-z/E)<0$，碳排放的增长速度减缓。这是因为在经济发展前期，第三产业发展还处于初级阶段，发展缓慢，重工业是拉动经济增长的主要动力，工业生产消耗化石能源，产生大量的二氧化碳。当经济发展到一定程度时，产业结构优化升级，国民经济的主导行业转变为第三产业，经济发展方式向高质量、低碳化方向转变，对煤炭、石油等化石能源的需求减少，碳排放的增长速度下降。

第三个方程式：c_1为$x(t)$对$z(t)$的影响系数，c_2为$y(t)$对$z(t)$的影响系数，c_3为$x(t)$的投入对$z(t)$的影响系数，c_4为$u(t)$对$z(t)$的影响系数。新能源产业的发展阶段不同，对经济发展的贡献程度存在差异，因此在方程中假设存在转折点F。F表示新能源$x(t)$对经济发展水平$z(t)$影响的转折点，在新能源起步阶段，新能源使用量较小，即$x<F$，$c_1x(x/F-1)<0$，新能源产业缺乏市场竞争力，需要政府投入大量的资源进行扶持，具有很强的政策性，短期内难以盈利，对经济增长产生负面影响。随着新能源产业的发展与成熟，即$x>F$，$c_1x(x/F-1)>0$，新能源的市场竞争力提升，行业利润增加，新能源可以提高能源利用效率，创造就业机会，促进经济发展（方国昌等，2013）。

碳排放会对工业生产、GDP、环境质量、公众健康、对外贸易、投资等相关变量产生影响。碳排放对经济发展既有促进作用，也有抑制作用。一方面，碳排放在一定程度上反映工业发展状况，碳排放过少表明工业发展水平较低，对经济的拉动作用不足；另一方面，碳排放过多会破坏生态环境，阻碍产业结构升级，降低经济社会的可持续发展潜力。参数 c_2 综合反映了碳排放对经济发展的促进作用和抑制作用，实际上 c_2 可以进行拆分：

$$c_2 = c_2' - c_2'' \tag{4.2}$$

其中，c_2' 表示碳排放对经济发展具有抑制作用，c_2'' 表示碳排放对经济发展具有促进作用。

$$\begin{aligned} c_2 y &= c_2' y - c_2'' y \\ &= \sum_i c_{2i}' y - \sum_i c_{2i}'' y \end{aligned} \tag{4.3}$$

其中，$i=1, 2, 3, \cdots$，i 表示某一个经济变量。$c_{2i}' y$ 表示碳排放对某一个经济变量的抑制作用，加总后 $\sum_i c_{2i}' y$ 表示碳排放对经济发展总的抑制作用。$c_{2i}'' y$ 表示碳排放对某一个经济变量的促进作用，加总后 $\sum_i c_{2i}'' y$ 表示碳排放对经济发展总的促进作用，$c_2 y = \sum_i c_{2i}' y - \sum_i c_{2i}'' y$ 表示碳排放对经济发展的净影响（Fang et al.，2013）。在经济发展初期，工业是拉动经济增长的主要动力，工业产值越大，碳排放量也越大，碳排放与经济增长正相关，此时 $c_2' < c_2''$，$-c_2 y > 0$，碳排放对经济的净影响是正向的。当经济发展到一定阶段之后，过多的碳排放会破坏生态环境，阻碍产业结构升级，此时 $c_2' > c_2''$，$-c_2 y < 0$，碳排放对经济的净影响是负向的。综上所述，系统中 c_2 的正负不是固定的，随经济发展阶段的变化而变化。

同理，参数 c_3 表示新能源 $x(t)$ 的投入对 $z(t)$ 的影响系数，新能源投入对经济发展的影响也是不固定的。参数 c_3 综合反映了新能源投入对经济的促进作用和抑制作用，可以拆分为：$c_3 = c_3' - c_3''$，c_3' 表示新能源投入对经济发展具有抑制作用，c_3'' 表示新能源投入对经济发展具有促进作用。在新能源发展初期，政府对新能源的大量投入会抑制经济发展，$c_3' > c_3''$，$-c_3 y < 0$。当新能源发展到一定阶段时，市场化程度更高，对新能源的投入既能产生更高的经济利润，也能促进技术进步，有利于经济发展，$c_3' < c_3''$，$-c_3 y > 0$。碳交易对经济发展的影响也是随着碳交易自身发展阶段的变化而变化。参数 c_4 综合反映了碳交易对经济的促进作用和抑制作用，可以拆分为：$c_4 = c_4' - c_4''$，c_4' 表示碳交易对经济发展具有抑制作用，c_4'' 表示碳交易对经济发展具有促进作用。在碳交易启动初期，政府需要投入大量成本建立交易市场、完善交易制度，碳交易对经济的净影响是负向的，$c_4' > c_4''$，$-c_4 y < 0$。碳交易发展到一定阶段，可以有效发挥节能

减排的作用，提升环境质量，激励能源技术创新，提高经济发展质量，碳交易对经济的净影响是正向的，$c_4' < c_4''$，$-c_4 y > 0$。

第四个方程式：d_1为供求关系影响下$u(t)$的发展系数，d_2为$x(t)$对$u(t)$的影响系数，d_3为$z(t)$对$u(t)$的影响系数。不同的碳排放规模对碳交易发展的影响存在差异，因此在方程中假设存在阈值P。P表示$y(t)$对$u(t)$影响的转折点，当碳排放量小于阈值$P(y<P)$时，则$d_1 u(y/P-1)<0$，碳排放规模较小，碳排放权的供给大于需求，在市场规律的作用下碳交易成交额下降。当碳排放量大于阈值$P(y>P)$时，则$d_1 u(y/P-1)>0$，碳排放规模较大，碳排放权的需求大于供给，为了达到减排目标，碳交易活跃，在市场规律的作用下碳交易成交额增大。

新能源在能源结构中占比越大，则化石燃料的使用量越少，对碳排放权的需求也越少，因此在方程中假设新能源使用量与碳交易量成反比（$-d_2 x$）。政府主要是通过经济手段对碳交易市场进行调控，经济发展水平越高，环境标准和减排目标也越高，碳交易市场的发展程度也越高，因此在方程中假设经济发展水平与碳交易量成正比（$+d_3 z$）。

该系统是一个复杂的非线性动力系统，当系统参数a_i、b_j、c_j、d_i、M、N、C、E、F、P取不同值时，系统会展现不同的动力学行为。利用 Matlab 经过大量的调试和数值仿真后发现，当参数取以下值时，系统会展示出非常好的动力学行为，因此固定系数如表 4.1 所示。

表 4.1　　系统参数

a_1	a_2	a_3	b_1	b_2	b_3	b_4	c_1	c_2	c_3
0.1	0.005	0.012	0.412	0.088	0.8	0.072	0.035	0.008	0.1
c_4	d_1	d_2	d_3	M	C	E	N	F	P
0.025	0.016	0.002	0.0012	1.0	1.6	3.46	2.58	0.35	1.6

系统（4.1）的耗散性为：

$$\begin{aligned}\nabla V &= \frac{\partial \dot{x}}{\partial x} + \frac{\partial \dot{y}}{\partial y} + \frac{\partial \dot{z}}{\partial z} + \frac{\partial \dot{u}}{\partial u} \\ &= a_1(y - M) + b_2 - 2b_2 y/C - c_3 + d_1 y/P - d_1 \\ &= (a_1 - 2b_2/C + d_1/P)y + b_2 - a_1 M - c_3 - d_1 \\ &= 0 + 0.088 - 0.1 \times 1.0 - 0.1 - 0.016\end{aligned}$$

$= -0.128 < 0$　　(4.4)

这表明系统是耗散的。

取初值 [0.015 0.758 1.83 0.01]，可得到一个吸引子，图 4.8 是三维吸引子图，图 4.9 是二维吸引子图。由这两幅图可知，随着系统的运行，系统的运动轨迹进入漩涡状的轨道上不再出来。图 4.10 表示的是系统变量的时间序列图，可知 4 个变量 x、y、z 和 u 随时间的变化是杂乱无章、无明显规律的。综合系统耗散性、吸引子和时间序列图，可以从数值仿真角度确定混沌运动的存在。

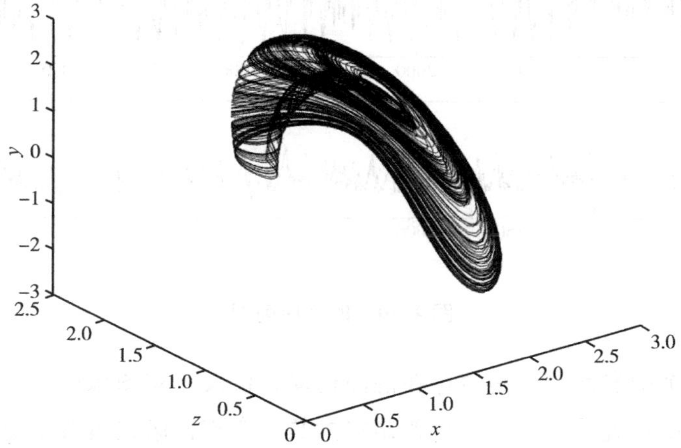

图 4.8　节能减排吸引子（三维）

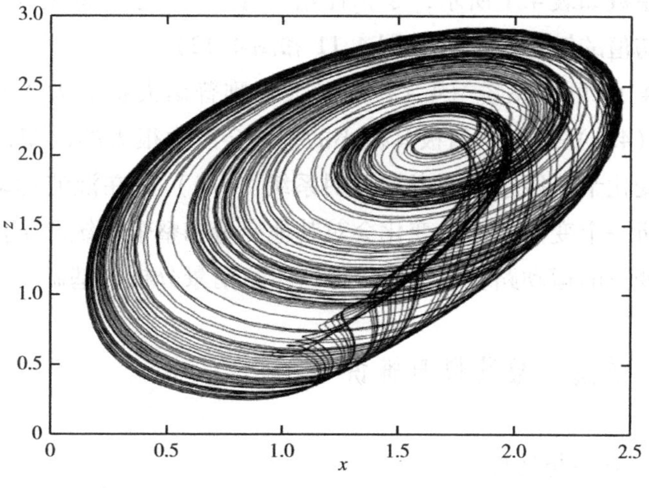

图 4.9　节能减排吸引子（二维）

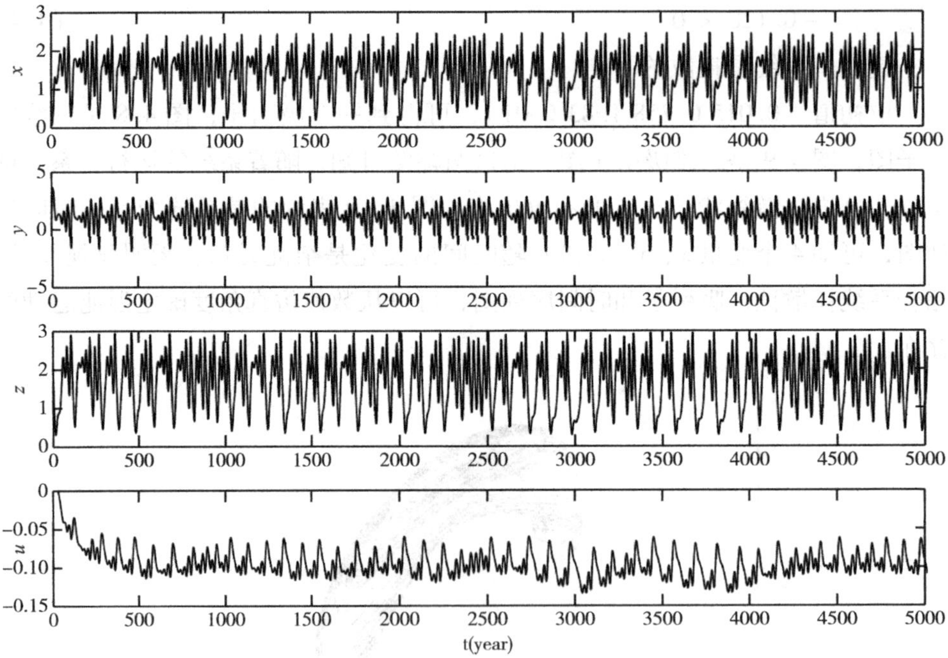

图 4.10　时间序列图

判断一个确定性系统是否存在混沌运动，仅仅依靠图像进行定性分析是不够的，最简单直观的方法是李雅普诺夫指数。李雅普诺夫指数是衡量系统的初值敏感性的指标，当最大李雅普诺夫指数大于 0 时，即可证明该系统存在混沌运动。固定系数如表 4.1 所示，令 b_2 任意，可得到关于 b_2 的最大李雅普诺夫指数图以及对初值的敏感性图（见图 4.11 和图 4.12）。

观察图 4.11 可知系统（4.1）的最大李雅普诺夫指数大于 0。如图 4.12 所示，系统（4.1）对初始值极其微小的扰动会产生很大的改变，系统（4.1）对初始值的变化十分敏感，两者均证明系统（4.1）存在混沌运动。混沌的发现有助于分析一个变量的极小变化会对其他变量和整个系统产生何种影响，从而展现系统变量的运动路径与演化规律，本章情景分析的基础就是混沌运动。

4.2.2　系统参数获取与辨识

（1）数据来源与处理。

新能源演化模型是基于新能源、碳排放、经济发展和碳交易之间相互促

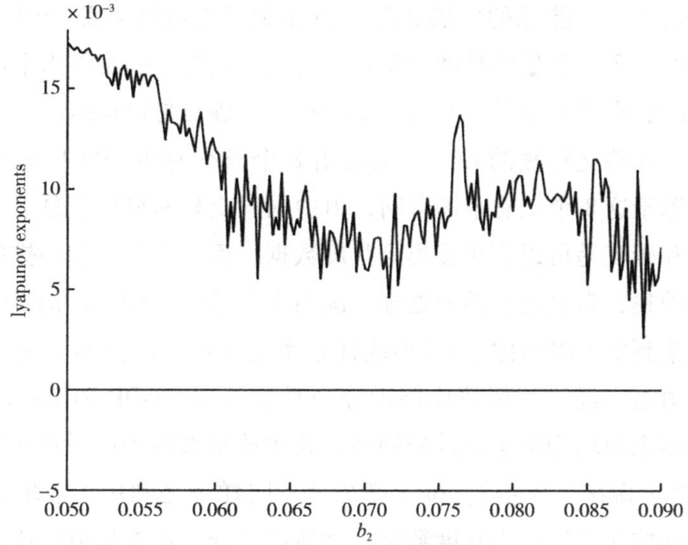

图 4.11　最大李雅普诺夫指数图

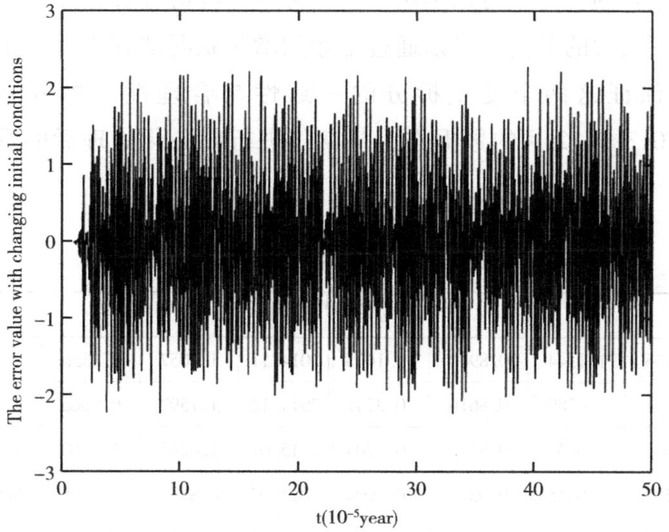

图 4.12　初值敏感图

进、相互制约的关系构建的，实际系统参数的确定十分重要。为了计算参数，本章搜集并整理了中国 2014 年 1 月至 2017 年 12 月新能源、碳排放、经济发展和碳交易的月度数据。

新能源主要的利用形式是发电，因此选择风、光、水、核这四种能源发电量之和来衡量中国新能源的发展状况。新能源发电数据来源于国家统计局网站，由这四种能源发电量的月度数据相加得到。碳交易的发展水平可以由中国碳交易市场的成交额来衡量，通常成交额越大，碳交易市场越活跃，市场机制也越成熟。全国碳交易额的月度数据是由8个碳交易市场的日成交额相加得到，数据来源于这8个交易市场官网，由中国碳交易网整理汇总。

新能源和碳交易可以直接搜集到月度数据，而经济发展和碳排放的月度数据无法直接搜集，需要进行拆分处理。国内生产总值（GDP）衡量经济发展水平，由于搜集到的GDP数据的最小统计频率是季度，因此本章利用工业增加值同比增长值这一经济指标按比例拆分为月度数据。GDP和工业增加值同比增长值的数据来源均为国家统计局网站。碳排放量来源于英国石油公司出版的《2018年世界能源统计年鉴》，按年度统计，同样也是利用工业增加值同比增长值这一指标按比例拆分为月度数据。之所以选择工业增加值同比增长值这一指标拆分GDP和碳排放量，是由于一方面，中国是发展中国家，工业是拉动经济增长最主要的动力，可以利用工业指标估计经济发展状况；另一方面，工业是能源消耗最大的部门，可以通过工业的增长状况估算能源消耗状况，从而最大限度地保证这两个变量拆分的一致性与合理性（牟敦果和林伯强，2012）。以2013年12月的数据作为基期，进行归一化处理后的数据如表4.2所示。

表4.2　　新能源、碳排放、经济增长和碳交易数据

时间	x	y	z	u	时间	x	y	z	u
2014.01	0.8826	1.1144	0.8900	0.1693	2014.11	1.3057	0.8536	1.0472	1.3562
2014.02	0.7651	1.0789	0.8616	0.3241	2014.12	1.1599	0.9366	1.1491	3.4795
2014.03	0.9663	1.0433	0.8332	0.6704	2015.01	1.0285	1.1550	1.0326	2.0007
2014.04	1.0527	1.0315	0.9341	0.7004	2015.02	0.8970	1.0308	0.9216	1.3504
2014.05	1.2822	1.0433	0.9449	3.5256	2015.03	1.2437	0.9067	0.8107	3.8656
2014.06	1.4222	1.0907	0.9878	15.6288	2015.04	1.2834	0.9553	0.9625	3.9643
2014.07	1.7667	1.0670	1.1275	6.9629	2015.05	1.3852	0.9877	0.9952	4.6740
2014.08	1.8256	0.8180	0.8644	1.2239	2015.06	1.7315	1.1010	1.1094	8.5942
2014.09	1.7811	0.9485	1.0022	1.1128	2015.07	1.7929	0.9715	1.0784	15.9105
2014.10	1.5757	0.9129	1.1200	0.9314	2015.08	1.7217	0.9877	1.0964	1.3099

续表

时间	x	y	z	u	时间	x	y	z	u
2015.09	1.7564	0.9229	1.0245	4.4812	2016.11	1.6149	0.9853	1.4543	1.9722
2015.10	1.6787	0.9067	1.1207	2.5047	2016.12	1.4269	0.9535	1.4074	4.0383
2015.11	1.3941	1.0038	1.2408	4.8729	2017.01	1.4770	0.9873	1.1080	4.2503
2015.12	1.2937	0.9553	1.1807	4.2504	2017.02	1.5270	1.0679	1.1984	1.0177
2016.01	1.3439	0.9853	1.0689	2.0896	2017.03	1.5770	1.1485	1.2889	2.4172
2016.02	1.3940	1.0330	1.1207	4.4415	2017.04	1.6256	0.9823	1.2640	5.6588
2016.03	1.4441	1.0806	1.1724	12.7726	2017.05	1.8202	0.9823	1.2640	10.1373
2016.04	1.4655	0.9535	1.2354	2.0147	2017.06	1.9493	1.1485	1.4779	20.7179
2016.05	1.7437	0.9535	1.2354	7.3397	2017.07	2.2364	0.9672	1.4139	7.7271
2016.06	1.8943	0.9853	1.2766	20.5928	2017.08	2.1351	0.9067	1.3255	0.7615
2016.07	2.1117	0.9535	1.2810	5.0603	2017.09	2.0846	0.9974	1.4581	2.6918
2016.08	1.9315	1.0012	1.3451	2.3358	2017.10	2.0405	0.9370	1.5357	2.9146
2016.09	1.6978	0.9694	1.3024	1.4192	2017.11	1.8718	0.9219	1.5109	3.3352
2016.10	1.7239	0.9694	1.4308	1.1768	2017.12	1.6730	0.9370	1.5357	1.5656

（2）参数辨识。

借助神经网络中的 BP 算法计算系统（4.1）的实际参数，首先将该系统离散化，得到差分方程：

$$
\begin{cases}
x(k+1) = x(k) + T[a_1x(k)(y(k)-M) + a_2z(k) + a_3u(k)(u(k)/N-1)] \\
y(k+1) = y(k) + T[-b_1x(k) + b_2y(k)(1-y(k)/C) + b_3z(k) \\
\qquad (1-z(k)/E) - b_4u(k)] \\
z(k+1) = z(k) + T[c_1x(k)(x(k)/F-1) - c_2y(k) - c_3z(k) - c_4u(k)] \\
u(k+1) = u(k) + T[d_1u(k)(y(k)/P-1) - d_2x(k) + d_3z(k)]
\end{cases}
\tag{4.5}
$$

然后通过 BP 神经网络得到实际系统的参数如表 4.3 所示，误差 $e \leqslant 0.0004272$。

表 4.3　　实际系统参数

a_1	a_2	a_3	b_1	b_2	b_3	b_4	c_1	c_2	c_3
0.6927	0.2037	0.8952	0.0139	0.1229	0.7954	0.3133	0.3110	0.9192	0.0035
c_4	d_1	d_2	d_3	M	C	E	N	F	P
0.7012	0.4818	0.1125	0.1277	1.955	0.2576	0.7085	0.5871	0.1417	0.9222

选择表 4.3 中的参数作为实际系统的参数，初始值为 [0.0027 0.0323 0.311 0.00000021]。图 4.13 显示的是在满足一定的误差条件下 $a_1=0.3927$、其余参数如表 4.3 所示时的实际系统相图（此时误差 $e\leqslant0.0012429$）。如图 4.13 所示，得到的实际系统相图是极限环，表明实际系统是稳态发展的。

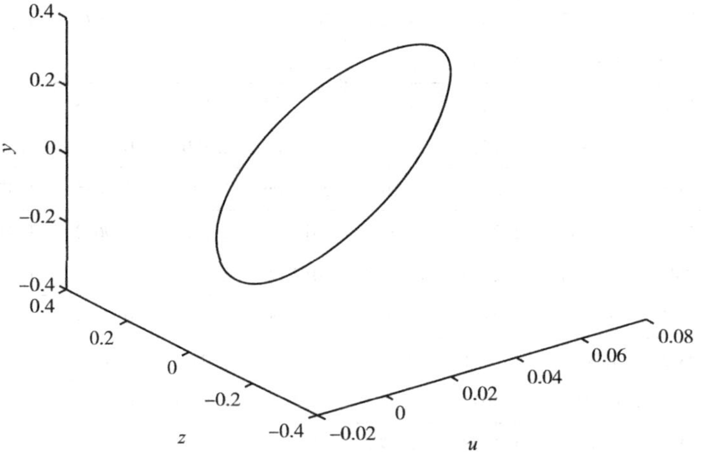

图 4.13　实际系统相图

需要说明的是，图 4.13 的参数与表 4.3 略有不同，在图 4.13 中参数 $a_1=0.3927$。客观地说，满足这个要求的参数范围较大，以 a_1 为例，在固定其他参数不变的情形下，a_1 的取值在很大范围内都会得到稳定的系统。之所以将表 4.3 中 a_1 的取值由 0.6927 改成 0.3927，是因为中国新能源发展还处于起步阶段，实际系统中新能源的发展系数可能达不到 0.6927，因此假设发展系数 $a_1=0.3927$。

4.2.3　情景分析

（1）碳交易对新能源的驱动机制。

参数 a_3 表示碳交易的发展对新能源的影响系数，衡量碳交易的发展对新能源的影响程度，反映了碳交易对新能源的驱动机制。保持其他系数不变，改变 a_3 的取值，图 4.14 显示了 a_3 增大时的新能源演化图。图 4.14 中曲线 1（case 1）表示的是 $a_3=0.6952$ 时的新能源演化趋势，曲线 2（case 2）表示的

是 $a_3 = 0.7952$ 时的新能源演化趋势，曲线 3（case 3）表示的是 $a_3 = 0.8952$ 时的新能源演化趋势（图中椭圆形圈出的区域是曲线的部分放大图，下同）。

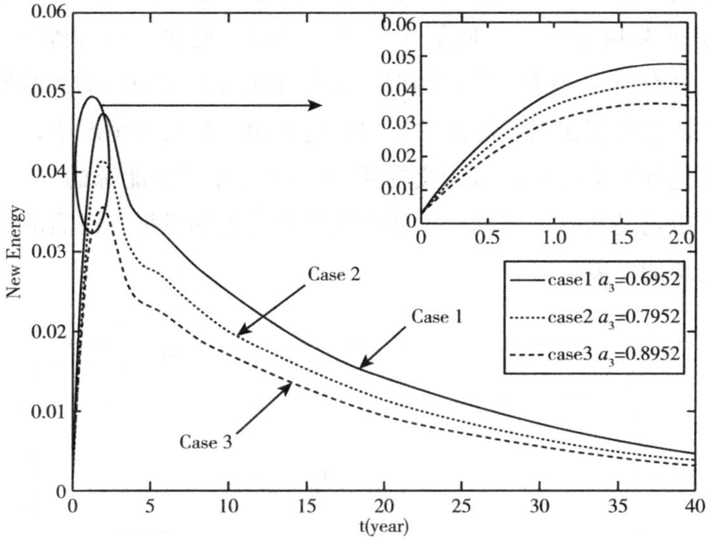

图 4.14　参数 a_3 逐渐增大时的新能源演化图

观察图 4.14 可知，随着 a_3 的增大，曲线 1 最高，其次是曲线 2，曲线 3 最低。a_3 的增大导致曲线越来越低，表明碳交易的发展抑制了新能源的发展，这显然是与经济理论相矛盾的。通常碳交易的发展将提高化石能源的使用成本，增加新能源的市场竞争力，激励生产者使用新能源，并不断改进能源技术，以便将多余的碳排放权出售，降低生产成本，获得额外的经济效益，因此理论上碳交易对新能源的发展具有促进作用。

那么是什么原因导致了图 4.14 中的矛盾呢？回顾系统（4.1）的第一个方程式，参数 N 是一个非常重要的参数。在模型构建时，假定 N 表示碳交易对新能源影响的转折点，当 $u < N$ 时，碳交易市场机制尚不完善，对新能源的驱动效果不显著甚至是抑制作用；当 $u > N$ 时，碳交易发展相对成熟，对新能源有很好的驱动作用。为了考察 N 的影响，固定其他参数的取值如图 4.14 所示，同时令 N 逐渐减小，图 4.15 表示参数 a_3 逐渐增大、N 逐渐减小的新能源演化图，图 4.15 中曲线 1（case 1）代表 $a_3 = 0.6952$、$N = 0.5871$ 时的新能源演化趋势，曲线 2（case 2）代表 $a_3 = 0.7952$、$N = 0.2871$ 时的新能源演化趋势，曲线 3（case 3）代表 $a_3=0.8952$、$N=0.0871$ 时的新能源演化趋势。

通过观察可以发现，当 N 变小时，图 4.15 中的曲线 3 较图 4.14 明显上升，高于曲线 1 和曲线 2，表明碳交易对新能源具有显著的正向促进作用。图 4.15 解释了图 4.14 的矛盾，阈值 N 影响着参数 a_3 变化方向与新能源变化方向的一致性。只有当 N 小于一定的值时，a_3 的变化方向才与新能源的发展步调一致，碳交易才能发挥出对新能源的正向促进作用。在实际情况中，碳交易的发展水平早日达到这个阈值，对碳交易系统的稳定性和新能源的发展至关重要。只有碳交易市场发展到一定程度，才能推动新能源的发展，滞后的碳交易市场不利于新能源的发展。

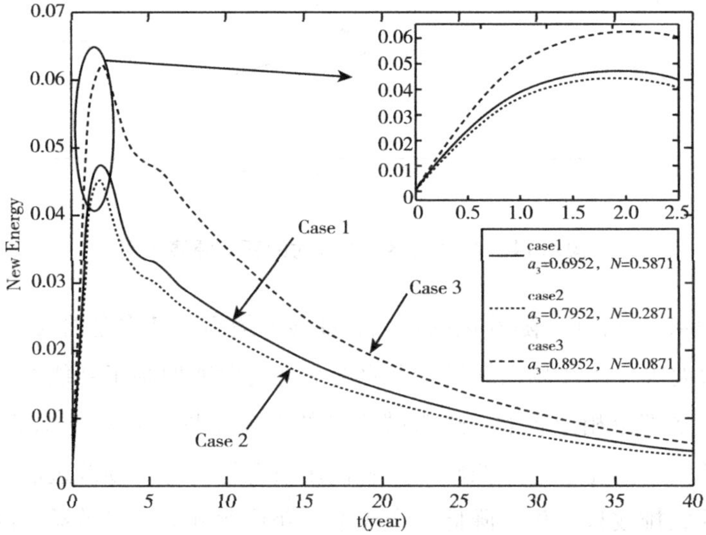

图 4.15　参数 a_3 逐渐增大、N 逐渐减小时的新能源演化图

（2）碳交易减排效率。

参数 b_4 表示 $u(t)$ 对 $y(t)$ 的影响系数，衡量碳交易的发展对碳排放量的影响程度，反映了碳交易的减排效率。保持其他系数不变，改变 b_4 的值，图 4.16 是 b_4 逐渐增大时的碳排放演化图，图 4.16 中曲线 1（case 1）表示的是 $b_4=0.3133$ 时的碳排放演化趋势，曲线 2（case 2）表示的是 $b_4=0.4133$ 时的碳排放演化趋势，曲线 3（case 3）表示的是 $b_4=0.5133$ 时的碳排放演化趋势。随着 b_4 的增大，曲线 1 最高，其次是曲线 2，曲线 3 最低，

b_4的增大导致曲线越来越低，表明碳交易减排效率的提升抑制了碳排放量的增长。碳交易的运行机制是基于不同企业之间的碳减排成本不同，即减排成本低的企业倾向于通过治理减少碳排放，卖出多余的碳排放权，而减排成本高的企业倾向于购买碳排放权。随着碳交易市场制度的完善，越来越多的企业参与到交易中。为了减少购买碳排放权的费用，企业采用技术、管理等手段提升能源利用效率，降低碳排放量，因此成熟的碳交易市场可以有效抑制碳排放量的过快增长。

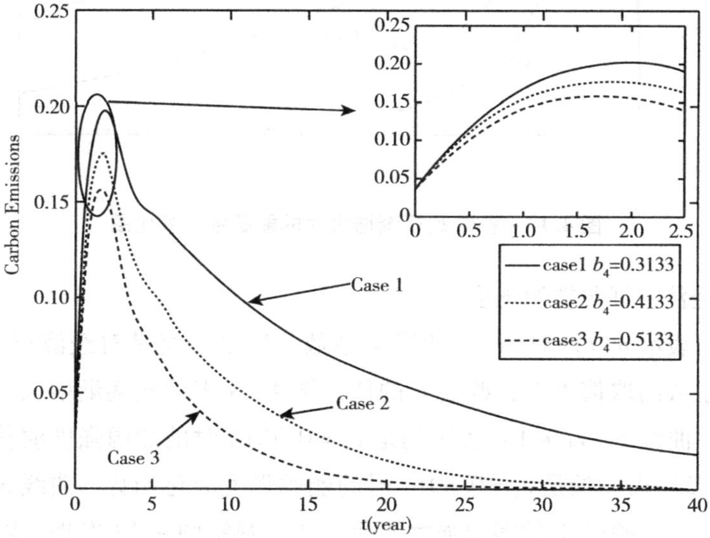

图4.16　参数 b_4逐渐增大时的碳排放演化图

能源强度是单位国内生产总值的能源消耗量，能够反映能源效率。能源强度越低，则能源效率越高，在系统（4.1）中可以用 $y(t)/z(t)$ 表示。为了探究碳交易对能源强度的影响，固定参数的取值如图4.16所示，图4.17是 b_4逐渐增大时的能源强度演化图，图4.17中曲线1（case 1）表示的是 $b_4=0.3133$ 时的能源强度演化趋势，曲线2（case 2）表示的是 $b_4=0.4133$ 时的能源强度演化趋势，曲线3（case 3）表示的是 $b_4=0.5133$ 时的能源强度演化趋势。观察图4.17可以发现曲线由高到低依次是曲线1、曲线2、曲线3，b_4的增大导致曲线越来越低，表明碳交易能够降低能源强度。碳交易增加了化石能源的使用成本，有利于新能源的开发与普及，使单位GDP的能耗降低。

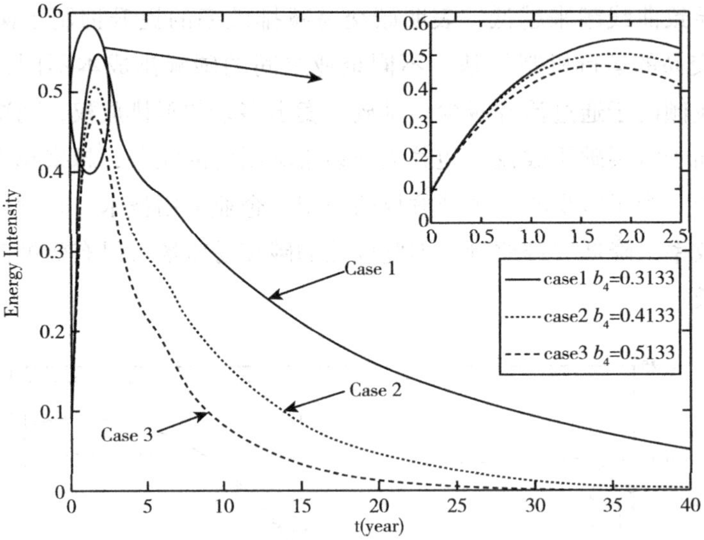

图 4.17 参数 b_4逐渐增大时的能源强度演化图

（3）经济发展与能源强度。

参数 c_4表示 $u(t)$ 对 $z(t)$ 的影响系数，衡量碳交易对经济产生的影响。保持其他系数的取值不变，改变 c_4的值，图 4.18 表示 c_4逐渐增大时的能源强度演化图，曲线 1（case 1）表示的是 $c_4=0.7012$ 时的能源强度演化趋势，曲线 2（case 2）表示的是 $c_4=0.8012$ 时的能源强度演化趋势，曲线 3（case 3）表示的是 $c_4=0.9012$ 时的能源强度演化趋势。观察图 4.18 发现，随着 c_4的增大，曲线 1 最高，其次是曲线 2，曲线 3 最低，这表明随着 c_4的增大，能源强度逐渐减小，那么参数 c_4的变化是如何影响能源强度的呢？

首先，新能源演化模型是一个非线性耦合系统，任何一个系数的变化都会引起整个系统的变化，因此 c_4的变化不仅影响经济，也会影响能源消耗及其相应的碳排放量，本章关注的是两者的综合效果，而能源强度的定义就是能源消耗量除以对应的 GDP，因此参数 c_4的变化必定对能源强度产生影响。其次，当 c_4变大时，也就是碳交易对经济的影响程度变大，在一定程度上反映了碳交易的发展速度加快，由前面的分析结果可知碳交易能够降低碳排放量，从而降低能源强度，因此 c_4增大会抑制能源强度，与图 4.17 反映的现象相吻合。

为了进一步分析能源强度的演化规律，在图 4.18 对参数 c_4分析的基础上，改变参数 c_3的取值，使其逐渐增大。参数 c_3表示经济水平 $z(t)$ 的发展系数，

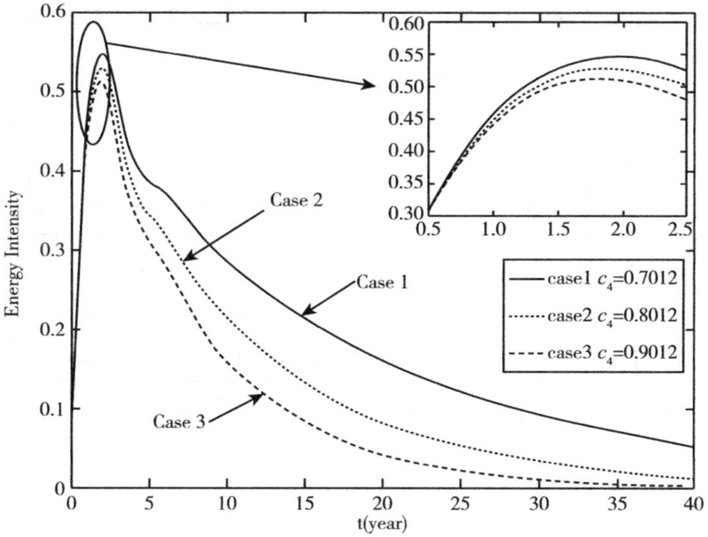

图4.18　参数 c_4 逐渐增大时的能源强度演化图

c_3变大意味着经济增长速度加快。图4.19是参数c_3与c_4逐渐增大时3的能源强度演化图，图4.19中曲线1（case 1）代表$c_3=0.0035$、$c_4=0.7012$时能源强度演化情况，曲线2（case 2）代表$c_3=0.0135$、$c_4=0.8012$时能源强度演化情况，曲线3（case 3）代表$c_3=0.0235$、$c_4=0.9012$时能源强度演化情况。图中曲线由高到低依次是曲线1、曲线2、曲线3。对比图4.18和图4.19发现，图4.19中曲线的峰值低于图4.18，曲线整体下移，同时曲线2和曲线3趋于0的时间提前10～15年，可见经济增长水平会影响能源强度。当经济快速发展、经济水平达到更高层次时，工业自身的生产效率和能源效率提升，传统制造业向高端制造业转型，整体产业结构的重心也会从第二产业转向第三产业，居民对环境质量有更高的要求，政府对能源环境方面的投入也会加大，因此经济发展水平的提升有利于能源强度的下降。

（4）碳交易发展速度与政府调控。

参数d_1表示碳交易$u(t)$的发展系数，衡量碳交易的发展速度，d_1越大，则碳交易发展越快。为了探究碳交易的发展速度对新能源的影响，保持其他系数不变，仅改变d_1的值，图4.20是d_1逐渐增大的新能源演化图。图4.20中曲线1（case 1）表示的是$d_1=0.4818$时的新能源演化趋势，曲线2（case 2）表示的是$d_1=0.5818$时的新能源演化趋势，曲线3（case 3）表示的是$d_1=0.6818$

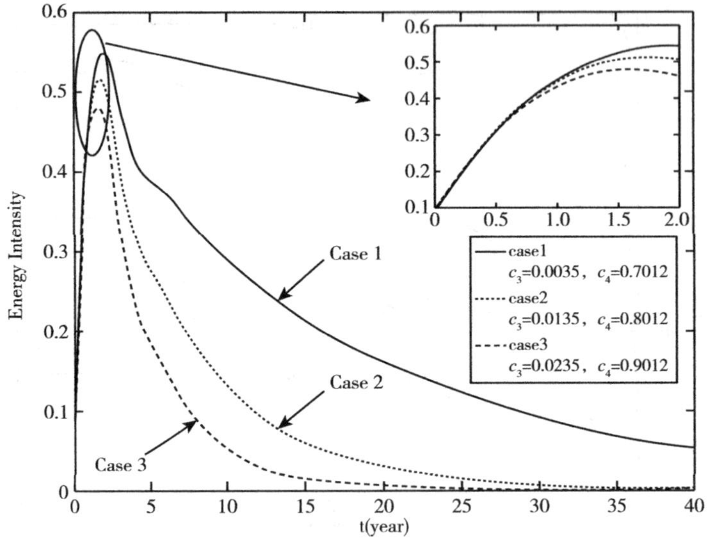

图 4.19　参数 c_3 与 c_4 逐渐增大时的能源强度演化图

时的新能源演化趋势。观察图 4.20 可以发现，曲线由高到低依次是曲线 3、曲线 2、曲线 1，即随着参数 d_1 的增大，新能源演化曲线逐渐上升，这表明碳交易发展越快，新能源的发展速度也越快，碳交易对新能源的促进作用越大。

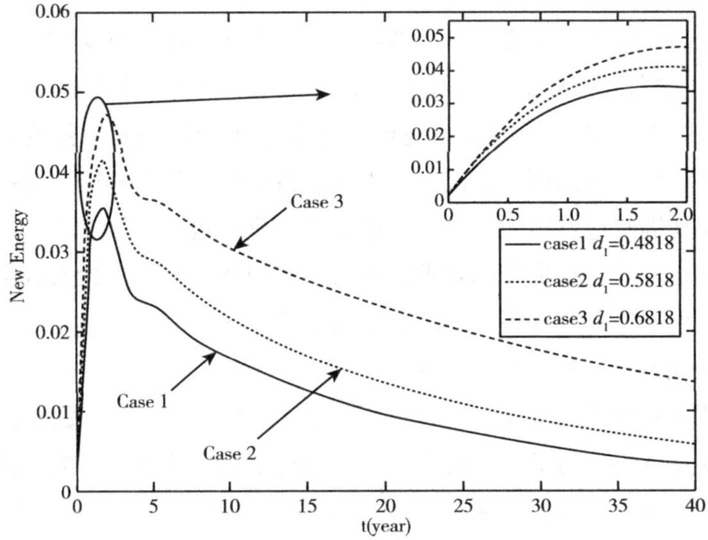

图 4.20　参数 d_1 逐渐增大时的新能源演化图

反之，令参数 d_1 变小，如图 4.21 所示，曲线 1（case 1）表示的是 $d_1 = 0.1200$ 时的新能源演化趋势，曲线 2（case 2）表示的是 $d_1 = 0.1100$ 时的新能源演化趋势。与图 4.20 相比，图 4.21 中的曲线波动更加剧烈。在 $t < 0.77$ 左右时，两条曲线围绕零线波动；当 $t > 0.77$ 左右时，两条曲线在零线之下波动，一度上升到零线之上，但是最终曲线 2 在 $t = 3.367$ 时停止运行，曲线 1 在 $t = 10.62$ 时停止运行，这表明参数 d_1 小于一定的阈值会导致系统崩溃，且 d_1 越小，系统崩溃的时间越早。因此，碳交易发展过慢不仅会阻碍新能源的发展，甚至会导致新能源系统崩溃。

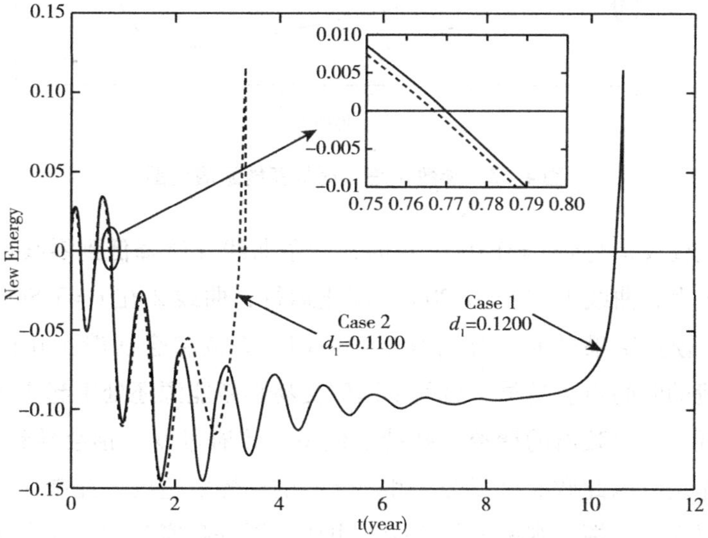

图 4.21　参数 d_1 减小时的新能源演化图

在系统（4.1）中，参数 d_3 表示经济发展水平 $z(t)$ 对碳交易 $u(t)$ 的影响系数，衡量经济发展水平对碳交易的影响程度。政府主要是通过投资、补贴等经济手段来调控碳价格、完善碳交易制度，因此在一定程度上 d_3 也可以衡量政府对碳交易的支持和调控力度。由于系统（4.1）是一个非线性耦合系统，任何一个系数的变化，都会引起整个系统的变化，因此参数 d_3 的变化不仅对碳交易产生影响，也会影响新能源的演化趋势。图 4.22 是 d_3 增大时的新能源演化趋势图，图 4.22 中曲线 1（case 1）表示的是 $d_3 = 0.9306$ 时的新能源演化趋势，曲线 2（case 2）表示的是 $d_3 = 0.9906$ 时的新能源演化趋势。

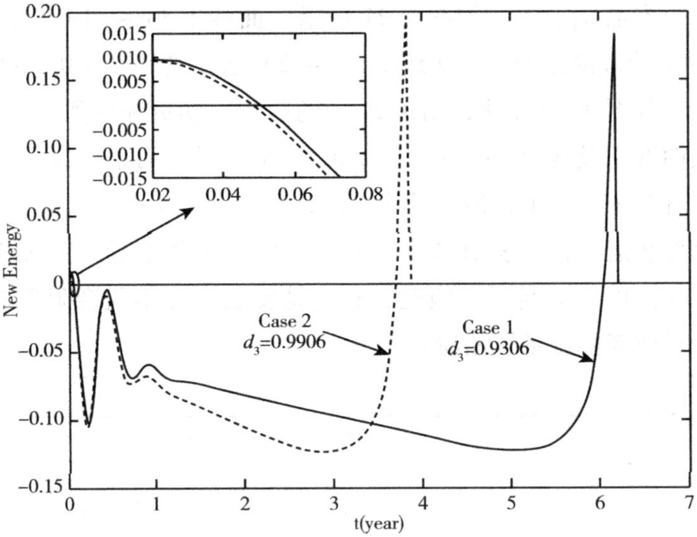

图 4.22 参数 d_3 增大时的新能源演化图

当系统仅仅运行到 $t=0.05$ 左右时，两条曲线开始降低到零线以下，并且波动幅度很大，曲线 1 在 $t=6.208$ 时停止运行，曲线 2 在 $t=3.866$ 时停止运行。Matlab 模拟结果显示，当 $d_3 \geqslant 0.8706$ 时，系统将会崩溃，并且随着 d_3 的增大，崩溃的时间也会越早。目前中国碳交易和新能源还处于起步阶段，市场化程度较低，需要政府的调控与扶持。但是，政府过度干预会导致系统崩溃，产生负面作用。因此政府对碳交易和新能源的调控要适度，控制在一个合理的范围，既要充分发挥宏观调控的职能，也要把握好政府与市场的合理边界，促进碳交易和新能源的可持续发展。

4.3 本章小结

本章以非线性动力系统理论为基础，根据新能源、碳排放、经济发展和碳交易之间相互促进、相互制约的复杂关系，构建了碳交易驱动下的新能源演化模型。先对该模型的参数和方程进行解释；然后利用 Matlab 进行大量的调试和数值仿真，分析系统动力学行为，找到一组参数，绘制吸引子图、最大李雅普诺夫指数图和初值敏感图，证明系统存在混沌运动。混沌运动的发现有利于厘清系统变量之间的关系，分析参数的微小改变会对其他变量和整个系统带来怎样的影响。接着，结合实际，搜集了中国 2014 年 1 月至 2017 年 12 月新能源、碳排放、经济发展和碳交易的月度数据，对数据进行归一化处理后借助神经网络中的 BP 算法计算实际系统的参数，绘制出实际系统相图。实际系统相图是一个极限环，表明实际系统是稳态发展的。确立系统框架后，为了厘清中国新能源、碳排放、经济发展和碳交易之间的关系，探讨碳交易对新能源的驱动机制，本章从系统 4 个方程的关键参数出发，改变参数约束条件，分析系统的动力学演化行为，结合实际进行情景分析。

首先，本章分析了参数 a_3 和 N 的变化，讨论碳交易与新能源的关系。阈值 N 影响参数 a_3 与新能源的变化方向，只有 N 小于一定值，a_3 的变化方向才与新能源的发展步调一致，碳交易才能发挥出对新能源的正向促进作用。在实际情况中，碳交易的发展水平早日达到这个阈值，对碳交易系统的稳定性和新能源的发展至关重要。碳交易市场的成熟意味着环境法律法规的健全、政府监管机制的完善和全社会环保意识的提高，这也是新能源发展所必须具备的条件。只有碳交易自身发展较为成熟，碳交易才能充分发挥对新能源的正向驱动作用。

其次，本章讨论参数 b_4 的变化对其他变量产生的影响，并分析碳交易与碳排放量、能源强度之间的关系。随着碳交易制度的完善，越来越多的企业参与碳交易，碳交易的发展有效抑制了碳排放量的增长。能源强度是衡量能源利用效率的指标，碳交易的发展提高了化石能源的使用效率，促进了新能源的发展，使能源强度降低。

再次，本章分析了参数 c_3、c_4 的变化对能源强度的影响，讨论经济发展与能源强度之间的关系。参数 c_4 衡量碳交易对经济的影响程度，在一个非线性耦合系统中，参数 c_4 的变化不仅影响经济，也会影响能源消耗量，而能源强度就是能源消耗量与对应 GDP 相除的结果，因此 c_4 的变动必定引起能源强度的变动。当 c_4 增大时，碳交易的发展速度提升，导致能源强度下降。参数 c_3 衡量经济发展速度，当经济快速发展、经济水平达到更高层次时，对新能源的需求和投入增大，从而促进新能源的发展，降低能源强度。

最后，本章分析了参数 d_1、d_3 的变化对新能源的影响，讨论新能源与碳交易、政府调控之间的关系。参数 d_1 可以衡量碳交易的发展速度，碳交易发展越快，对新能源的促进作用越显著；反之，碳交易发展滞后会阻碍新能源的发展，甚至导致系统崩溃。参数 d_3 衡量政府对碳交易和新能源的调控力度。当政府的干预超过一定阈值时，会导致系统崩溃，因此政府对碳交易和新能源的调控力度要适度，需要正确把握政府与市场之间的关系，在遵循市场规律的前提下提升新能源产业的综合竞争力。

综上所述，碳交易和新能源的发展都可以降低碳排放量和能源强度。当碳交易市场发展到一定程度时，可以促进新能源的发展，且碳交易的发展速度越快，对新能源的促进作用也越大。但是，不成熟的碳交易市场或者过多的政府干预可能会对新能源的发展产生负面影响，因此我们需要合理控制新能源和碳交易的发展速度与发展节奏，把握好政府与市场的合理边界，促进碳交易与新能源的协调发展。

第 5 章

新能源、碳交易和能源发展规划

在全球经济高速发展的今天，能源安全已上升到了国家的高度，各国都制定了以能源供应安全为核心的能源政策（Mutani et al.，2021；黄维和等，2021）。传统的能源是指煤炭、石油、天然气、生物质能和电力、热力以及其他直接或者通过加工、转换而取得有用能的各种资源（杨宇等，2021）。人类的高速发展伴随着能源的消耗，然而，这些资源都是不可再生的。如今，世界面临着资源短缺、人口压力、环境保护等多重压力，开发新能源成为各国研究的核心重点（任海伟等，2020；Geng et al.，2021）。早在20世纪70年代，世界各国就开始积极寻找能够代替不可再生资源的新能源，随着石油危机、气候变暖等问题的日益凸显，寻找和开发新能源显得尤为重要。伴随着改革开放的不断深入，中国在不知不觉间成为世界上使用能源最多的国家（苏俊等，2020；杨庆舟等，2020）。因此，能源问题对于当今的中国而言，从未如此重要。

当今世界，能源成为国家实力的象征，能源储备量是国家之间力量的较量（张生玲和胡晓晓，2020；Hermans et al.，2021）。在此背景下，新能源的发展必将为经济增长注入新的活力，带来社会进步（杜曼等，2020）。中国作为能源消耗大国，面对经济发展和能源消费的双重压力，只有转变产业结构，发展新能源，才能实现经济可持续发展的目标（彭桥等，2020；Shen and Lin，2021）。以环保和可再生为特征的新能源可以更好地控制温室气体排放，是能源体系革命中的重要一环（孟凡生，2020；何继善等，2021）。开发利用新能源可提高能源安全，是应对气候变化和实施可持续发展战略的重要途径（陈丽，2020）。

碳排放权配额分配和碳交易价格等是影响碳交易实施效果的重要变量（齐绍洲和张振源，2019；He et al.，2021）。碳排放权初始配额分配是碳排放权交易市场有效开展的前提，也是碳排放权交易的核心环节，一般包括无偿分配、有偿分配及混合分配（孙礼科，2019）。根据现有文献可知，碳交易价格主要受到政策制定、能源效率、经济发展以及环境问题等因素的影响。供求关系的政策调整对碳交易价格的影响比较显著，而政策宣布的时间是否及时也决定着影响的效果（Fan et al.，2017）。也有学者发现政策信息对中国碳交易市场价格并没有显著影响，而市场层面的信息对碳交易市场价格的影响显著（张云，2018）。碳交易价格是碳交易市场最核心的部分，对碳交易市场的平稳运行至关重要。碳交易的推行给新能源发展带来了机遇，而碳交易和新能源协同发展有助于达成能源发展规划目标（Fang et al.，2020）。

第4章构建了基于非线性动力系统的新能源演化模型，结合实际进行情景分析，探讨中国新能源、碳排放、经济发展和碳交易的发展规律，重点分析了碳交易对新能源的驱动机制。本章的主要内容是在第4章分析的基础上，探讨碳交易和新能源的发展会对中国“十三五”能源规划目标的实现产生怎样的影响，这种影响是如何在系统中传导的。将非线性动力系统理论与中国节能减排实践相结合，有利于中国以更加科学、合理、高效的方式实现减排目标、应对气候变化。

5.1 能源规划目标

2015年联合国气候变化巴黎大会上，中国提出了“国家自主贡献行动目标”——2030年左右中国碳排放量达到峰值，非化石能源占一次能源消费的比例达到20%左右，单位GDP产生的碳排放量较2005年降低60%~65%，简称“2030目标”。生态文明是“十三五”规划的重要内容，“十三五”规划（2016~2020年）提出我国要全面推进资源节约与集约利用，积极参与到全球气候变化治理行动中，推动全国统一的碳排放交易市场的建设，大力推广低碳技术和产品，加快发展新能源技术。2016年12月根据“十三五”规划的要求，国家发改委、国家能源局印发并实施《能源发展“十三五”规划》（以下简称“十三五能源规划”），对“十三五”规划中关于节能减排的宏观目标进行量化，提出到2020年非化石能源在能源消耗总量的比例达到15%，能源强度比2015年降低15%，能源消耗总量维持在50亿吨标准煤以下，从能源结构、能源强度和能源总量这三个维度进行全方位调控。

根据《中国统计年鉴》，2015 年中国能源消耗总量为 429905 万吨标准煤，国内生产总值为 689052.1 亿元，可以计算出 2015 年能源强度为 0.6239 吨标准煤/万元。按照“十三五”能源规划，到 2020 年能源强度比 2015 年下降 15%，即 2020 年的能源强度目标为 0.5303 吨标准煤/万元。能源可以划分为非化石能源与化石能源两大部分，常见的化石能源有煤炭和石油。新能源的内涵比较丰富，强调运用新技术和新原料，如太阳能、风能、生物质能、地热能等。新能源的范围虽然小于非化石能源，但是新能源基本涵盖了目前主流的非化石能源，能够代表非化石能源的发展趋势。按照“十三五”能源规划，到 2020 年非化石能源占能源消耗的比例达到 15%，本章将控制目标设置为 2020 年新能源在能源消耗中的比例达到 15%。综上所述，结合“十三五”规划的减排目标、能源分类标准和数据分析的可行性，本章情景分析的两个控制目标确定为：到 2020 年能源强度降低到 0.5303 吨标准煤/万元，新能源的比重提高到 15%。接下来将围绕这两个目标，探讨不同参数约束条件下各变量的发展规律，分析新能源、碳交易与“十三五”能源目标之间的关系。

5.2 情景分析

在系统（4.1）的第一个方程中，参数 a_1 表示 $x(t)$ 的发展系数，衡量新能源的发展速度。固定其他参数的取值不变，改变 a_1 的值，图 5.1 显示了 a_1 逐渐增大时的新能源比重演化图。图中曲线 1（case 1）表示的是 $a_1=0.3927$ 时的新能源比重演化趋势，曲线 2（case 2）表示的是 $a_1=0.5927$ 时的新能源比重演化趋势，曲线 3（case 3）表示的是 $a_1=0.7927$ 时的新能源比重演化趋势。横轴的起始点“0”代表 2013 年，垂直于横轴的直线表示时间 t 为 2020 年，平行于横轴的直线表示新能源的比重达到 15%，结合这两条直线可以直观判断系统演化结果是否达到控制目标。

观察图 5.1 可知，在 2020 年后随着 a_1 的增大，曲线 3 最高，其次是曲线 2，曲线 1 最低。曲线 3 位于表示 15% 的水平直线上方，满足“十三五”规划的目标。而曲线 1 和曲线 2 低于水平直线，无法达到控制目标。a_1 的增大导致

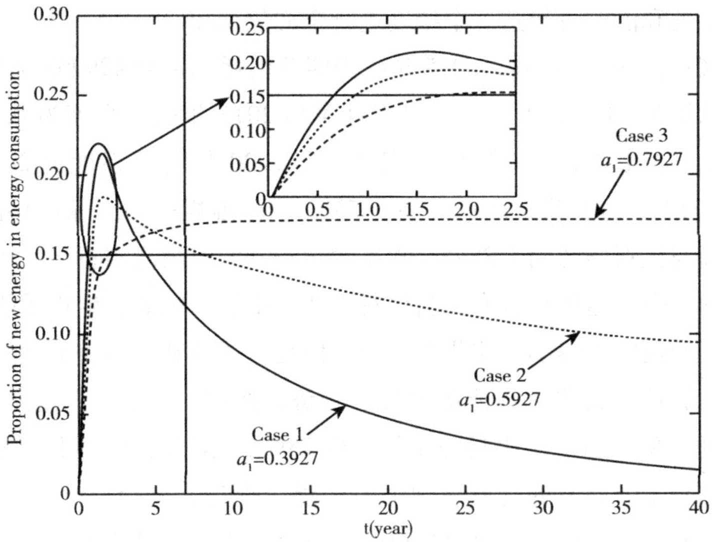

图 5.1　参数 a_1 逐渐增大时的新能源比重演化图

曲线越来越高，表明新能源的发展速度越快，新能源在能源消费结构中的比重越高，越有利于完成能源调控目标。

图 5.2 显示了当 a_1 逐渐增大时的能源强度变化图。图中曲线 1（case 1）表示的是 $a_1 = 0.3927$ 时的能源强度演化趋势，曲线 2（case 2）表示的是 $a_1 = 0.5927$ 时的能源强度演化趋势，曲线 3（case 3）表示的是 $a_1 = 0.7927$ 时的能源强度演化趋势。垂直于横轴的直线表示时间 t 为 2020 年，平行于横轴的直线表示能源强度为 0.5303 吨标准煤/万元，结合这两条直线可以直观判断系统演化结果是否达到能源强度的控制目标。

通过观察图 5.2，我们发现随着 a_1 的增大，曲线由高到低依次为曲线 3、曲线 2、曲线 1。三条曲线均位于目标直线下方，满足了系统调控目标。但是随着 a_1 的增大，新能源发展速度更快，能源强度也不断提高，与经济理论相矛盾。根据能源强度的定义，在理论上新能源的发展会降低能源强度。因为新能源的推广与应用能够提高能源使用效率，降低生产单位产品的能源消耗量，同时作为高科技产业，新能源也会创造更多的就业机会，实现产业化发展，有利于经济增长。

为了解释这个矛盾，需要考虑参数 M 的影响。参数 M 表示碳排放对新能源影响的转折点，由第 4 章的分析可知，当 $y < M$ 时，碳排放量较小，能源供

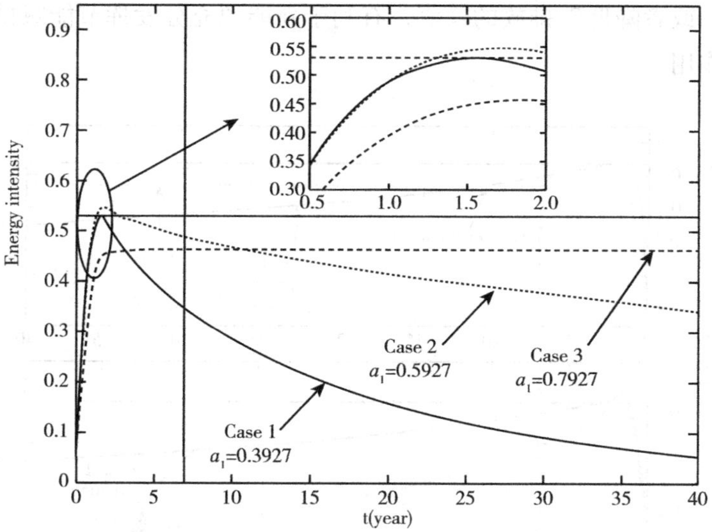

图 5.2　参数 a_1 逐渐增大时的能源强度演化图

给和环境治理的压力较小，发展新能源的动力不大，新能源的发展速度缓慢；当 $y > M$ 时，能源消耗大，必须发展新能源来缓解能源缺口与环境压力，此时新能源的发展速度变快。为了分析阈值 M 的影响，保持其他参数的取值如图 5.2 所示，同时改变 M 的取值，令其减小。图 5.3 是 a_1 增大、N 减小的能源强度演化图。图 5.3 由两部分构成，其中图 5.3（A）的曲线 1（case 1）代表 $a_1 = 0.5927$、$M = 1.955$ 时的能源强度演化趋势，曲线 2（case 2）代表 $a_1 = 0.7927$、$M = 1.955$ 时的能源强度演化趋势。图 5.3（B）的曲线 1 与图 5.3（A）的曲线 1 是同一条曲线，曲线 3（case 3）代表 $a_1 = 0.7927$、$M = 1.155$ 时的能源强度演化趋势。

通过对比图 5.3（A）和图 5.3（B）可以发现，曲线 3 的位置显著低于曲线 1 和曲线 2，说明 M 的减小导致能源强度下降。只有当参数 M 小于一定的阈值，新能源的发展与能源强度的降低才能保持相同的发展趋势，两者才能具备协调性与同步性。结合实际来看，经济体中的碳排放没有达到峰值，表明重工业还存在发展空间，化石能源消耗量还有增长势头，经济和能源领域都存在扩张的潜力。随着经济发展水平的提升，能源消耗量和碳排放量逐渐逼近峰值，煤炭、石油等化石能源在能源结构中的份额接近饱和，碳交易制度与新能源产业趋于成熟，此时新能源的应用可以降低能源强度。因此，早日达到碳排放的峰值，或者降低碳排放的峰值，有利于新能源充分发挥节能减排、降低能源强度的作用。

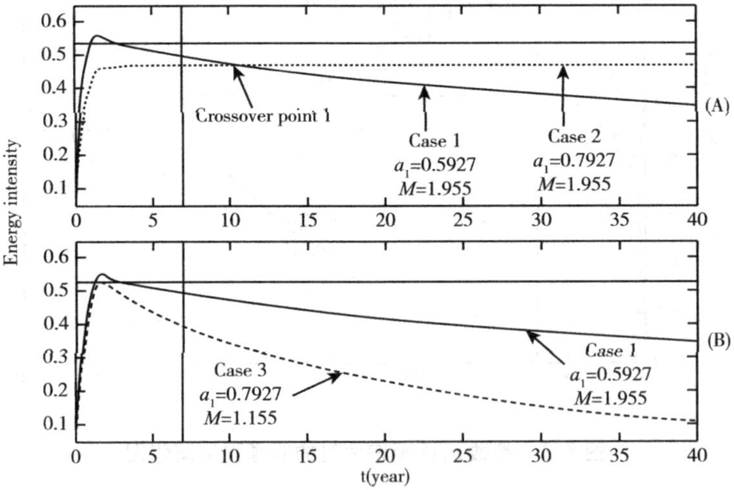

图 5.3　参数 a_1 增大、M 减小时的能源强度演化图

5.2.1　碳交易对新能源的驱动机制

参数 a_3 表示 $u(t)$ 对 $x(t)$ 的影响系数，即碳交易的发展对新能源的影响系数，衡量碳交易对新能源的影响程度和驱动作用。保持其他系数的取值不变，仅改变 a_3 的取值，图 5.4 是 a_3 逐渐增大时的新能源比重演化图。图中曲线 1（case 1）表示 $a_3=0.6952$ 时的新能源比重的演化趋势，曲线 2（case 2）表示 $a_3=0.7952$ 时的新能源比重的演化趋势，曲线 3（case 3）表示 $a_3=0.8952$ 时的新能源比重的演化趋势。通过观察可知，随着 a_3 的增大，曲线 1 最高，其次是曲线 2，曲线 3 最低。a_3 的增大导致了新能源比重下降，且 2020 年达不到 15% 的调控目标，这表明碳交易的发展对新能源的发展起抑制作用，阻碍了新能源比重在能源结构中的提升，产生了矛盾之处，需要进一步细化分析。

类似于图 5.2 中出现的矛盾，解释图 5.4 的矛盾需要考虑系统（4.1）第一个方程式中的关键参数 N。参数 N 表示碳排放对新能源影响的转折点。根据第 4 章的分析可知，当 $u<N$ 时，碳交易开展范围不大或者发展不成熟，对新

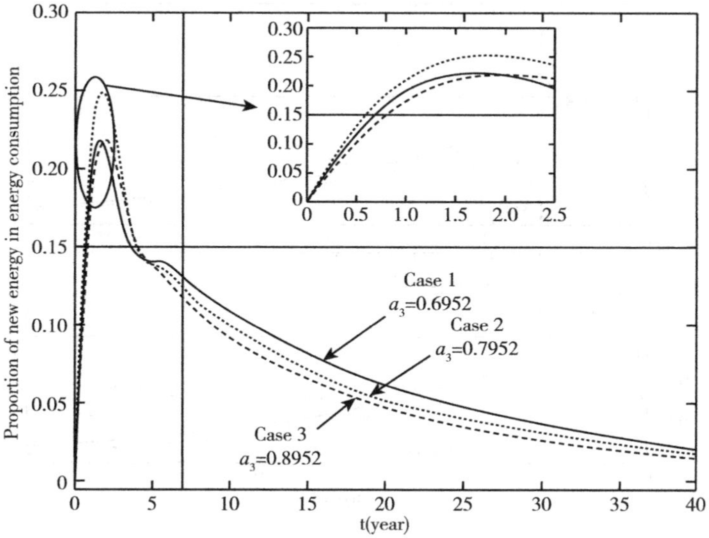

图5.4　参数 a_3 逐渐增大时的新能源比重演化图

能源的驱动效果不显著甚至是抑制作用；当 $u > N$ 时，碳交易发展成熟，对新能源有很好的驱动作用。固定参数 a_3 的取值如图5.4所示，同时令 N 减小，图5.5是参数 a_3 增大、N 减小的能源强度演化图。图5.5由（A）和（B）两部分构成，图5.5（A）的曲线1（case 1）代表 $a_3=0.6952$、$N=0.5871$ 时的新能源比重演化趋势，曲线2（case 2）代表 $a_3=0.7952$、$N=0.5871$ 时的新能源比重演化趋势；图5.5（B）的曲线1（case 1）与图5.5（A）的曲线1（case 1）是同一条曲线，曲线3（case 3）代表 $a_3=1.4952$、$N=0.0671$ 时的新能源比重演化趋势。

对比图5.5（A）和图5.5（B）可以发现，图5.5（A）存在一个转折点1，在转折点1之后，曲线1高于曲线2，表明 a_3 增大使新能源比重下降，碳交易阻碍了新能源的发展，且无法实现“十三五”规划目标。图5.5（B）存在2个转折点，在转折点2和转折点3之间，a_3 的增大和 N 的减小使曲线3高于曲线1，此时碳交易对新能源起促进作用，这表明早日达到碳交易发展的阈值 N 有利于碳交易与新能源的协调发展。碳交易市场发展得越成熟，对于新能源的促进作用就越强，而滞后的碳交易市场不利于新能源产业的健康发展。“十三五”规划的时间段位于转折点2和转折点3之间，在“十三五”期间曲线3高于15%的目标线，因此可以达到能源调控目标，但是2020年之后新能源比

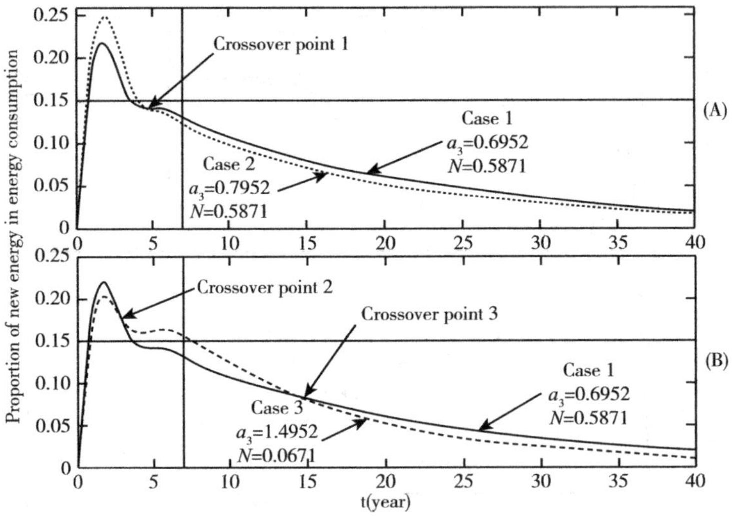

图 5.5　参数 a_3 增大、N 减小时的新能源比重演化图

重持续下降，后续还要施加其他措施，仅仅依靠碳交易的驱动作用是不足的。

图 5.6 是 a_3 逐渐增大时的能源强度变化图，曲线 1（case 1）表示 $a_3=0.6952$ 时的能源强度演化趋势，曲线 2（case 2）表示 $a_3=0.7952$ 时的能源强度演化趋势，曲线 3（case 3）表示 $a_3=0.8952$ 时的能源强度演化趋势。观察图 5.6

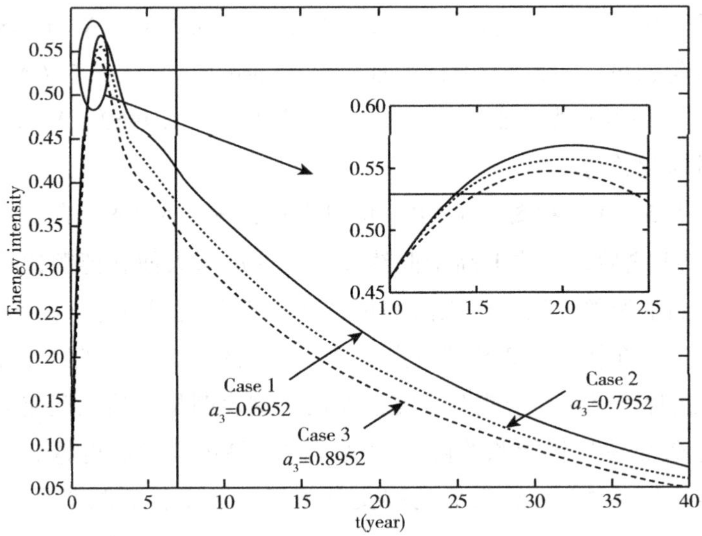

图 5.6　参数 a_3 逐渐增大时的能源强度演化图

可以发现，随着 a_3 的增大，曲线1最高，其次是曲线2，曲线3最低。随着 a_3 增大，能源强度逐步减小。三条曲线均位于水平直线下方，满足了系统控制目标。这表明碳交易的发展可以促进新能源的发展、降低能源强度，有利于实现"十三五"规划目标。

5.2.2　新能源减排效率

参数 b_1 表示新能源对碳排放的影响系数，衡量新能源对碳排放的影响程度，在一定程度上反映了新能源的减排效果。固定其他参数的取值不变，改变 b_1 的取值，图5.7是 b_1 逐渐增大时的新能源比重演化图。图5.7中曲线1（case 1）表示 $b_1=0.0139$ 时的新能源比重演化趋势，曲线2（case 2）表示 $b_1=0.0639$ 时的新能源比重演化趋势，曲线3（case 3）表示 $b_1=0.1139$ 时的新能源比重演化趋势。观察图5.7可以发现，随着 b_1 的逐渐增大，曲线1最高，其次是曲线2，曲线3最低，且三条曲线都位于15%的目标曲线的下方，无法实现"十三五"规划目标。随着 b_1 增大，新能源比重减小，要想达到15%的调控目标，还需要实施其他措施。

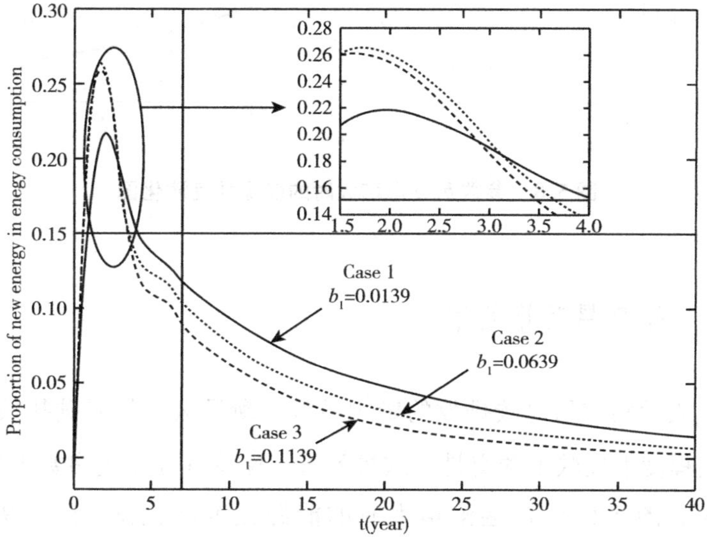

图5.7　参数 b_1 逐渐增大时的新能源比重演化图

图 5. 8 是 b_1 逐渐增大时的能源强度变化图。图 5. 8 中曲线 1 （case 1）表示的是 $b_1=0.0139$ 时的能源强度演化趋势，曲线 2 （case 2）表示的是 $b_1=0.0639$ 时的能源强度演化趋势，曲线 3 （case 3）表示的是 $b_1=0.1139$ 时的能源强度演化趋势。观察图 5. 8 可知，随着 b_1 的逐渐增大，曲线由高到低依次是曲线 1、曲线 2、曲线 3，三条曲线均位于水平直线下方，满足了能源强度低于 0. 5303 吨标准煤/万元的目标。随着 b_1 增大，能源强度越小，满足能源强度的调控目标，但是却不能满足能源结构的调控目标。两个目标在该参数约束条件下不是同步的，可能无法同时实现。

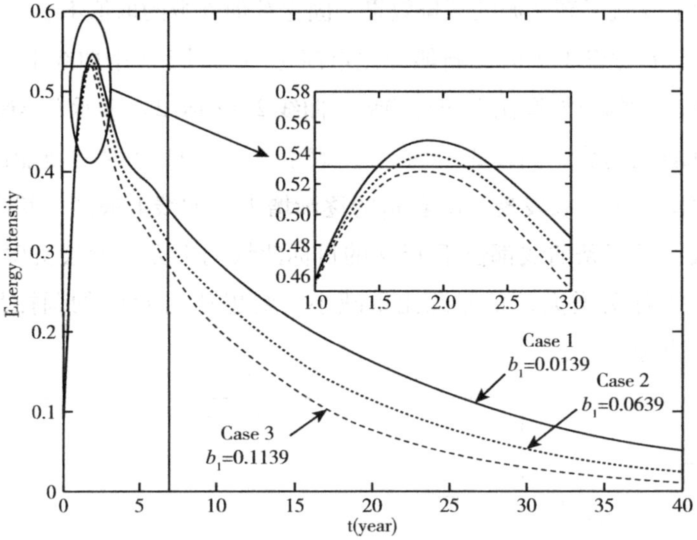

图 5. 8　参数 b_1 逐渐增大时的能源强度演化图

5. 2. 3　碳交易减排效率

参数 b_4 表示碳交易对碳排放的影响系数，衡量碳交易对碳排放的影响程度，在一定程度上反映了碳交易的减排效果。保持其他系统参数的取值不变，改变 b_4 的值，图 5. 9 是 b_4 逐渐增大时的能源强度演化图。图 5. 9 中曲线 1 （case 1）表示的是 $b_4=0.3133$ 时的能源强度演化趋势，曲线 2 （case 2）表示的是 $b_4=0.4133$ 时的能源强度演化趋势，曲线 3 （case 3）表示的是 $b_4=0.5133$

时的能源强度演化趋势。

观察图 5.9 可知，随着 b_4的增大，曲线 1 最高，其次是曲线 2，曲线 3 最低，在“十三五”期间这三条曲线均位于水平直线下方，满足了能源强度低于0.5303 吨标准煤/万元的目标。这表明碳交易的减排效果越好，则能源强度越小。然而系统模拟结果显示，新能源比重随着 b_4增大而减小，演化趋势与图 5.7 相似，篇幅有限不再展开分析。对参数 b_1和 b_4的分析都表明，在某种约束条件下能源结构与能源强度的演化趋势不是同步的，无法同时实现这两个目标。

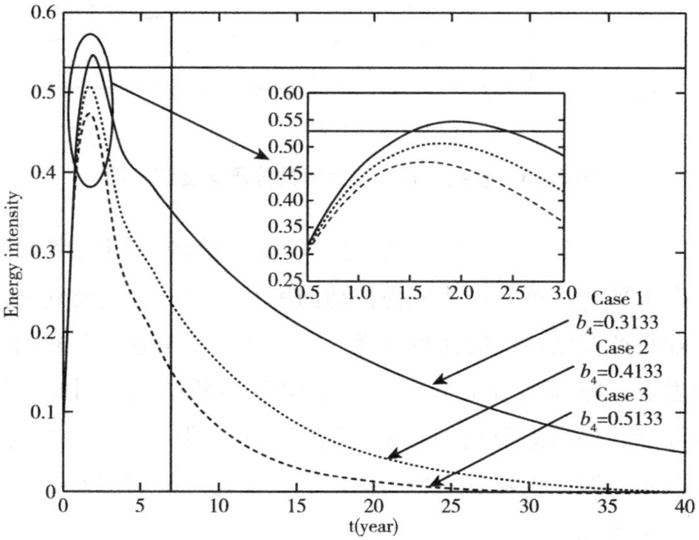

图 5.9　参数 b_4逐渐增大时的能源强度演化图

（1）经济发展水平。

参数 c_3表示经济水平的发展系数，衡量经济的增长速度。保持其他系统参数的取值不变，改变 c_3的值，图 5.10 是 c_3逐渐增大时的能源强度变化图。图 5.10 中曲线 1（case 1）表示的是 c_3 =0.0035 时的能源强度演化趋势，曲线 2（case 2）表示的是 c_3 =0.0135 时的能源强度演化趋势，曲线 3（case 3）表示的是 c_3 =0.0235 时的能源强度演化趋势。

观察图 5.10 可知，随着 c_3的增大，曲线 1 最高，其次是曲线 2，曲线 3 最低，c_3的增大导致能源强度降低。且三条曲线均位于能源强度目标水平线之

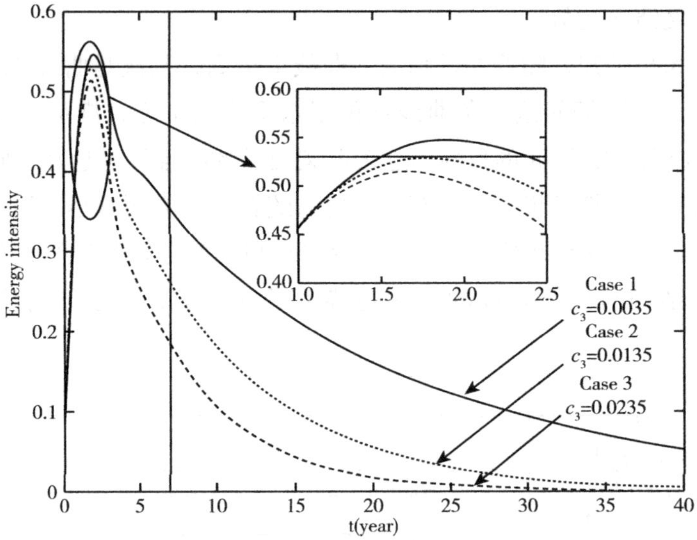

图 5.10　参数 c_3 逐渐增大时的能源强度演化图

下，达到了“十三五”规划目标。能源强度衡量能源利用效率的高低，当经济发展到一定水平时，第三产业成为拉动国民经济增长的主要动力，传统制造业、重化工业在产业结构中的比重下降，服务业、金融业、互联网、高新技术产业等迅速发展，能源消费量下降，同时 GDP 不断增长，因此，经济发展可以降低能源强度，提高能源利用效率。经济发展水平越高，则能源强度越低。系统模拟发现新能源比重随着 c_3 增大而减小，演化趋势与图 5.7 相似，不能同时达到两个调控目标。

参数 c_4 表示碳交易对经济发展的影响系数，反映碳交易对经济增长的影响程度。固定其他系数不变，改变 c_4 的取值，图 5.11 是 c_4 逐渐增大时的能源强度演化图，图 5.11 中曲线 1（case 1）表示的是 $c_4=0.7012$ 时的能源强度演化趋势，曲线 2（case 2）表示的是 $c_4=0.8012$ 时的能源强度演化趋势，曲线 3（case 3）表示的是 $c_4=0.9012$ 时的能源强度演化趋势。观察图 5.11 可知，随着 c_4 的增大，曲线 1 最高，其次是曲线 2，曲线 3 最低，能源强度逐渐减小。三条曲线均位于水平直线下方，实现了能源强度低于 0.5303 吨标准煤/万元的目标。

参数 c_4 的变化对能源强度影响的传导机制比较复杂。系统（4.1）是非线性耦合系统，系统中任何一个系数的变化都会引起整个系统的变化，因此，c_4

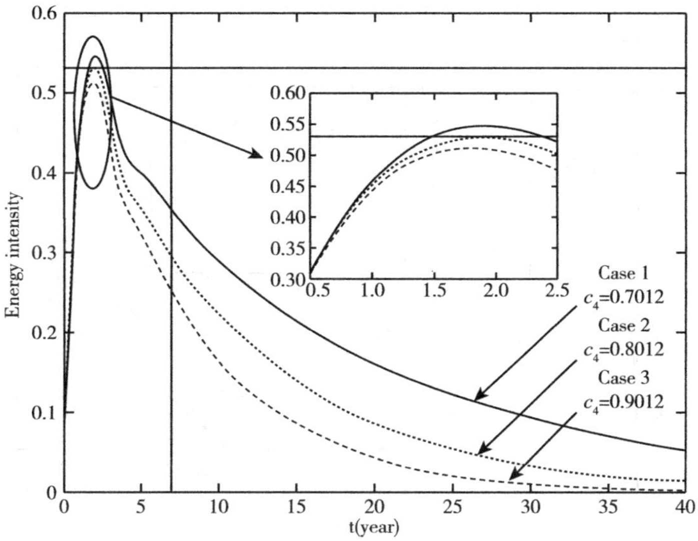

图 5.11　参数 c_4 逐渐增大时的能源强度演化图

的变化不仅影响经济，也会影响能源消耗及其相应的碳排放量，能源强度的定义就是能源消耗量除以对应的 GDP，参数 c_4 的变化必定会对能源强度产生影响。当 c_4 变大，也就是碳交易对经济的影响程度变大，在一定程度上反映了碳交易的发展速度加快，由前一部分的分析结果可知，碳交易的发展会抑制碳排放，提高能源效率，从而降低能源强度，因此 c_4 的增大会降低能源强度。系统仿真结果显示，c_4 的增大导致新能源比重降低，与图 5.7 反映的现象相似，未能实现能源结构的控制目标。

参数 d_3 表示经济发展对碳交易的影响系数。目前中国的碳交易市场具有很强的政策性，政府主要是通过经济手段来调控碳价格、完善碳交易市场，因此，在一定程度上 d_3 也可以衡量政府对碳交易的调控力度。保持其他参数不变，改变 d_3 的取值，图 5.12 是 d_3 逐渐增大时的能源强度演化图。图 5.12 中曲线 1（case 1）表示 $d_3=0.1277$ 时的能源强度的演化趋势，曲线 2（case 2）表示 $d_3=0.1377$ 时的能源强度的演化趋势，曲线 3（case 3）表示 $d_3=0.1477$ 时的能源强度的演化趋势。

观察可知，曲线 1 最高，其次是曲线 2，曲线 3 最低。随着 d_3 的增大，能源强度变小且三条曲线都位于水平直线下方，达到控制目标。能源安全是国家安全的重要内容之一，碳交易和新能源的发展离不开政府在资金、法律法规、

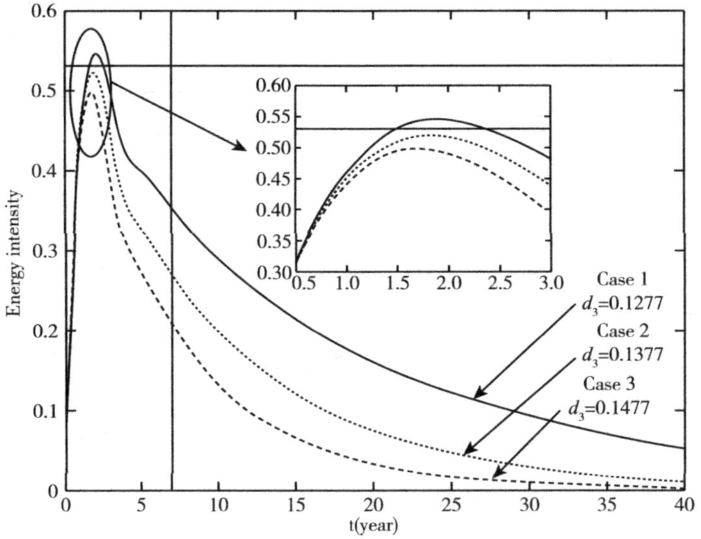

图 5.12　参数 d_3 逐渐增大时的能源强度演化图

产业政策等方面的扶持，政府的参与程度较高。相比其他措施，增大政府的调控力度可以带来更好的实际效果，提高实现“十三五”能源规划目标的效率。在能源结构这一方面，系统仿真结果显示，d_3的增大导致新能源比重降低，与图 5.7 反映的现象相似，依然未能实现目标的同步。

（2）碳交易发展速度。

参数 d_1表示 $u(t)$ 的发展系数，衡量碳交易的发展速度。固定其他参数不变，改变 d_1的取值，图 5.13 是 d_1逐渐增大时的新能源比重演化图，图 5.13 中曲线 1（case 1）表示的是 $d_1=0.4818$ 时的新能源比重的演化趋势，曲线 2（case 2）表示的是 $d_1=0.6818$ 时的新能源比重的演化趋势，曲线 3（case 3）表示的是 $d_1=0.7818$ 时的新能源比重的演化趋势。观察可知，随着 d_1的增大，曲线 3 最高，其次是曲线 2，曲线 1 最低，2017 年后曲线 3 稳定地位于水平直线上方，实现了“十三五”规划的目标，而曲线 1 和曲线 2 低于目标线，无法达到控制目标。d_1的增大导致新能源比重的提高，表明碳交易的发展速度越快，对新能源的促进作用越大，从而实现新能源比重超过 15% 的目标。

然而，碳交易的发展速度是不是越快越好呢？保持其他参数不变，令 d_1增大，图 5.14 显示了 d_1增大时的碳交易系统演化图。图 5.14 中曲线 1（case 1）表示的是 $d_1=0.8818$ 时的碳交易演化趋势，曲线 2（case 2）表示的是

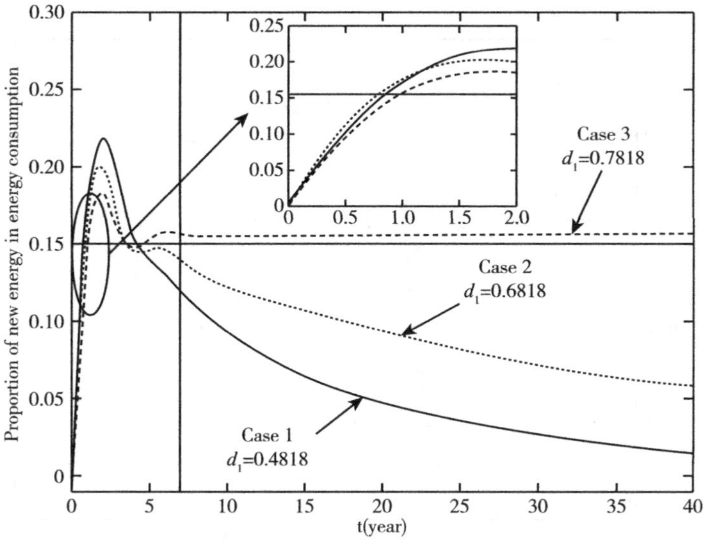

图 5.13　参数 d_1 逐渐增大时的新能源比重演化图

$d_1=0.9818$ 时的碳交易演化趋势。曲线 1 和曲线 2 波动幅度较大，曲线 1 在 $t=7.3$ 左右时停止运行，曲线 2 在 $t=4.1$ 左右时停止运行。系统仿真显示，当 $d_1 \geqslant 0.8644$ 时系统崩溃，且 d_1 越大，系统崩溃时间越早。图 5.14 表明，过快的发展会影响碳交易系统的稳定性，甚至导致系统崩溃，而图 5.13 表明碳交易的快速发展有利于实现能源结构的调控目标，促进新能源占比的提高。综合这两幅图可以得出结论，碳交易的发展速度要控制在合理范围内，过快或者过慢的发展都会对新能源和整个节能减排系统产生负面作用。政府既要确保碳交易系统的稳定性与可持续性，也要充分发挥碳交易在节能减排方面的积极作用。

图 5.15 是 d_1 逐渐增大时的能源强度变化图。图 5.15 中曲线 1（case 1）表示的是 $d_1=0.4818$ 时的能源强度演化趋势，曲线 2（case 2）表示的是 $d_1=0.6818$ 时的能源强度演化趋势，曲线 3（case 3）表示的是 $d_1=0.7818$ 时的能源强度演化趋势。

观察该图发现，随着 d_1 的增大，曲线 3 最高，其次是曲线 2，曲线 1 最低。曲线 3 位于水平直线上方，没有达到“十三五”规划目标，曲线 1 和曲线 2 低于水平直线，满足调控目标，这表明随着碳交易的发展，能源强度越高，无法达到控制目标。图 5.13 表明 d_1 的增大提高新能源的比重，但是在图 5.15

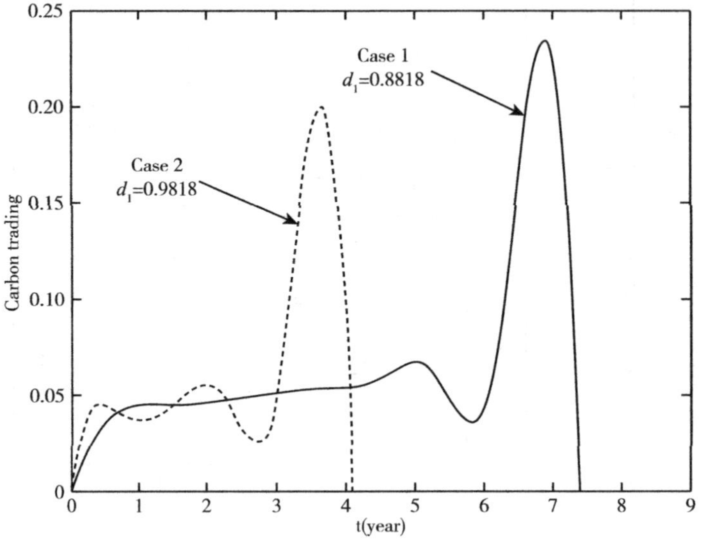

图 5.14　参数 d_1 增大时的碳交易演化图

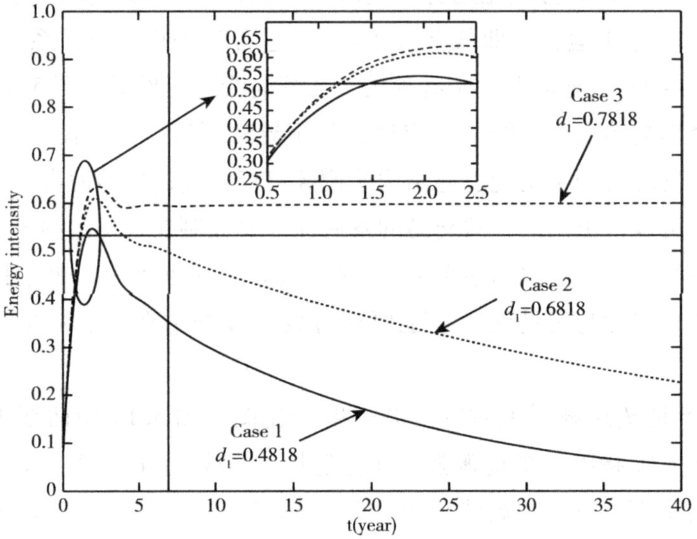

图 5.15　参数 d_1 增大时的能源强度演化图

中 d_1 的增大导致能源强度增加，两个目标难以同步。为了解释这种不同步的现象，我们将考虑参数 P 的影响。

参数 P 是碳排放对碳交易影响的转折点。当碳排放量较多、超过阈值 P

时，对碳排放权的需求大于供给，碳交易市场活跃，碳价格上涨。反之，当碳排放量小于阈值 P 时，碳排放权的供给大于需求，碳交易市场低迷，碳价格下降。改变 P 的取值，令其减小，图 5.16 表示的是 d_1 增大、P 减小的能源强度演化图。图 5.16 由两部分组成，图 5.16（A）的曲线 1（case 1）代表 d_1 = 0.6818、P = 0.9222 时的能源强度演化趋势，曲线 2（case 2）代表 d_1 = 0.7818、P = 0.9222 时的能源强度演化趋势。图 5.16（B）的曲线 1（case 1）与图 5.16（A）的曲线 1 是同一条曲线，曲线 3（case 3）代表 d_1 = 0.7818、P = 0.3222 时的能源强度演化趋势。

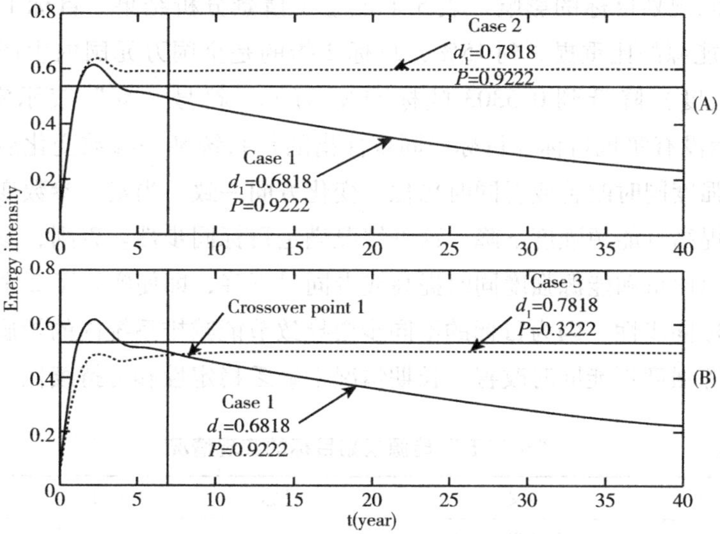

图 5.16　参数 d_1 增大、P 减小时的能源强度演化图

图 5－16（B）中，曲线 1 和曲线 3 存在一个交叉点。在交叉点 1 之前，曲线 1 高于曲线 3；在交叉点 1 之后，曲线 3 高于曲线 1。P 的减小使曲线 3 降低，保证在 2020 年及以后年度实现能源强度低于 0.5303 吨标准煤/万元的目标。对比图 5－16（A）和图 5.16（B）可以发现，降低 P 可以降低能源强度曲线的高度，但是不能改变两条曲线相对的高低关系，曲线 1 始终低于曲线 2 和曲线 3，无法从根本上扭转碳交易的发展导致能源强度增加这个矛盾之处。碳排放量早日到达峰值有利于保证“十三五”能源规划目标的实现，但是两个目标的内在协同性依然难以满足。

5.3 能源规划目标的同步性与差异性

5.3.1 能源结构与能源强度的同步性

前面分析了新能源的发展速度和减排效率、碳交易的发展速度和减排效率、碳交易对新能源的驱动作用、经济发展水平以及政府调控的变化对“十三五”能源规划目标的影响。表 5.1 汇总了情景分析结果，目标 1 指的是到 2020 年新能源的比重提高到 15%，目标 2 指的是全国万元国内生产总值能耗（即能源强度）降低到 0.5303 吨标准煤/万元。符号“√”表示实现目标，“×”表示没有实现目标。目标的同步性指的是系统某一参数变化后，能源结构和能源强度同时改善或者同时恶化，变化方向一致。当某一参数变化时，新能源比重提高且能源强度下降，这种情况满足目标同步性。否则，参数的变化导致新能源比重和能源强度同时提高或者同时下降，即使实现了 2 个目标，也不满足目标同步性。因为目标的不同步会导致节能减排系统内的矛盾，新能源比重和能源强度不能同时改善，长期情况下缺乏稳定性和可持续性。

表 5.1　“十三五”能源规划目标的实现情况

参数	意义	目标 1	目标 2	目标同步性
a_1	新能源的发展速度	√	√	×
a_3	碳交易对新能源的影响程度	√	√	√
b_1	新能源对碳排放的影响程度	×	√	×
b_4	碳交易对碳排放的影响程度	×	√	×
c_3	经济发展水平	×	√	×
c_4	碳交易对经济增长的影响程度	×	√	×
d_1	碳交易的发展速度	√	√	×
d_3	政府的调控力度	×	√	×

根据表 5.1 的结果，我们发现对参数 a_1 和 d_1 进行调控的结果相同，对新能源和碳交易的发展速度进行调控可以实现 2 个目标，但是无法满足目标的同步性。参数 b_1、b_4、c_3、c_4、d_3 这 5 个参数的分析结果相同，无法实现新能源

比重的调控目标，也无法实现目标同步性，但可以实现能源强度的调控目标。只有对参数 a_3 的调控同时实现了 2 个目标，并且满足目标同步性。

参数 a_3 是一个非常关键的参数，它衡量了碳交易对新能源的驱动作用，这正是本章分析的核心。第 4 章得出的结论是：当碳交易市场发展到一定程度时，可以促进新能源的发展，且碳交易的发展速度越快，对新能源的促进作用也越大，不成熟的碳交易市场会阻碍新能源的发展。本章得出的结论是：碳交易对新能源的驱动作用越强，越有利于实现“十三五”能源规划中关于能源强度和能源结构的两个目标，并保证这两个目标之间的同步性。这两章的结论是密切相关、相互印证的。无论是单纯分析新能源与碳交易之间的关系，还是结合“十三五”能源规划目标分析两者的发展规律，都可以发现碳交易对新能源的发展会产生影响，成熟的碳交易市场会产生正向作用，而发展滞后的碳交易市场会产生负面作用。这种驱动作用还会通过系统的传导机制影响能源强度和能源结构，影响“十三五”能源规划目标的实现。因此，必须协调好碳交易与新能源之间的关系，在完善碳交易制度、建设全国统一的碳交易市场的基础上，大力推进新能源发展，注重碳交易对新能源的驱动作用，形成相辅相成、融洽高效的能源政策体系。

5.3.2　能源结构与能源强度的差异性

纵观表 5.1，我们发现对所有参数进行调节都可以实现能源强度的规划目标，仅对 3 个参数的调控可以实现能源结构的规划目标。能源强度的调控目标更容易实现，能源结构的调控目标较难实现，这两个目标在难易程度上存在较大差异。许多学者进行了类似的研究，莫建雷等（2018）对中国在《巴黎协定》中的减排目标进行评估，发现非化石能源比重达到 20% 最难实现，碳强度下降 60% ~65% 最容易实现。中国要想在 2030 年实现非化石能源比重达到 20% 的目标，非化石能源年均增长率必须达到 8%，对于中国来说难度较大（He et al.，2015）。

根据能源强度的计算公式，能源强度由能源消耗量及其对应的 GDP 相除得到，经济增长、产业结构优化、技术进步等能源领域以外的发展都会对能源强度的降低发挥积极作用。即使能源消费量不断增加，理论上只要经济增长足够快，使经济增长的比率大于能源消耗增长的比率，就可以降低能源强度。因此，降低能源强度不仅可以通过提高能源利用率、降低能源消费量实现，也可以通过单纯的经济增长实现。但这种能源强度的降低只是数据层面的表象，并没有在实质上反映能源效率的提高，粗放型、资源密集型的产业依然可以通过提高生产率实现能源强度的降低，因此能源强度的调控目标更容易实现。

然而，新能源比重的提高依赖于新能源自身的发展。新能源产业投资成本大、科技含量高、市场风险高、周期长，在发展初期依赖于政府的产业扶持政策，具有很强的政策性。目前中国电力系统对于新能源发电的调度运行能力不足，无法适应新能源发电大规模并网消纳的要求，新能源行业还没有完全实现市场化运作，市场的供给和需求不能实现精准对接，部分地区存在严重的弃风、弃水、弃光问题，新能源的发展面临重重挑战。传统的煤炭、石油等化石能源无论在能源生产结构还是能源消费结构中都占据了80%以上的比重，短期内化石能源的主导地位难以撼动，实现“十三五”能源规划中的非化石能源比重超过15%的目标还需要付出更大的努力。

5.4 本章小结

根据“十三五”能源规划目标，到2020年中国非化石能源占能源消耗总量的比例达到15%，能源强度比2015年下降15%。综合中国的减排目标、能源分类标准和数据分析的可行性，本章确定了两个系统控制目标——到2020年能源强度降低到0.5303吨标准煤/万元，新能源的比重提高到15%。在确定了控制目标后，改变系统参数的取值进行情景分析，讨论不同参数约束下的系统动力学演化行为，将非线性动力系统理论与中国的节能减排实践相结合，分析碳交易、新能源以及调控目标之间的关系，得出以下三个结论：

就新能源和碳交易的发展规律而言，新能源的发展速度越快，则新能源在能源消费结构中的比重越高，越有利于完成能源调控目标。早日达到碳排放的峰值，有利于新能源充分发挥节能减排、降低能源强度的作用。实施碳交易可以促进新能源的发展，降低能源强度。碳交易的减排效率越高，则能源强度越小。碳交易市场发展得越成熟，对于新能源的促进作用就越强，而滞后的碳交易市场不利于新能源产业的健康发展。但碳交易的发展速度不是越快越好，过快的发展会影响碳交易系统的稳定性，甚至导致系统的崩溃，因此，碳交易的发展速度要控制在合理范围内，与经济、科技和能源发展水平相适应。

就调控目标的同步性而言，对系统某一参数进行控制，能源结构和能源强度的指标同时改善，发展趋势相同，这就满足了目标的同步性。否则，一个指标改善但是另一个指标恶化，会导致节能减排系统和环境政策体系内的矛盾，长期情况下系统缺乏稳定性和可持续性。在情景分析中，仅对参数 a_3 的调控满足两个目标的同步性。参数 a_3 衡量了碳交易对新能源的驱动作用，成熟的碳交易市场会对新能源的发展产生正向的驱动作用，而发展滞后的碳交易市场会对新能源产生不利影响。这种驱动作用还会通过系统的传导机制影响能源强度和能源结构，影响“十三五”能源规划目标的实现。碳交易对新能源的驱动作用越强，越有利于实现“十三五”能源规划目标并保证目标的同步性。

就调控目标的差异性而言，能源结构和能源强度这两个调控目标实现的难易程度存在差异，到 2020 年新能源比重达到 15% 较难实现，而能源强度比 2015 年下降 15% 较为容易。原因在于能源强度由 GDP 和能源消费量共同决定，理论上只要经济增长足够快，使经济增长的比率大于能源消耗增长的比率，就可以降低能源强度。宏观经济水平、产业结构、科技水平等能源领域以外的发展都会对能源强度的降低发挥重要作用。新能源比重的提高只能依赖于新能源自身的发展，目前中国新能源的开发与应用还处于起步阶段，面临重重挑战，短期内化石能源的主导地位难以撼动。要想同时实现“十三五”能源规划的两个目标、确保节能减排系统的有效运行存在一定难度，还需要进一步研究。

第6章

碳交易背景下的新能源演化发展与政策协同

新能源是一个相对的概念，是与常规能源相比较所得到的结果。根据1978年12月的联合国第33届大会第148号决议，新能源和可再生能源包括太阳能、风能、潮汐能、地热能、海水温差能、水能等。1981年8月联合国召开的联合国新能源和可再生能源会议中，进一步明确了新能源和可再生能源的发展方向：运用新的技术和新的材料，使传统的可再生能源得到合理开发和利用，以取之不尽的新的可再生能源代替稀缺有限的、污染严重的传统化石能源（仓定帮等，2020）。新能源和可再生能源是一个整体，两者合在一起，即我们常说的“新能源”。

近年来，国家大力扶持新能源发展，加大科研力度，并不断推出有利于新能源发展的相关政策，我国的新能源得到了飞速的发展，也取得了不错的成果（曾鸣等，2019；陈国平等，2020）。目前，我国已形成较为完善的新能源开发和供应体系，从国家统计局近十年的统计数据来看，我国的水电、核电、风电生产和消费总体保持增长趋势。2009~2018年，中国水电、核电、风电生产总量不断增加，只在2012年出现较小幅度的波动，同时水电、核电、风电生产总量占能源生产总量的比重也在不断增加，截至2018年，水电、核电、风电等清洁能源占比达到18%，已提前完成规划目标。中国新能源行业发展快速，发展潜力巨大。但由于中国的新能源领域起步较晚，目前依旧存在一些问题（夏清等，2020；张柏林等，2020）。对于能源消费超过产出的问题，需要推进能源行业的产业结构变革，加大新能源产业的开发和运用，继续扩大新能源在能源利用中的比重（杨宇和何则，2020）。对于新能源行业并网、开发等技术方面的不足，应加大资金投入和人才培养，加强科研力度，努力攻克技术难题，使中国新能源技术得到更快发展。

碳交易是一种有效的节能减排手段，面对日益严重的资源短缺和气候问题，越来越多的国家和地区采取碳交易手段来解决节能减排问题（Fang et al.，2021；Qi et al.，2021）。中国作为温室气体排放第一大国，所面临的减排压力是巨大的，因此，发展碳交易市场是我国实现节能减排目标的必然选择（刘月，2015；陈玉玉等，2020）。与欧盟长达六年的前期准备不同，中国碳交易市场从批准到成立只用了两年的时间。从 2013 年 6 月开始，北京、上海、广州、深圳和天津五大碳交易市场陆续启动，几个月后，武汉和重庆碳交易市场也开始运行，2016 年底，我国又新增了福建碳交易市场。也就是说，时间最长的试点碳交易市场也只有 6 年的运营经验。中国碳交易市场的起步较晚，但发展潜力巨大。截至 2020 年 3 月，我国八大碳交易市场的历史成交量已超过 1.76 亿吨，总成交额超过 38 亿元①。

随着环境污染和气候问题的日益突出，人们越来越意识到节能减排的重要性，对节能减排政策的协同效应也越来越关注。张国兴等（2014）从政策措施、政策目标以及政策力度三个维度对节能减排政策进行了量化，并对中国节能减排政策的协同发展进行了分析。Gu 等（2014）采用投入产出表分析核算了中国“十一五”规划中节能政策与节水政策之间的协同效应，指出了节能政策的实施能有效节约水资源。Kirchner 等（2015）构建了完整的模型框架用以量化生态服务政策，从而测定其对经济发展的影响。Hildingsson 和 Johansson（2016）观测到气候政策与环境政策目标之间既存在协同的方面又具有冲突之处，通过研究发现低碳发展战略的实施需要其他保持生态可持续性政策的协同支持。赵立祥等（2020）通过中介效应分析法验证了“碳交易政策—技术进步—能源强度下降—环境改善”的正向传导机制，研究表明碳交易政策的实行带来了大气污染的协同减排效应。

气候问题是全球关注的话题，节能减排政策的制定关系着一国未来经济的发展。新能源政策和碳交易政策作为节能减排的重要手段，其重要性不可忽略。两者间的政策协同效应也是研究的重点。不同政策之间可能存在冲突，也可能存在促进。就政策协同的目的而言，如何让新能源、碳排放、碳交易实现政策协同发展，发挥最大效益，仍然是研究的重点。

---

① 数据来源于中国碳交易网。

6.1 碳交易背景下的新能源演化发展模型

6.1.1 新能源演化发展驱动机制探讨

气候问题和能源危机一直是当今世界备受瞩目的话题。随着化石能源的不断使用，不可再生能源的储量不断下降，能源问题日益严重，各国纷纷把解决能源问题的重心转到新能源领域，新能源的开发技术得到飞速发展，能源利用效率也得到很大提升。能源的使用伴随着温室气体的排放，因此，能源问题往往与气候问题联系在一起。气候变暖是自然灾害频发的一个重要原因，如何解决气候变暖问题，减少碳排放一直是许多学者研究的重点。能源使用带来经济发展，而过量的碳排放又带来环境污染。能源与碳排放两者之间如何取得平衡，也是世界各国不断探求的难题。碳交易的出现让人们发现了一种新的平衡经济与环境两者之间关系的方式。碳交易市场通过供求关系影响碳排放量，碳排放量的减少带来能源消耗的减少，各国若想经济得到发展，则必须提高能源效率、发展新能源。由此，碳交易、碳排放、新能源三者形成一种驱动机制，相互作用和相互制约。

碳交易、碳排放和新能源之间的关系并不是简单的效果叠加或减少，而是一种复杂的变化，任何一个因素的变化都会带来所有其他因素的变化，而其他因素的变化又会反过来作用于非己因素。基于三者之间这种复杂的关系，本章试图借助非线性动力系统理论，建立一个新能源演化发展模型，运用模型的动态整体性，描述碳交易、碳排放、新能源三者之间的驱动机制和演化路径（Fang and Zhang，2018；方国昌等，2020）。

6.1.2 模型构建

为了研究碳交易背景下的新能源演化发展规律，厘清新能源和碳交易之间的关系，本章基于能源经济学相关理论、非线性动力系统相关理论，构建碳交易背景下的新能源演化发展模型：

$$\begin{cases} \dot{x} = a_1 x(y - M) + a_2 z(z/N - 1) \\ \dot{y} = -b_1 x + b_2 y(1 - y/C) - b_3 z \\ \dot{z} = c_1 z(y/E - 1) - c_2 x \end{cases} \tag{6.1}$$

其中，$x(t)$ 表示随时间变化的新能源使用量，$y(t)$ 表示随时间变化的碳排放量，$z(t)$ 表示随时间变化的碳交易额，系统参数 a_1、a_2、b_1、b_2、b_3、c_1、c_2 及 M、N、C、E 为正的常数，$t \in I$，I 为一个经济时期。各系统参数的具体含义详见表 6.1。

表 6.1　　系统各参数的含义

参数	含义	意义
a_1	$x(t)$ 的发展系数	新能源的发展速度
a_2	$z(t)$ 对 $x(t)$ 的影响系数	碳交易对新能源的影响程度
b_1	$x(t)$ 对 $y(t)$ 的影响系数	新能源对碳排放的影响程度
b_2	$y(t)$ 的发展系数	碳排放的增长速度
b_3	$z(t)$ 对 $y(t)$ 的影响系数	碳交易对碳排放的影响程度
c_1	$z(t)$ 的发展系数	碳交易的变化速度
c_2	$x(t)$ 对 $z(t)$ 的影响系数	新能源对碳交易的影响程度

在模型（6.1）中，新能源的发展程度用新能源的使用量来代替；碳排放的节能减排效率通过碳排放量来体现；而碳交易本质上是一种市场机制，碳交易市场在市场机制的作用下达到平衡状态，最终得到一个平衡价格，即碳交易市场价格，也就是说，在一个发展成熟的碳交易市场中，交易价格可以衡量碳交易市场的发展程度。但我国的碳交易市场之间差异较大，不同碳交易市场之间并不流通，信息不对称使碳交易价格不能对市场的供求做出及时的反馈，因此，本章考虑用碳交易市场的成交额来代替碳交易价格。在碳交易市场中，碳交易价格与交易量往往由供求关系所决定，当碳交易价格上升时，企业考虑到生产成本，会降低碳排放量，排污权的供给增加，导致碳交易市场交易量增加；反之，碳交易价格下降将导致碳交易量的减少。也就是说，碳交易市场成交额的变动趋势可以代表价格的变动趋势，因此，用碳交易额来代替碳交易价格是合理的。

方程中每一个式子都是在理论与现实的基础上设立的，这里分别对模型中的三个式子的具体含义作详细的解释说明：

模型（6.1）中的第一个公式中，M 表示碳排放 $y(t)$ 对新能源 $x(t)$ 影响的转折点。当 $y < M$ 时，即当碳排放总量很小时，新能源发展的外在压力不大，新能源的发展速度缓慢；当 $y > M$ 时，碳排放总量大，能源消耗大，迫切需要发展新能源来缓解能源缺口，降低碳排放，此时新能源的发展速度变快。N 表示碳交易 $z(t)$ 对新能源 $x(t)$ 影响的转折点，当 $z < N$，即 $z/N < 1$ 时，碳交易市场开展范围不大或者发展不成熟，对新能源的驱动效果不显著；当 $z > N$，即 $z/N > 1$ 时，表示碳交易发展成熟，对新能源有很好的驱动作用。

模型（6.1）中的第二个公式中，系数 b_1、b_3 前的负号表示新能源使用量 $x(t)$ 和碳交易额 $z(t)$ 的发展会抑制碳排放量 $y(t)$ 的增长速度。C 表示一个经济时期内碳排放量 $y(t)$ 的峰值，在峰值 C 到来之前碳排放量 $y(t)$ 的发展速度很快（$y<C$，$1-y/C>0$），峰值到来之后碳排放量 $y(t)$ 的发展速度渐渐变缓（$y>C$，$1-y/C<0$）。

模型（6.1）的第三个公式中，$c_1z(y/E-1)$ 反映的是供求关系变化对碳交易额的影响。倘若社会碳排放量较大（$y>E$），为了达到减排目标，对碳配额的需求就会增加，碳交易市场活跃程度上升，碳交易额自然就会上升［$c_1z(y/E-1)>0$］；反之，如果社会碳排放量较少（$y<E$），市场上的碳配额供大于求，碳交易额也会随之下降［$c_1z(y/E-1)<0$］。$-c_2x$ 表示随着新能源行业的发展，能源利用率提高，碳配额需求减少，碳交易市场供大于求，在一定程度上会降低碳交易额。

6.1.3 系统参数获取与辨识

新能源演化发展系统（6.1）是基于新能源、碳排放与碳交易三者之间相互作用、相互制约的复杂关系建立的，系统中参数的确立有着重要的现实意义。为了更准确地确定系统中的参数，以便于后续分析更具有现实意义，本章收集了近年来与新能源、碳排放、碳交易相关的官方数据，基于这些数据，运用 BP 神经网络算法算出系统参数值。

考虑到中国各个碳交易市场成立时间长短不一，若使用年度数据，则变量的取值太少，以此计算得到的参数实际参考价值较低，因此，本章将采用月度数据进行参数辨识。

新能源的数据来源。关于新能源的使用量，我们用一段时间内新能源的发电量来近似表示。我国新能源的发电量主要来源于水力、风力、核能、光伏这四项，但现阶段光伏发电占比很低，光伏产业还不够成熟，存在诸多乱象，并且无论是北京还是上海都不是光伏产业的重点区域，因此本章中新能源的使用量为水力、风力、核能这三项发电量的加总。相关数据可以在国家统计局官方网站查询。

碳排放的数据来源。碳排放的主要来源是各个行业对能源的消耗，能源消费与碳排放成正比，能源消费可以通过特定系数与碳排放之间形成转换。由于能源消费只有年度数据，因此我们利用工业增加值同比增长率这一指标将能源消耗总量进行拆分，有关能源消费总量和工业增加值同比增长率的数据均可以在国家统计局官方网站直接查询。之所以选取工业增加值同比增长率这一指标，是因为工业是我国能源消耗最大的部门，工业的增长状况在很大程度上代表了我国能源消耗的增长状况。

碳交易的数据来源。碳交易额即碳交易市场的成交量与成交价格的乘积。目前，我国共有八个正在运营的碳交易市场，碳交易市场的每日交易情况都可在各碳交易网站上查询到。而碳交易额的月度数据则可以通过中国碳交易网站收集八个试点碳交易市场的日数据并加总而获得。

最后，本章以 2014 年 12 月的数据作为基期数据，将 2015 年 1 月至 2018 年 12 月的相关数据进行归一化处理，处理后的具体数据如表 6.2 所示。

表 6.2　　新能源、碳排放和碳交易的相关数据

时间	x	y	z	时间	x	y	z
2015.01	0.9263	1.2332	0.6429	2015.11	1.2019	1.0717	0.0335
2015.02	0.7733	1.1006	0.4918	2015.12	1.1154	1.0200	0.0840
2015.03	1.0723	0.9681	0.9307	2016.01	0.9498	1.0520	0.0531
2015.04	1.1065	1.0200	1.0723	2016.02	1.1472	1.1029	0.0888
2015.05	1.1943	1.0546	4.0565	2016.03	1.2450	1.1537	0.3363
2015.06	1.4927	1.1755	2.8788	2016.04	1.2635	1.0180	0.5395
2015.07	1.5456	1.0373	0.0167	2016.05	1.4664	1.0180	3.4319
2015.08	1.4843	1.0546	0.0162	2016.06	1.5957	1.0520	7.1447
2015.09	1.5142	0.9854	0.1108	2016.07	1.7833	1.0180	0.0598
2015.10	1.4473	0.9681	0.0079	2016.08	1.6246	1.0690	0.1738

续表

时间	x	y	z	时间	x	y	z
2016. 09	1. 4258	1. 0350	0. 0083	2017. 11	1. 5509	0. 9843	0. 2071
2016. 10	1. 4519	1. 0350	0. 0020	2017. 12	1. 3827	1. 0004	0. 2328
2016. 11	1. 3582	1. 0520	0. 2046	2018. 01	1. 2227	0. 8730	0. 6272
2016. 12	1. 1971	1. 0180	0. 9237	2018. 02	1. 2942	0. 9586	0. 2174
2017. 01	1. 0822	1. 0541	1. 6557	2018. 03	1. 3371	0. 9099	0. 7478
2017. 02	1. 1240	1. 1402	0. 4667	2018. 04	1. 4024	0. 8572	0. 7919
2017. 03	1. 3050	1. 2262	0. 9016	2018. 05	1. 6255	0. 8882	3. 3894
2017. 04	1. 3450	1. 0488	2. 0954	2018. 06	1. 7230	0. 8925	3. 5991
2017. 05	1. 5077	1. 0488	2. 7640	2018. 07	2. 0125	1. 0272	9. 8984
2017. 06	1. 6207	1. 2262	11. 2620	2018. 08	1. 9449	1. 0423	0. 7697
2017. 07	1. 8654	1. 0327	0. 3221	2018. 09	1. 8286	0. 8578	0. 6003
2017. 08	1. 7792	0. 9681	0. 0363	2018. 10	1. 8245	0. 8221	0. 3554
2017. 09	1. 7346	1. 0649	0. 0114	2018. 11	1. 6001	0. 9175	0. 8504
2017. 10	1. 6988	1. 0004	0. 0601	2018. 12	1. 5325	1. 0817	0. 6667

参数辨识

在运用 BP 神经网络计算参数前，将系统（6. 1）离散化，得到以下差分方程：

$$\begin{cases} x(k+1) = x(k) + T[a_1x(k)(y(k) - M) + a_2z(k)(z(k) - 1)] \\ y(k+1) = y(k) + T[-b_1x(k) + b_2y(k)(1 - y(k)/C) - b_3z(k)] \\ z(k+1) = z(k) + T[c_2z(k)(y(k)/E - 1) - c_2x(k)] \end{cases} \tag{6.2}$$

将表 6. 2 中的前 n - 1 组数据作为输入数据，后 n - 1 组数据作为输出数据，通过 BP 神经网络算法可得到实际的系统参数，具体参数值如表 6. 3 所示，此时误差 $e < 0.00029782$。

表 6. 3　　　　实际的系统参数值

a_1	a_2	b_1	b_2	b_3	c_1	c_2
0. 7243	0. 5097	0. 0698	0. 8088	0. 1652	0. 6269	0. 0224
M	N	C	E			
0. 6723	0. 1883	0. 0962	0. 0952			

取表 6.3 中的参数值作为实际的系统参数值，选定 2014 年 12 月的变量值为初始值，取 $x(t) = 0.011$，$y(t) = 0.410$，$z(t) = 0.000115$（单位为 10^9 吨标准煤），即该系统的初始值为［0.011 0.410 0.000115］，得到的实际系统相图如图 6.1 所示，由图 6.1 可以看出，该系统是稳态发展的，与实际情况相符合。

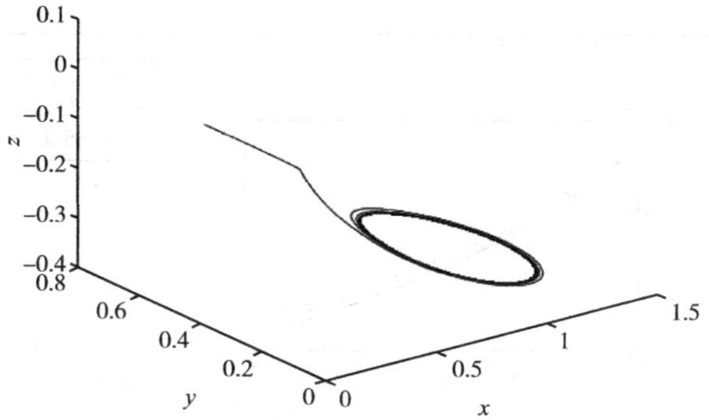

图 6.1　实际系统相图

6.2 情景分析

6.2.1　碳交易对新能源的驱动机制

根据新能源演化发展模型（6.1）可知，系统参数 a_2 表示碳交易对新能源的影响程度。固定系统参数值如表 6.3 所示，令 a_2 的取值逐渐增大，得到图 6.2，其中，曲线 1 表示，当参数 $a_2 = 0.5097$ 时新能源的发展演化趋势；曲线 2 表示，当参数 $a_2 = 0.6097$ 时新能源的发展演化趋势；曲线 3 表示，当参数 $a_2 = 0.7097$ 时新能源的发展演化趋势。

从图 6.2 可以看出，前期，三条曲线基本重合，说明碳交易对新能源的作用并不明显。但后期，碳交易市场不断完善，随着 a_2 的增加，曲线位置也在不断上升，即随着碳交易对新能源的影响程度的加深，碳交易对新能源起着促进作用。从理论上来说，碳交易市场的发展使企业不得不重视生产成本，过度的碳排放将增加企业对排污权的需求，企业在没有足够排污许可的情况下，会参与到碳交易市场中来，排污权需求的增加将导致碳交易价格的上升，这将更增加企业的生产成本。化石能源使用成本的增加会对新能源的研发利用产生激励作用，从而加速新能源产业的发展。图 6.2 所显示的碳交易对新能源的驱动作用与相关经济理论是一致的。这说明，目前中国的碳交易市场对新能源可以起到一定的促进作用，从这一方面来看，我国碳交易市场的发展方向是对的。

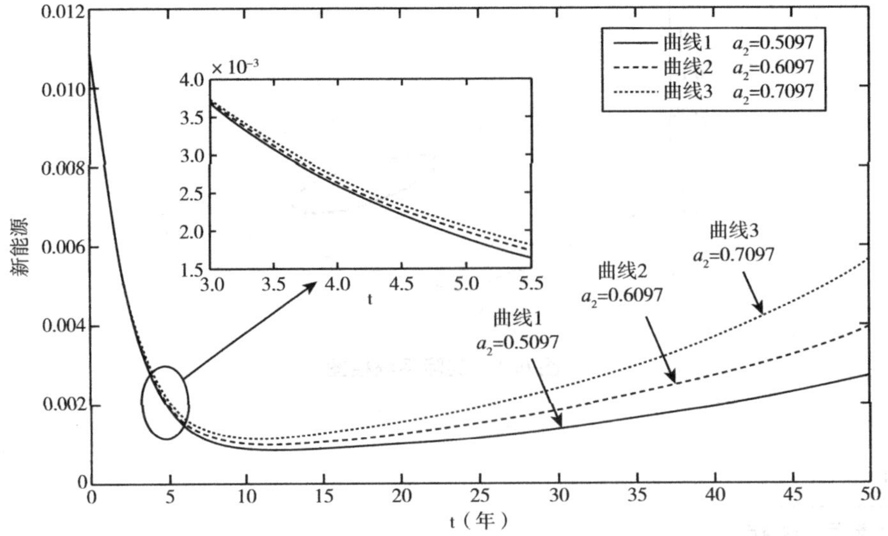

图 6.2 参数 a_2 逐渐增大时的新能源演化图

6.2.2 碳交易对碳排放的驱动机制

参数 b_3 表示碳交易对碳排放的影响程度。为了了解碳交易对碳排放的驱动机制，固定系统参数值如表 6.3 所示，令 b_3 的取值逐渐增大，得到图 6.3，其中，曲线 1 表示，当参数 $b_3=0.1652$ 时碳排放量的发展演化趋势；曲线 2 表示，当参数 $b_3=0.5652$ 时碳排放量的发展演化趋势；曲线 3 表示，当参数 $b_3=0.9652$ 时碳排放量的发展演化趋势。

从图 6.3 可以看出，发展前期，三条曲线的位置并没有明显的差别，这表示在碳交易市场发展初期，碳交易的发展对碳排放的作用并不明显。随着时间

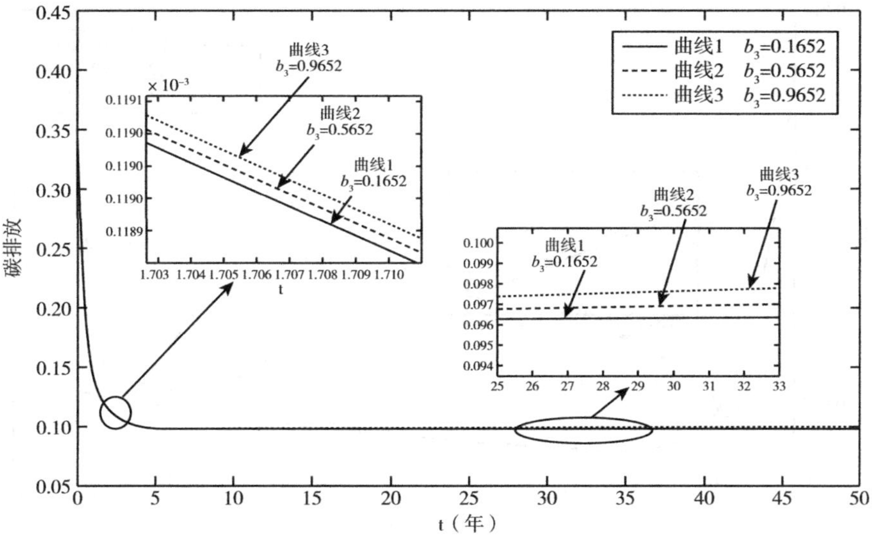

图 6.3　参数 b_3 逐渐增大时的碳排放演化图

的推移，三条曲线开始分离，当参数 b_3 逐渐增大时，曲线在位置上呈现上升趋势，也就是说，碳交易并没有对碳排放起到很好的抑制作用。从理论来说，随着国家的支持和相关政策的实施，碳交易市场逐渐成熟，碳交易量也会逐渐增加，碳交易价格随着碳交易量的增加而上升，企业的成本也会随之升高，出于利润的考虑，企业会缩减相应的碳排放量以获取最大利润。因此，碳交易市场的发展应抑制碳排放量的增长。那么是什么原因导致了图 6.3 中的矛盾呢？我们观察模型（6.1）可以发现，新能源、碳排放和碳交易之间是相互影响的，初期碳交易的发展使参数 b_3 增加，随着碳交易市场的不断成熟，其影响也在不断扩大，进而参数 a_2 也会增加，新能源使用量也随之增加，同时，新能源的变化也会对碳排放产生影响。

我们通过“碳交易—新能源—碳排放”的传导机制将这一现象表现出来。固定系统参数值如表 6.3 所示，令 b_3 的取值逐渐增大，得到图 6.4，其中，曲线 1 表示，当参数 $b_3=0.1652$ 时新能源的发展演化趋势；曲线 2 表示，当参数 $b_3=0.5652$ 时新能源的发展演化趋势；曲线 3 表示，当参数 $b_3=0.9652$ 时新能源的发展演化趋势。从图 6.4 中我们可以看出，当 b_3 逐渐增大时，新能源使用量也在不断增加。

再次固定系统参数值如表 6.3 所示，令 a_2 的取值逐渐增大，得到图 6.5，

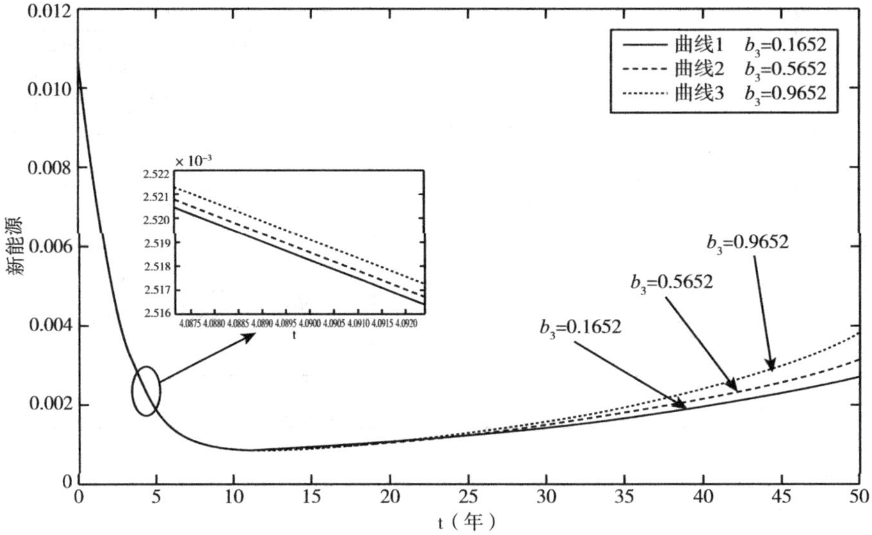

图 6.4　参数 b_3 逐渐增大时的新能源演化图

其中，曲线 1 表示，当参数 $a_2 = 0.5097$ 时碳排放的发展演化趋势；曲线 2 表示，当参数 $a_2 = 0.6097$ 时碳排放的发展演化趋势；曲线 3 表示，当参数 $a_2 = 0.7097$ 时碳排放的发展演化趋势。

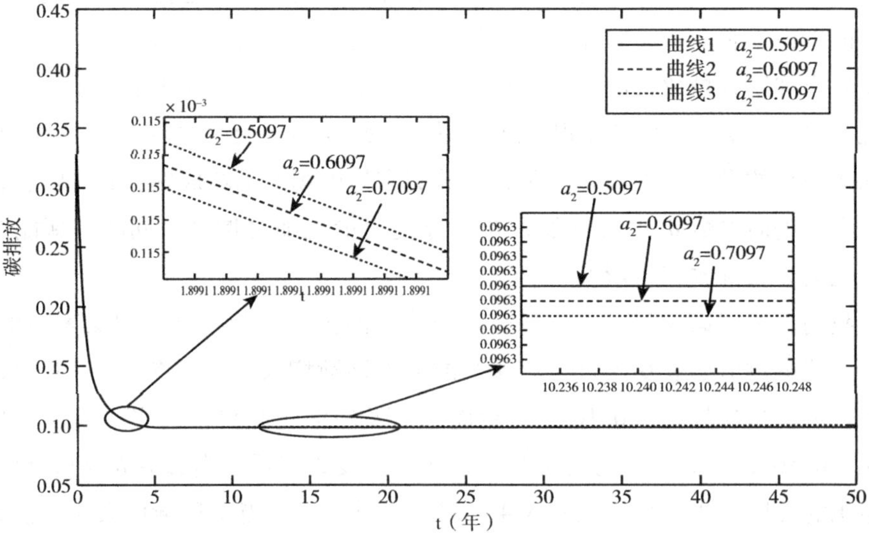

图 6.5　参数 a_2 逐渐增大时的碳排放演化图

从图 6. 5 中可以看出，当 a_2 逐渐增大时，曲线位置逐渐下移，即新能源的发展对碳排放起到了抑制作用。结合图 6. 4 与图 6. 5，我们发现，碳交易的发展促进了新能源的发展，新能源的发展又对碳排放量起到了抑制作用，也就是说，通过“碳交易—新能源—碳排放”这一传导机制，碳交易实现了对碳排放的抑制作用。

结合以上分析可以看出，模型（6. 1）中的碳交易对新能源起到一定的促进作用，同时对碳排放起到一定的抑制作用。碳交易的产生主要源于环境问题与能源危机日益严重，很多国家积极寻找新的解决办法，通过碳交易市场进行排污权交易，利用宏观调控和市场机制达到节能减排的目的。而模型（6. 1）正好验证了碳交易对节能减排的积极作用，说明了现实中碳交易确实是一种有效的节能减排手段，因此，研究该模型是有重要现实意义的。

6. 3

碳交易背景下的新能源发展政策协同

6. 2 节基于新能源、碳排放和碳交易三者之间的复杂关系建立了动态演化模型，并运用相关动力学理论，结合中国近几年来的实际发展情况，对三者之间的演化规律做出了分析，并着重分析了碳交易的驱动机制。本节将在 6. 2 节的基础上，对中国新能源政策进行研究，选取最具代表性的碳交易市场，并基于模型对政策的效果进行演化推理，分析相关政策对新能源演化发展的推动作用。本节将非线性动力系统理论与中国实际相结合，分析各种政策之间的相互协同作用，目的在于找到政策协同的最优路径，为中国新能源政策的制定提供理论基础，也为中国未来的节能减排政策提供思路。

6. 3. 1　不同能源体系间的协同机制研究

自 2013 年 6 月以来，我国相继成立了北京环境交易所、上海环境能源交易所、天津排放权交易所、深圳排放权交易所等八个试点区域碳交易市场。如图 6. 6 所示的是截至 2020 年 3 月，我国八大试点碳交易市场的交易量占比情况，从图 6. 6 中可以看出，我国各碳交易市场的交易量占比并不均衡，仅广东和湖北两个碳交易市场的交易量就超过总交易量的一半。一方面，碳交易市场的规模受到经济发展、产业结构、人口规模等多个因素的影响，不同地区的实际情况不同，相应地，碳交易规模也就不同；另一方面，经济发达程度也对碳交易市场的发展起到一定影响，发达的经济环境可以给碳交易提供良好的市场机制，在一定程度上促进碳交易市场的发展。

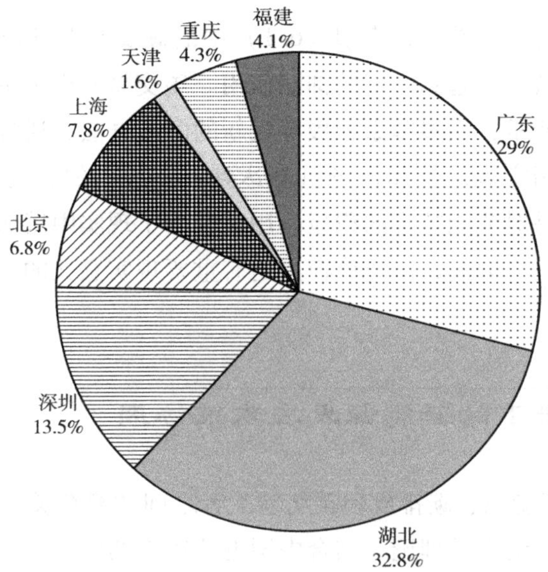

图 6.6　各碳交易市场交易量占总交易量的比重

我国碳排放交易还处于初步发展阶段，目前仅在几个区域内设立了碳交易市场，且各个市场发展不均衡，市场之间流动性较差，没有形成统一的良好机制。为了能够更好地研究不同政策下碳交易对新能源的影响，寻求统一的碳交易市场发展机制，本章基于第 4 章的内容，选取最具代表性的北京和上海两个碳交易市场，同时建立两个非线性动力系统模型。

之所以选取这两个市场，是基于以下原因：一是因为北京与上海的碳交易市场成立时间较为接近且所占份额相差不大，两个市场有较多的共同点，因此实现跨区域碳交易的统一的可能性较大。二是北京与上海都属于发达地区，经济充满活力，能源消耗的巨大压力必然会催生新能源市场，新能源发展潜力巨大。三是北京作为一线城市兼首都，是我国的政治中心，也是华北地区的经济支柱；而同为一线城市的上海作为我国的经济和金融中心，是长三角地区的“领头羊”，这两座国际都市毫无疑问都是碳排放大户。但值得注意的是，在碳排放水平上两者存在差异，具体体现在化石能源的消耗上，上海在传统化石能源的消耗上要远高于北京。单位生产总值能耗是衡量一个地区能耗水平的综合指标，各级政府常常用万元 GDP 能耗的下降来考核一个地区的节能降耗的工作成效，单位生产总值能耗的下降在一定程度上也代表着地区新能源产业的发展。北京、上海的单位生产总值能耗指标存在差异，可以推出两地区新能源的发展程度不尽相同。另外，两个碳市场的碳价也并不同步，北京维持在 40～80 元，而上海一般维持在 20～40 元之间，碳价差异是碳交易协同中需要解决的主要问题之一。两个市场间碳交易的协同还有很长的路要走，它们的协同进程会给全国性碳交易协同提供必要的经验。

为了方便分析，假设 A 区域代表北京，B 区域代表上海，且除了两个区域的新能源、碳排放、碳交易发展程度不同之外，各变量之间的影响程度以及拐点都相同。由此，建立以下模型：

A 区域：

$$\begin{cases} \dot{x}_1 = a_1x_1(y_1 - M) + a_2z_1(z_1/N - 1) \\ \dot{y}_1 = -b_1x_1 + b_2y_1(1 - y_1/C) - b_3z_1 \\ \dot{z}_1 = c_1z_1(y_1/E - 1) - c_2x_1 \end{cases} \tag{6.3}$$

B 区域：

$$\begin{cases} \dot{x}_2 = a'_1x_2(y_2 - M) + a_2z_2(z_2/N - 1) \\ \dot{y}_2 = -b_1x_2 + b'_2y_2(1 - y_2/C) - b_3z_2 \\ \dot{z}_2 = c'_1z_2(y_2/E - 1) - c_2x_2 \end{cases} \tag{6.4}$$

其中，$x_1(t)$、$x_2(t)$ 分别表示 A 区域随时间变化的新能源使用量和 B 区域随时间变化的新能源使用量，$y_1(t)$、$y_2(t)$ 分别表示 A 区域随时间变化的碳排放量和 B 区域随时间变化的碳排放量，$z_1(t)$、$z_2(t)$ 分别表示 A 区域随时间变化的碳交易额和 B 区域随时间变化的碳交易额。由前面的假设可知，A、B 区域各变量之间的影响程度和拐点都相同，即模型（6.3）中的系统参数 a_2、b_1、c_2与 M、N、C、E 的取值与模型（6.4）中的系统参数 a_2、b_1、b_3、c_2、M、N、C、E 的取值是相同的。这两个区域自身发展存在一定差异，因此各变量的发展系数是不相等的，这里用 a_1、b_2、c_1分别表示 A 区域的新能源、碳排放、碳交易的发展程度，用 a'_1、b'_2、c'_1 分别表示 B 区域的新能源、碳排放、碳交易的发展程度。

为了分析不同系统之间的协同机制，假设模型（6.3）为驱动系统，而模型（6.4）为响应系统，对响应系统施加相应的控制项 $r_i(t)$，使两个系统达到同步，这里的控制项 $r_i(t)$ 受到A、B两区域新能源、碳排放和碳交易的多重制约，是一个复杂的多元函数。施加控制项后的响应系统如下：

$$\begin{cases} \dot{x}_2 = a_1' x_2 (y_2 - M) + a_2 z_2 (z_2/N - 1) + r_1(t) \\ \dot{y}_2 = -b_1 x_2 + b_2' y_2 (1 - y_2/C) - b_3 z_2 + r_2(t) \\ \dot{z}_2 = c_1' z_2 (y_2/E - 1) - c_2 x_2 + r_3(t) \end{cases} \tag{6.5}$$

其中，$r_1(t)$、$r_2(t)$、$r_3(t)$ 分别表示对B区域新能源发展速度、碳排放发展速度、碳交易发展速度的控制。

$$令\begin{cases} a_1' = a_1 + \gamma_1 a_1 \\ b_2' = b_2 + \gamma_2 b_2 \\ c_1' = c_1 + \gamma_3 c_1 \end{cases} \tag{6.6}$$

其中，$\gamma_i(i=1、2、3)$ 为常数，定义系统的状态误差为 $e_1 = x_2 - x_1$，$e_2 = y_2 - y_1$，$e_3 = z_2 - z_1$。

则驱动系统（6.3）与施加控制项的响应系统（6.5）之间的误差系统为：

$$\begin{cases} \dot{e}_1 = a_1(x_2 y_2 - x_1 y_1) + \gamma_1 a_1 x_2 (y_2 - M) + a_2 e_3 [(z_1 + z_2)/N - 1] - \\ \qquad a_1 M e_1 + r_1(t) \\ \dot{e}_2 = b_2 e_2 [1 - (y_1 + y_2)/C] + \gamma_2 b_2 y_2 (1 - y_2/C) - b_1 e_1 - b_3 e_3 + r_2(t) \\ \dot{e}_3 = c_1 (y_2 z_2 - y_1 z_1)/E + \gamma_3 c_1 z_2 (y_2/E - 1) - c_1 e_3 - c_2 e_1 + r_3(t) \end{cases} \tag{6.7}$$

此时，两系统的同步问题便转化为误差系统（6.7）在原点的渐进稳定性问题，只要选取适当的控制系统，驱动系统和相应系统就能实现同步。我们选取以下的控制系统：

$$\begin{cases} r_1(t) = -a_1(x_2 y_2 - x_1 y_1) - \hat{\gamma}_1 a_1 x_2 (y_2 - M) - a_2 e_3 [(z_1 + z_2)/N - 1] \\ r_2(t) = -\hat{\gamma}_2 b_2 y_2 (1 - y_2/C) + b_1 e_1 + b_3 e_3 \\ r_3(t) = -c_1 (y_2 z_2 - y_1 z_1)/E - \hat{\gamma}_3 c_1 z_2 (y_2/E - 1) + c_2 e_1 \end{cases} \tag{6.8}$$

其中，$\hat{\gamma}_1$、$\hat{\gamma}_2$、$\hat{\gamma}_3$为γ_1、γ_2、γ_3的估计值，令 $\tilde{\gamma}_i = \gamma_i - \hat{\gamma}_i(i=1、2、3)$，参数的估计律为：

$$\begin{cases} \dot{\tilde{\gamma}}_1 a_1 = -x_2(y_2 - M)e_1 \\ \dot{\tilde{\gamma}}_2 b_2 = -y_2(1 - y_2/C)e_2 \\ \tilde{\gamma}_3 c_1 = -z_2(y_2/E - 1)e_3 \end{cases} \tag{6.9}$$

将控制系统（6.8）代入误差系统（6.7）得：

$$\begin{cases} \dot{e}_1 = \tilde{\gamma}_1 a_1 x_2(y_2 - M) - a_1 M e_1 \\ \dot{e}_2 = \tilde{\gamma}_2 b_2 y_2(1 - y_2/C) + b_2 e_2[1 - (y_1 + y_2)/C] \\ \dot{e}_3 = \tilde{\gamma}_3 c_1 z_2(y_2/E - 1) - c_1 e_3 \end{cases} \tag{6.10}$$

从式（6.10）可以看出，系统的稳定性与响应系统的参数无关，只要误差系统稳定，就能实现两个参数不同的新能源演化模型的混沌同步。

我们所构造的非线性动力系统是一个非常复杂的系统，仅使用定义来判定系统的零解稳定性是远远不够的，这里我们用 Lyapunov 直接方法来证明误差系统的稳定性。

首先，构造 Lyapunov 函数：

$$V = (e_1^2 + e_2^2 + e_3^2)/2 + (\tilde{\gamma}_1^2 a_1^2 + \tilde{\gamma}_2^2 b_2^2 + \tilde{\gamma}_3^2 c_1^2)/2 \tag{6.11}$$

显然，函数（6.11）是正定的，且：

$$\dot{V} = e_1\dot{e}_1 + e_2\dot{e}_2 + e_3\dot{e}_3 + a_1^2\tilde{\gamma}_1\dot{\tilde{\gamma}}_1 + b_2^2\tilde{\gamma}_2\dot{\tilde{\gamma}}_2 + c_1^2\tilde{\gamma}_3\dot{\tilde{\gamma}}_3 \tag{6.12}$$

已知定理：在原点的领域 Ω 内，存在一个正定函数 $V(x)$，并且沿其解的导数 dV/dt 是负定的，则系统在原点是渐进稳定的。式（6.11）已经确定是正定的，那么只要式（6.12）是负定的（即 $\dot{V}<0$），就可以证明误差系统是稳定的。我们将式（6.9）和式（6.10）代入式（6.12）可得：

$$\begin{aligned} \dot{V} &= \tilde{\gamma}_1 a_1 x_2(y_2 - M)e_1 - a_1 M e_1^2 - \tilde{\gamma}_1 a_1 x_2(y_2 - M)e_1 \\ &\quad + \tilde{\gamma}_2 b_2 y_2(1 - y_2/C)e_2 + b_2 e_2^2[1 - (y_1 + y_2)/C] - \tilde{\gamma}_2 b_2 y_2(1 - y_2/C)e_2 \\ &\quad + \tilde{\gamma}_3 c_1 z_2(y_2/E - 1)e_3 - c_1 e_3^2 - \tilde{\gamma}_3 c_1 z_2(y_2/E - 1)e_3 \\ &= -a_1 M e_1^2 + b_2 e_2^2[1 - (y_1 + y_2)/C] - c_1 e_3^2 \end{aligned} \tag{6.13}$$

从式（6.13）可以看出，当 $y_1 + y_2 > C$ 时，$\dot{V}<0$；当 $y_1 + y_2 < C$ 时，$\dot{V}>0$。也就是说，当 $y_1 + y_2 > C$ 时，误差系统是渐进稳定的，从而驱动系统（A 系统）和响应系统（B 系统）能够达到同步。

根据6.2节中对模型（6.1）中的解释，可知 C 代表的是一个经济时期内碳排放量的峰值。从目前的情况来看，短期内北京与上海两地的碳排放量是不会同时达到顶峰的，也就是说，$y_1 + y_2 < 2C$；同时，过度限制碳排放量也会抑制经济的发展，为了保持经济可持续发展，这里我们对碳排放量进行合理的控制，即 $y_1 + y_2 > C$。因此，我们假定系统中 $y_1 + y_2$ 的取值在 C 与 $2C$ 之间，此时A系统（北京）与B系统（上海）既符合现实情况，也能通过适当的控制达到同步。

（1）两个系统的参数确定。

6.2节已经通过BP神经网络算法得到了实际的系统参数，这组参数对驱动系统和响应系统都是同样适用的。但从实际情况来看，北京与上海两地的新能源、碳排放以及碳交易的发展程度是不同的。以2018年为例，根据国家统计局相关数据，上海在煤炭、石油等传统能源上的消耗量皆远大于北京，而碳排放的主要来源就是化石能源的使用，可以合理推断上海碳排放水平高于北京；从比例上来看，2018年上海单位GDP能耗为0.433，而北京仅为0.337（单位：吨标准煤/万元）。而单位生产总值能耗越小，在一效定程度上代表地区新能源产业的发展程度越高，由此可以推得北京的新能源的发展水平要高于上海；在我国各大碳交易市场中，上海碳交易额占比为7.8%，而北京的占比为6.8%，因此上海碳交易市场的发展水平要高于北京。基于上述分析，我们将参数分别按碳排放水平、碳交易占比及新能源发展水平的比例拆分，得到A系统（北京）和B系统（上海）的一组仿真参数，如表6.4和表6.5所示。这里的按比例拆分是指按两个地区碳排放水平、碳交易占比及新能源发展水平的比例对表6.3中相应数据进行拆分。例如，上海碳交易额占比为7.8%，而北京的占比为6.8%，那么 c_1'/c_1 就等于7.8/6.8，a_1、a_1' 和 b_2、b_2' 同理。这样基于现实情况获得的参数不仅符合实际，也更具说服力。

表6.4　　　　驱动系统的参数值

a_1	a_2	b_1	b_2	b_3	c_1	b_2
0.7247	0.5097	0.0698	0.8357	0.1652	0.5841	0.0224
M	N	C	E			
0.6723	0.1883	0.0962	0.0952			

表 6.5　　响应系统的参数值

a_1'	a_2	b_1	b_2'	b_3	c_1'	c_2
0.7239	0.5097	0.0698	0.7819	0.1652	0.6698	0.0224
M	N	C	E			
0.6723	0.1883	0.0962	0.0952			

（2）参数的自适应同步检验。

表 6.4 和表 6.5 分别表示驱动系统（北京）和响应系统（上海）的仿真参数，值得注意的是，这里的参数并不是真实的值，但我们研究的重点是通过研究这两个区域的协同机制，找出这两个地区协同发展的演化规律，从而得到两个地区实现同步的方法与途径，并更大范围地将这种协同机制运用到全国地区。但这组参数是否能够使两系统达到同步还不能确定，因此，我们需要对这组参数进行自适应同步检验。

首先，取驱动系统（北京）的初始值为 [0.0037 0.138 0.0000885]，响应系统（上海）的初始值为 [0.0040 0.150 0.0003716]，单位为 10^8 吨标准煤。利用龙格库塔算法在 MATLAB 中进行大量仿真运算，得到的两个系统间的误差变化趋势如图 6.7 所示。

系统误差 e_1 表示一定时期内响应系统的新能源使用量与驱动系统的新能源使用量之间的差额。从图 6.7（a）中可以看出，由于两个系统的初值不同，一开始系统误差 e_1 较大，但随着时间的变化，这种差距会逐渐缩小，也就是

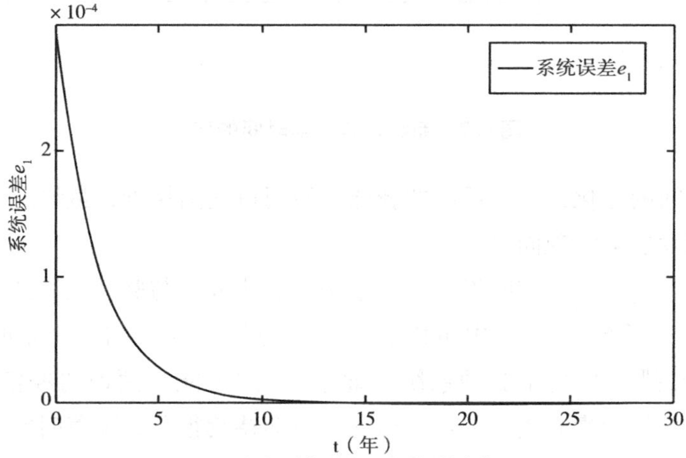

（a）系统误差e_1随时间的变化

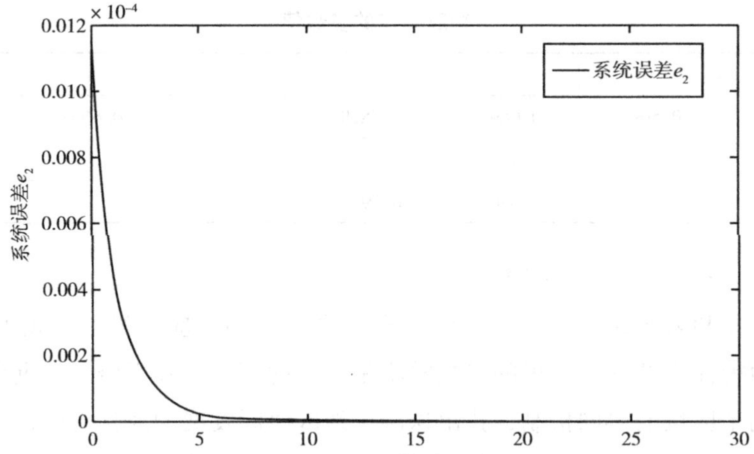

（b）系统误差e_2随时间的变化

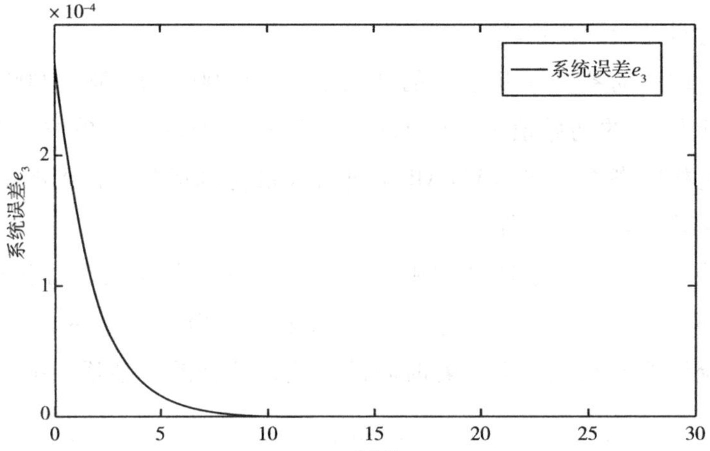

（c）系统误差e_3随时间的变化

图 6.7　系统误差 *e* 随时间的变化

说，随着时间的变化，两个系统的新能源使用量逐渐接近，最终北京与上海两地的新能源发展会实现同步。

系统误差 e_2表示一定时期内响应系统的碳排放量与驱动系统的碳排放量之间的差额。从图 6.7（b）中可以看出，受初始值的影响，开始时响应系统（上海）的碳排放量高于驱动系统（北京），这可能与两地的经济增长速度、相关政策法规等因素有关，但这种情况并不会持续很久，随着时间的推移，这种差距会逐渐缩小，北京与上海的碳排放发展实现同步。

系统误差 e_3 表示一定时期内响应系统的碳交易额与驱动系统的碳交易额之间的差额。从图 6.7（c）中可以看出，初始状态下，上海的碳交易市场成交额略高于北京，前者的碳交易市场规模更大、发展更良好，但随着时间的推移，两者之间的差距会不断缩小，最终系统误差趋向于零，两地会形成同步发展的局面。

从前面的分析我们可以看出，取表 6.4 和表 6.5 中的参数能够使两个系统实现协同发展，也就是说，这组参数能够正确地反映驱动系统（北京）和响应系统（上海）的新能源、碳排放和碳交易的演化发展趋势。将表 6.4 和表 6.5 中的参数代入系统，并施以适当的控制项，就能够使两个系统实现同步问题，这为本书后续的研究提供了理论支持。

6.3.2　政策协同情景分析

（1）政策协同研究的目的。

能源短缺和气候问题一直被认为是威胁人类生存的重大问题。目前，中国已经成为全球第一大温室气体排放国，数据显示，中国每年向大气中排放的二氧化碳超过 60 亿吨，占到全球碳排放总量的 27%，即使是人均碳排放量也超过世界水平的 40%。且中国的经济发展水平仍处于碳排放高峰阈值区间内，也就是说，中国的能源消费仍然会增长，碳排放量也会持续增加。面对如此巨大的减排压力，转变经济增长方式、调整经济结构，向低碳经济转型已经成为当务之急。

改革开放 40 多年，中国已经具备了提高资源环境利用效率的有利条件，较之许多发达国家，我国的某些资源要素的投入、部分主要污染物排放都较早地达到了峰值。随着生产体系效率的不断提高、科学技术的高速发展，经济结构已经出现了深刻的变化，人们对绿色生态环境的需求也在不断增加，这些条件都对低碳经济、新能源的发展有着有利的影响。尽管在节能减排方面的意识逐渐加强，但如何发展低碳经济、提高能源利用效率、开发新能源，仍然是中国目前面临的一大难题。

前面我们已经通过理论证明和仿真模拟得出结论：即使两个区域的经济发展水平不同，初始新能源的发展水平、碳排放的控制水平和碳交易市场的发展程度都不尽相同，但我们仍然可以对这两个区域进行一定的控制（即模型中的施加控制项)，使两个区域最终实现同步发展。不同系统的政策协同可以为我国统一碳交易市场提供思路，促进新能源产业的发展，极大地减轻我国的减排压力，对我国低碳经济的发展有着重要意义。只要能够确定这一控制项，我们就能施以相应的政策，促进两个区域更快地实现同步，为我国尽快统一碳交易市场、早日完成节能减排的目标提供途径。

模型中的控制项受到新能源、碳排放和碳交易等因素的多重影响，是一个复杂的多元函数，难以直观判断，如何确定这一控制项，正是我们接下来要研究的内容。

(2) 新能源演化路径的政策协同。

在我们建立的模型（6.1）中，新能源的发展受到自身的发展速度（a_1）和碳交易对新能源的驱动程度（a_2）两个方面的影响。从理论上来说，新能源发展速度的增加（参数 a_1 变大）会使新能源的开发和利用率增加，新能源能够更好更快地代替传统化石能源，其使用量也会不断增加，但在本章对不同系统的协同机制研究中，我们已经通过一定的方法确定了驱动系统（北京）和响应系统（上海）的新能源发展系数，所以我们主要通过改变碳交易的驱动系数 a_2，来分析碳交易的驱动程度的变化对系统协同机制的影响。

系统参数 a_2 是碳交易 $z(t)$ 对新能源 $x(t)$ 的影响系数，其含义是碳交易对新能源的驱动（影响）程度，参数 a_2 取值的变化会对新能源的使用量产生影响，进而影响到两系统之间新能源的同步。固定其他系统参数如表 6.4 和表 6.5 所示，改变参数 a_2 的取值，可以得到不同参数状态下的系统误差 e_1 随时间变化的演化趋势，如图 6.8 所示，曲线 1 表示，当 $a_2=0.1097$ 时的系统误差 e_1 的变化趋势；曲线 2 表示，当 $a_2=0.3097$ 时的系统误差 e_1 的变化趋势；曲线 3 表示，当 $a_2=0.5097$ 时的系统误差 e_1 的变化趋势。

我国的“十三五”能源计划的时间跨度为 2015 年初至 2020 年末，目前我国新能源行业发展迅速，已经提前完成整体目标，但各地区发展并不均衡。本章的新能源演化模型以 2014 年 12 月为基期，“十三五”能源计划的时间节点为模型的第六年，因此，我们在图 6.8 中加入基准线，以便于更直观地分析计划节点时不同地区的协同发展情况。从整体来看，不同参数状态下的系统误差 e_1 随时间变化的趋势是基本一致的，也就是说，参数取值的不同不会影响最终两系统达到同步，但会对两系统达到同步的速度造成影响。

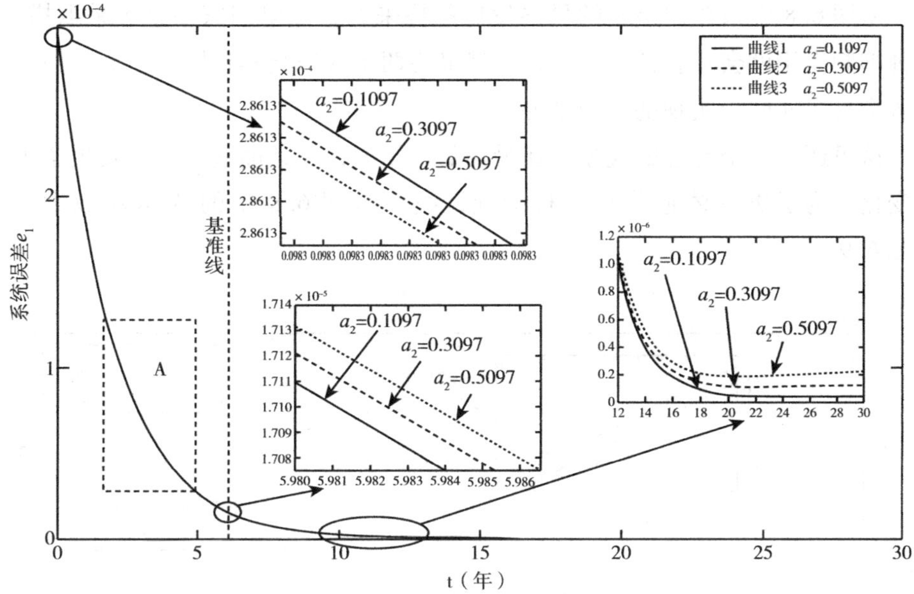

图 6.8 参数 a_2 逐渐增大时系统误差 e_1 的变化

初始状态下，曲线 1（$a_2=0.1097$）离 0 轴最远（即纵坐标为 0 的横轴，下同），曲线 3（$a_2=0.5097$）更接近于 0 轴，也就是说，随着参数 a_2 的逐渐增大，两系统之间的误差在不断减小。这是因为，初期碳交易市场作为一种有效的调控手段，能够运用市场供求关系提高传统能源的使用成本，从而对企业研发和利用新能源起到一定的激励作用，此时，碳交易的发展对新能源行业的协同发展是有利的。

图 6.8 中基准线与系统误差曲线 e_1 的交点不在 0 轴，意味着在 2020 年底，两系统并不会实现同步发展。与初始状态不同的是，此时曲线 1（$a_2=0.1097$）更接近于 0 轴，而曲线 3（$a_2=0.5097$）离 0 轴最远，这说明，随着时间的推移，碳交易的发展反而不利于两地区新能源的协同发展。随着碳交易规模的不断扩大，碳市场渐趋成熟，金融属性日益显著。大量投机资本涌入碳交易市场，或将挤占新能源行业的发展资金，在某种程度上抑制了新能源的发展。而两地区本身新能源的初始发展程度本就各异，在新能源领域的投入也不尽相同，当碳市场对两地区新能源发展的抑制作用（a_2）相同时，新能源发展较慢的地区将变得相对更弱，与其他区域的差距被进一步拉大，不利于区域间新能源的协同发展。

从图 6.8 中系统误差 e_1 的最终发展趋势来看，如果国家一直不采取措施，这种抑制作用就会一直持续下去，虽然最终两个区域会实现同步发展，但过度的碳交易会使同步实现的时间推迟。

这里还有一个有趣的现象，在最初的几年里，三条曲线的位置发生了很大的变化，为了更具体地分析这种变换，我们将图 6.8 中的 A 区域放大，得到图 6.9。

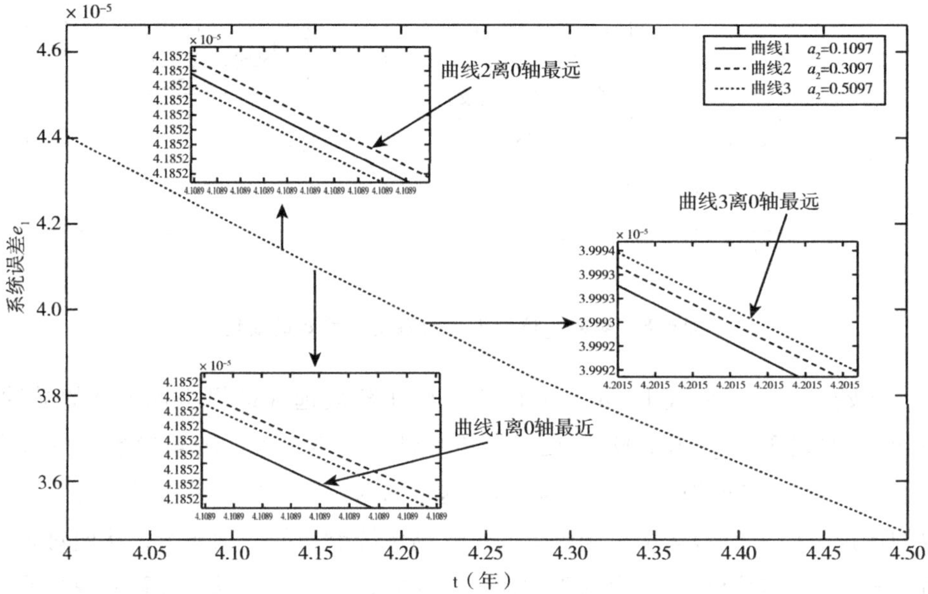

图 6.9　A 区域内系统误差 e_1 的具体变化过程

从图 6.9 中可以看出，三条曲线在很短的时间内发生了多次变化，也就是说，初始时碳交易的发展对两区域协同问题的影响是不稳定的，碳交易对新能源行业的同步问题时而起促进作用，时而又起到抑制作用。这与我国碳交易市场起步较晚、发展不成熟有关。我国碳交易市场成立时间短，并且实行试点区域碳交易市场政策，碳交易市场的规模不足以覆盖全国，且各个碳交易市场之间没有统一的机制，相互之间并不流通，存在信息不对称的问题，市场上的价格和交易量并不能正确地反映市场的需求，对节能减排压力不能做出及时的反映。

基于以上分析，国家想要尽快地实现新能源演化路径的政策协同，需要注意以下两个方面：前期，应尽快建立完善的碳交易市场机制，扩大碳交易市场规模使其能够覆盖全国，并积极促进碳交易市场之间的交流沟通，实现信息公开透明，增强碳交易市场的有效性，充分发挥市场机制的作用；后期，应对碳交易市场的规模进行控制，不能放任碳交易市场随意扩大，应根据具体情况实施具体的政策，以保障碳交易市场对新能源的协同发展始终起促进作用，在节能减排的同时也能够实现经济的增长。

（3）碳排放路径的政策协同。

模型（6.1）中，碳排放水平的高低主要受到新能源对碳排放的影响程度（b_1）、自身发展速度（b_2）和碳交易对碳排放的驱动程度（b_3）这三个因素的影响。其中，两个区域（北京与上海）自身的碳排放水平是既定的，所以我们主要讨论新能源对碳排放的影响系数 b_1 与碳交易对碳排放的驱动系数 b_3 对两个区域协同发展问题的影响。

系统参数 b_1 是新能源使用量 $x(t)$ 对碳排放量 $y(t)$ 的影响系数，其含义是新能源对碳排放的驱动（影响）程度，参数 b_1 取值的变化会对碳排放量产生影响，进而影响到两系统之间碳排放水平的同步。固定其他系统参数如表 6.4 和表 6.5 所示，改变参数 b_1 的取值，可以得到不同参数状态下的系统误差 e_2 随时间变化的演化趋势，如图 6.10 所示，曲线 1 表示，当 $b_1 = 0.0698$ 时的系统误差 e_2 的变化趋势；曲线 2 表示，当 $b_1 = 0.2698$ 时的系统误差 e_2 的变化趋势；曲线 3 表示，当 $b_1 = 0.4698$ 时的系统误差 e_2 的变化趋势。

与对新能源演化路径的协同研究一样，我们在图 6.10 中也加入基准线，以便于更直观地分析计划节点时不同地区的协同发展情况。从图 6.10 中可以看出，与新能源类似，从整体上看，不同参数状态下的系统误差 e_2 随时间变化的趋势是基本一致的，系统参数的改变不会影响系统误差 e_2 随时间变化的最终趋势，只会对驱动系统和响应系统达到同步的时间造成影响。

初始状态下，曲线 1（$b_1 = 0.0698$）更接近于 0 轴，曲线 3（$b_1 = 0.4698$）离 0 轴最远，也就是说，新能源的发展刚开始会阻碍碳排放的协同发展。图 6.10 中基准线与系统误差曲线 e_1 的交点不在 0 轴，意味着在 2020 年底，两系统并不会实现同步发展。与初始状态不同的是，此时曲线 3（$b_1 = 0.4698$）更接近于 0 轴，而曲线 1（$b_1 = 0.0698$）离 0 轴最远，这说明，随着时间的推移，新能源的发展开始对两个地区碳排放的协同问题起到促进作用。从图 6.10 中

系统误差 e_2 的最终发展趋势来看，这种促进作用会一直持续下去，加速两个区域实现同步发展的进程。

理论上讲，新能源的开发利用可以有效抑制碳排放，但根据前述分析，前期新能源对碳排放影响系数的增加并没有加快两个地区同步发展的速度。这可能是初期由于两个区域资源的差异，在新能源领域的投入不同，对碳排放的抑制作用也就不尽相同，造成了区域间碳排放水平参差不平的现象。随着新能源的不断发展，各地区新能源产业将逐步达到饱和状态，此时区域间新能源的发展趋于同步，对碳排放的抑制作用也就逐渐趋同，新能源的发展将会加快区域间碳排放协同发展的进程。

从图 6.10 中系统误差 e_2 的最终发展趋势来看，这种促进作用会一直持续下去，加速两个区域实现同步发展的进程。

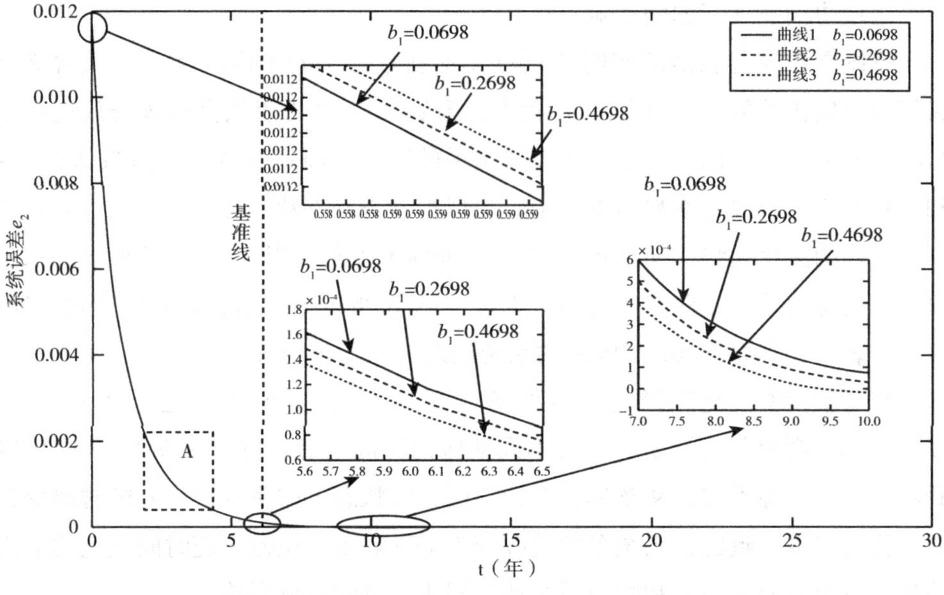

图 6.10　参数 b_1 逐渐增大时系统误差 e_2 的变化

在最初的几年里，三条曲线的位置发生了很大的变化，为了更具体地分析这种变换，我们将图 6.10 中的 A 区域放大，得到图 6.11，从图 6.11 中可以清楚地看出，新能源对碳排放的作用从抑制到促进的转变，也就是说，初始时新能源的发展对两个区域协同问题的影响是不稳定的，新能源对碳排放同步开始起促进作用，后来又起到抑制作用。

理论上讲，新能源的发展对碳排放水平的发展起着促进作用，新能源的开发利用可以有效减少碳排放量，但根据前述分析，前期新能源对碳排放影响系数的增加并没有加快两个地区同步发展的速度。这可能是因为初期国家将大量的资源投入新能源领域，但忽略了其他方面的协调发展。这也给碳排放路径的政策协同研究带来启示：新能源的好处是显而易见的，国家要想实行低碳经济、完成节能减排的目标，必须大力扶持和发展新能源行业，但如果想要实现各地区碳排放水平的协同发展，则应均衡新能源与其他因素同时发展，找出正确的政策协同发展路径。

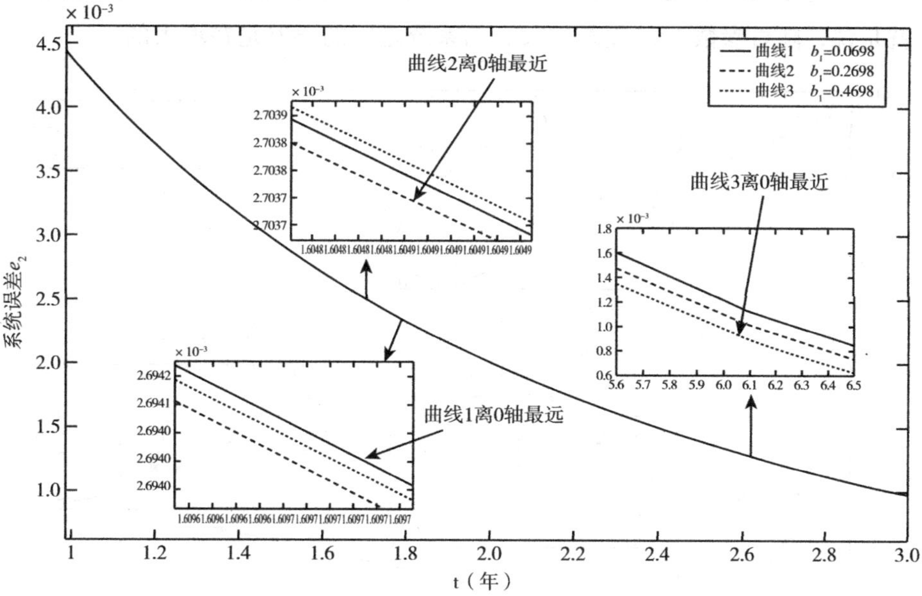

图 6.11　A 区域内系统误差 e_2 的具体变化过程

系统参数 b_3 是碳交易额 $z(t)$ 对碳排放量 $y(t)$ 的影响系数，其含义是碳交易对碳排放的驱动（影响）程度，参数 b_3 取值的变化会对碳排放量产生影响，进而影响到两系统之间碳排放水平的同步。固定其他系统参数如表 6.4 和表 6.5 所示，改变参数 b_3 的取值，可以得到不同参数状态下的系统误差 e_2 随时间变化的演化趋势，如图 6.12 所示，曲线 1 表示，当 $b_3 = 0.1652$ 时的系统误差 e_2 的变化趋势；曲线 2 表示，是 $b_3 = 0.3652$ 时的系统误差 e_2 的变化趋势；曲线 3 表示，当 $b_3 = 0.5652$ 时的系统误差 e_2 的变化趋势。

我们在图 6.12 中也加入基准线，通过观察可以看出，从整体上来说，不同参数状态下的系统误差 e_2 随时间变化的趋势是基本一致的，参数取值的不同不会影响最终两个系统达到同步，但会影响两个系统达到同步的时间。

初始状态下，曲线 1（$b_3=0.1652$）更接近于 0 轴，曲线 3（$b_3=0.5652$）离 0 轴最远。图 6.12 中基准线与系统误差曲线 e_2 的交点不在 0 轴，意味着在 2020 年底，两系统并不会实现同步发展。从误差曲线的最终发展趋势来看，曲线 3（$b_3=0.5652$）仍然是离 0 轴最远的曲线，这意味着碳交易的发展对碳排放水平实现协同发展的抑制作用会一直持续。无论是初始状态、能源计划节点的状态还是最终状态，曲线 3（$b_3=0.5652$）永远都是离 0 轴最远的曲线，也就是说，随着参数 b_3 的逐渐增大，两系统之间的误差是在增大的。

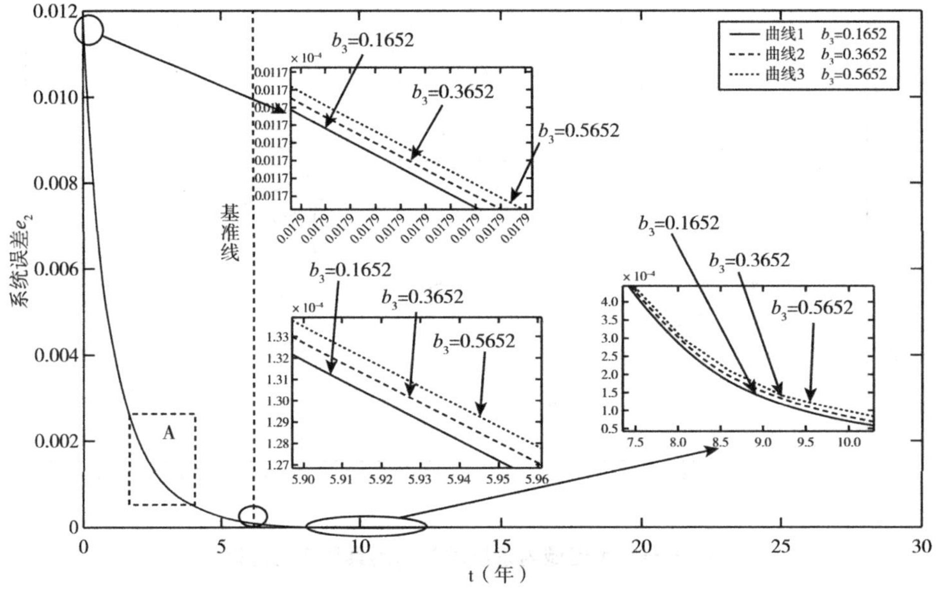

图 6.12　参数 b_3 逐渐增大时系统误差 e_2 的变化

那么想要通过发展碳交易市场来实现碳排放协同是不可行的吗？也不尽然，我们将图 6.12 中的 A 区域放大，得到图 6.13。

从图 6.13 中可以看出，在某一时期，曲线 3（$b_3=0.5652$）离 0 轴最近，虽然这样的促进作用只维持了很短的时间，但已足够说明，在特定情况下，碳交易的发展可以对碳排放的协同起到促进作用。

要想运用碳交易市场达到节能减排的目的，我国还需要做出许多努力。碳

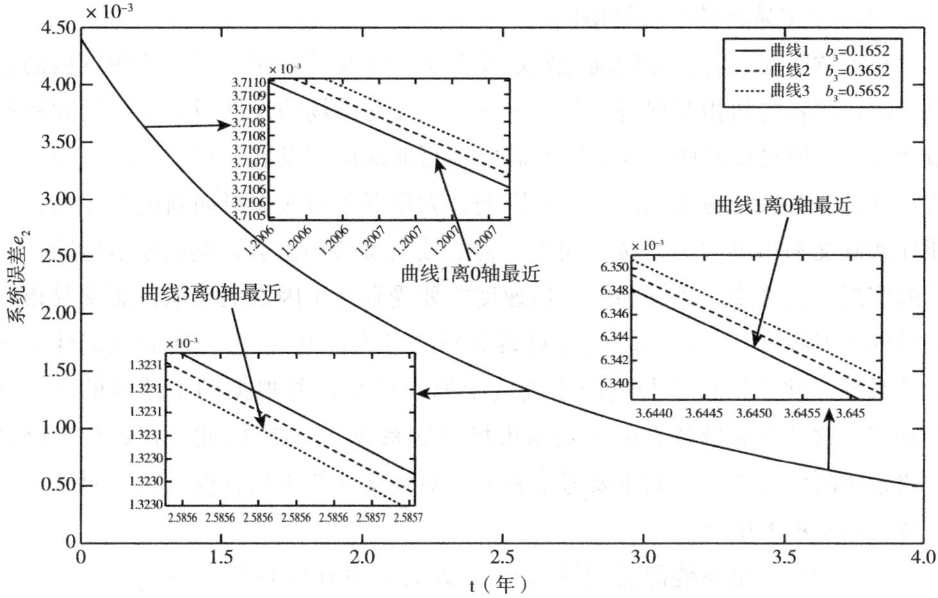

图 6.13　A 区域内系统误差 e_2 的具体变化过程

交易市场作为一种节能减排的有效手段，对节能减排应起到积极的作用，一个完善的碳交易市场机制可以实现排污权的有效配置，合理分配企业的碳排放量，促进社会资源最优化配置，实现经济、环境的均衡发展。碳交易市场的发展使企业的碳排放量控制在一个合理的区间内，各个地区的碳排放量达到一个最优的值，这个值使经济得到发展的同时，也不会对环境造成更大的危害，因此，各个地区的碳排放量得到合理有效的分配，碳排放水平才能不断缩小。怎样优化碳交易市场、提升市场效率，是接下来碳交易市场发展的重点。

综合上述对碳排放路径的协同问题的分析，我们可以得出以下结论：新能源和碳交易的发展都可以减少企业的碳排放量，但在碳排放路径的协同问题上，两者的作用不尽相同。新能源虽然能够减轻我国的减排压力，但如何取得新能源与其他因素的平衡发展是需要解决的难题；而碳交易却是一种很有效的协同手段，完善的碳交易市场可以实现排污权的最优配置，使不同企业的碳排放量更趋于合理化，平衡经济和生态之间的关系，对碳排放路径的协同发展是有利的，但目前我国的碳交易市场效率低、减排作用不明显，因此，应将均衡新能源发展与完善碳交易市场作为碳排放路径的协同研究的重点。

(4) 碳交易路径的政策协同。

在本章所建立的新能源演化发展模型中，碳交易的驱动是新能源发展的重要因素，两者之间相互促进又相互制约，碳交易市场的发展对新能源的发展起激励作用，但过度的碳交易会阻碍新能源行业的协同发展；反之，新能源行业的发展也会对碳交易市场产生一定影响，大量资源与人力投向新能源领域，可能导致碳交易市场发展迟缓，而不完善的碳交易市场也会影响国家节能减排目标的实现。模型中，碳交易的发展速度主要受到两个因素的影响：碳交易市场自身的发展程度（c_1）和新能源对碳交易的影响程度（c_2）。前面我们建立了驱动系统（北京）模型与响应系统（上海）模型，并根据两个地区的发展程度确定了这两个区域各自的碳交易市场发展系数（c_1），因此，在碳交易路径的政策协同研究中，我们主要考虑新能源对碳交易的影响程度（c_2）对碳交易市场协同发展的影响。

系统参数 c_2是新能源使用量 $x(t)$ 对碳交易额 $z(t)$ 的影响系数，其含义是新能源对碳排放的驱动（影响）程度，参数 c_2取值的变化会对碳交易的发展产生影响，进而影响到两系统之间碳交易市场的协同发展。固定其他系统参数如表 6.4 和表 6.5 所示，改变参数 c_2的取值，可以得到不同参数状态下的系统误差 e_3随时间变化的演化趋势，如图 6.14 所示，曲线 1 表示，当 $c_2 = 0.0224$ 时的系统误差 e_3的变化趋势；曲线 2 表示，当 $c_2 = 0.0524$ 时的系统误差 e_3的变化趋势；曲线 3 表示，当 $c_2 = 0.0724$ 时的系统误差 e_3的变化趋势。

为了更好地分析参数变化所带来的系统误差的变化，我们在图 6.14 中加入基准线。从图 6.14 中我们可以看出，不同参数下的系统误差演化趋势是一致的，最终系统误差都会趋近于零。

初始状态下，曲线 1（$c_2 = 0.0224$）离 0 轴最远，而曲线 3（$c_2 = 0.0724$）离 0 轴最近，也就是说，随着参数 c_2的逐渐增大，两系统之间的误差也在不断减小。此时，新能源对碳交易市场协同发展起促进作用。

图中 6.14 基准线与系统误差曲线 e_3的交点不在 0 轴，意味着在 2020 年底，两系统并不会实现同步发展。此时误差曲线已过 0 点，但离 0 轴最近的曲线仍然是曲线 3（$c_2 = 0.0224$）。也就是说，新能源对碳交易市场协同发展的促进作用并没有改变。

从误差曲线 e_3的最终发展趋势来看，曲线 3（$c_2 = 0.0224$）仍然是离 0 轴最近的曲线。且经过检验，在此过程中并不存在三条曲线交汇的情况，这意味

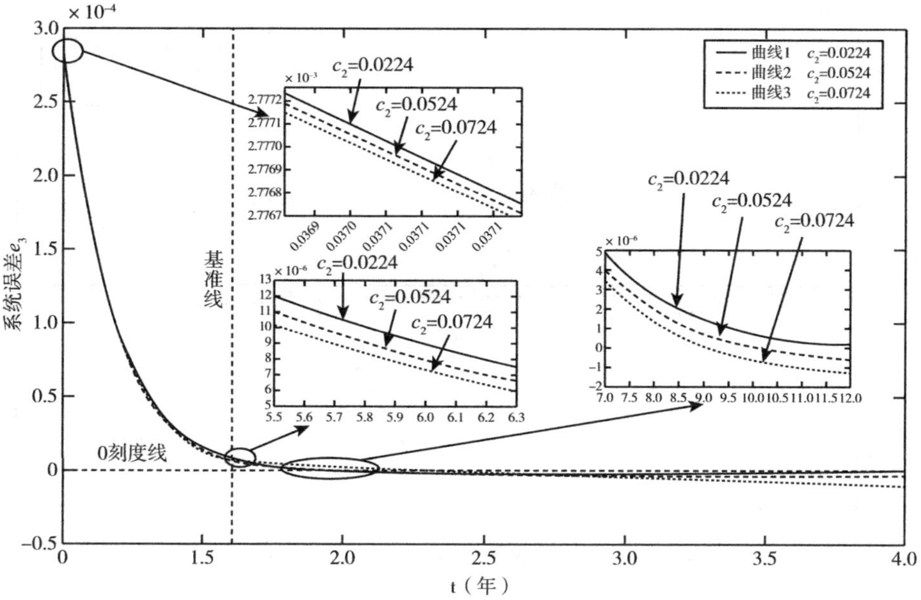

图 6.14　参数 c_2 逐渐增大时系统误差 e_3 的变化

着，这种促进作用从未改变。

但这并不能说明新能源的发展对碳交易市场是长久有利的，一段时期内新能源可以对碳交易的协同起到促进作用，但从长远角度看，结论又会有所不同。我们将系统误差的演化时间延长至 50 年，得到系统误差趋势如图 6.15 所示。

从图 6.15 可以看出，较长时间轴上，曲线 1 和曲线 2 的趋势大致相同，但曲线 3 的后期波动较大，系统误差 e_3 的值很不稳定。这说明，新能源发展速度的提升虽然能在一定时间内有效促进区域间碳交易路径的协同，但从长远的角度看，这种促进作用是不持久的，甚至会带来负面效应，影响全国碳交易市场的统一。这是因为新能源领域投入的大量资源会挤占碳市场的发展空间；另外，新能源的广泛运用会大幅降低碳排放，使碳市场中可交易的配额日渐减少，碳市场日益萎缩。区域间新能源发展的不均衡进一步加剧了负面效应，不利于碳市场的协同发展。因此，在考虑用新能源促进碳交易市场协同发展的同时，要注意把握新能源的发展限度，使资源在新能源领域和碳交易市场得到合理配置，充分发挥新能源对碳交易市场协同发展的积极作用。

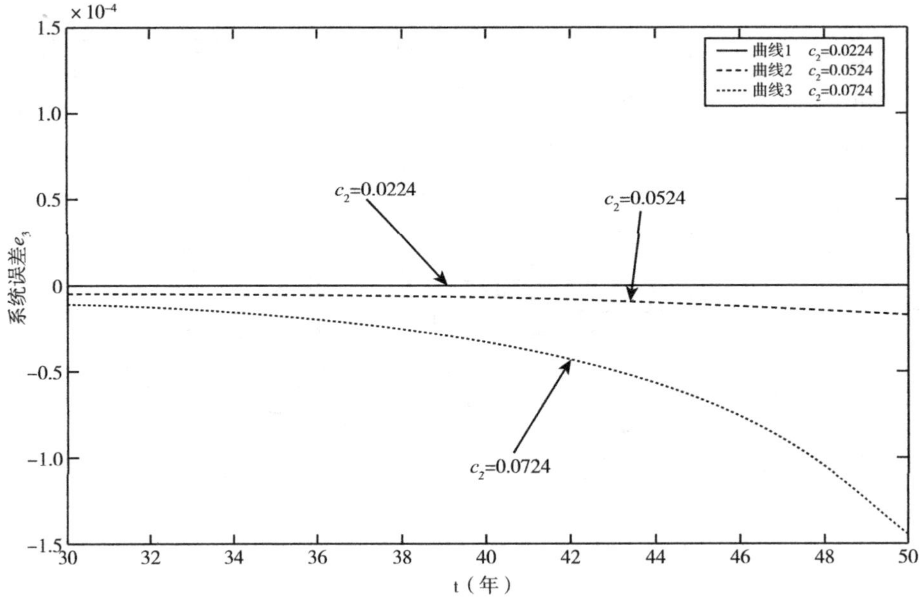

图 6.15　参数 c_2 逐渐增大时系统误差 e_3 的变化（30～50 年）

6.3.3　新能源演化发展最优政策协同路径

对北京与上海两个地区进行协同研究的目的是寻找两个地区实现同步发展的具体路径，为全国新能源、碳排放和碳交易的同步发展提供思路。前面详细分析了不同影响因素对北京和上海实现协同发展的影响，这些因素既有区别又有联系，国家想做到全国统一的协同发展，还需要统筹规划、多管齐下，平衡新能源、碳排放和碳交易三者之间的关系，按照最优的政策协同路径对资源进行合理分配。

根据前面的分析，我们可以将碳交易背景下的新能源系统演化发展最优政策协同路径归纳如下：

新能源的开发和利用是解决能源危机最重要的手段，我国的新能源行业属于新兴产业，起步较晚，但发展潜力巨大。2020 年初受到新冠肺炎疫情的影响，全球油价下跌，低廉的油价使人们对化石能源的依赖增加，这对新能源行业来说是一个巨大的挑战，目前我国油价尚算稳定，宏观调控方面做得很好，因此，新能源行业的发展势头仍算良好。新能源领域的发展同时可以促进碳排放水平和碳交易市场的发展，但对碳排放的协同发展以及碳交易市场的统一是否起到很好的促进作用，需要分情况讨论。新能源的发展降低了单位产值的碳排放量，但前期对碳排放水平的协同发展没有明显的帮助，猜测其原因，可能是新能源行业在初期吸收了太多的资源和人力，所以碳排放水平没有得到很好的发展；新能源行业飞速发展的同时，的确可以对碳交易市场的协同发展起到促进作用，但后期过于发达的新能源产业反而会对碳交易市场的统一产生阻碍。因此，在完成能源目标的同时，国家也需要合理分配资源，不能仅考虑到新能源行业的发展，更应该以全局的眼光，将资源配置实现最优，把新能源的发展速度控制在合适的范围内，与其他领域共同发展。

碳排放量是影响模型实现政策协同的重要条件，前面我们已经通过理论和推理证明了只有不同地区的碳排放量之和超过峰值，不同系统之间才可以实现协同发展。也就是说，一味限制碳排放的量是不可取的，过度限制企业的碳排放量会使企业的生产成本过高，降低企业的生产热情，从而影响整个经济的活力。环境需要保护，但经济也需要发展，因此，将碳排放量限制在峰值之上与两倍峰值之下，是最合理的，此时，不同地区间可以实现同步发展，经济得到发展的同时，环境危害也在可控范围内。

碳交易市场作为一种节能减排的重要手段，值得国家投入更多的资源和人力。完善的碳交易市场可以通过市场机制对排污权进行最合理的配置，使经济发展和能源保护能够得到平衡，并且成本不高，可以大大减轻国家节能减排的压力。但我国的碳交易市场起步晚，发展不完善，仍然需要国家制定相关政策、倾注一定的资源。我国碳交易市场发展前期主要存在的问题是缺乏统一的市场机制，各试点区域碳交易市场之间没有有效的信息沟通，信息不对称问题导致市场机制难以发挥其优化资源配置的作用，碳交易市场价格与交易量不能正确反映各地区排污权的需求，这对全国碳交易市场的统一是不利的；而后期面临的问题主要是碳交易市场的规模问题，碳交易市场日益成熟的同时规模也在不断扩大，但过大的规模会导致排污权的供给远超需求，市场秩序可能出现混乱，碳交易市场价格不再受到供求关系的影响，碳交易市场失去对排污权的调节作用，与价格不符的排污权流入市场，使企业争相购买排污权，企业有了排放许可，碳排放量就会增加，这也不利于碳排放水平的统一，同时新能源领域的研究开发失去激励，新能源的协同发展速度也会受到影响。因此，国家应在不同时期对碳交易市场实施不同的政策，前期主要以稳定性政策为主，完善碳交易市场的市场机制；后期主要以压制性政策为主，将碳交易市场的规模控制在合理水平。

6.4 本章小结

本章基于新能源、碳排放、碳交易三者之间的复杂关系，结合能源经济学理论与非线性动力系统理论，建立碳交易背景下的新能源演化发展模型，并借助模型对不同地区间的协同发展进行研究，主要结论如下。

中国新能源起步较晚但发展潜力巨大。中国地大物博、资源丰富，但人口基数过大，人均资源占有量低，发展新能源是我国改善能源结构、解决能源危机的重要途径。我国新能源领域的研究起步较晚，相较于其他发达国家而言还有很多不足。但近几十年来，我国经济飞速发展，随着资金与人力资源的不断投入，我国新能源领域的研究成果越来越丰富。根据相关统计，近十年来我国的新能源产量占能源生产总量的比重越来越大，且新能源消费占能源消费的比重也越来越大，随着人们节能减排意识的增加，越来越多的人接受并使用新能源。

中国碳交易市场的发展还处于初级阶段。截至 2020 年，我国共成立了八个碳交易试点市场，也制定了相应的扶持发展政策，但由于起步较晚，碳交易市场的发展仍处于初级阶段。相关数据显示，我国各碳交易市场的市场占比份额存在较大差异，市场之间没有形成统一的机制，各个市场自成体系，信息不对称，难以发挥碳交易市场的真正作用。此外，国家率先建立了电力行业的碳市场体系，这一举措为实现全国统一碳交易市场作出了一定的贡献，但其他行业的碳交易市场体系仍未建立，目前我国的碳交易市场规模不足以覆盖全国。因此，加大政策倾斜力度、完善碳交易市场机制、扩大碳交易市场规模仍然是努力的重点。

碳交易市场对新能源与碳排放的发展具有驱动作用。碳交易市场产生的原因是能源危机与气候问题不断加重，作为一种有效的节能减排手段，碳交易市场的发展可以促进新能源行业的发展，也能够对碳排放量进行很好地控制。根据第四章对模型的分析可知，更活跃的碳交易市场可以提高新能源的使用量，同时降低企业的碳排放量。

碳交易背景下的新能源系统演化发展最优政策协同路径。我国的新能源产业蓬勃发展，碳排放水平也在不断提高，并且碳交易市场规模也在不断扩大，但无论是新能源、碳排放还是碳交易的发展都是不均衡的，找出三者实现最优政策协同发展的路径是非常有意义的。根据第五章对双系统政策协同路径的分析可知，新能源的发展需要控制在一个合理的范围内，新能源与碳交易之间的发展应取得一定的平衡，否则新能源领域的过度发展会抑制碳交易市场的协同发展；各地区碳排放量的总和应控制在当前碳排放峰值之上，这是实现系统间协同发展的必要条件；对于碳交易市场的发展，前期应将重点放在完善市场机制、扩大市场规模上，后期应将重点放在控制碳交易市场发展速度，合理分配排污权，实现经济发展和环境保护的平衡上。

第7章

后补贴时代新能源汽车发展演化分析

纵观现代工业的发展，汽车工业是世界第二大碳排放行业（刘雅琴和余谦，2020），传统燃油汽车所面临的环境污染和资源短缺问题日益突出，对环境的可持续发展影响很大。新能源汽车作为解决上述问题的有效途径正受到世界各国政府和汽车企业的青睐，为了有效地促进新能源汽车的发展，各国政府和汽车企业纷纷出台相关政策，限制燃油汽车的销售期限，同时大力支持新能源汽车的开发和消费，已经成为大势所趋（王博等，2020）。2016年，中国同时成为世界上规模最大的汽车产销市场，中国有责任、有义务研究汽车工业发展对环境可持续发展的影响，采取适当的发展策略和措施，使汽车工业不仅方便人们的出行，而且不增加环境负担（顾玢，2019）。尤其对中国来说，因之前为发展经济而遗留下的大气污染情况格外严峻，雾霾PM 2.5引发呼吸道疾病，在无形中严重影响居民城市生活，而同时经济发展不能停止，使中国的大气污染治理非常棘手（赵域圻等，2020）。

国务院在2010年第一次将新能源汽车产业认定为战略性新兴产业来发展，并且在之后的“十二五”和“十三五”规划中也能找到新能源汽车产业的身影。到2015年，国务院发布了《中国制造2025》，在这份文件中，国务院明确指出，新能源汽车产业是制造强国战略的十大重点领域之一（端利涛等，2021）。此后，我国新能源汽车产业发展迅速，连续两年超过世界产销量，2018年和2019年荣登世界第一。尽管在2020年上半年由于新冠肺炎疫情肆虐，受到严重影响的就有新能源汽车产业，但在大政方针上，从我国对冲疫情影响出台的政策上看，国家对于发展新能源汽车产业的坚定信心一直没有改变（余珮和蔡正芳，2020）。到2035年，“生态环境根本改善，美丽中国基本实现”的战略目标基本实现，这也意味着我国汽车工业要加快向清洁低碳技术转变。因此，发展新能源汽车产业，是中国从汽车大国晋升汽车强国的途径，也是中国应对能源安全、气候变化、推进绿色发展的战略举措（王文兵和王启玘，2020）。

7.1 新能源汽车产业及其补贴政策现状及问题

新能源汽车（New Energy Vehicle，NEV）这一概念与传统内燃机汽车相比，它最早出现和存在于1960年，并且随着传统内燃机技术的发展，新能源汽车的内涵发生了变化。Pradhan等（2006）证实，新能源汽车的广泛使用可以减少二氧化碳排放，从而缓解能源危机。从节约能源、环境保护和经济发展的视角，刘宏等（2007）比较了传统燃油汽车与基于煤电的电动汽车，认为电动汽车由于在用户使用阶段能够实现零排放，因此具有巨大的经济和社会效益。周谧和朱祖伟（2018）通过生命周期可持续性评价方法对纯电动车和燃油车进行了比较，发现前者在环境维度上具有更大的优势，经济和社会维度上略逊于后者，但新能源发电比煤电发电污染要小得多，而且纯电动车在各个维度上的表现都将得到显著提高。

有学者认为，政府支持新能源汽车市场将会起到了积极的促进产业发展的作用。Guo等（2016）在新能源汽车产业刚起步时，政府补贴对降低新能源汽车企业的投入研发风险、减少新能源汽车企业的研发投入资金、补偿其研发外部性和提高其高质量创新产出具有重要意义。郭迎锋等（2016）研究发现，随着工业化进程的加快，国家对企业的补贴越来越多，企业自身研发投入的杠杆效应也越来越大。曹霞等（2018）通过构建博弈模型得出结论：较高额度的政府补贴会促进车企在原创性技术上取得突破。李君昌等（2018）发现，政府补贴存在某个临界值时，一旦越过它，企业的研发投入就会随之提高。马亮等（2017）发现政府的产业补贴具有积极效果，能够使新能源汽车企业增加研发投入量。Oikawa和Managi（2015）认为，相对于普惠性补贴，新能源汽车的研发更容易被选择性补贴所激励。但也有学者认为，政府扶持对于培育健康、有竞争力的新能源汽车市场的作用尚需进一步验证。在信息不对称条件下，熊勇清等（2018）认为政府的过度补贴反而可能对企业的研发投入产生“挤出效应”。

7.1.1 新能源汽车产业发展现状

国家政策充分体现了新能源汽车产业重组汽车产业结构的趋势（高伟和胡潇，2020）。印度、英国、法国、法国、荷兰等国家相继制定了停止生产和销售传统燃料汽车的时间表，并制定了发展新能源汽车的计划（De Souza et al.，2018；Cai et al.，2021）。其中部分国家和企业编制的传统内燃机汽车停止销售计划的统计情况，如表 7.1 所示。

表 7.1　　部分国家及企业拟定传统汽车停售计划

国家（地区）或企业	预计禁售时间	禁售车型
荷兰	2025 年	传统柴油和汽油汽车
挪威	2025 年	燃油汽车
德国	2030 年	传统内燃机汽车
印度	2030 年	传统燃油汽车
美国加州	2030 年	传统燃油车
英国	2040 年	传统汽车和柴油汽车
法国	2040 年	传统汽车和柴油车
大众集团	2040 年	燃油汽车

据国家公布的未来新能源汽车市场占有目标，预计到 2025 年，新能源汽车在整个汽车行业的销售份额将达到 25% 左右。由此可以预见，新能源汽车无论是从产销量还是从技术水平来看，都必将迎来前所未有的迅猛发展。根据中汽协官网数据，2014 ~2019 年新能源汽车每年的销售量变化如表 7.2 所示。

表 7.2　　2014 ~2019 年新能源汽车销售情况

年份	新能源汽车销量（万辆）	汽车销量（万辆）	新能源汽车占比（%）
2014	7.5	2349.2	0.3
2015	33.1	2459.8	1.3
2016	50.7	2802.8	1.8
2017	77.7	2887.9	2.7
2018	125.6	2808.1	4.5
2019	120.6	2576.9	4.7

2019 年新能源汽车销量较 2018 年出现下滑，主要原因是中国在新能源汽车消费方面的政策变化、过渡期的负面因素以及汽车消费市场整体萎缩，而这一情况比传统燃料汽车销售下降得更为明显。近几年来，新能源汽车的销量增长迅速，2014 年达到了 7.5 万辆，2018 年达到了 125.6 万辆；2014 年其销售占比达到了 0.3%，2019 年达到了 4.7%，5 年间增长了 4.4%。虽然新能源汽车销量所占比重较小，但其占整体汽车销量的比重呈快速上升趋势。

新能源汽车产业链的细分领域很多，如图 7.1 所示，按照新能源汽车上中下游进行的整个产业链的构成，大致可以分为矿石能源部门、动力电池、传动马达、电控系统、整车部门以及基础设施充电桩部门等关键零部件。

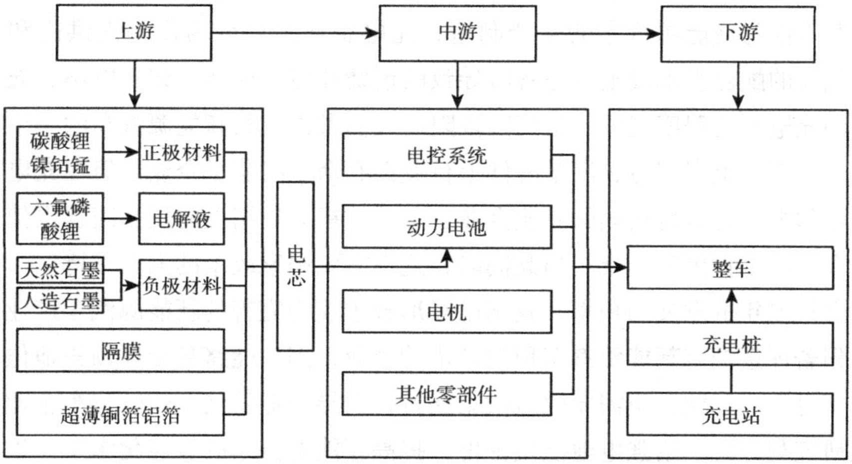

图 7.1　新能源汽车产业链构成

从上游看，主要是锂电池产业链。就锂原料而言，赣锋锂业拥有全球 13% 的锂资源，居中国锂资源企业之首，天齐锂业紧随其后，占有全球 5% 的锂资源。虽然中国的锂矿资源比较丰富，但以盐湖卤水为主体的提锂方式，其提取锂原料的成本较高，限制了中国锂资源产业的规模发展。同时我国的负极材料、电解液、隔膜相关企业也不少。从以上几个方面可以看出，在新能源汽车上游产业链中，以电池行业为主，我国具有天然的资源禀赋优势，企业数量众多，产能约为世界产能的一半，为新能源整个产业链的发展奠定了良好的基础。但目前制约消费者选择购买新能源汽车的一个重要因素是电池的使用寿命和续航里程稳定性问题。以丰富的资源做后盾，如何实现技术突破，研发出不受冬夏季节影响、续航稳定、充电时间短、使用寿命长的电池，还需要汽车厂商不断投入研发。

中游主要包括新能源汽车电控系统、电机及其他零部件。新的汽车电控系统主要包括汽车电工电子、智能驾驶、电动空调等领域，要取得突破，需要与互联网技术相结合。而且电控系统又占整个系统成本的25%，因为中游产业链占有较大的比重，所以中游产业链是我国企业研发的必争之地。中国汽车工业能否引领未来工业化和信息化，实现实体经济和数字经济的融合，新一轮的高科技跨界融合主要在中游产业链上，更需要企业投入研发，生产出更智能的新能源汽车来吸引消费者购买。

汽车下游主要有整车制造企业、充电站和充电桩等企业。国产品牌汽车企业已基本涉足新能源汽车的生产制造，充电企业主要分为设备提供商和运营商。相关的配套基础设施不完善所导致的消费环境不成熟，如充电站、充电桩数量和充电便捷程度问题，是现阶段阻碍人们考虑购买新能源汽车的一个主要原因。在汽车整车制造和汽车配件上行业拥有众多的明星企业，但在充电桩配置方面却很少有值得信赖的专业企业，这种在售后使用上的便利问题也使新能源汽车推广工作更加困难。与此同时，这也需要国家政策的大力支持。

经过多年的发展与积累，我国已经形成了较为完善的新能源汽车产业供应链，但若评选拥有新能源汽车顶尖技术的企业，国内能跻身全球领先地位的企业屈指可数。因此，更需要政府政策扶持，引导产业发展，鼓励汽车企业积极投入研究与开发，增强电池能量密度，提高新能源汽车的智能化水平，生产出高性能新能源汽车。

新冠肺炎疫情引发了新能源汽车行业对新能源汽车产业链安全性的重新审视。疫情暴发引起新能源汽车产业链上部分企业订单萎缩、不能履约以及供应链出现“断链”风险。北汽新能源汽车股份有限公司表示，关键进口零部件供应困难、价格上涨、交货周期延长等问题制约了新能源汽车供应端的发展。在较长的时期内，汽车、新能源汽车产业链将面临“去中国化”的风险。同时也促使国内新能源汽车企业逐步调整产业链布局，规避风险，加速开发国产替代产品。

通过疫情的“大考”，让我们发现我国新能源汽车产业链和供应链还存在一些不足和缺陷。虽然我国在新能源汽车产业化方面具有先天优势，但是在新能源汽车部分核心零部件技术领域与国外先进汽车企业还存在较大差距。如高比能量电池的生产制造、智能电池管理系统、电控数据的快速处理、智能驾驶、高集成度、高计算力的核心芯片等方面，我国还处于研究开发或工程开发阶段，与国外先进汽车企业还有很大的差距，亟待创新突破。在新能源汽车补贴退坡的同时，我国政府也加大了对外开放的力度，独资引进外资企业。以特斯拉为代表的国外豪华品牌新能源汽车的国产化也给国内车企带来了巨大的压力。2020 年的前 5 个月，中国自主品牌纯电动车的市场份额已从之前的 95%以上大幅下降到 77.30%。随着特斯拉销量的暴发，美系品牌新能源汽车的市场份额从之前的不到 1%上升到 18.73%。这也将促进中国新能源汽车产业带来变革，从依靠政策补贴干预向市场竞争机制主导转变，倒逼我国新能源汽车产业链上的自主品牌企业顺应市场规律、抓住政策机遇，不断创新并降低成本，生产出技术先进、性能稳定、智能化水平高的新能源汽车产品。

7.1.2 新能源汽车政府补贴历程及现状

按照政府补贴的理论，政策对产业有很大的影响。与市场需求一样，政策支持也是推动产业发展的强大动力。日本、欧美等发达国家对此早有体会，为了促进新能源汽车产业的快速发展，纷纷出台了大量激励产业发展的政策。2001 年我国才开始发展新能源汽车，因此在很多方面借鉴了发达国家的经验，尤其是在政策上的支持。此后，中国政府出台了一系列政策，高度重视并大力发展新能源汽车产业，其发展历程可以概括为四个阶段。

第一个阶段为初步摸索阶段，2001～2008 年，"十五" 期间，我国首次将发展新能源汽车列入 "863 计划"，这是我国新能源汽车产业发展的重要转折点，标志着国家对新能源汽车产业化的高度重视。这 8 年里，国家从各方面对新能源汽车产业进行了扶持政策，包括产业化推进、市场准入管理、市场培育等。这一时期的政策目标是产业培育，处于探索试错阶段，政策出台的目标规划、实施和效果都是未知的。2008 年可被称为 "新能源汽车元年"，在这年新能源乘用车销量达到 899 台，同比增长 117%。巨大销量上的提升标志着的第一阶段探索期的政府政策引导企业进入市场取得了一定效果，此时的新能源汽车产业发展经历了从无到有的过程。

第二阶段为快速制定阶段，2009～2013 年，这一阶段的迅速发展得益于当时国家政策的密集出台和大力支持。这期间的重大政策有："十城千辆" 工程，对于私人购买新能源汽车给予补贴，将新能源汽车列为“十二五”规划的战略性新兴产业，免除车船税，新能源汽车项目每年可获得10亿~20亿元资金支持。在一连串强有力的政策支持下，2013年新能源汽车产销量分别达到17533辆和17642辆，同比分别增长40%和38%。从数据上看，这一阶段的产销量数据虽然大大超过了前一阶段，但现实的政策效应却远未达到政策支持力度的预期效果，新能源汽车行业此时正处在政策热、市场冷的尴尬境地。

第三阶段为规范制定阶段，2014~2016年，这一阶段，国家领导人多次亲自调研新能源汽车产业发展项目，“十三五”期间新能源汽车产业财政扶持政策出台，国务院及有关部门出台的政策内容更加完善，政策制定更加灵活，《中国制造2025》更是将新能源汽车列为十大重点发展领域之一，这些都表明国家对新能源汽车产业的高度重视。同时，中国新能源汽车产业政策的出台，呈现出逐年递增的趋势，从一年两次的政策发布到2015年20次的政策发布，从税收优惠到推广应用，从基础设施到产业管理，国家在此期间出台的旨在建立新能源汽车产业发展的长效机制，向市场传递着坚定的发展决心。在这种高密度的优惠政策下，市场反应热烈，2015年中国新能源汽车销量331092辆，首次超过美国成为世界第一。尽管大力的政策扶持带来了一定的市场培育效果，但目前的销售过分依赖财政扶持，将出现补贴停、销售停的不可持续局面。

第四阶段为补贴退坡阶段，2017年之后，过度的政策刺激在有力地鼓励了新能源汽车产业的同时，也带来了一系列问题。面临高额的财政补贴，让一些新能源汽车企业发现利润丰厚，行业内也不可避免地出现了一些骗补行为。以2016年苏州吉姆西汽车有限公司为例，发现其存在数据造假、骗取政府补贴的行为。由于过多的政策刺激导致新能源汽车行业出现大量骗补汽车企业，结果背离了原来的政策目标，对新能源汽车行业的发展不再有利，于是国家逐渐开始实施退坡补贴。与2016年相比，2017年新能源汽车补贴额度减少了20%，地方财政补贴不能超过中央单车补贴的50%，并将在2020年前全面取消纯电动车个人购车补贴。从2017年起，新能源汽车补贴政策进入“后补贴”时代。尽管政府的扶持政策在逐步退坡，但多年来政策的大力扶持已初见成效。在补贴退坡的背景下，我国新能源汽车销量仍居世界首位，显示了我国新能源产业已初具规模，产业发展势头不可逆转。此时政府、企业如何优化补贴管理政策，制订合理的发展战略，是下一阶段亟待解决的重大课题。因此，现阶段的政府政策是补贴退坡和新能源汽车产业政策的持续调整阶段。

7.1.3　新能源汽车市场产业及其政策存在的问题

（1）产品性能相对较低。新能源汽车产品性能不够成熟，品质令人堪忧，新能源汽车在安全性能上仍与传统能源汽车存在差距。对于使用新能源汽车中遇到的电池续航能力问题，一直是制约消费购买的首要原因。电池是新能源汽车的核心技术之一，目前新能源汽车动力电池能量密度仍然较低，实际续航里程较低，为标准里程的60%～70%，无法满足长途运输的需求。而且电池在寒冷天气条件下蓄电能力锐减，续航里程进一步减少，充电时间进一步延长，这些因素都会影响车辆的使用效率。此外，新能源汽车电池自燃、刹车失灵、电池寿命低且易老化。面对这些问题，无一不需要新能源汽车企业投入研发实现技术突破才能解决。在解决了顾客购买的主要顾虑问题后，新能源汽车企业必然会迎来新的增长点。

（2）相关配套环境发展不完善。售后服务不完善，充电桩数量不足且难充电，便捷性差。调查发现，不少新能源汽车车主反映电动车购买困难、维修费用高、维修等待时间长。另外，充电桩等配套设施资源安装难、分布不合理。首先，汽车作为主要的代步工具，如果由于续航能力不足且在没电时不能有效地进行充电，就不能小范围开长途，从而损害了消费者购买汽车的效用；其次，家用充电桩安装问题，若安装便捷也会增加消费者的购买；最后，新能源汽车的减值问题，目前在新车市场上，购买时可以获得政策上的减免车辆购置税、在大城市中不限行不限号等优惠政策，但在新能源二手市场上，新能源的折旧率非常高，且处在技术升级期，企业更新换代频繁，这也是不容忽视的问题。

（3）人们消费观念的制约。尽管新能源汽车对环境保护起到了很大的作用，但作为汽车的购买者，其价格、性能、使用成本和便捷性是消费者最为关注的。如果购买新能源汽车的价格高于汽车的平均价格，尽管它可以降低燃油消耗和后续使用汽车的成本，但如果消费者不将此考虑在内，他们通常不会购买新能源汽车，这将影响到新能源汽车的销量。大多数消费者对新能源汽车知之甚少，所以当他们买车时，他们不会考虑买新能源汽车。

一个行业想要获得积极、健康的发展不能仅仅依靠政府的支持。企业要想长期健康发展、获得成功，还需要企业自身挑起发展的重担，积极参与研发和生产，并获得市场对企业产品的认可。目前，中国推动新能源汽车产业发展的政策在逐渐退坡的同时虽然有引导企业高质量发展的趋势，但在政策实施上的主要方式还是对于消费者的直接的资金补助。而新能源汽车产业目前还没有步入产业成熟阶段，还需要政府扶持来扩大市场，在政府政策逐渐退坡中，如何运用政府政策更好地引导产业发展，目前的政府政策还存在诸多问题。

（1）对于新能源汽车企业研发投入支持不科学。从前面分析可以看出，要打开新能源汽车市场的销量，其产品本身必须实现技术升级。为了突破新能源汽车产品的技术“瓶颈”，政策需要加大对新能源汽车的研发投入的引导力度。目前，对于鼓励新能源汽车企业研发投入支持力度不够，导致大多数企业只是采取跟随式发展模式，成为产业链上的螺丝钉，不注重技术的发展升级创新。另外，之前的政策多是对整车企业的技术突破给予补贴，而忽略了对动力电池、智能电控系统、基础设施等核心零部件企业的研发投入政策鼓励。对于共性技术引发的产业发展难题，政府要集中力量办大事，实现突破。

（2）缺乏对新能源汽车产业顶层设计政策的落实。目前对新能源汽车产业发展战略顶层设计的政策大多停留在目标层面，没有得到很好的落实，这也是推广新能源汽车产业的难点。在国家新能源汽车政策的推动下，新能源汽车产品技术性能不断提高，新能源汽车产业竞争力指数小幅上升，超过德国、韩国，位居第三。但与美国、德国、日本等主要发达国家相比，我国汽车产业仍存在一定差距，主要表现在基础竞争力不强、产业支撑能力不强、企业竞争力不强上，导致我国汽车产业、企业和产品竞争力相对较低。但是，提高企业上述各个方面的能力，需要国家综合考虑配套设施、统筹规划。新能源汽车作为战略性新兴产业，肩负着汽车产业转型升级的重任。智能网汽车产业涉及汽车、通信、电子、交通、信息等多个领域的交叉融合，能够实现与能源、交通、出行服务等领域的协同发展。但是，目前国家层面上出台的产业发展顶层设计落实还不到位，难以有效整合发展资源，促进产业布局长远发展。

7.2 新能源汽车产业政府、企业和消费者演化博弈模型

传统博弈理论的基本假设是博弈主体完全理性，而新能源汽车产业中政府政策不断调整，企业在摸索中前进通过不断试错的方法寻找最优策略，消费者在是否购买新能源汽车中犹豫不决，因此新能源汽车产业中的三方市场主体的最优策略选择是通过模拟博弈者的学习，调整达到稳定的均衡。从中可以看出，新能源汽车市场中政府、企业与消费者的博弈更符合演化博弈的分析框架。

7.2.1 NEV 博弈模型

政府、企业与消费者之间的博弈过程存在于新能源汽车发展的不同阶段。由于新能源汽车在维护能源安全、实现汽车产业转型升级、取得技术创新等方面都能有所作为，考虑社会整体福利的政府力图通过各种政策手段推动企业研发新能源汽车，以期实现市场推广和技术提升，取得更多的销量，最终能完全取代传统燃料汽车成为主流代步工具。当前我国汽车市场上的产品还是以传统汽车企业生产的传统燃油汽车为主要产品，新能源汽车所占比例不大。由于国家追求的是社会整体福利的最大化，不仅考虑经济发展，还需要关注新能源汽车产业发展所带来的环境和社会利益等因素，并且会从全局出发制订政策来付诸实施。此外，政府的补贴政策实际上是中央与地方的双重补贴，本章没有考虑中央与地方的博弈关系，而只是把两者统一起来，视为一个整体，作为博弈的参与者。企业在生产新能源汽车和传统汽车之间进行选择，以利润最大化为原则，所做的决策会受到政府政策和消费者对新能源汽车的需求量的影响。消费者在考虑购买性能稳定的传统汽车和可以节能环保的新能源汽车之间进行选择，以自身效用最大化为原则，所做的决策同样也会受到政府是否有补贴政策和产品价格等因素的影响。

在此基础上，政府、企业和消费者根据各自利益最大化原则进行决策，通过多次博弈才能达成平衡，从而建立政府、企业和消费者的演化博弈模型（Fang et al.，2021）。

基于以上分析，模拟现实中新能源市场上，政府、企业和消费者之间的博弈分析，为了不改变分析问题的本质，现做如下假设：

假设 H7 -1：在演化系统中博弈主体为各地地方政府、新能源汽车生产企业和广大消费者三个参与群体，博弈三方参与主体均为有限理性的“经济人”，只能掌握不完全不对称的信息，而不能事先知道对方的策略选择，但可以在对方进行某个策略后，通过学习或模仿改变自己的策略选择，从而实现自身利益最大化。

假设 H7 -2：汽车生产企业策略选择为 W_1 {研发高性能的新能源汽车，不研发高性能的新能源汽车}，政府策略为 W_2 {扶持新能源汽车产业，不扶持新能源汽车产业}，消费者策略为 W_3 {购买新能源汽车，购买传统能源汽车}。

假设 H7 -3：各地方政府选择对新能源汽车市场中汽车生产企业和购买者进行补贴的比例为 x，不补贴比例为 $1-x$；汽车生产企业选择研发高性能的新能源汽车的比例为 y，不研发的比例为 $1-y$；消费者选择购买新能源汽车所占的比例为 z，而选择购买传统燃油汽车的比例为 $1-z$。其中，$x,y,z \in [0,1]$ 且均为时间 t 的函数。

假设 H7 -4：政府、新能源汽车生产企业、消费者三方演化博弈的一切成本、费用和产生的社会效益等都是可以进行量化的，且为正值。

在前面对新能源汽车产业各地方政府、企业和消费者行为及影响因素界定的基础上，设相关参数及其含义解释如表 7.3 所示。

表 7.3　　参数设置情况

参数	意义与说明
V_1	企业生产传统燃油汽车政府获得的社会福利效益
V_2	企业生产新能源汽车政府获得的社会福利效益（$V_2>V_1$）
A	政府监管时收益（包括声誉、市场秩序、社会福利等）
Se	政府对汽车生产商的研发补贴
Sc	政府对购买新能源汽车的消费者的政策优惠补贴
H	政府对新能源汽车采取补贴带来的发展战略性新兴企业带来的重大效益
R_1	企业研发高性能新能源汽车带来的长期销售利润
R_2	企业生产普通技术新能源汽车带来的短期销售利润（$R_1-C_1>R_2$）
R_3	企业出售传统能源汽车时的销售利润（$R_1-C_1>R_3-C_2$）

续表

参数	意义与说明
C_1	企业对于高性能新能源汽车投入的研发成本
C_2	企业对于传统能源汽车的投入研发成本（$C_1 > C_2$）
Cg	政府监管行业市场的成本
U_0	消费者购买现有技术新能源汽车的效用
U_1	消费者购买传统能源汽车的效用（$U_0 < U_1$）
ΔU_1	消费者购买高性能新能源汽车与普通技术新能源汽车的效用差
ΔU_2	消费者购买传统燃油车由于企业有无研发投入传统燃油车引起的效用差（$\Delta U_1 > 0$，$\Delta U_2 > 0$，且 $\Delta U_1 > \Delta U_2$）
K	消费者购买传统能源汽车时需要向政府缴纳税费

7.2.2　模型求解

根据以上的参数设定，构建新能源汽车市场中三方演化博弈收益矩阵如表 7.4 所示。

表 7.4　　演化博弈收益矩阵

政府	企业	购买新能源汽车 z	购买传统能源汽车 $1-z$
扶持 x	研发 y	$V_1 + A - Cg - Se - Sc + H$	$V_2 + A - Cg + K$
		$R_1 + Se - C_1$	$R_3 - C_2$
		$U_0 + \Delta U_1 + Sc$	$U_1 + \Delta U_2 - K$
	不研发 $1-y$	$V_1 + A - Cg - Sc + H$	$V_2 + A - Cg + K$
		R_2	R_3
		$U_0 + Sc$	$U_1 - K$
不扶持 $1-x$	研发 y	$V_1 + H$	V_2
		$R_1 - C_1$	$R_3 - C_2$
		$U_0 + \Delta U_1$	$U_1 + \Delta U_2$
	不研发 $1-y$	$V_1 + H$	V_2
		R_2	R_3
		U_0	U_1

假设 Es 和 Ens 分别代表地方政府选择扶持和不扶持新能源汽车产业策略

的期望收益，$\bar{E}_1$ 指的是政府进行决策之后的平均期望收益，则可以计算得到：

$$\begin{cases} Es = yz(V_1 + A - Cg - Se - Sc + H) + y(1 - z)(V_2 + A - Cg + K) \\ \qquad + (1 - y)z(V_1 + A - Cg - Sc + H) + (1 - y)(1 - z)(V_2 + A - Cg + K) \\ Ens = yz(V_1 + H) + y(1 - z)V_2 + (1 - y)z(V_1 + H) + (1 - y)(1 - z)V_2 \\ \bar{E}1 = xEs + (1 - x)Ens \end{cases} \tag{7.1}$$

地方政府群体的复制动态方程为：

$$F(x) = \frac{dx}{dt} = x(Es - \bar{E}_1) \tag{7.2}$$

设 Er 和 Enr 分别为汽车企业选择研发、不研发策略的期望收益，$\bar{E}_2$ 为新能源汽车企业行为的平均收益，则有：

$$\begin{cases} Er = xz(R_1 + Se - C_1) + x(1 - z)(R_3 - C_2) + (1 - x)z(R_1 - C_1) \\ \qquad + (1 - x)(1 - z)(R_3 - C_2) \\ Enr = xzR_2 + x(1 - z)R_3 + (1 - x)zR_2 + (1 - x)(1 - z)R_3 \\ \bar{E}2 = yEr + (1 - y)En \end{cases} \tag{7.3}$$

新能源汽车企业群体的复制动态方程为：

$$F(y) = \frac{dy}{dt} = y(Er - \bar{E}_2) \tag{7.4}$$

设 Eb 和 Enb 分别为消费者选择新能源汽车、传统能源汽车的期望收益，$\bar{E}_3$ 为消费者行为的平均收益，则有：

$$\begin{cases} Eb = xy(U_0 + \Delta U_1 + Sc) + x(1 - y)(U_0 + Sc) + (1 - x)y(U_0 + \Delta U_1) \\ \qquad + (1 - x)(1 - y)U_0 \\ Enb = xy(U_1 + \Delta U_2 - K) + x(1 - y)(U_1 - K) + (1 - x)y(U_1 + \Delta U_2) \\ \qquad + (1 - x)(1 - y)U_1 \\ \bar{E}_3 = zEb + (1 - z)Enb \end{cases} \tag{7.5}$$

消费者群体的复制动态方程为：

$$F(z) = \frac{dz}{dt} = z(Eb - \bar{E}_3) \tag{7.6}$$

整理式（7.2）、式（7.4）和式（7.6）可得三者的复制动态方程 $F(x)$、$F(y)$、$F(z)$，三维动力系统如下：

$$\begin{cases} F(x) = \dfrac{dx}{dt} = x(Es - \bar{E}_1) = x(1-x)[-Seyz - (Sc+K)z + A - Cg + K] \\ F(y) = \dfrac{dy}{dt} = y(Er - \bar{E}_2) = y(1-y)[Sexz + (R_1 - R_2 + C_2 - C_1)z - C_2] \\ F(z) = \dfrac{dz}{dt} = z(Eb - \bar{E}_3) = z(1-z)[(K - U_1)x + (\Delta U_1 - \Delta U_2)y + U_0 - U_1] \end{cases} \tag{7.7}$$

对政府监管部门是否对新能源汽车市场实施扶持制度，其中包括对企业研发高性能的汽车实施补贴，对购买新能源汽车的消费者进行政策补贴，则对政府选择策略的复制动态方程 $F(x)$，求偏导数可得：

$$\frac{dF(x)}{dx} = (1-2x)[-Seyz - (Sc+K)z + A - Cg + k] \tag{7.8}$$

根据 Frideman 的方法，当 $F(x) = 0$、$\frac{dF(x)}{dx} < 0$ 时，x 是演化稳定策略，对式（7.8）进行分析。

（1）当 $z = \frac{A - Cg + K}{Sey + Sc + K}$ 时，$F(x) \equiv 0$，$\frac{dF(x)}{dx} = 0$，即对所有 x 轴都为稳定状态，当消费者选择购买新能源汽车的概率达到 $z = \frac{A - Cg + K}{Se + Sc + K}$ 时，政府选择扶持新能源汽车产业的概率是稳定的。

（2）当 $z \neq \frac{A - Cg + K}{Sey + Sc + K}$ 时，令 $F(x) = 0$、可知 $x = 0$、$x = 1$ 分别为 x 的两个稳定状态。可分为两种情况：

①当 $z > \frac{A - Cg + K}{Sey + Sc + K}$ 时，$\left.\frac{dF(x)}{dx}\right|_{x=0} < 0$，$\left.\frac{dF(x)}{dx}\right|_{x=1} > 0$，此时 $x = 0$ 是全局唯一演化稳定策略，即当消费者购买新能源汽车的概率达到一定程度时，政府选择不对新能源市场实行补贴扶持是最优策略。

②当 $z < \frac{A - Cg + K}{Sey + Sc + K}$ 时，$\left.\frac{dF(x)}{dx}\right|_{x=0} > 0$，$\left.\frac{dF(x)}{dx}\right|_{x=1} < 0$，此时 $x = 1$ 是全局唯一演化稳定策略，即当消费者购买新能源汽车的概率降低到一定程度

时，政府选择对新能源市场实行补贴扶持，即对企业研发高性能新能源汽车实施补贴，对购买新能源汽车的消费者进行补贴是最优策略。

对企业选择投入研发高性能的新能源汽车，还是不投入研发，仅仅生产现有技术能力下的新能源汽车的策略的复制动态方程 $F(y)$，求偏导数可得：

$$\frac{dF(y)}{dy} = (1-2y)[Sexz + (R_1 - R_2 + C_2 - C_1)z - C_2] \tag{7.9}$$

根据演化博弈稳定性性质，企业演化博弈达到稳定的条件为 $\frac{dF(y)}{dy} < 0$，对式（7.9）进行分析。

（1）当 $x = \frac{C_2 - (R_1 - R_2 + C_2 - C_1)z}{Sez}$ 时，$F(y) = 0$，对所有 y 轴都稳定，即当政府补贴市场的概率达到 $\frac{C_2 - (R_1 - R_2 + C_2 - C_1)z}{Sez}$ 时，企业选择研发高性能的新能源汽车的概率是稳定的。

（2）当 $x \neq \frac{C_2 - (R_1 - R_2 + C_2 - C_1)z}{Sez}$ 时，令 $F(y) = 0$，可知 $y=0$，$y=1$ 是 y 的稳定状态，此时分两种情况：

①当 $x < \frac{C_2 - (R_1 - R_2 + C_2 - C_1)z}{Sez}$ 时，$\left.\frac{dF(y)}{dy}\right|_{y=0} < 0$，$\left.\frac{dF(y)}{dy}\right|_{y=1} > 0$，$y=0$ 是全局唯一演化稳定策略，即当政府补贴概率降低到一定程度时，企业会选择不投入研发高性能的新能源汽车作为最优策略。

②当 $x > \frac{C_2 - (R_1 - R_2 + C_2 - C_1)z}{Sez}$ 时，$\left.\frac{dF(y)}{dy}\right|_{y=0} > 0$，$\left.\frac{dF(y)}{dy}\right|_{y=1} < 0$，此时 $y=1$ 是全局唯一演化稳定策略，即当政府选择补贴策略的概率上升到一定程度时，企业会选择投入研发高性能的新能源汽车作为最优策略。

对消费者选择购买新能源汽车还是购买传统燃油汽车策略概率的复制动态方程 $F(z)$ 求偏导可得：

$$\frac{dF(z)}{dz} = (1-2z)[(K - U_1)x + (\Delta U_1 - \Delta U_2)y + U_0 - U_1] \tag{7.10}$$

根据演化博弈稳定性性质，消费者选择购买新能源汽车还是购买传统燃油汽车达到演化稳定的条件是 $\frac{dF(z)}{dz} < 0$，对式（7.10）进行分析。

(1) 当 $y = \frac{U_1 - U_0 + (U_1 - K)x}{\Delta U_1 - \Delta U_2}$ 时，$F(z) \equiv 0$，对所有 z 轴都稳定，即当企业选择投入研发高性能的新能源汽车时，消费者选择购买新能源汽车是稳定的。

(2) 当 $y \neq \frac{U_1 - U_0 + (U_1 - K)x}{\Delta U_1 - \Delta U_2}$ 时，令 $F(z) = 0$，可知 $z=0$、$z=1$ 是 z 的稳定状态，此时分两种情况：

①当 $y > \frac{U_1 - U_0 + (U_1 - K)x}{\Delta U_1 - \Delta U_2}$ 时，$\left.\frac{dF(z)}{dz}\right|_{z=0} > 0$，$\left.\frac{dF(z)}{dz}\right|_{z=1} < 0$，此时 $z=1$ 是全局唯一演化稳定策略，即当企业选择投入研发高性能的新能源汽车的概率上升到一定程度时，消费者会选择购买新能源汽车作为最优策略。

②当 $y < \frac{U_1 - U_0 + (U_1 - K)x}{\Delta U_1 - \Delta U_2}$ 时，$\left.\frac{dF(z)}{dz}\right|_{z=0} < 0$，$\left.\frac{dF(z)}{dz}\right|_{z=1} > 0$，此时 z=0 是全局唯一演化稳定策略，即当企业选择投入研发高性能的新能源汽车的概率下降到一定程度时，消费者会选择购买传统燃油汽车作为最优策略。

7.2.3　模型均衡点的渐进稳定性分析

在三维动力系统（7.7）中，令 $F(x) = \frac{dx}{dt} = 0$，$F(y) = \frac{dy}{dt} = 0$，$F(z) = \frac{dz}{dt} = 0$ 可以得到 8 个群采纳纯策略的平衡点分别为 $E_1(0,0,0)$、$E_2(1,0,0)$、$E_3(0,1,0)$、$E_4(0,0,1)$、$E_5(1,1,0)$、$E_6(1,0,1)$、$E_7(0,1,1)$、$E_8(1,1,1)$、$E_9(x^*,y^*,z^*)$。其中 $E_9(x^*,y^*,z^*)$ 是下面方程组的解。

$$
\begin{cases}
-Seyz - (Sc + K)z + A + k = 0 \\
Sexz + (R_1 - R_2 + C_2 - C_1)z - C_2 = 0 \\
(K - U_1)x + (\Delta U_1 - \Delta U_2)y + U_0 - U_1 = 0
\end{cases}
\tag{7.11}
$$

但 $E_9(x^*,y^*,z^*)$ 是非严格纳什均衡，不符合多参与主体模型演化博弈稳定性标准，即该均衡解使三方演化博弈模型不存在最优解，因此只需要考虑 $E_1 - E_8$ 均衡点。

基于李雅普诺夫稳定性理论，演化稳定策略由于并不一定具有稳定性，因此不一定是演化均衡，通过对系统雅克比矩阵特征值的分析，来分析判断均衡点的渐近稳定性，通过求一阶偏导数按照一定方式可排列形成雅克比矩阵，此矩阵所有特征值若为负实部，则说明代入的点具有稳定性。本章根据 Friedman（1991）提出的演化博弈系统局部均衡点的演化稳定策略（ESS）判别标准，即通过验证代入雅克比行列式值是否大于零，并且矩阵迹的值是否小于零来进行分析。

根据三维动力系统研究出政府、车企和消费者的演化博弈过程，可求得雅克比矩阵 J 为：

$$J = \begin{bmatrix} \frac{\partial Fx}{\partial x} & \frac{\partial Fx}{\partial y} & \frac{\partial Fx}{\partial z} \\ \frac{\partial Fy}{\partial x} & \frac{\partial Fy}{\partial y} & \frac{\partial Fy}{\partial z} \\ \frac{\partial Fz}{\partial x} & \frac{\partial Fz}{\partial y} & \frac{\partial Fz}{\partial z} \end{bmatrix}$$

$$= \begin{bmatrix} \begin{matrix}(1-2x)[-Seyz- \\ (Sc+K)z+A+k]\end{matrix} & x(1-x)(-Sez) & \begin{matrix}x(1-x)(-Sey- \\ Sc-K)\end{matrix} \\ y(1-y)Sez & \begin{matrix}(1-2y)[Sexz+(R_1- \\ R_2+C_2-C_1)z-C_2]\end{matrix} & \begin{matrix}y(1-y)(Sex+R_1 \\ -R_2+C_2-C_1)\end{matrix} \\ z(1-z)(K-U_1) & z(1-z)(\Delta U_1-\Delta U_2) & \begin{matrix}(1-2z)[(K-U_1)x+ \\ (\Delta U_1-\Delta U_2)y+ \\ U_0-U_1]\end{matrix} \end{bmatrix} \tag{7.12}$$

通过计算式（7.12）求得三维动力系统（7.7）可解得 8 个平衡点，分别代入均衡点所对应的雅克比矩阵，通过特征值正负号来判断此平衡点的渐进稳定性。系统（7.7）求得 8 个平衡点所对应的雅克比矩阵的特征值的一般表达式如表 7.5 所示。

表 7.5　　　　均衡点对应的特征值

均衡点	特征值		
	λ_1	λ_2	λ_3
$E_1(0, 0, 0)$	$A+K$	$-C_2$	U_0-U_1
$E_2(1, 0, 0)$	$-(A+K)$	C_2	$2U_1-U_0-K$

续表

均衡点	特征值		
	λ_1	λ_2	λ_3
$E_3(0, 1, 0)$	$A+K$	C_2	$U_0-U_1+\Delta U_1-\Delta U_2$
$E_4(0, 0, 1)$	$A-Sc$	$R_1-R_2-C_1$	U_1-U_0
$E_5(1, 1, 0)$	$-(A+K)$	C_2	$U_0-2U_1+\Delta U_1-\Delta U_2+K$
$E_6(1, 0, 1)$	$Sc-A$	$R_1-R_2-C_1+Se$	$2U_1-U_0-K$
$E_7(0, 1, 1)$	$A-Se-Sc$	$R_2-R_1+C_1$	$U_1-U_0+\Delta U_2-\Delta U_1$
$E_8(1, 1, 1)$	$Se+Sc-A$	$R_2-R_1+C_1-Se$	$2U_1-U_0+\Delta U_2-\Delta U_1U_1-K$

（1）$E_1(0,0,0)$ 要成为演化均衡，需要满足的条件有：

①$z > \dfrac{A-Cg+K}{Sey+Sc+K}$，即 $0 > \dfrac{A-Cg+K}{Sc+K}$，由于 $Sc+K>0$，可得到的条件：$A-Cg+K<0$；

②$x < \dfrac{C_2-(R_1-R_2+C_2-C_1)z}{Sez}$，当 $z\to 0^+$ 时，可得到的条件：$\dfrac{C_2-(R_1-R_2+C_2-C_1)z}{Sez}\to+\infty$，又由于存在 $x\in[0,1]$ 的条件，故可得该式恒成立；

③$y < \dfrac{U_1-U_0+(U_1-K)x}{\Delta U_1-\Delta U_2}$，即 $0 < \dfrac{U_1-U_0}{\Delta U_1-\Delta U_2}$，由于参数设定时 $\Delta U_1-\Delta U_2>0$，可得到 $U_1-U_0>0$；

④$DetJ_1>0$，即 $DetJ_1=(A+K)(-C_2)(U_0-U_1)>0$ 满足上述条件；

⑤$TrJ_1<0$，即 $TrJ_1=A+K-C_2+U_0-U_1<0$。

综上所述，需要满足的条件有 $A-Cg+K<0$，$U_1-U_0>0$，$A+K-C_2+U_0-U_1<0$。

（2）$E_2(1,0,0)$ 不可能成为演化均衡，原因如下：

当 $x=1$ 且 $y=0$ 时，需要满足 $y<\dfrac{U_1-U_0+(U_1-K)x}{\Delta U_1-\Delta U_2}$，即 $0<\dfrac{2U_1-U_0-K}{\Delta U_1-\Delta U_2}$，由于参数设定时 $\Delta U_1-\Delta U_2>0$，可得 $2U_1-U_0-K>0$。于是可以求得稳定要求中 $DetJ_2=-(A+K)C_2(2U_1-U_0-K)<0$，不满足 $DetJ_2>0$ 的条件。

(3) $E_3(0,1,0)$ 、$E_5(1,1,0)$ 不可能成为演化均衡，原因如下：

当 $y=1$ 且 $z=0$ 时，需要满足 $x>\frac{C_2-(R_1-R_2+C_2-C_1)z}{Sez}$，当 $z\to0^+$ 时，可以求得 $\frac{C_2-(R_1-R_2+C_2-C_1)z}{Sez}\to+\infty$，又由于 $x\in[0,1]$，故该式不可能成立。

(4) $E_4(0,0,1)$ 不可能成为演化均衡，原因如下：

当 $x=0$、$y=0$、$z=1$ 时，$x<\frac{C_2-(R_1-R_2+C_2-C_1)z}{Sez}$，即 $0<\frac{R_2-R_1+C_1}{Se}$，可得 $R_2-R_1+C_1>0$，又由于参数设定时 $R_2-R_1+C_1<0$，矛盾。

(5) $E_6(1,0,1)$ 不可能成为演化均衡，原因如下：

当 $x=1$、$y=0$、$z=1$ 时，$z<\frac{A-Cg+K}{Sey+Sc+K}$，即 $1<\frac{A-Cg+K}{Sc+K}$，可得 $Sc-A<-Cg$ 即 $Sc-A<0$；$x<\frac{C_2-(R_1-R_2+C_2-C_1)z}{Sez}$，即 $1<\frac{R_2-R_1+C_1}{Se}$，可以得到的条件为 $R_2-R_1+C_1-Se>0$；$y>\frac{U_1-U_0+(U_1-K)x}{\Delta U_1-\Delta U_2}$，即 $0>\frac{2U_1-U_0-K}{\Delta U_1-\Delta U_2}$，由于参数设定时假设了 $\Delta U_1-\Delta U_2>0$，可得 $2U_1-U_0-K<0$；此时可以求得稳定要求中 $DetJ_6=(Sc-A)(R_1-R_2-C_1+Se)(2U_1-U_0-K)<0$，不满足 $DetJ_6>0$ 的条件。

(6) $E_7(0,1,1)$ 要成为演化均衡，需要满足的条件有：

① $z>\frac{A-Cg+K}{Sey+Sc+K}$，即可得 $1>\frac{A-Cg+K}{Se+Sc+K}$，可以得到条件 $A-Cg-Sc-Se<0$；

② $x>\frac{C_2-(R_1-R_2+C_2-C_1)z}{Sez}$，即可得 $0>\frac{R_2-R_1+C_1}{Se}$，求得需要满足条件为 $R_2-R_1+C_1<0$；

③ $y>\frac{U_1-U_0+(U_1-K)x}{\Delta U_1-\Delta U_2}$，即 $1>\frac{U_1-U_0}{\Delta U_1-\Delta U_2}$，需满足条件为 $U_1-U_0+\Delta U_2-\Delta U_1<0$；

④$DetJ_7>0$，即用模型设定的参数代入可以得到如下式子 $DetJ_7=(A-Se-Sc)(R_2-R_1+C_1)(U_1-U_0+\Delta U_2-\Delta U_1)>0$ 的条件；

⑤$TrJ_7<0$，即 $TrJ_7=(A-Se-Sc)+(R_2-R_1+C_1)+(U_1-U_0+\Delta U_2-\Delta U_1)<0$。

综上所述，需要满足的条件为 $0<A-Sc-Se<Cg$，$R_2-R_1+C_1<0$，$U_1-U_0+\Delta U_2-\Delta U_1<0$，$(A-Se-Sc)+(R_2-R_1+C_1)+(U_1-U_0+\Delta U_2-\Delta U_1)<0$。

(7) $E_8(1,1,1)$ 不可能成为演化均衡，原因如下：

当 $x=1$、$y=1$、$z=1$ 时，从上推导可知 $z<\dfrac{A-Cg+K}{Sey+Sc+K}$，即 $1<\dfrac{A-Cg+K}{Se+Sc+K}$，可得条件为 $Sc+Se-A<-Cg$，即条件为 $Sc+Se-A<0$；$x>\dfrac{C_2-(R_1-R_2+C_2-C_1)z}{Sez}$，即 $1>\dfrac{R_2-R_1+C_1}{Se}$，可得需满足 $R_2-R_1+C_1-Se<0$；$y>\dfrac{U_1-U_0+(U_1-K)x}{\Delta U_1-\Delta U_2}$，即需满足 $1>\dfrac{2U_1-U_0-K}{\Delta U_1-\Delta U_2}$，可得 $2U_1-U_0-K+\Delta U_2-\Delta U_1<0$；由上面三个条件可求得 $DetJ_8=(Se+Sc-A)(R_2-R_1+C_1-Se)(2U_1-U_0+U_2-U_1-K)<0$ 不满足 $DetJ_8>0$ 的条件。

根据以上模型推导分析，将均衡点分析情况整理为表 7.6，从中可以看出上述推导所求得的均衡点的稳定性情况。

表 7.6　　局部均衡稳定性分析结果

均衡点	结果	原因说明
$E_1(0,0,0)$	ESS	均衡条件为：$A-Cg+K<0$，$U_1-U_0>0$，$A+K-C_2+U_0-U_1<0$
$E_2(1,0,0)$	不稳定	不满足 $DetJ_2>0$ 的条件
$E_3(0,1,0)$	不稳定	不满足演化稳定策略的条件
$E_4(0,0,1)$	不稳定	不满足演化稳定策略的条件
$E_5(1,1,0)$	不稳定	不满足演化稳定策略的条件
$E_6(1,0,1)$	不稳定	不满足 $DetJ_6>0$ 的条件
$E_7(0,1,1)$	ESS	均衡条件为：$0<A-Sc-Se<Cg$，$R_2-R_1+C_1<0$，$U_1-U_0+\Delta U_2-\Delta U_1<0$ $(A-Se-Sc)+(R_2-R_1+C_1)+(U_1-U_0+U_2-U_1)<0$
$E_8(1,1,1)$	不稳定	不满足 $DetJ_8>0$ 的条件

从表7.6中可以看出，经过演化博弈渐进稳定性分析，满足条件的均衡解只有$E_1(0,0,0)$和$E_7(0,1,1)$点，其余的均衡点都在某些条件上不满足，不能作为ESS结果来研究。但是，由于$E_1(0,0,0)$的结果对应为政府选择不扶持新能源汽车行业，企业选择不投入研发新能源汽车，消费者选择不购买新能源汽车，这个结果没有实际研究意义，也不符合未来市场走向的预期，因此以下将主要对另一个均衡点$E_7(0,1,1)$来展开研究。该点代表的意思为：长期条件下，政府选择不扶持新能源汽车市场的策略、企业选择研发高性能的新能源汽车的策略，消费者选择购买新能源汽车的策略。这个均衡点符合目前后补贴时代下，政府补贴政策长期将趋向于零的实际走向，未来新能源汽车市场将引入市场竞争机制，企业自主投入研发高性能的新能源汽车，消费者将不会因为补贴而是自愿购买新能源汽车。

7.3 新能源产业政府企业消费者博弈仿真分析

通过前面的分析，三方演化博弈均衡点的稳定性要求对应参数在一定的取值范围内，通过在数值范围内的模拟赋值，使政府、企业和消费者三方系统演化稳定策略的分析更加直观。通过对政府、企业和消费者三方演化博弈分析，可得在一定参数条件下，相应的三方演化博弈均衡点有（0，0，0）和（0，1，1），由于（0，0，0）的均衡点代表着政府不补贴，企业不投资研发高性能的新能源汽车，消费者不购买新能源汽车，没有实际的研究意义，因此以下主要研究均衡点（0，1，1），且稳定点的参数条件如表7.7所示。

表7.7 三方演化博弈稳定点参数条件

均衡点	参数条件
（0，1，1）	$0 < A - Sc - Se < Cg$, $R_1 - C_1 > R_2$, $U_1 + \Delta U_2 < U_0 + \Delta U_1$, $A + R_2 + C_1 + U_1 + \Delta U_2 < Se + Sc + R_1 + U_0 + \Delta U_1$

对均衡点（0，1，1）意味着政府选择不补贴新能源汽车市场的策略、企业选择研发高性能的新能源汽车的策略，消费者选择购买新能源的汽车的策略。其数值可视化分析，参数要求为：$0 < A - Sc - Se < Cg$，即政府监管的收益大于政府对汽车生产商的研发补贴加上对消费者购买新能源汽车的消费者优惠

补贴，同时政府监管的收益小于政府对汽车生产商的研发补贴、对消费者购买新能源汽车的消费者优惠补贴和政府监管行业市场的成本三者之和；$R_1 - C_1 > R_2$，即企业研发高性能的新能源汽车带来的长期销售利润减去投入的研发成本大于企业生产普通技术新能源汽车带来的短期销售利润；$U_1 + \Delta U_2 < U_0 + \Delta U_1$，即消费者购买传统能源汽车加上企业持续研发传统燃油汽车带来的效用小于消费者购买普遍技术新能源汽车加上企业持续研发高性能的新能源汽车带来的更新换代的效用；$A + R_2 + C_1 + U_1 + \Delta U_2 < Se + Sc + R_1 + U_0 + \Delta U_1$，即政府监管的收益、企业生产普通技术新能源汽车带来的短期销售利润、企业生产高性能的新能源汽车投入的研发成本和消费者购买传统能源汽车加上企业持续研发传统燃油汽车带来的效用之和小于政府对汽车生产商的研发补贴、政府对消费者购买新能源汽车的消费者优惠补贴、企业研发高性能的新能源汽车带来的长期销售利润与消费者购买普通技术新能源汽车加上企业持续研发高性能的新能源汽车带来的更新换代的效用之和。

总体而言，新能源汽车产业发展时间较短，现有可获得的数据比较零散，且各方发布的数据存在一定的出入性，总体上收集难度较大，需要从数据角度进一步挖掘分析。因此本章以定性数据进行情景分析，将来可以与新能源汽车领导企业合作，通过获取典型有代表性企业的微观统计数据进行模拟分析。根据以上对求得均衡解稳定性的参数取值要求的说明，参数赋值如表 7.8 所示。

表 7.8　　参数取值

参数	V_1	V_2	A	Se	Sc	H	R_1	R_2	R_3	C_1	C_2	Cg	U_0	U_1	ΔU_1	ΔU_2	K
取值	5	12	4	1	1	2	16	3	2	10	1	10	2	4	2	1	0.5

为研究初始条件对新能源汽车行业中三方博弈主体策略选择的影响，排除鞍点对模型稳定时的干扰，对各地方政府选择对新能源汽车市场中汽车生产企业和购买者进行补贴的比例 x，汽车生产企业选择研发高性能的新能源汽车的比例 y，消费者选择购买新能源汽车所占的比例 z，分别取不同的概率值，来验证均衡解的稳定性。

分别对 x 取值 0.2、0.3、0.5、0.7、0.9，在这五种赋值情况下分析 x 取值的变化演化博弈稳定性的影响情况，结果如图 7.2 所示。固定企业投入研发高性能的新能源汽车的概率 y = 0.5，以及消费者选择购买新能源汽车的概率

z=0.5，研究在政府选择扶持新能源汽车产业的概率从 x=0.2、x=0.3、x=0.5、x=0.7、x=0.9 依次变化时，x 取不同值对博弈的影响。从图 7.2 中可以看出，x 取值不同不影响政府的最终选择，结果都趋向于 0，仅影响政府选择不扶持新能源汽车产业的策略的速度。也就是说，在不同的初始条件下，从长期来看政府都将选择不扶持新能源汽车行业，同时说明了政府决策的稳定性。

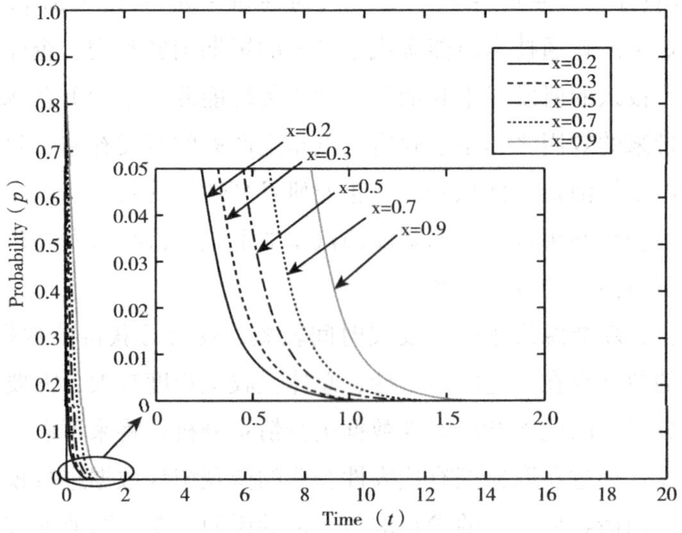

图 7.2　政府选择扶持策略的概率不同取值对博弈的影响

对 y 赋值 0.2、0.3、0.5、0.7、0.9，在这五种取值下分析 y 的概率变化对演化博弈稳定性的影响情况，结果如图 7.3 所示。固定政府选择扶持新能源汽车策略的概率 y=0.5，以及消费者选择购买新能源汽车的概率为 z=0.5，研究汽车企业选择投入研发高性能新能源汽车的概率从 y=0.2、y=0.3、y=0.5、y=0.7、y=0.9 依次变化时，对演化博弈的影响。从图 7.3 中可以看出，y 取值不同不影响新能源汽车企业的最终选择，结果都趋向于 1，仅影响企业选择研发高性能新能源汽车策略的速度。也就是说，在不同的初始条件下，长期来看车企将始终选择投入研发新能源汽车，同时也说明了新能源车企决策的稳定性。

对 z 赋值 0.2、0.3、0.5、0.7、0.9，分析 z 的不同取值下对演化博弈决策稳定性的影响情况，结果如图 7.4 所示。固定政府选择扶持新能源汽车策略

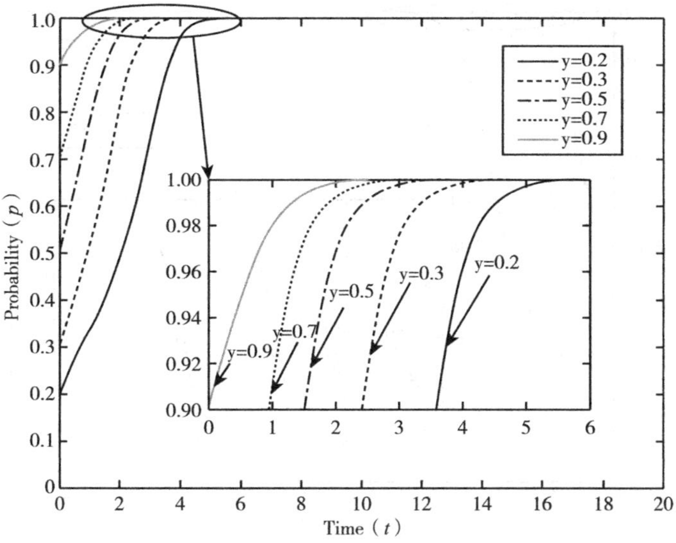

图 7.3　企业选择研发高性能新能源汽车的概率不同取值对博弈的影响

的概率 y = 0.5，以及企业选择投入研发高性能的新能源汽车的概率 y = 0.5，设消费者选择购买新能源汽车的概率从 z = 0.2、z = 0.3、z = 0.5、z = 0.7、z = 0.9，研究 z 的变化对博弈的影响。从图 7.4 中可以看出 z 取值不同，但最终决策都会趋向于 1，说明 z 的取值不影响消费者选择购买新能源汽车的选择，仅影响消费者决策的速度。也就是说，虽然在不同的初始条件下，但长期来看消费者将选择购买新能源汽车，同时验证了消费者决策的稳定性。

综上所述，根据求得均衡解的参数条件赋值，对政府、企业和消费者三者以不同概率参与博弈，根据图像中线条最终趋向于 0 还是 1，确定其三者的决策均衡点确实趋向于前面所求的均衡点（0，1，1）。因此，通过数值仿真验证了均衡点的稳定性。

7.3.1　政府扶持对企业和消费者决策影响

主要假设三种情景：施行补贴退坡政策背景下即政府对新能源汽车市场补贴逐渐降低时对政府、车企和消费者行为的影响；企业研发高性能的新能源汽车投入变化时对新能源市场博弈主体的影响；消费者由于企业投入研发高性能的新能源汽车所带来效用的变化对新能源汽车市场中博弈主体的影响。仿真模

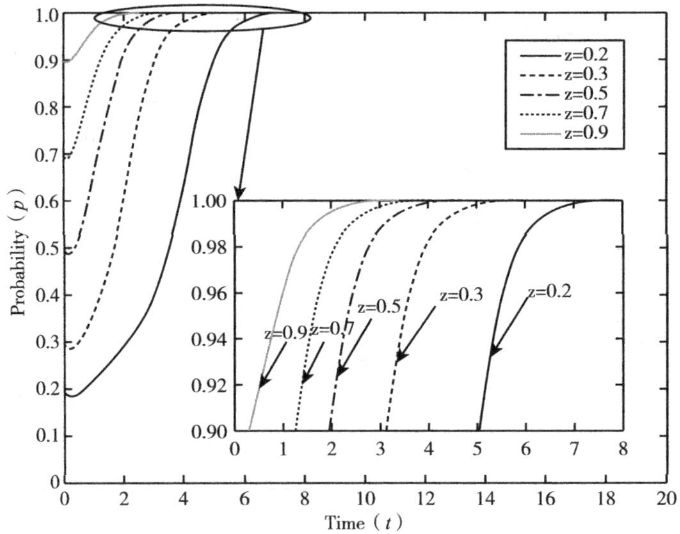

图 7.4　消费者选择购买新能源汽车的概率不同取值对博弈的影响

拟现实场景，为真实世界中政府政策的实施提供参考价值。

当政府对新能源汽车生产商的研发补贴变化时，对新能源汽车企业研发高性能汽车投入量的影响。本章分别选取政府对新能源汽车的研发补贴从 1 退坡到 0 的情况来模拟现实情况，结果如图 7. 5 所示，从中可以看出，在政府的补贴 *Se* 逐渐减少的情况下，车企的决策曲线趋向于 1 的速度越来越慢。从中说明随着政府补贴越来越少，新能源汽车企业投入研发新能源汽车的速度也越慢。

从图 7. 5 中可以看出政府补贴对促进汽车企业研发高性能新能源汽车具有推动作用，因此，在实践中政府应改变对新能源汽车企业的补贴方向，从对生产新能源汽车的企业进行补贴转变为对研发新能源汽车的企业进行补贴，这样才能更好地引导企业积极投入研发高性能新能源汽车。

当政府对新能源汽车生产企业的研发补贴发生变化时，对于消费者是否购买新能源汽车的决策会产出影响。本章分别选取政府对新能源汽车的研发补贴从 1 退坡到 0 的情况来模拟现实情况，从图 7. 6 可以看出，在政府的补贴 *Se* 逐渐减少的情况下，消费者的决策曲线趋向于 1 的速度越来越慢。这说明政府对新能源汽车生产商的研发补贴逐渐减少时消费者购买新能源汽车的速度也越慢。

从图 7. 6 中可以看出政府对新能源汽车企业研发的补助，可能在政策上起

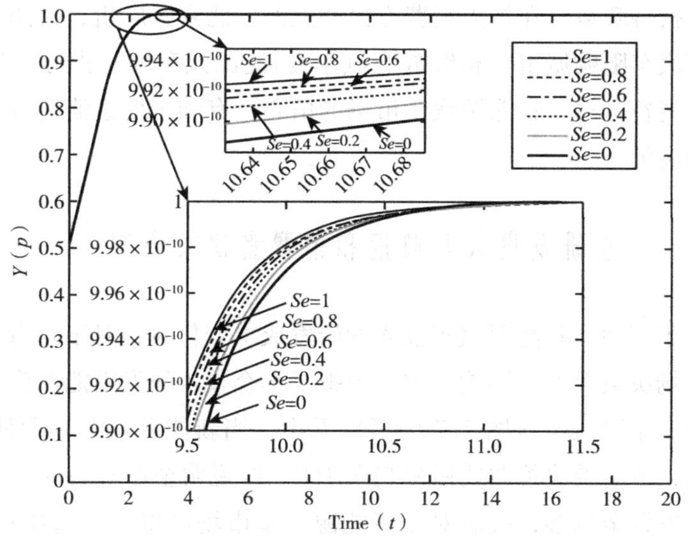

图 7.5　新能源汽车企业获得的政府研发补助对车企决策的影响

一种导向作用，代表着未来的汽车趋势，增强了消费者对新能源汽车安全性和续航能力等高性能的信心，引导消费者更快地接受新能源汽车。为缓解经济下行压力，国家出台多项举措促进新能源汽车消费，同时通过延长实施财政补贴和税收优惠政策帮助产业平稳渡过疫情艰难期。各级政府围绕新能源汽车消费

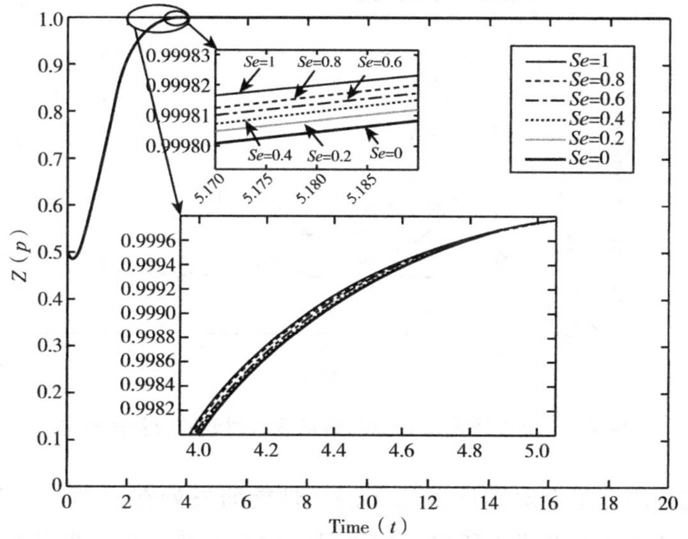

图 7.6　新能源汽车企业获得的政府研发补助对消费者决策的影响

出台了诸多扶持政策。在扩大消费方面，上海、北京、广州、天津、深圳、杭州、海南等汽车限购城市，相继放宽汽车/新能源汽车增量指标。这些政策极大地增加了消费者对于新能源汽车市场的信心，有利于促进消费者做出购买新能源汽车的决策。

7.3.2 企业研发投入对政府和消费者决策影响

企业对于高性能新能源汽车投入的研发成本变化时，对于政府选择是否扶持新能源市场决策会产生影响。本章模拟了车企投入研发新能源汽车研发成本从低到高的三个阶段，从图7.7中可以看出，当新能源汽车企业研发投入 C_1 逐渐增大时，政府的决策曲线慢慢趋向于0。这说明企业对高性能的新能源汽车投入的研发资金越多，政府对于新能源汽车市场也将慢慢选择不扶持策略。企业的投入量和政府的补贴量将呈现一种正相关的关系，企业自身自主研发投入越多，政府支持该企业发展的时间越长，扶持越多。

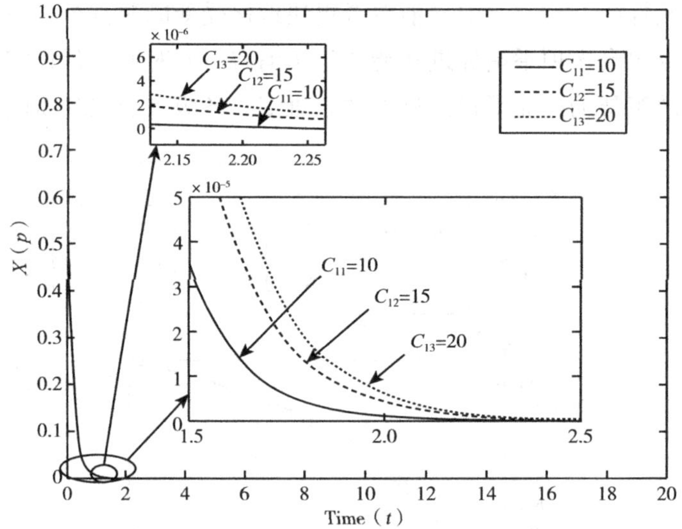

图7.7 新能源汽车企业的研发投入对政府决策的影响

由于现在国内车企对新能源汽车的高性能研发处在“瓶颈”期，此研究结论能更好地支持企业投入研发。现阶段我国新能源汽车产业面临的技术难题主要有：智能网联汽车在关键零部件和关键共性技术方面研发能力不足，缺乏可持续的研发体系；存在长期依赖国外进口产品、技术研发空心化严重等突出问题；在技术方面，新能源汽车在核心部件、轻量化和智能化等方面仍有很大提升空间，主要表现为动力电池能量密度偏低、新能源汽车轻量化技术需要加速应用、智能化水平有待提高。这些技术“瓶颈”需要企业积极参与自主研发来解决，根据上述结论，企业自身研发投入越多，将会得到政府越长时间的支持。

企业对于高性能的新能源汽车的研发投入变化时，对于消费者是否选择购买新能源汽车的决策会产生影响。本章模拟了车企投入研发新能源汽车研发成本 C_1 从低到高的三个阶段，从图 7.8 中可以看出，企业对高性能的新能源汽车投入的研发投入超过一定数值时，消费者将选择不购买新能源汽车。

从图 7.8 中可以得出，由于企业对于高性能新能源汽车投入的研发成本过多，可能导致新能源汽车的售价过高，超过消费者支付能力而选择不购买新能源汽车。

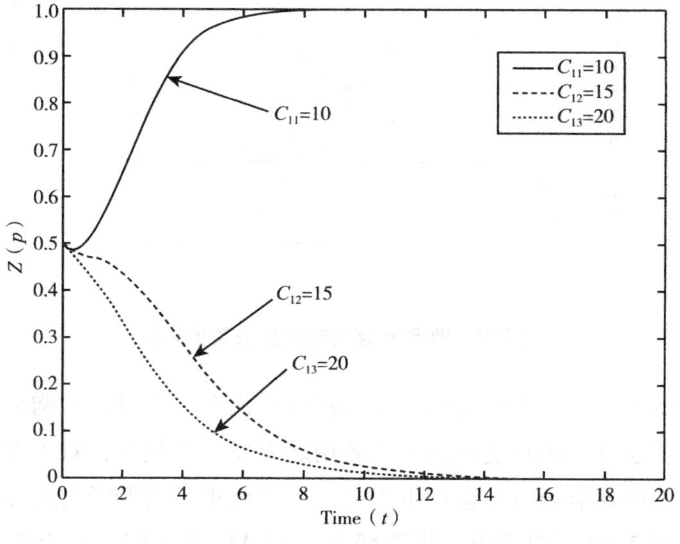

图 7.8　新能源汽车企业的研发投入对消费者决策的影响

7.3.3　消费者效用对政府和企业决策影响

消费者由于企业投入研发高性能的新能源汽车，而带来的购买高性能的新能源汽车与普通技术新能源汽车的效用之差发生变化时，对于政府扶持新能源汽车市场速度会产生影响。本章模拟了消费者效用逐渐增大的三种情景，从图 7.9 可以看出，消费者效用 ΔU_1 越大，政府作出趋向于 0 的决策的速度越快。这表明消费者的效用越大，政府趋向于不补贴新能源市场的速度越快。

从图 7.9 中可以得出，由于企业投入研发高性能的新能源汽车给消费者带来的效用越大，消费者越可能购买新能源汽车，新能源汽车的市场需求量就会扩大，企业就越有动力投入研发，新能源汽车市场就能健康发展，因此政府就可能越快地停止对新能源汽车市场的补贴。

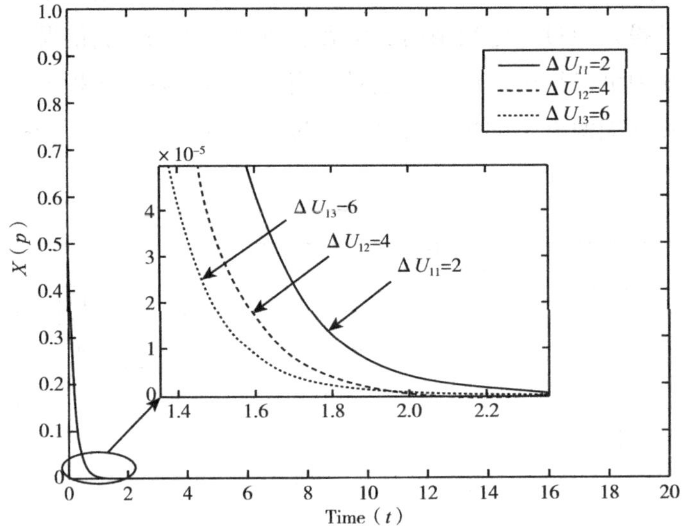

图 7.9　消费者效用对政府决策的影响

消费者由于企业投入研发高性能的新能源汽车，而带来的购买高性能的新能源汽车与普通技术的新能源汽车的效用之差发生变化时，对于企业是否选择投入研发高性能新能源汽车会产生影响。本章模拟了消费者效用逐渐增大的三种情景，从图 7.10 可以看出，当消费者效用 ΔU_1 为 2 时，车企趋向于不投入研发高性能的新能源汽车；当消费者效用增加到 4 时，车企的决策为投入研发新能源汽车；而且往后消费者效用增加越快，企业越快趋向于投入研发高性能的新能源汽车。因此，可以看出，若消费者效用小于一定临界值时，车企将会选择不投入研发高性能的新能源汽车，而一旦超过这个临界值，消费者效用越大，车企将越快地投入研发高性能的新能源汽车。

从图 7.10 中可以得出，消费者由于高性能的新能源汽车带来的效用的增加是车企投入研发高性能新能源汽车的动力。消费者效用增加就会带来销量的增加，需求增加在短时间供给不变时，会带来价格的提高，企业盈利后就会增加对高性能新能源汽车的生产和研发，从而促进新能源汽车市场的规模化发展，尽快进入产业的成熟阶段。

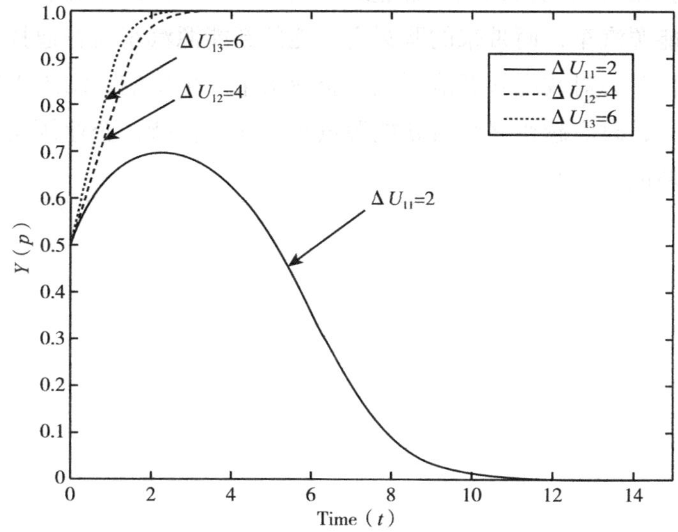

图 7.10　消费者效用对车企决策的影响

7.4 本章小结

本章在对我国新能源汽车产业链现状及补贴政策分析的基础上，探讨分析了新能源市场上政府、企业和消费者三者之间的博弈关系。根据新能源汽车市场的实际情况，运用演化博弈理论，通过参数设定根据现实建立相关模型。设定了不同初始条件下博弈主体的演化结果，验证了均衡点（0，1，1）的稳定性，即长期下政府选择不补贴新能源汽车市场、企业选择研发高性能的新能源汽车、消费者选择购买新能源汽车。

通过数值仿真模拟了三种情景：（1）在补贴退坡政策背景下，政府对新能源汽车市场的补贴逐渐降低时会对车企和消费者决策产生影响。结果表明，政府对于新能源汽车市场的补贴是不可持续的，政府补贴在推动企业投入研发高性能的新能源汽车和引导消费购买新能源汽车有一定作用。（2）企业对研发高性能的新能源汽车投入变化时会对政府和消费者决策产生影响。结果表明，企业对研发高性能的新能源汽车投入越多，政府越会支持企业的这种行为；但是企业由于研发投入过高而导致售价增加，使销量减少，出于盈利问题的考虑而不会无限制地投入研发新能源汽车。（3）消费者由于企业投入研发高性能的新能源汽车，而带来的购买高性能的新能源汽车与普通技术新能源汽车的效用变化时会对政府和新能源汽车企业决策产生影响。结果表明，随着消费者效用越大，政府越快终止对新能源汽车产业的扶持，企业倾向于越快投入研发高性能新能源汽车。

第 8 章

公众意愿视角下的政企碳减排演化分析

自 20 世纪 80 年代以来，全球范围内的气候变暖问题日渐加剧，不仅破坏了地球生态的平衡，由此引发的海平面上升、极端天气等现象更是威胁到了人类的生存。政府间气候变化专门委员会（IPCC）指出，人类活动引发的地球系统碳循环变化是全球气候变暖的罪魁祸首（Oliver，2013）。全球变暖已经引起了全世界的关注。为了有效控制以二氧化碳为主的温室气体排放，世界各国经过长期磋商、谈判，相继达成了《联合国气候变化框架公约》《京都议定书》《巴黎协定》等具有里程碑意义的国际公约（吕忠梅，2016）。在执行公约的过程中，人们逐步意识到节能减排是解决全球变暖的必由之路（丁凡琳等，2019）。节能减排的顺利实施需要政府发挥好引领作用。因此，根据国情制定符合自身特征的节能减排政策就显得非常关键。事实上，在气候问题愈发严重的背景下，世界各国难以独善其身，纷纷根据国情制定了节能减排的相关政策或制度，取得了显著成效（张志强和刘金平，2020）。

欧盟于 2000 年启动了欧洲气候变化计划（ECCP），随后建立了欧盟排放交易系统（EU－ETS），该系统于 2005 年将市场机制引入碳排放管理中。2018 年末，欧盟确立了中长期的低碳发展战略，目标是 2050 年力争净碳排放量归零，能源消费水平相较于 2005 年减半，电力在终端能源消费中的比例翻一番（Hooidonk et al.，2016），并且将主要采取可再生能源发电。不到一年的时间内，中美两度发表联合声明，美国确定了在 2005 年基础上最高减排 28% 的减排目标（Wang，2015），并承诺于 2025 年前实现。双方均计划继续努力并随时间而提高力度，展现世界两个主要大国对节能减排的重视以及积极应对全球变暖的决心。2019 年 11 月 27 日发布的《中国应对气候变化的政策与行动 2019 年度报告》显示，截至 2018 年底，中国已经提前实现了 2020 年比 2015

年碳排放强度下降40% ~45%的国际承诺（朱松丽等，2020）。金砖国家领导人第十二次会晤中，习近平总书记明确提出了“双碳目标”，即中国将力争在2030年前实现碳达峰，争取在2060年前实现碳中和，体现了大国责任与担当（盛文，2021）。同时中国也积极推动碳市场建设，自2011年起相继建立“三省五市”共八个试点碳市场，并于2017年底在发电行业率先启动全国碳排放交易体系，2021年初开启全行业统一碳市场的新征程。

国内外各界都致力于减碳化以抑制全球变暖的进程。在碳减排工作过程中，明确相关参与主体和相应的约束机制是重要的，适时和适当的政策干预将有利于碳减排工作的开展。节能减排中另一重要行为主体，即公众在环境治理当中的作用也不容忽视。公众意愿是环境规制体系的重要组成部分，公众环境关注度的提高能够对政企双方的行为形成有效的约束，有效推动经济增长与环境改善双赢局面的形成（郑思齐等，2013；黄永源和朱晟君，2020）。

国内外许多学者早已开始关注公众力量对于环保事业的推动作用。Hårsman和Quigley（2010）分析了唯一一个由公民投票决定道路收费的案例，分析结果表明，居民“用脚投票”可以给政府施加改善公共服务的压力，从而能有效影响环境治理政策的制定。赫希曼（2001）认为公众直接向有关部门申诉、请愿或通过游行、舆论进行抗议也可以促使政府更加注重环境治理。Gentzkow和Shapiro（2010）发现，近年来美国政府官员开始重视环境的改善，归根到底是相关的报道日益增多。关于发展中国家的相关研究也表明，媒体的充分披露和曝光使印度、巴西以及印度尼西亚等国家的政府不得不加大环境保护的力度，促进民生福祉（Besley and Burgess，2002）。Farzin和Bond（2006）认为相对于专制制度，保证公民充分参与的民主制度和有效的民主监督，更有利于政府制定更有效率的环保政策。国内方面，李胜（2009）分析了环境治理过程中多主体的不同利益诉求及其博弈进程，认为除中央政府的监督、地方政府的合作之外，还要充分发挥公众参与的作用。曹正汉（2011）的研究表明，公众的“群体性”事件会给上级政府施加压力，迫使地方政府作出有利于民众利益的决策。Hua和Di（2002）通过对中国85个地方城镇以及地方领导的调查访谈发现，上级政府对环境保护的有效督查和辖区居民对优美环境的强烈诉求会给予地方政府更大压力，使其不得不加大环境整治力度。张敬等（2019）均认为要协调好政府、企业和公众之间的微妙关系，使公众、政府和企业相互监督、相互制约，最终达到一种“网络化”的有效治理状态。

8.1 政企演化博弈模型

企业作为市场经济的微观主体，其主要追求的目标就是实现自身利益最大化，而不考虑其追求利润的过程中带来的负面影响。表现在低碳减排领域中就是企业在生产过程中超标排放的二氧化碳所引发的温室效应。政府作为市场经济的“引导者”或者“掌舵者”，追求的目标应当是社会福利的最大化，因此其有义务规制企业的不良行为，消除企业生产带来的负外部性。

然而实际生活中，无论是企业控制碳排放还是政府进行相应的监管、规制，都必须付出人力、物力等成本，由此双方之间产生了一种微妙的联系。政府可能出于改善人居环境的动机，抑或是迫于社会舆论压力对企业超标碳排放的行为严格管制，也可能受限于财政预算对企业的不良行为“睁一只眼闭一只眼”；企业会根据政府策略的变化不断调整自身的行为，作出利益最大化的选择。因此，厘清政企之间的博弈模式，研究政企博弈的不同路径有利于针对性地采取相应的措施，从而不断改进碳减排工作的实效。

8.1.1　演化博弈模型构建

8.1.1.1　模型基本假设

（1）博弈双方为地方政府与企业，双方皆符合有限理性的现实特征，会根据有限的知识和信息做出自身的行为判断。也正是由于有限的知识和信息，双方会在博弈过程中根据对方的行为反馈来调整自身的策略。企业可以选择“减排”策略或者“不减排”策略；相应地，政府在碳减排工作中也可以选择“作为”抑或是“不作为”策略。

（2）企业采取积极减排措施时，会从生产流程的优化、产品质量的提高以及企业美誉度的提高等方面获取更多收益，此时企业的综合收益记为 R_1。与此同时，不可忽视的是企业采取减排措施需要付出相应的成本，记为 C_1。反之，若企业选择不减排，就无法获取相关额外收益，此时企业的综合收益记为 R_2，且 R_1 必然地大于 R_2。

（3）政府的“积极作为”包含正反两个方面对企业的规制。正向规制是在企业采取卓有成效的减排措施时，政府及时给予补贴，提高企业减排积极性，这种补贴记为 S。负向规制则是在企业消极减排时，政府果断采取惩罚措施，削弱企业采取消极策略的动机，这种惩罚记为 F。值得注意的是，政府在积极作为时必然要付出人力、物力对企业实施监管，还需要制定成文的奖惩政策等。因此政府作为的成本记为 C_2。

（4）对于政府来说，企业在碳减排工作中的行为必然会影响整体社会福利。若企业采取积极减碳化的措施，将有利于生态环境的改善和低碳意识的增强，必然会提升社会收益，而社会收益最终将转变成政绩为政府所获得。因此将企业减排时政府的社会收益记为 U_1，反之企业不减排时政府的社会收益记为 U_2，且 U_1 必然地大于 U_2。

（5）实际上，无论是地方政府还是企业在碳减排工作中往往并不会严格采取"完全积极"抑或是"完全消极"的行为策略。为便于分析，本章对双方的行为进行了相对的界定，可以认为参数之间的差距（如 R_1 和 R_2）代表了不同行为（减排和不减排）带来的差异。此外，假定上述参数皆大于零。

8.1.1.2 政企博弈支付矩阵

根据前面关于政企双方的基本假定以及参数设定，可以推得政企双方的博弈支付矩阵，如表 8.1 所示。其中假设政府作为的概率为 x，不作为的概率为 $1-x$（$0\leqslant x\leqslant 1$）；企业减排的概率为 y，不减排的概率为 $1-y$（$0\leqslant y\leqslant 1$）。

表 8.1　　政企双方的博弈支付矩阵

变量		企业	
		减排（y）	不减排（$1-y$）
政府	作为（x）	U_1-C_2-S, R_1-C_1+S	U_2-C_2+F, R_2-F
	不作为（$1-x$）	U_1, R_1-C_1	U_2, R_2

8.1.2　政企行为稳定性分析

8.1.2.1　政府行为演化稳定分析

假设政府采取“作为”策略的期望收益为 E_{11}，采取“不作为”策略的期望收益为 E_{12}，由收益矩阵可得，政府选择作为和不作为的期望收益分别为：

$$E_{11} = y(U_1 - C_2 - S) + (1 - y)(U_2 - C_2 + F) \tag{8.1}$$

$$E_{12} = y U_1 + (1 - y) U_2 \tag{8.2}$$

根据式（8.1）和式（8.2）可得政府的平均期望收益为：

$$\overline{E_1} = xE_{11} + (1 - x)E_{12} \tag{8.3}$$

根据 Malthusian 方程（Friedman，1991），政府群体选择“作为”策略的比例随时间的增长率 d_x/d_t 与“作为”策略的期望收益 E_{11} 和平均期望收益 $\overline{E_1}$ 之差成正比。由此可得出政府选择作为策略的概率随时间动态演化的情况，即政府行为的复制动态方程为：

$$F(x) = \frac{d_x}{d_t} = x(E_{11} - \overline{E_1}) = x(1 - x)[F - C_2 - y(S + F)] \tag{8.4}$$

若 $y = (F - C_2)/(S + F)$，则 $F(x) = 0$，对于所有的 x 都是稳定状态，即政府无论采取“作为”还是“不作为”策略，都是演化稳定策略。

若 $y \neq (F - C_2)/(S + F)$，则 $x = 1$ 和 $x = 0$ 是 x 的两个稳定点。由复制动态微分方程稳定性定理及演化稳定策略性质可知，满足 $F(x) = 0$，$dF(x)/dx < 0$ 的 x 为演化稳定策略（Friedman，1991）。求得 $dF(x)/dx = (1 - 2x)[F - C_2 - y(S + F)]$。

命题 8.1　当 $F - C_2 < 0$ 时，政府选择“不作为”策略；当 $F - C_2 > 0$ 时，政府的选择受企业行为策略的影响，企业“减排”概率较大时政府选择“不作为”策略，反之政府选择“作为”策略。

证明：$F - C_2 < 0$ 时，恒有 $F - C_2 - y(S + F) < 0$，此时要使 $dF(x)/dx < 0$，$F(x) = 0$，必须使 $x = 0$，即政府的演化稳定策略是“不作为”；

$F - C_2 > 0$ 时，$F - C_2 - y(S + F)$ 的符号取决于企业“减排”的概率 y。当 $y > (F - C_2)/(S + F)$ 时，有 $F - C_2 - y(S + F) < 0$，要使复制动态方程稳定则必有 $x = 0$，政府的演化稳定策略是“不作为”。反之，当 $y < (F - C_2)/(S + F)$ 时，$x = 1$ 为方程的演化稳定点，政府的演化稳定策略是“作为”。证毕。

由命题8.1及其证明可知，当$F-C_2<0$时，$F<C_2$，政府收取罚金数额小于政府作为的成本，理性的政府此时选择“不作为”策略。当$F-C_2>0$时，$F>C_2$，政府收取罚金数额大于政府作为的成本，但由于企业行为的不确定性，政府存在机会主义倾向：当企业选择“减排”的概率y超过一个临界点$[(F-C_2)/(S+F)]$时，政府会选择“不作为”策略，因为此种情况下政府大概率不付出成本就可获得企业减排带来的社会效益；当企业选择“减排”的概率y小于临界点$[(F-C_2)/(S+F)]$时，政府会选择“作为”策略，积极行动增加社会效益。

8.1.2.2 企业行为演化稳定分析

假设企业采取“减排”策略的期望收益为E_{21}，采取“不减排”策略的期望收益为E_{22}，由收益矩阵可得，企业选择减排和不减排的期望收益分别为：

$$E_{21}=x(R_1-C_1+S)+(1-x)(R_1-C_1) \tag{8.5}$$

$$E_{22}=x(R_2-F)+(1-x)R_2 \tag{8.6}$$

企业的平均期望收益为：

$$\overline{E_2}=xE_{21}+(1-x)E_{22} \tag{8.7}$$

与政府行为原理类似，由此可以描述企业行为策略随时间动态演化的情况，即企业行为的复制动态方程：

$$F(y)=\frac{d_y}{d_t}=y(E_{21}-\overline{E_2})=y(1-y)[x(S+F)+R_1-C_1-R_2] \tag{8.8}$$

若$x=(C_1+R_2-R_1)/(S+F)$，则$F(y)=0$，对所有y都是稳定策略，也即企业无论采取“减排”还是“不减排”策略，都是演化稳定策略。

若$x\neq(C_1+R_2-R_1)/(S+F)$，则$y=1$和$y=0$是y的两个稳定点。由复制动态微分方程稳定性定理及演化稳定策略性质可知，满足$F(y)=0$，$dF(y)/dy<0$的y为演化稳定策略。求得$dF(y)/dy=(1-2y)[x(S+F)+R_1-C_1-R_2]$。

命题8.2 当$C_1+R_2-R_1<0$时，企业选择“减排”策略；当$C_1+R_2-R_1>S+F$时，企业选择“不减排”策略；当$0<C_1+R_2-R_1<S+F$时，企业行为受政府策略的影响；当政府“作为”概率较大时企业选择“减排”策略，反之企业选择“不减排”策略。

证明： 当$C_1+R_2-R_1<0$即$R_1-C_1-R_2>0$时，恒有$x(S+F)+R_1-$

$C_1 - R_2 > 0$，此时要使 $F(y) = 0, dF(y)/dy < 0$，必须使 $y = 1$，即企业的演化稳定策略是“减排”；当 $C_1 + R_2 - R_1 > S + F$ 即 $R_1 - C_1 - R_2 < -(S + F)$ 时，恒有 $x(S + F) + R_1 - C_1 - R_2 < 0$，此时方程要达到稳定状态必须使 $y = 0$，即企业的演化稳定策略是“不减排”；当 $0 < C_1 + R_2 - R_1 < S + F$ 即 $-(S + F) < R_1 - C_1 - R_2 < 0$ 时，$x(S + F) + R_1 - C_1 - R_2$ 的符号取决于政府“作为”的概率 x。当 $x > (C_1 + R_2 - R_1)/(S + F)$ 时，$y = 1$ 满足方程稳定性条件，企业的演化稳定策略是“减排”；反之当 $x < (C_1 + R_2 - R_1)/(S + F)$ 时，$y = 0$ 为方程的演化稳定点，企业最终会选择“不减排”。证毕。

根据命题8.2及其证明可知，当 $R_1 - C_1 - R_2 > 0$ 时，可得 $R_1 - C_1 > R_2$。即政府不作为情形下企业选择“减排”行为的总收益大于“不减排”行为策略的总收益，理性的企业会选择“减排”策略。当 $C_1 + R_2 - R_1 > S + F$ 时，可得 $R_2 - F > R_1 - C_1 + S$，即政府规制情形下企业选择“不减排”行为的总收益大于“减排”行为的总收益，理性的企业选择“不减排”策略。当 $0 < C_1 + R_2 - R_1 < S + F$ 时，转换形式可得 $R_1 - C_1 < R_2$ 且 $R_2 - F < R_1 - C_1 + S$，即政府不作为情形下企业“减排”的总收益小于“不减排”，同时政府规制情形下企业“减排”的总收益大于“不减排”。此时企业的策略会随政府行为概率的改变而改变：当政府选择“作为”的概率 x 超过一个临界点 $[(C_1 + R_2 - R_1)/(S + F)]$ 时，企业选择“减排策略”，因为此种情况下企业不减排很可能受到政府惩罚，损失较多收益；当政府选择“作为”的概率 x 小于临界点 $[(C_1 + R_2 - R_1)/(S + F)]$ 时，企业选择“不减排”策略，因为此种情形下不减排大概率会带来更多收益。

8.1.3 动力系统构建及稳定策略分析

8.1.3.1 动力系统构建

根据前面分析，政企双方的复制动态方程可构成一个二维动力系统：

$$
\begin{cases}
F(x) = \dfrac{d_x}{d_t} = x(1 - x)[F - C_2 - y(S + F)] \\[2ex]
F(y) = \dfrac{d_y}{d_t} = y(1 - y)[x(S + F) + R_1 - C_1 - R_2]
\end{cases}
\tag{8.9}
$$

为求演化博弈的均衡点，分别令 $F(x) = 0$、$F(y) = 0$，可得 $x_0 = (C_1 +$

$R_2-R_1)/(S+F)$，$x_1=0$，$x_2=1$ 及 $y_0=(F-C_2)/(S+F)$，$y_1=0$，$y_2=1$ 是几个可能的稳定状态点，从而可知博弈双方动态演化过程存在 5 个局部均衡点，分别为 $P_1(0,0)$，$P_2(0,1)$，$P_3(1,0)$，$P_4(1,1)$，$P_5(x_0,y_0)$。其中当且仅当 $F-C_2>0$，$0<(C_1+R_2-R_1)/(S+F)<1$，即 $0<x_0<1$ 且 $0<y_0<1$ 时，$P_5(x_0,y_0)$ 是系统的演化均衡点。

根据 Friedman（1998）的理论，通过雅克比（Jacobian）矩阵的局部稳定性分析可得到演化系统均衡点的稳定性，上述动力系统的雅克比矩阵用 J 表示为：

$$
\mathrm{J}=\begin{bmatrix}\dfrac{dF(x)}{dx} & \dfrac{dF(x)}{dy}\\[2ex] \dfrac{dF(y)}{dx} & \dfrac{dF(y)}{dy}\end{bmatrix}=\begin{bmatrix}a & b\\ c & d\end{bmatrix} \tag{8.10}
$$

$$
=\begin{bmatrix}(1-2x)[F-C_2-y(S+F)] & x(x-1)(S+F)\\ y(1-y)(S+F) & (1-2y)[x(S+F)+R_1-C_1-R_2]\end{bmatrix}
$$

根据 Friedman 的思想，当且仅当均衡点在雅克比矩阵中同时满足行列式大于零，迹小于零［$\mathrm{Det}(\mathrm{J})>0$，$\mathrm{Tr}(\mathrm{J})<0$］时，才是系统的演化稳定策略（ESS）。由于系统参数的不确定性，均衡点的稳定性有待进一步考察。

命题 8.3　当 $F-C_2<0$，$C_1+R_2-R_1>0$ 时，系统的演化稳定策略（ESS）为 P_1（0，0）；当 $C_1+R_2-R_1<0$ 时，系统的演化稳定策略（ESS）为 P_2（0，1）；当 $F-C_2>0$，$C_1+R_2-R_1>S+F$ 时，系统的演化稳定策略（ESS）为 P_3（1，0）；当 $F-C_2>0$，$0<C_1+R_2-R_1<S+F$ 时，此时系统存在 5 个均衡点，不存在演化稳定策略（ESS）。

证明：首先根据雅克比矩阵，计算得出五个均衡点处 a、b、c、d 的取值，如表 8.2 所示。

表 8.2　　各均衡点在 Jacobian 矩阵中的取值

均衡点	a	b	c	d
(0，0)	$F-C_2$	0	0	$R_1-C_1-R_2$
(0，1)	$-C_2-S$	0	0	$-(R_1-C_1-R_2)$
(1，0)	$-(F-C_2)$	0	0	$S+F+R_1-C_1-R_2$
(1，1)	C_2+S	0	0	$-(S+F+R_1-C_1-R_2)$
(x_0,y_0)	0	X	Y	0

由于参数的不确定性，博弈系统在各均衡点处的稳定性存在 6 种情形：

①$F-C_2<0$，$C_1+R_2-R_1>S+F$；②$F-C_2<0$，$C_1+R_2-R_1<0$；③$F-C_2<0$，$0<C_1+R_2-R_1<S+F$；④$F-C_2>0$，$C_1+R_2-R_1>S+F$；⑤$F-C_2>0$，$C_1+R_2-R_1<0$；⑥$F-C_2>0$，$0<C_1+R_2-R_1<S+F$。

分析六种情形下雅克比矩阵行列式和迹的符号，列出不同情形下各均衡点的稳定情况（见表 8.3），从而可以证得命题 8.3。

表 8.3　　各均衡点的稳定情况

均衡点	情形①			情形②			情形③		
	Det(J)	Tr(J)	结果	Det(J)	Tr(J)	结果	Det(J)	Tr(J)	结果
(0, 0)	+	-	ESS	-	N	鞍点	+	-	ESS
(0, 1)	-	N	鞍点	+	-	ESS	+	+	不稳定点
(1, 0)	-	N	鞍点	+	+	不稳定点	-	N	鞍点
(1, 1)	+	+	不稳定点	-	N	鞍点	-	N	鞍点
(x_0, y_0)	N	0	鞍点	N	0	鞍点	N	0	鞍点
均衡点	情形④			情形⑤			情形⑥		
	Det(J)	Tr(J)	结果	Det(J)	Tr(J)	结果	Det(J)	Tr(J)	结果
(0, 0)	-	N	鞍点	+	+	不稳定点	-	N	鞍点
(0, 1)	-	N	鞍点	+	-	ESS	-	N	鞍点
(1, 0)	+	-	ESS	-	N	鞍点	-	N	鞍点
(1, 1)	+	+	不稳定点	-	N	鞍点	-	N	鞍点
(x_0, y_0)	N	0	鞍点	N	0	鞍点	+	0	中心点

关于表 8.3 的结果有几点需要说明（下文类似表格同理）：

（1）“+”代表大于零；“-”代表小于零；“N”代表数值不确定。以情形①为例，根据演化稳定性原理，点（0，0）处雅克比矩阵的行列式 Det(J) > 0，迹 Tr(J) < 0，意味着（0，0）是系统的演化稳定点。

（2）鞍点（Saddle point）代表沿着某一方向稳定，而另一条方向不稳定的奇点。(0，1)、(1，0) 以及 (x_0, y_0) 点皆存在行列式 Det(J) 和迹 Tr(J) 有一处不确定的情况，因此这些点都是鞍点。

（3）点（1，1）处行列式 Det(J) 和迹 Tr(J) 都大于 0，意味着（1，1）是系统的不稳定点。

（4）特别地，情形⑥中存在第5个稳定点(x_0, y_0)，点(x_0, y_0)对应的特征根为纯虚数，根据相关文献和定理（Roca & José，2009）可知，(x_0, y_0)是系统稳定的平衡点，但不具有渐进稳定性。系统演化轨迹是绕着中心点的闭轨线环，(x_0, y_0)就是系统演化的中心点。

8.1.3.2　演化稳定策略分析

通过命题8.3及其证明，我们可以得出博弈双方几种稳定状态暗含的经济意义：

（1）当$F - C_2 < 0$，$C_1 + R_2 - R_1 > 0$时，可得$F < C_2$，$R_2 > R_1 - C_1$。由$F < C_2$，$-C_2 - S < 0$可知，无论企业减不减排，政府选择“不作为”策略的收益都大于“作为”策略，所以理性的政府在长期演化中必然会选择“不作为”策略。又由$R_2 > R_1 - C_1$可知，企业在政府不作为情形下选择“不减排”的收益大于“减排”的收益，在动态演化过程中企业会识别出政府必然选择“不作为”，所以理性的企业最终会选择“不减排”。此时碳减排工作状况恶化，政企达成（不作为，不减排）的博弈均衡。双方都不会采取有利于碳减排的行为。

（2）当$C_1 + R_2 - R_1 < 0$时，可得$R_2 < R_1 - C_1$；进一步地，由$C_1 + R_2 - R_1 < S + F$可得$R_1 - C_1 + S > R_2 - F$。这说明无论政府作为还是不作为，企业选择“减排”策略的收益都大于“不减排”策略，所以企业在长期演化中定会选择”减排”策略。又由$-C_2 - S < 0$可知，政府在企业减排情形下选择“不作为”的收益大于“作为”，在长期演化过程中政府会根据企业行为作出调整，必然最终会选择“不作为”。此时碳减排工作达到次优状态，政企达成（不作为，减排）的博弈均衡。企业积极行动，政府存在消极行为。

（3）当$F - C_2 > 0$，$C_1 + R_2 - R_1 > S + F$时，可得$F > C_2$，$R_1 - C_1 + S < R_2 - F$；进一步地，由$C_1 + R_2 - R_1 > 0$可知$R_2 > R_1 - C_1$。这说明无论政府作为与否，企业“不减排”的收益总大于“减排”的收益，所以企业在动态过程中必然会选择“不减排”策略。又由$F > C_2$可知，政府在企业不减排情况下选择“作为”的收益大于“不作为”，在长期演化过程中政府会根据企业行为做出调整，最终会选择“作为”策略。此时碳减排工作同样达到次优状态，政企达成（作为，不减排）的博弈均衡。政府积极行动，企业存在消极行为。

(4) 当 $F - C_2 > 0$, $0 < C_1 + R_2 - R_1 < S + F$ 时，可得 $F > C_2$, $R_1 - C_1 + S > R_2 - F$, $R_2 > R_1 - C_1$，又由 $-C_2 - S < 0$ 可知，在企业不减排时政府选择“作为”的收益较大，反之企业减排时政府的最优选择选择是“不作为”；同时在政府不作为时企业选择“不减排”可以获得更多收益，反之政府作为时企业最终会选择“减排”策略。显然政企双方存在周期性行为，系统不存在演化均衡点，只存在一个中心点 (x_0, y_0)，政企双方的行为概率围绕中心点不断波动。

根据上述分析可知，在无外部约束条件下，政企双方系统演化结果无法达到（作为，减排）的碳减排最优状态。

8.2

公众意愿视角下政企演化博弈模型构建

随着经济发展和人民生活水平的快速提高，人民对于环境质量改善的要求越来越高。这也对低碳减排工作中的两个重要主体——政府和企业提出了全新的要求。公众意愿主要包含三个层面的内涵：第一层，民众意愿对于企业的影响。若企业未采取积极减排的措施，致使碳排放超标，民众会形成对企业的负面舆论，造成企业声誉的损失和股价的下跌（碳排放量较大的企业一般为上市公司），并且长期会影响企业的整体业绩。第二层，民众意愿对于政府的影响。若政府未对超标碳排放的企业进行有效监管和约束，民众会质疑政府的执政能力，减少对政府的“忠诚投入”，影响政府公信力。第三层，较为特殊的是，企业意愿对于政府也有着一定影响。虽然企业相对于民众是强势群体，但两者相对于政府都是被管理的对象，因此可以认为企业也是“公众”的一部分。企业的发展离不开政府相关政策补贴的扶持，若企业响应政府号召积极节能减排，而政府无动于衷，不对其进行帮扶，企业也会对政府的不作为产生意见，通过各种方式向政府提出抗议。

前面研究已经表明，在缺乏外部驱动机制的情形下，无论是政府还是企业都缺乏内生动力采取积极行动。此时上述公众意愿的三个层面都将对政府和企业产生有效的驱动作用，从而对两者产生有效约束，转变两者行为模式，优化碳减排路径。

8.2.1 模型参数设定

现实中，政府作为经济社会的管理者，往往会建立公众意愿反馈机制以便更好地制定公共政策（张键和吕元礼，2010）。无论是企业还是居民都可以通过信访、游行、网络等途径来向政府表达自身诉求。这种情况下，在政企碳减排演化博弈基本模型的基础上，政府和企业的收益矩阵会随之发生改变。

（1）假设企业减排情形下政府不作为，没有给予相应减排补贴，企业会通过行业协会、企业家座谈会等渠道与政府协调申诉，长期来看也将给地方的营商环境带来负面影响，此时政府损失的协调成本与可能的工业产值损失记为 D_1，D_1 也可视作企业意愿对政府的约束。

（2）若企业不减排，则无论政府作为还是不作为，此时民众的负面评价都会给企业带来品牌、声誉上的损失，记为 D_2，D_2 也可视作民众意愿对企业的约束。

（3）若政府不作为的同时企业恰好也不减排，此时不仅企业品牌、声誉受到损失，民众也将质疑政府，为何不对相关违规企业进行惩处、披露。政府公信力必然受到影响，政府的这种无形损失记为 D_3，D_3 也可视作民众意愿对政府的约束。

（4）假定所有参数都大于零。

8.2.2 政企博弈矩阵及动力系统构建

在政企碳减排演化博弈基本模型的基础上，引入公众意愿后，可得公众意愿视角下的政企双方博弈矩阵，如表 8.4 所示。其中假设政府作为的概率为 x，不作为的概率为 $1-x$（$0\leqslant x\leqslant 1$）；企业减排的概率为 y，不减排的概率为 $1-y(0\leqslant y\leqslant 1)$。

根据前面分析，同理可得引入公众意愿后政府的复制动态方程为：

$$F(x)=\frac{d_x}{d_t}=x(1-x)[F-C_2+D_3-y(S+F+D_3-D_1)] \tag{8.11}$$

企业的复制动态方程为：

表 8.4　　公众意愿视角下政企双方的博弈支付矩阵

变量		企业	
		减排 (y)	不减排 ($1-y$)
政府	作为 (x)	$U_1 - C_2 - S$, $R_1 - C_1 + S$	$U_2 - C_2 + F$, $R_2 - F - D_2$
	不作为 ($1-x$)	$U_1 - D_1$, $R_1 - C_1$	$U_2 - D_3$, $R_2 - D_2$

$$F(y) = \frac{d_y}{d_t} = y(1-y)[x(S+F) + R_1 - C_1 - R_2 + D_2] \tag{8.12}$$

类似地构建政企双方博弈的二维动力系统：

$$\begin{cases} F(x) = \dfrac{d_x}{d_t} = x(1-x)[F - C_2 + D_3 - y(S+F+D_3-D_1)] \\ F(y) = \dfrac{d_y}{d_t} = y(1-y)[x(S+F)R_1 - C_1 - R_2 + D_2] \end{cases} \tag{8.13}$$

分别令 $F(x) = 0$、$F(y) = 0$，可得博弈双方动态演化过程中的5个局部均衡点，分别为 $P_1(0,0)$, $P_2(0,1)$, $P_3(1,0)$, $P_4(1,1)$, $P_5(x'_0, y'_0)$，其中 $x'_0 = (-R_1 + C_1 + R_2 - D_2)/(S+F)$，$y'_0 = (F + D_3 - C_2)/(S+F+D_3-D_1)$。分析可知，当且仅当 $0 < (-R_1 + C_1 + R_2 - D_2)/(S+F) < 1$，$0 < (F + D_3 - C_2)/(S+F+D_3-D_1) < 1$ 时，存在均衡点 $P_5(x'_0, y'_0)$。

8.2.3　系统演化稳定策略分析

引入公众意愿后，新的雅克比矩阵可以用 J' 表示为：

$$J' = \begin{bmatrix} a' & b' \\ c' & d' \end{bmatrix} \tag{8.14}$$

$$\begin{bmatrix} (1-2x)[F - C_2 + D_3 - y(S+F+D_3-D_1)] & x(x-1)(S+F+D_3-D_1) \\ y(1-y)(S+F) & (1-2y)[x(S+F) + R_1 - C_1 - R_2 + D_2] \end{bmatrix}$$

命题 8.4　当 $F - C_2 + D_3 < 0, R_1 - C_1 - R_2 + D_2 < 0$ 时，系统的演化稳定

策略（ESS）为 P_1（0，0）；当 $D_1-C_2-S<0, R_1-C_1-R_2+D_2>0$ 时，系统的演化稳定策略（ESS）为 P_2（0，1）；当 $F-C_2+D_3>0$，$R_1-C_1-R_2+D_2<-(S+F)$ 时，系统的演化稳定策略（ESS）为 P_3（1，0）；当 $D_1-C_2-S>0, R_1-C_1-R_2+D_2>-(S+F)$ 时，系统的演化稳定策略（ESS）为 $P_4(1,1)$；当 $F-C_2+D_3>0, D_1-C_2-S<0$ 且 $-(S+F)<R_1-C_1-R_2+D_2<0$ 时，系统存在5个均衡点，不存在演化稳定策略。

证明：首先根据新的雅克比矩阵J′，计算得出5个均衡点处 a'、b'、c'、d' 的取值，如表8.5所示。

表8.5　　各均衡点在矩阵J′中的取值

均衡点	a'	b'	c'	d'
(0，0)	$F-C_2+D_3$	0	0	$R_1-C_1-R_2+D_2$
(0，1)	$-C_2-S+D_1$	0	0	$-(R_1-C_1-R_2+D_2)$
(1，0)	$-(F-C_2+D_3)$	0	0	$S+F+R_1-C_1-R_2+D_2$
(1，1)	C_2+S-D_1	0	0	$-(S+F+R_1-C_1-R_2+D_2)$
(x'_0, y'_0)	0	X'	Y'	0

注：$X'=x'_0(x'_0-1)(S+F+D_3-D_1)$，$Y'=y'_0(1-y'_0)(S+F+P_1+P_2)$；其中 $x'_0=(-R_1+C_1+R_2-D_2)/(S+F)$，$y'_0=(F+D_3-C_2)/(S+F+D_3-D_1)$。

由于参数的不确定性，博弈系统在各均衡点处的稳定性存在12种情形：

①$F-C_2+D_3<0$，$D_1-C_2-S<0$，$-(S+F)<R_1-C_1-R_2+D_2<0$；

②$F-C_2+D_3<0$，$D_1-C_2-S<0$，$R_1-C_1-R_2+D_2>0$；

③$F-C_2+D_3<0$，$D_1-C_2-S<0$，$R_1-C_1-R_2+D_2<-(S+F)$；

④$F-C_2+D_3<0$，$D_1-C_2-S>0$，$-(S+F)<R_1-C_1-R_2+D_2<0$；

⑤$F-C_2+D_3<0$，$D_1-C_2-S>0$，$R_1-C_1-R_2+D_2>0$；

⑥$F-C_2+D_3<0$，$D_1-C_2-S>0$，$R_1-C_1-R_2+D_2<-(S+F)$；

⑦$F-C_2+D_3>0$，$D_1-C_2-S<0$，$-(S+F)<R_1-C_1-R_2+D_2<0$；

⑧$F-C_2+D_3>0$，$D_1-C_2-S<0$，$R_1-C_1-R_2+D_2>0$；

⑨$F-C_2+D_3>0$，$D_1-C_2-S<0$，$R_1-C_1-R_2+D_2<-(S+F)$；

⑩$F-C_2+D_3>0$，$D_1-C_2-S>0$，$-(S+F)<R_1-C_1-R_2+D_2<0$；

⑪$F-C_2+D_3>0$，$D_1-C_2-S>0$，$R_1-C_1-R_2+D_2>0$；

⑫$F-C_2+D_3>0$，$D_1-C_2-S>0$，$R_1-C_1-R_2+D_2<-(S+F)$。

分析 12 种情形下雅克比矩阵行列式和迹的符号，可得各均衡点的稳定性，如表 8.6 所示，从而可以证得命题 8.4。

表 8.6　各均衡点的稳定情况

均衡点	情形①			情形②			情形③		
	Det(J)	Tr(J)	结果	Det(J)	Tr(J)	结果	Det(J)	Tr(J)	结果
(0, 0)	+	-	ESS	-	N	鞍点	+	-	ESS
(0, 1)	-	N	鞍点	+	-	ESS	-	N	鞍点
(1, 0)	+	+	不稳定点	+	+	不稳定点	-	N	鞍点
(1, 1)	-	N	鞍点	-	N	鞍点	+	+	不稳定点
(x_1, y_1)	N	0	鞍点	N	0	鞍点	N	0	鞍点
均衡点	情形④			情形⑤			情形⑥		
	Det(J)	Tr(J)	结果	Det(J)	Tr(J)	结果	Det(J)	Tr(J)	结果
(0, 0)	+	-	ESS	-	N	鞍点	+	-	ESS
(0, 1)	+	+	不稳定点	-	N	鞍点	+	+	不稳定点
(1, 0)	+	+	不稳定点	+	+	不稳定点	-	N	鞍点
(1, 1)	+	-	ESS	+	-	ESS	-	N	鞍点
(x_1, y_1)	N	0	鞍点	N	0	鞍点	N	0	鞍点
均衡点	情形⑦			情形⑧			情形⑨		
	Det(J)	Tr(J)	结果	Det(J)	Tr(J)	结果	Det(J)	Tr(J)	结果
(0, 0)	-	N	鞍点	+	+	不稳定点	-	N	鞍点
(0, 1)	-	N	鞍点	+	-	ESS	-	N	鞍点
(1, 0)	-	N	鞍点	-	N	鞍点	+	-	ESS
(1, 1)	-	N	鞍点	-	N	鞍点	+	+	不稳定点
(x_1, y_1)	+	0	中心点	N	0	鞍点	N	0	鞍点
均衡点	情形⑩			情形⑪			情形⑫		
	Det(J)	Tr(J)	结果	Det(J)	Tr(J)	结果	Det(J)	Tr(J)	结果
(0, 0)	-	N	鞍点	+	+	不稳定点	-	N	鞍点
(0, 1)	+	+	不稳定点	-	N	鞍点	+	+	不稳定点
(1, 0)	-	N	鞍点	-	N	鞍点	+	-	ESS
(1, 1)	+	-	ESS	+	-	ESS	-	N	鞍点
(x_1, y_1)	N	0	鞍点	N	0	鞍点	N	0	鞍点

根据命题 8.4 及其证明，我们可以得到以下几个有意义的结论：

（1）当 $F - C_2 + D_3 < 0$，$R_1 - C_1 - R_2 + D_2 < 0$ 时，可得 $F - C_2 < - D_3$，$R_1 - C_1 < R_2 - D_2$。此种情形下企业在政府不作为时选择“不减排”的收益较大，政府在企业不减排时选择“不作为”的收益较大。在长期演化过程中博弈双方存在机会主义倾向，都有动机选择消极行为，所以此时系统的演化均衡点必定存在 P_1（0，0），即政企双方的策略是（不作为，不减排），碳减排状态最为消极，如表 8.6 中情形①③④⑥所示。

（2）当 $D_1 - C_2 - S < 0$，$R_1 - C_1 - R_2 + D_2 > 0$ 时，可得 $D_1 < C_2 + S$，$R_1 - C_1 > R_2 - D_2$；由 $R_1 - C_1 - R_2 + D_2 > 0$ 进一步可知，$R_1 - C_1 - R_2 + D_2 > -(S + F)$，转换形式得 $R_1 - C_1 + S > R_2 - F - D_2$。此种情形下无论政府作为还是不作为，企业选择“减排”的收益恒大于“不减排”策略，“减排”策略成了企业的最佳选择。又由 $D_1 < C_2 + S$ 可知，政府在企业减排时选择“不作为”的收益较大，在动态演化过程中政府会识别企业的行为，最终只选择“不作为”策略。此时系统的演化稳定点为 P_2（0，1），演化均衡策略为（不作为，减排），碳减排达到次优状态，如表 8.6 中情形②⑧所示。

（3）当 $F - C_2 + D_3 > 0$，$R_1 - C_1 - R_2 + D_2 < -(S + F)$ 时，可得 $F - C_2 > - D_3$，$R_1 - C_1 + S < R_2 - F - D_2$；又由 $R_1 - C_1 - R_2 + D_2 < 0$ 可知，$R_1 - C_1 < R_2 - D_2$。显然此种情形下无论政府作为还是不作为，企业选择“不减排”的收益恒大于“减排”策略，“不减排”策略成了企业的最佳选择。由 $F - C_2 > - D_3$ 可知，政府在企业不减排时选择“作为”的收益较大，理性的政府在确认企业行为后必然会选择“作为”策略。此时系统的演化稳定点为 P_3（1，0），演化均衡策略为（作为，不减排），碳减排同样达到次优状态，如表 8.6 中情形⑨⑫所示。

（4）当 $D_1 - C_2 - S > 0$，$R_1 - C_1 - R_2 + D_2 > -(S + F)$ 时，可得 $D_1 > C_2 + S$，$R_1 - C_1 + S > R_2 - F - D_2$。此时政府在企业减排情形下选择“作为”的收益较大，企业在政府作为情形下的最优选择是“减排”策略，说明政企双方都有动机采取积极行动推动节能减排，系统演化必然会存在 P_4（1，1）的均衡点，此时碳减排可以达到最优状态，如表 8.6 中情形④⑤⑩⑪所示。

特别地，加入 $F - C_2 + D_3 < 0$，$R_1 - C_1 - R_2 + D_2 < 0$ 两个条件后，可以发现企业不减排前提下政府选择“不作为”的收益大于“作为”的收益，政府“不作为”前提下企业选择“不减排”的收益大于“减排”的收益。这种

情况下政企双方会存在机会主义倾向，所以经过长期演化，P_1（0，0）即（不作为，不减排）也会是系统演化稳定点，如表8.6中情形④所示。

（5）当 $F - C_2 + D_3 > 0$，$D_1 - C_2 - S < 0$ 且 $-(S+F) < R_1 - C_1 - R_2 + D_2 < 0$ 时，可得 $F - C_2 > -D_3$，$D_1 < C_2 + S$，$R_1 - C_1 + S > R_2 - F - D_2$ 且 $R_1 - C_1 < R_2 - D_2$。此种情形下企业不减排时政府选择“作为”的收益较大，反之企业减排时“不作为”是政府的最优选择；同时政府不作为时企业选择“不减排”可以获得更多收益，反之政府作为时企业最终会选择“减排”策略。显然政企双方存在周期性行为，此时系统只有一个中心点 (x_0', y_0')，不存在演化稳定策略，政企双方的最终选择受初始行为影响，围绕中心点不断波动，如表8.6中情形⑦所示。

8.3 公众意愿视角下政企博弈演化路径情景分析

为了更直观地考察不同情形下政企双方行为策略的选择及演化稳定性，本节进一步分析初始意愿及相关参数变动如何影响政府和企业行为策略的动态演化。在基于公众意愿的政企双方演化博弈模型基础上，对初始参数值进行赋值（石敏俊等，2013；沈满洪和贺震川，2011）。假定企业减排成本 $C_1 = 69$，政府作为的成本 $C_2 = 53$，企业减排的收益 $R_1 = 120$，企业不减排的收益 $R_2 = 100$，政府对企业的减排补贴 $S = 33$，政府对企业超标排放收取的罚金 $F = 40$。企业对政府的苛责导致的政府损失 D_1、民众对企业的负面评价带来的企业损失 D_2 以及民众抗议政府不作为致使的政府损失 D_3 暂不赋值，根据各种情形的实际情况进行变动。由于 D_1、D_2、D_3 都会给政府或企业带来损失，D_1 也可看作企业意愿对政府的约束，D_2、D_3 可分别看作民众意愿对企业和政府的约束。基于参数的赋值及实际情况，$R_1 - C_1 - R_2 + D_2 < -(S+F)$ 即 $R_1 - C_1 + S < R_2 - F - D_2$ 的情况不会出现，所以本章对情形③⑥⑨⑫不予具体分析。

8.3.1 政企无法自发达成最优减排路径的情形

根据命题8.4及其证明可知，只有企业意愿对政府的约束足够强（$D_1 >$

C_2+S)，系统的演化稳定点存在（1，1），政企双方才有可能自发趋向节能减排的最优路径。以下是企业意愿对政府的约束较弱（$D_1<C_2+S$），政企双方无法自发趋向最优减排路径的几种情形。

8.3.1.1 政企双方都不采取行动的情形

当企业对政府的苛责导致的政府损失 D_1 为 63，民众对企业的负面评价导致的企业损失 D_2 为 20，民众抗议政府不作为导致的政府损失 D_3 为 10 时，条件满足 $F-C_2+D_3<0$，$D_1-C_2-S<0$，$-(S+F)<R_1-C_1-R_2+D_2<0$，与情形①相吻合。

图 8.1 刻画了政府和企业随时间的动态演化路径，可以看出（0，0）为系统的演化稳定点，表示无论政企双方初始意愿如何，其最终会收敛于（不作为，不减排）的行为策略。由于企业意愿对政府的约束（D_1）和民众意愿对政府的约束（D_3）都相对较小，因此，无论企业减不减排，政府选择"不作为"策略的收益都要大于"作为"策略，长期演化过程中政府必然会选择"不作为"。此种情形下企业在政府不作为时不减排是最佳选择，所以企业的策略会随着政府行为的变化而最终也趋向于不减排。

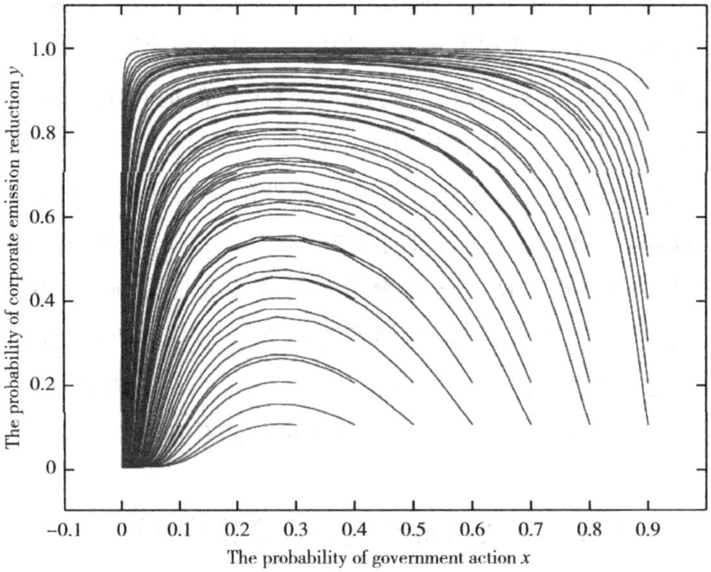

图 8.1 情形①中政企双方行为的动态演化路径

图 8.2 和图 8.3 分别刻画了情形①中政府和企业行为策略随时间的动态演化路径。两个图形的纵轴分别表示政府作为概率 x 和企业减排概率 y，横轴表示时间 t，本仿真中的数据为模拟数据，所以 t 的单位不做具体设置（如年、月等），而是泛指一般的时间单位，用于考察政企双方行为的收敛速度。同时，为更好地对比分析不同初始意愿对系统演化的影响差异，本章将企业初始减排意愿、政府初始作为意愿分别设定为低、中、高三个等级，即（0.2，0.5，0.8）。如图 8.2 中纵轴为政府作为概率 x，从 $x=0.8$、$x=0.5$、$x=0.2$ 三个端点出发的射线分别表示政府初始作为意愿高、中、低时政府行为策略的演化路径；每个端点出发三条射线，分别表示政府初始意愿固定，企业不同初始减排意愿（$y=0.2$、$y=0.5$、$y=0.8$）下政府行为策略的演化路径。图 8.3 则类似地表示政府不同初始作为意愿（$x=0.2$、$x=0.5$、$x=0.8$）下企业减排策略的演化路径。

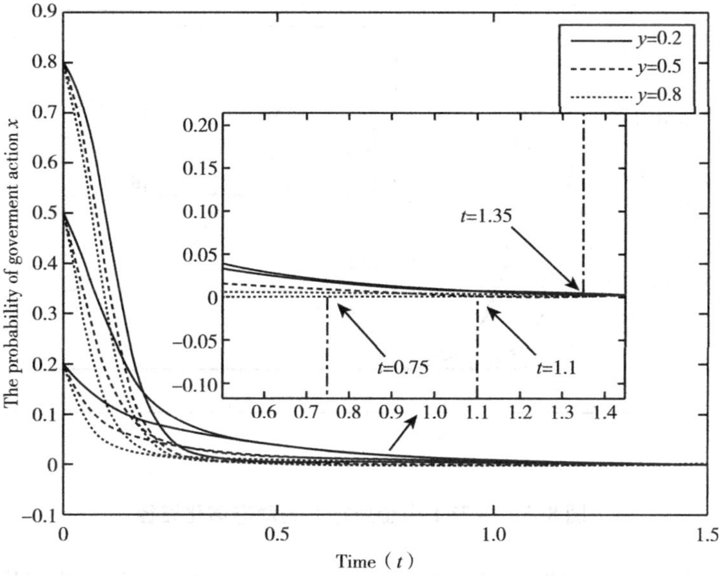

图 8.2　情形①中政府行为的动态演化路径

如图 8.2 所示，首先，无论政企双方初始意愿如何，政府的行为概率 x 必然会最终收敛到 0。其次，企业初始减排意愿 y 越大，政府的行为概率 x 向 0 的收敛速度越快。表现在图形上就是代表 $y=0.8$ 的三条射线全部收敛于 0 的时间 t 为 0.75，代表 $y=0.5$ 的三条射线全部收敛于 0 的时间 t 为 1.1，代表

$y=0.2$ 的三条射线全部收敛于0的时间 t 为1.35。主要原因是企业减排时政府作为的成本 C_2+S 较大，倘若政府在演化博弈过程中观测到企业有较强的减排意愿，就会加快调整自身的行为，使行为概率 x 更快地趋向于0。最后，比较特殊的是，企业初始减排意愿 y 较低（如 $y=0.2$）时，政府初始作为意愿 x 越大，x 向0收敛的速度越快，表现在图形上就是三条射线中从 $x=0.8$ 出发的射线趋近于0的速度最快，$y=0.5$ 的情况也类似。主要原因是企业不减排时政府不作为的收益较大，同时民众的意愿对政府的约束（D_3）很小，政府迫切改变自身不利的行为策略，尽快向 $x=0$ 趋近。倘若企业初始减排意愿较高（$y=0.8$），由于企业意愿对政府的约束（D_1）相对较大，政府不会快速调整自身行为，政府作为概率 x 的收敛速度只会随着自身初始意愿的降低而加快。

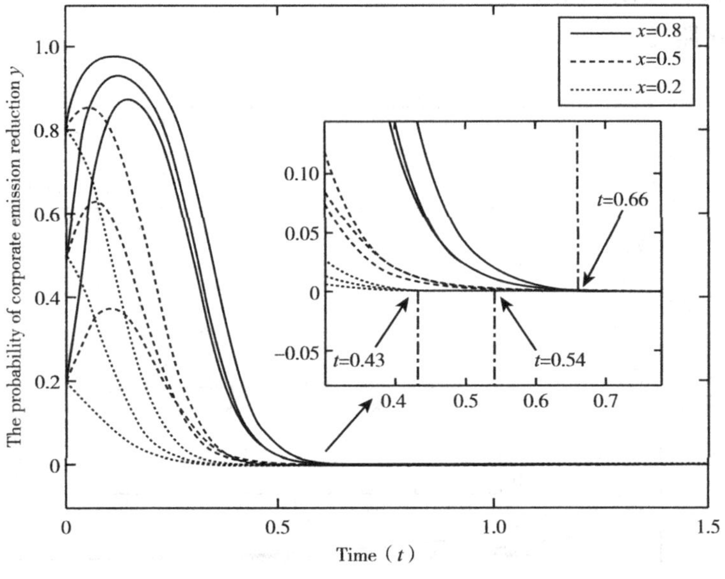

图8.3　情形①中企业行为的动态演化路径

如图8.3所示，首先，无论政企双方初始意愿如何，企业的减排概率 y 必然会最终收敛到0。其次，企业自身初始减排意愿 y 越小，y 收敛到0的速度越快。表现在图形上就是政府初始作为意愿 x 给定（如 $x=0.2$）时，三条射线中从 $y=0.2$ 出发的射线收敛速度最快。最后，政府初始作为意愿 x 越大，企业的减排概率 y 趋近于0的速度越慢，同时企业的减排概率 y 在政府初始作为意愿 x 较高时还会出现短暂上升。表现在图形中就是代表 $x=0.2$ 的三条射线全部收敛于 0 的时间 t 为 0.43，代表 $x=0.5$ 的三条射线全部收敛于 0 的时间 t 为 0.54，代表 $x=0.8$ 的三条射线全部收敛于 0 的时间 t 为 0.66，并且两种射线在 $t\in[0, 0.5]$ 时会短暂上升，随后下降。主要原因是企业在政府作为时减排的收益较大，在政府不作为时不减排的收益较大，所以企业的策略会随着政府行为的变化而变化：当政府初始作为意愿 x 较大时，企业随之提高减排概率 y，之后随着政府作为概率的不断降低而降低。

8.3.1.2　企业积极减排，政府不作为的情形

若企业对政府的苛责导致的政府损失 $D_1=63$，民众对企业的负面评价导致的企业损失 $D_2=50$，民众抗议政府不作为导致的政府损失 $D_3=10$。此时参数条件满足 $F-C_2+D_3<0$，$D_1-C_2-S<0$，$R_1-C_1-R_2+D_2>0$，与情形②相吻合。（0，1）为系统的演化稳定点。这种情形下，企业意愿对政府的约束（D_1）和民众意愿对政府的约束（D_3）都比较弱，所以无论企业初始减排意愿如何，政府的行为策略都不会产生较大波动，政府会选择“不作为”策略。而民众意愿对企业的约束（D_2）较强，并且企业如果在政府作为时不减排，还要承受政府的罚金 F。所以在演化博弈过程中企业一旦观测到政府有较强的作为意愿，就会加大自身减排力度，避免遭受政府惩罚而损失收益。此时政企双方的演化稳定策略必然为（不作为，减排）。

若企业对政府的苛责导致的政府损失 $D_1=63$，民众对企业的负面评价导致的企业损失 $D_2=50$，民众抗议政府不作为导致的政府损失 $D_3=20$。此时参数条件满足 $F-C_2+D_3>0$，$D_1-C_2-S<0$，$R_1-C_1-R_2+D_2>0$，与情形⑧相吻合。（0，1）为系统的演化稳定点，情形⑧与情形②类似，系统演化的最终结果都是（不作为，减排），并且政企双方的行为模式也较为接近。从参数条件来看，相比于情形②，虽然情形⑧中加强了民众意愿对政府的约束（D_3），但是由于企业必然选择减排策略，因此政府可以避免民众的环境诉求带来的损失，在长期演化中同样会选择“不作为”策略（因篇幅所限，略去了上述两种情形对应的演化图形及相应分析）。

8.3.1.3　政企不存在确定行为策略的情形

若企业对政府的苛责导致的政府损失 $D_1=43$，民众对企业的负面评价导

致的企业损失 $D_2=20$，民众抗议政府不作为导致的政府损失 $D_3=20$。此时参数条件满足 $F-C_2+D_3>0$，$D_1-C_2-S<0$，$-(S+F)<R_1-C_1-R_2+D_2<0$，与情形⑦相吻合。

情形⑦较为特殊，根据命题 8.4 及其分析可知，系统演化只存在一个中心点，不存在演化稳定结果。图 8.4 刻画了政企双方在不同初值下随时间的动态演化路径。如图 8.4 所示，系统演化过程是围绕中心点（x_0'，y_0'）进行周期运动的闭轨线环，并且不存在极限环，政府和企业两个群体博弈过程表现出一种周期行为模式。根据系统参数计算可得 $x_0'=(-R_1+C_1+R_2-D_2)/(S+F)=0.274$，$y_0'=(F+D_3-C_2)/(S+F+D_3-D_1)=0.2$，中心点为（0.274，0.2）。

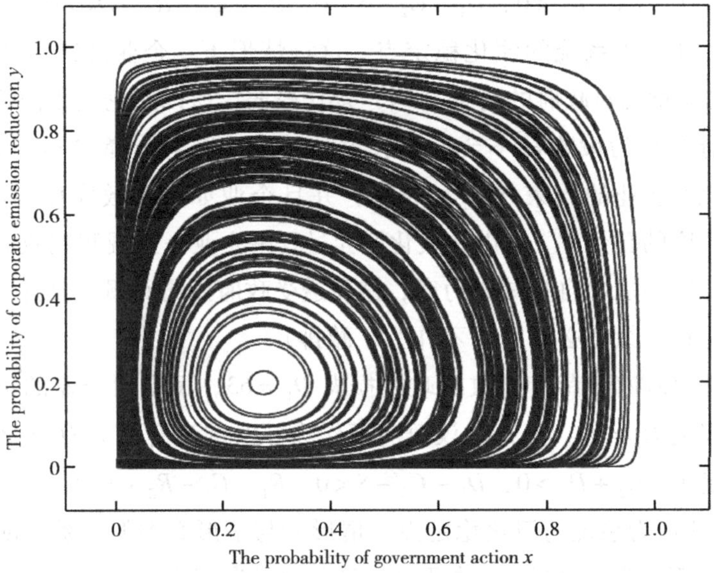

图 8.4　情形⑦中政企双方行为的动态演化路径

8.3.2　政企可以自发达成最优减排路径的情形

在以下几种情形中，企业意愿对政府的约束较强（$D_1>C_2+S$），政企双方可以自发趋向最优减排路径。进一步地，民众意愿对于企业和政府约束（D_2、D_3）的增强可以进一步改善碳减排状况。

8.3.2.1　政企存在两种稳定策略的情形

若企业对政府的苛责导致的政府损失 $D_1=93$，民众对企业的负面评价导致的企业损失 $D_2=10$，民众抗议政府不作为导致的政府损失 $D_3=5$。参数条件满足 $F-C_2+D_3<0$，$D_1-C_2-S>0$，$-(S+F)<R_1-C_1-R_2+D_2<0$，此时与情形④相吻合。

图 8.5 刻画了政府和企业随时间的动态演化路径，可以看出系统存在两个演化稳定点，即（1，1）和（0，0），左下方线段表示政企双方行为概率组合最终趋向于（0，0），右上方线段表示政企双方行为概率组合最终收敛于（1，1）。此种情形下政府在企业减排时积极作为的收益较大，企业在政府作为时减排的收益较大，反则反之。所以系统存在两个演化稳定策略，即（作为，减排）和（不作为，不减排）。由于此种情形可以部分趋向于碳减排的最优状态，本章将考察是否能通过参数的变动优化情形④，使政企双方在不同初值条件下收敛于（作为，减排）的情形增多，从而优化节能减排路径。

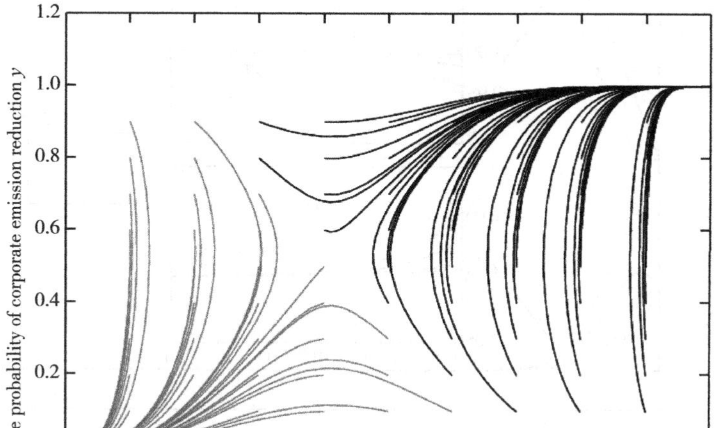

图 8.5　情形④中政企双方行为的动态演化路径

图 8.6 和图 8.7 分别刻画了政府和企业行为策略随时间的动态演化路径。如图 8.6 所示，首先可以发现，当政府的初始作为意愿较高（$x=0.8$）或

较低（$x=0.2$）时，企业的初始减排意愿 y 对政府的行为无显著影响，政府作为概率 x 最终分别收敛到 1 和 0。当政府的初始作为意愿中等（$x=0.5$）时，企业的初始减排意愿 y 会影响政府的行为，若企业初始减排意愿较低（$y=0.2$），政府作为概率 x 会趋向于 0，否则将趋向于 1。表现在图形上就是从 $x=0.8$ 出发的三条射线全部收敛到 1 且收敛速度趋同，从 $x=0.2$ 出发的三条射线全部趋向于 0 且速度趋同，从 $x=0.5$ 出发分别代表 $y=0.8$ 和 $y=0.5$ 的两条射线收敛于 1，代表 $y=0.2$ 的射线收敛于 0。此种情形下民众的意愿对政府的约束（D_3）很小，虽然企业意愿对政府的约束（D_1）相对较大，超过了作为成本及减排补贴（C_2+S）之和，但是政府完全可以承受非理性策略带来的损失。当政府初始意愿较为确定时（$x=0.2$ 或 $x=0.8$），由于行为惯性不会改变自身的策略，即使由于企业初始选择的不同会给政府带来损失；当政府初始意愿不确定（$x=0.5$）时，政府没有确定的行为选择，会观察企业的行为来确定自身最优策略。

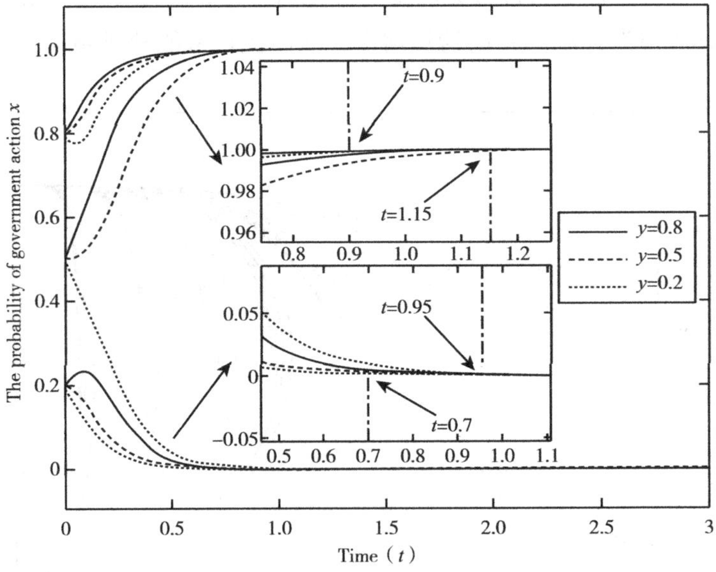

图 8.6　情形④中政府行为的动态演化路径

其次，政府自身初始作为意愿越大，其行为概率 x 收敛到 1 的速度越快；初始作为意愿越小，x 收敛到 0 的速度越快。表现在图形上就是企业初始减排意愿 y 给定（如 $y=0.5$）时，两条从 $x=0.8$、$x=0.5$ 出发的射线收敛到 1 的时间 t 分别为 0.9 和 1.15，显然政府自身初始作为意愿 x 的提升加快了 x 收敛到1的速度；给定 $y=0.2$ 时，两条从 $x=0.5$、$x=0.2$ 出发的射线收敛到0的时间 t 分别为0.95和0.7，说明政府自身初始作为意愿 x 的降低加快了 x 收敛到0的速度。

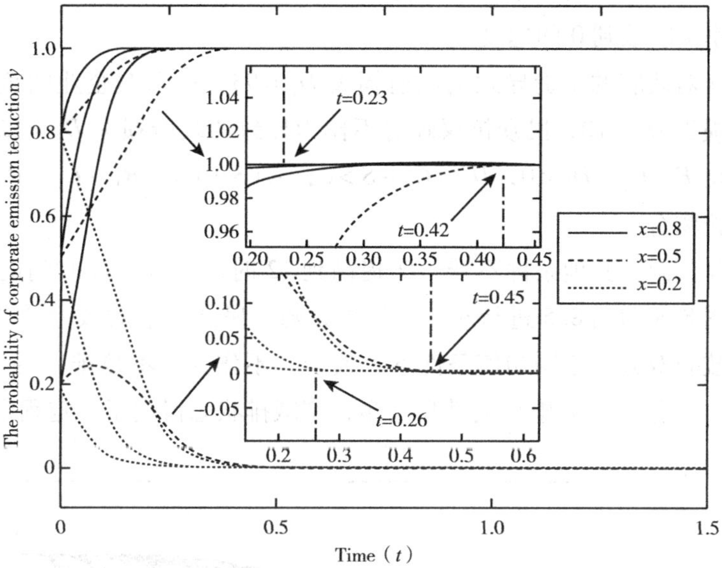

图8.7　情形④中企业行为的动态演化路径

如图8.7所示，首先可以发现，政府的初始作为意愿 x 对企业的行为选择有较大影响。当政府的初始作为意愿较高（$x=0.8$）或较低（$x=0.2$）时，企业的减排概率 y 也随之最终趋向于1或0；当政府的初始作为意愿中等（$x=0.5$）时，企业会根据自身初始意愿做出选择，企业初始减排意愿较低（$y=0.2$）时，减排概率 y 会趋向于0，否则收敛到1。从图形中来看，三条代表 $x=0.8$ 的射线都收敛到1，三条代表 $x=0.2$ 的射线都收敛到0；从 $y=0.2$ 端点出发代表 $x=0.5$ 的射线趋向于0，另两条代表 $x=0.5$ 的射线趋向于1。由于民众意愿对企业的约束（D_2）较弱，在政府不作为时企业的最优选择是不减排；但当政府作为意愿较高时，企业很难承受不减排所带来的罚金（F）和民众约束（D_2）的双重损失，所以企业必然会趋向于减排；当政府作为意愿中等时，企业会根据自身初始减排意愿来确定最终的行为策略。

其次，政府的初始作为意愿 x 还会影响企业减排概率 y 的收敛速度。表现在图形上就是从 $y=0.5$ 出发代表 $x=0.8$ 的射线收敛到1的时间 t 为0.23，而

同样从 $y=0.5$ 出发代表 $x=0.5$ 的射线收敛到 1 的时间 t 为 0.42，说明政府的初始作为意愿 x 的提高会加快企业减排概率 y 收敛到 1 的速度；从 $y=0.2$ 出发代表 $x=0.2$ 的射线收敛到 0 的时间 t 为 0.26，而从 $y=0.2$ 出发代表 $x=0.5$ 的射线收敛到 0 的时间 t 为 0.45，说明政府的初始作为意愿 x 的降低会加快企业减排概率 y 收敛到 0 的速度。

若企业对政府的苛责导致的政府损失 $D_1=93$，民众对企业的负面评价导致的企业损失 $D_2=10$，民众抗议政府不作为导致的政府损失 $D_3=12$。参数条件同样满足 $F-C_2+D_3<0$，$D_1-C_2-S>0$，$-(S+F)<R_1-C_1-R_2+D_2<0$，与情形④相吻合。

图 8.8 刻画了其他条件不变，D_3提高到 12 时政企双方随时间的动态演化路径。将图 8.8 和图 8.5 进行对比可发现，随着民众意愿对政府的约束（D_3）的提高，政企双方在不同初值条件下收敛于（不作为，不减排）的情形减少，同时收敛于（作为，减排）的情形增多，碳减排状态得到了一定程度的优化。

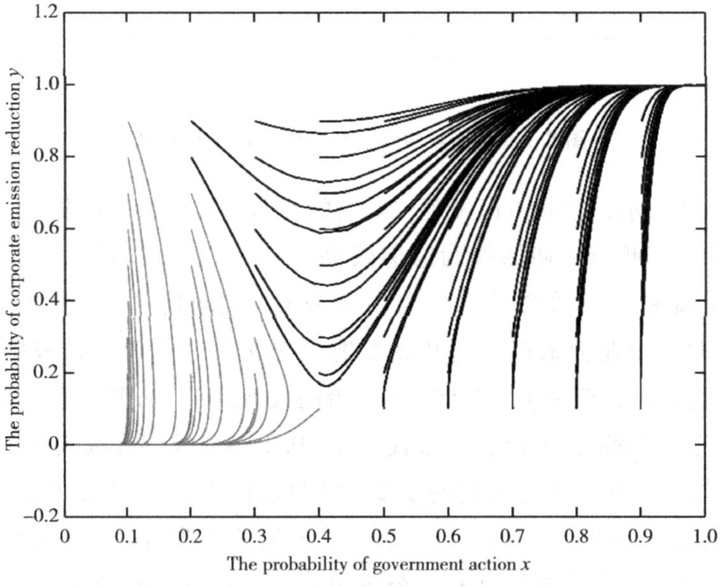

图 8.8　情形④中政企行为的动态演化路径（$D_3=12$）

若企业对政府的苛责导致的政府损失 $D_1=93$，民众对企业的负面评价导致的企业损失 $D_2=20$，民众抗议政府不作为导致的政府损失 $D_3=5$。参数条件同样满足 $F-C_2+D_3<0$，$D_1-C_2-S>0$，$-(S+F)<R_1-C_1-R_2+D_2<0$，

与情形④相吻合。

图 8.9 刻画了其他条件不变，D_2提高到 20 时政企双方随时间的动态演化路径。将图 8.9 和图 8.5 进行对比可发现，随着民众意愿对企业的约束（D_2）的提高，政企双方在不同初值条件下收敛于（不作为，不减排）的情形减少，同时收敛于（作为，减排）的情形增多，碳减排状态得到了一定程度的优化。

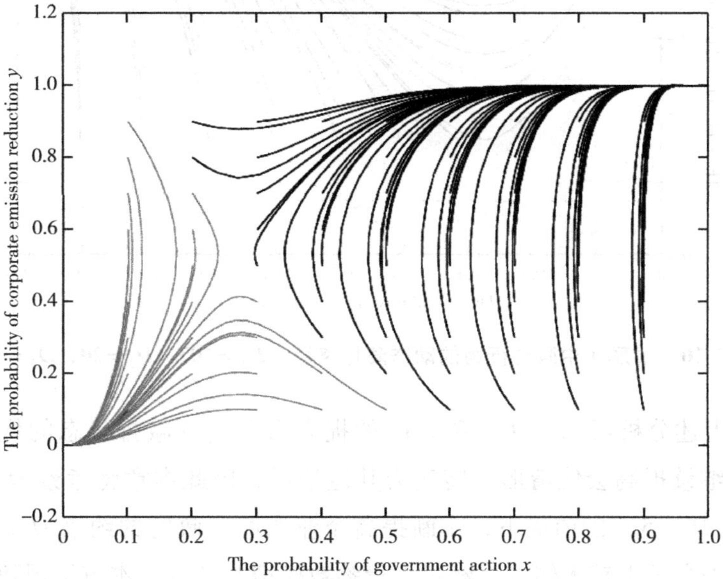

图 8.9　情形④中政企行为的动态演化路径（$D_2=20$）

若企业意愿对政府的约束 D_1、民众对企业的约束 D_2、民众意愿对政府的约束 D_3同时提高，分别为 $D_1=103$，$D_2=20$，$D_3=12$，此时参数条件同样满足 $F-C_2+D_3<0$，$D_1-C_2-S>0$，$-(S+F)<R_1-C_1-R_2+D_2<0$，与情形④相吻合。

图 8.10 刻画了 D_1、D_2、D_3一同提高时政企双方随时间的动态演化路径。相对于图 8.5、图 8.8 和图 8.9，图 8.10 中政企双方在不同初值条件下收敛于（不作为，不减排）的情形更少，同时收敛于（作为，减排）的情形增加更多，碳减排状态得到了较大程度的优化。这说明民众和企业意愿约束的共同加强更有利于最优减排路径的达成。

由于此种情形中政企双方在低、中、高（0.2，0.5，0.8）的意愿组合下的行为概率都趋向于 1，本节对政府和企业各自行为不作具体分析。

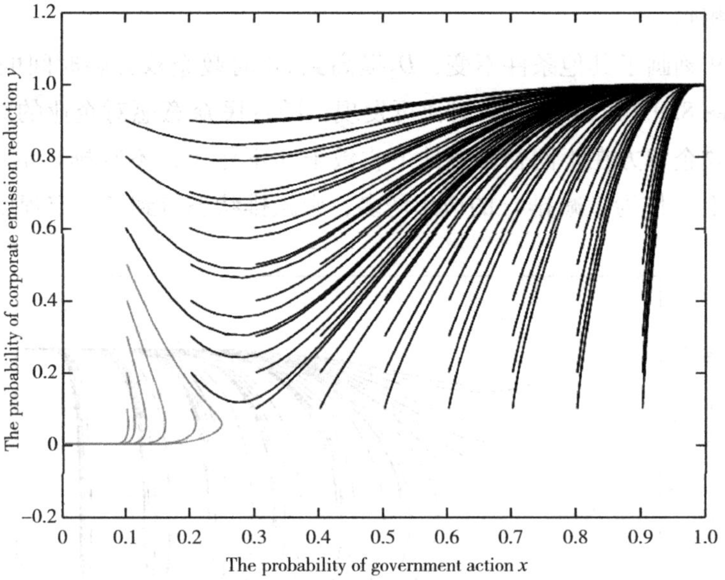

图 8.10 情形④中政企行为的动态演化路径（$D_1=103$，$D_2=20$，$D_3=12$）

根据上述分析可知，D_1、D_2、D_3的提高有利于碳减排状态的优化。由于D_2、D_3的继续提高会使情形④转变为其他情形，因此本章将考察D_2、D_3不变（$D_2=10$，$D_3=5$）的前提下，不断提高企业意愿对政府的约束D_1，政企双方的行为是否会发生较大转变。经过大量参数模拟与仿真，本节发现随着企业意愿对政府的约束D_1的不断提高，政企双方在不同初值条件下收敛于（不作为，不减排）的情形越来越少，直到D_1大于或等于412时，收敛于（不作为，不减排）的情形消失，政企双方无论在何种初值条件下都会收敛于（作为，减排）的行为策略。

如图8.11和图8.12所示，当D_1提高到411时，政企双方只有在初值为（0.1，0.1）时这一种情形才会收敛于（不作为，不减排）；当D_1继续增加到412时，政企双方在任何初值下都收敛于（作为，减排）。可以发现当其他条件不变，D_1提高较多时，无论企业初始减排意愿如何，政府都会选择“作为”策略，此时与情形④存在两种均衡结果不符。主要原因是企业意愿对政府的约束D_1过于强大，倘若企业减排时政府不作为，政府将难以承受企业的苛责带来的巨额损失，同时又由于企业不减排时政府作为损失的收益（$-C_2+F$）相对较小，完全可以承受，因此政府经权衡之后必然只会选择“作为”策略。

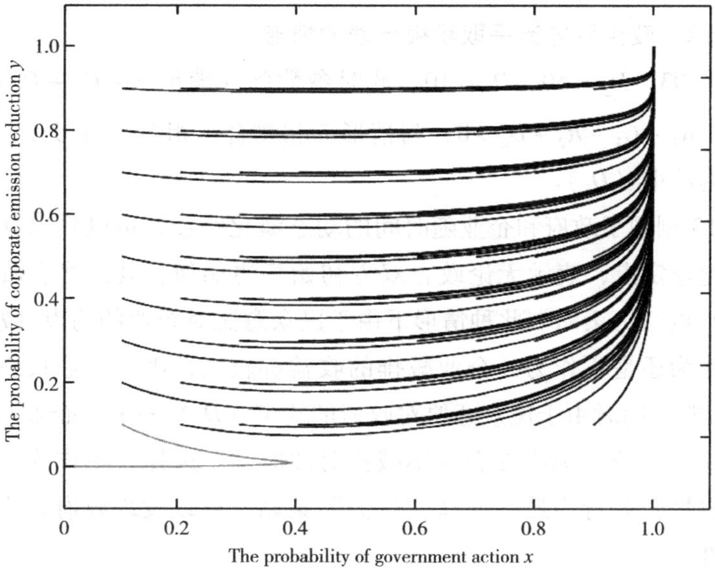

图 8.11　情形④中政企行为的动态演化路径（$D_1=411$）

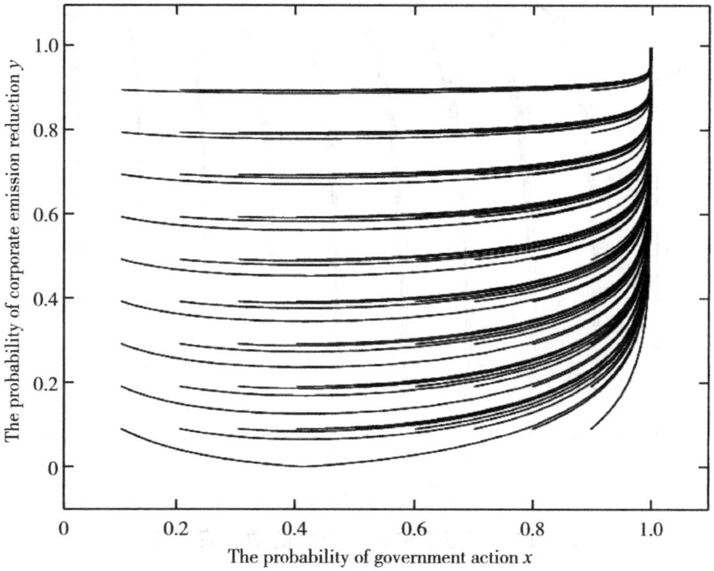

图 8.12　情形④中政企行为的动态演化路径（$D_1=412$）

8.3.2.2 政企双方皆采取积极行动的情形

若 $D_1=93$，$D_2=50$，$D_3=10$，此时参数条件满足 $F-C_2+D_3<0$，$D_1-C_2-S>0$，$R_1-C_1-R_2+D_2>0$，与情形⑤相吻合。相对于情形④，增加了民众对企业的约束（D_2）。

图 8.13 刻画了政府和企业随时间的动态演化路径，可以看出（1，1）为系统的演化稳定点，表示无论政企双方初始意愿如何，其最终会收敛于（作为，减排）的行为策略。此种情形下由于民众意愿对企业的约束（D_2）较强，无论政府作为还是不作为，企业减排的收益都较大，因此企业最终必然选择“减排”策略。同时由于民众意愿对政府的约束（D_3）较弱，企业意愿对政府的约束（D_1）较强，只有在企业不减排时政府才会选择“不作为”策略，因此政府会根据企业行为最终选择“作为”策略，可以发现政府行为策略存在一定滞后性。

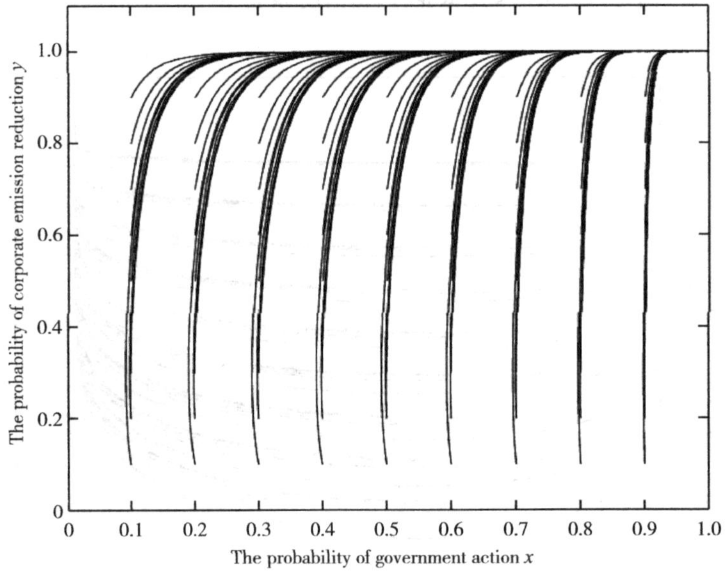

图 8.13 情形⑤中政企行为的动态演化路径

图 8.14 和图 8.15 分别刻画了情形⑤中政府和企业行为策略随时间的动态演化路径。如图 8.14 所示，首先，无论政企双方初始意愿如何，政府作为概率 x 必然会最终收敛到 1。其次，政府自身初始作为意愿越大，x 收敛到 1 的

速度越快。表现在图形上就是企业初始减排意愿 y 给定（如 $y=0.2$）时，三条从 $x=0.2$、$x=0.5$、$x=0.8$ 出发的射线收敛到0的时间 t 分别为0.86、1.08和1.26，显然政府自身初始作为意愿 x 的提高加快了 x 的收敛速度。最后，企业的初始减排意愿 y 对政府作为概率 x 无显著影响。表现在图形中就是政府初始意愿 x 给定（如 $x=0.8$）时，从 $x=0.8$ 出发的三条射线收敛于1的时间趋同。主要原因是企业意愿对政府的约束（D_1）较强，政府不愿意承受企业苛责所带来的公信力损失和协调成本的增加，同时在企业不减排情况下政府作为的损失（$-C_2+F$）也不会太多，所以无论企业初始减排意愿如何，政府的行为策略都不会产生较大波动。

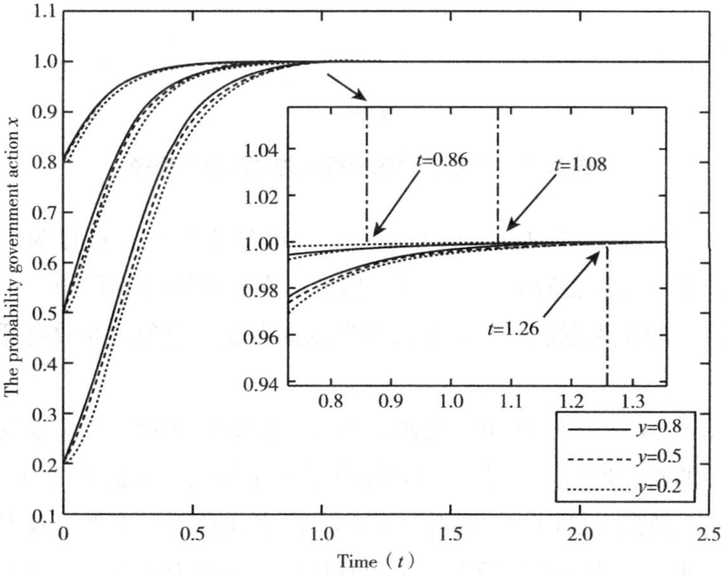

图8.14　情形⑤中政府行为的动态演化路径

如图8.15所示，首先，无论政企双方初始意愿如何，企业的减排概率 y 必然会最终收敛到1。其次，企业自身初始减排意愿越大，y 收敛到1的速度越快。表现在图形上就是政府初始作为意愿 x 给定（如 $x=0.2$）时，三条射线中从 $y=0.8$ 出发的射线收敛速度最快。最后，政府初始作为意愿 x 越大，企业的减排概率 y 趋近于1的速度越快。表现在图形中就是代表 $x=0.8$ 的三条射线全部收敛于1的时间 t 为0.075，代表 $x=0.5$ 的三条射线全部收敛于1的时间 t 为0.095，代表 $x=0.2$ 的三条射线全部收敛于1的时间 t 为0.135。

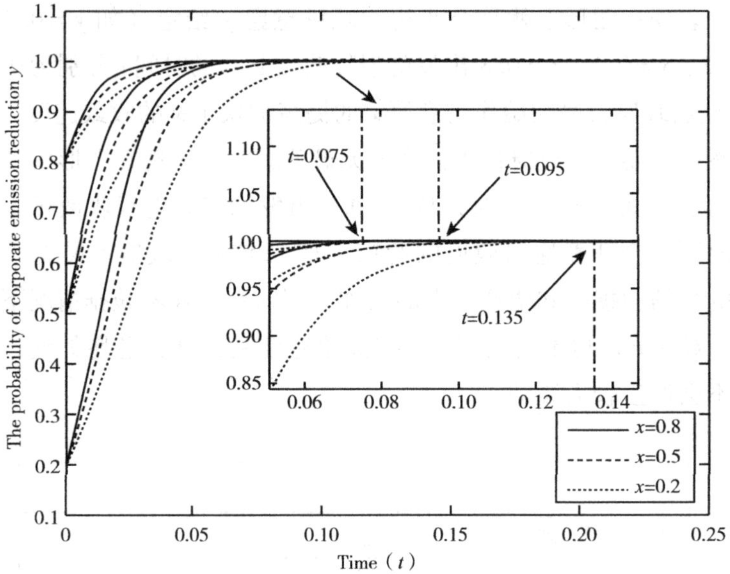

图 8.15　情形⑤中企业行为的动态演化路径

由于民众意愿对企业的约束（D_2）较强，同时如果政府积极作为，企业不减排，企业还要承受来自政府的罚金 F。因此，在演化博弈过程中企业一旦观测到政府有较强的作为意愿，就会加大自身减排力度，避免遭受政府惩罚而损失收益。

综合图 8.14 和图 8.15 可以发现，企业减排概率 y 的收敛速度远快于政府作为概率 x 的收敛速度。代表 y 的射线收敛到 1 的时间 t 最迟为 0.135，而代表 x 的射线收敛到 1 的时间 t 最迟为 1.26。由于此种情形下无论政府作为还是不作为，企业减排的收益都较大，企业减排的意愿较为确定，而政府只有在企业减排时积极作为才能获得更高收益，因此，企业的减排概率 y 会先收敛到 1，政府根据企业行为对自身行为做出调整，作为概率 x 收敛速度相对缓慢。

若企业对政府的苛责导致的政府损失 $D_1=93$，民众对企业的负面评价导致的企业损失 $D_2=20$，民众抗议政府不作为导致的政府损失 $D_3=20$。参数条件满足 $F-C_2+D_3>0$，$D_1-C_2-S>0$，$-(S+F)<R_1-C_1-R_2+D_2<0$，与情形⑩相吻合。相对于情形④，增加了民众对政府的约束（D_3）。

图 8.16 刻画了政府和企业随时间的动态演化路径，可以看出（1，1）为系统的演化稳定点，表示无论政企双方初始意愿如何，其最终会收敛于（作

为，减排）的行为策略。此种情形下由于民众意愿对政府的约束（D_3）和企业意愿对政府的约束（D_1）都比较强，因此，无论企业减排还是不减排，政府的最优选择都是“作为”策略。同时由于民众意愿对企业的约束（D_2）较弱，企业只有在政府作为时选择“减排”策略才能获得更多收益，因此，企业在长期演化过程中会根据政府行为最终选择“减排”策略。可以发现企业行为策略存在一定滞后性。

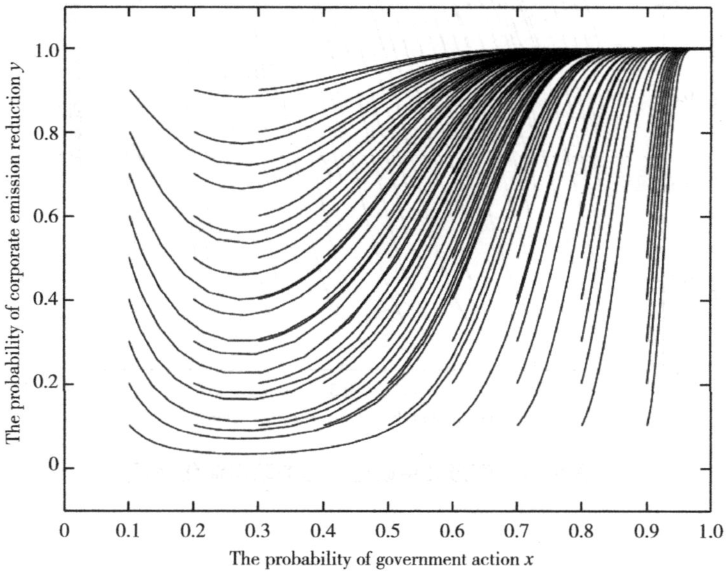

图 8.16　情形⑩中政企行为的动态演化路径

若企业对政府的苛责导致的政府损失 $D_1=93$，民众对企业的负面评价导致的企业损失 $D_2=50$，民众抗议政府不作为导致的政府损失 $D_3=20$。参数条件满足 $F-C_2+D_3>0$，$D_1-C_2-S>0$，$R_1-C_1-R_2+D_2>0$，与情形⑪相吻合。相对于情形④，民众对企业的约束（D_2）以及民众对政府的约束（D_3）都增加了。

图 8.17 刻画了政府和企业随时间的动态演化路径，可以看出（1，1）为系统的演化稳定点，表示无论政企双方初始意愿如何，其最终会收敛于（作为，减排）的行为策略。此种情形下由于民众意愿对政府的约束（D_3）和企业意愿对政府的约束（D_1）都比较强，因此，政府的最优选择是“作为”策略，同时由于民众意愿对企业的约束（D_2）也较强，因此，企业的最优选择是

“减排”策略。此时政企双方在自身利益最大化的激励下都自发积极行动推动碳减排，并且相对于情形⑤和情形⑩，避免了博弈过程中由于政府或企业的滞后策略带来的环境损失，进一步优化了碳减排路径。

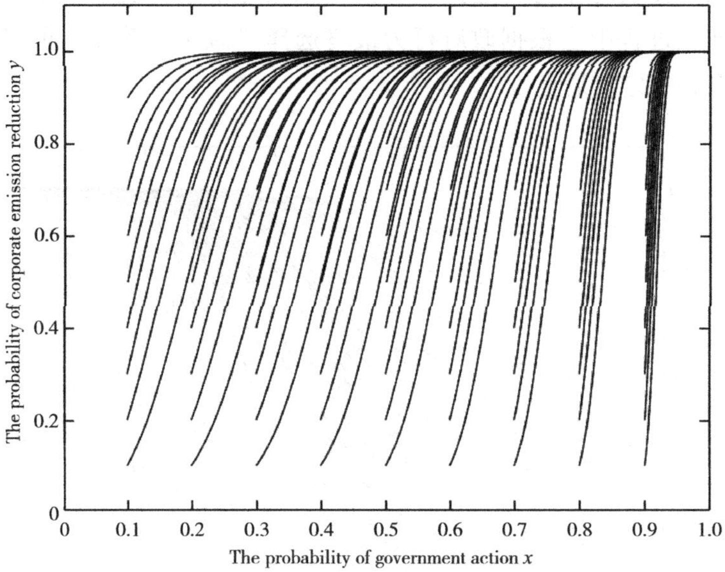

图 8.17　情形⑪中政企行为的动态演化路径

8.4

本章小结

本章构建了政企双方碳减排的演化博弈模型，在此基础上引入公众意愿约束，具体分析了博弈双方的演化稳定策略，并在不同情形下对博弈双方的行为策略进行数值模拟与仿真。结果表明，在公众意愿的约束下，政企双方的演化博弈存在四种演化稳定策略及一种围绕中心点不断波动的情形。此时政企双方在自发地趋向（作为，减排）的最优状态。

企业意愿对政府的约束（D_1）在碳减排中起到了至关重要的作用，只有企业意愿对政府的约束足够强，政府才会在企业减排时选择“作为”策略，不挫伤企业减排积极性。在此前提下，民众意愿（D_2、D_3）的增强可以进一步约束政府和企业的行为，消除政企双方采取消极策略的可能，减少双方策略滞后性，进一步优化节能减排路径。

政府和企业的初始意愿也会对节能减排路径产生一定影响。首先，政企双方的初始意愿会强化各自的行为，初始意愿越强，行为概率的收敛速度越快；其次，政府和企业的初始意愿会对对方的行为选择产生一定的影响。这种影响主要体现在双方行为概率的收敛速度上，相对来说，政府的初始意愿对企业的影响较大，企业初始意愿对政府的影响多数情况下并不显著。另外，特定情形（情形④）中政企双方的初始意愿会决定对方最终的行为策略。

本章研究了公众意愿机制对于政企双方碳减排策略的影响。情景分析中数据都是拟定的，如果可以获取真实的统计数据，分析结果会更加贴近现实情况。另外，碳交易制度的实施对政企双方碳减排博弈结果也会产生很大的影响。因此，本章的研究将在充分获取统计数据的基础上考虑碳配额、碳价格等因素如何影响政企行为及演化稳定结果，进一步优化碳减排路径。

第9章

碳交易驱动下的政企碳减排演化分析

企业作为主要的碳排放源，是碳减排工作中的关键行为主体（侯丽朋等，2020）。然而现实中主动采取碳减排措施的企业数量较少，许多企业存在超标碳排放的现象，归根结底还是由于政府不作为、企业过分追逐短期利润以及公众环境意识淡薄等因素造成的（胡静锋，2011）。根据西方经济学的理论，无论企业还是政府都是以自身所追求的目标最大化为出发点，由于企业减排和政府监管都要付出相应成本，因此，从根本上讲，超标碳排放的现象还是由于一些地方、企业及部门出于成本收益的考量，不重视乃至故意回避节能减排造成的（潘婷等，2018；严振亚和李健，2020）。作为碳减排工作的主要推动力量，这就要求政府必须积极作为，发挥监督引领的作用，一方面要对企业是否合规排放进行监督检查，惩罚超标碳排放行为；另一方面也要对采用节能减排技术的企业进行合理补偿，以防挫伤企业减排积极性（丁黎黎等，2020）。与此同时，企业的行为也会影响政府的决策（Li et al.，2019），企业会识别政策导向，根据自身利润最大化的原则来决定是否进行节能减排。碳减排进程在政府和企业的博弈中推进。由于政企之间这种相互影响、相互制约关系的存在（Li et al.，2018），关于两者之间作用机制及影响因素的研究就显得异常重要。

由于监管、减排成本较高，出于成本收益的考量，政府和企业往往不会同时采取有利于碳减排工作的策略。事实上，适当驱动机制（Wang et al.，2011）的引入，可以有效约束两者的行为，使政企博弈的结果更容易达到最优状态。现实生活中，公众意愿在环境治理当中发挥的重要作用不容忽视（Yang et al.，2019）。对于政府来说，“汹涌的民意”是政府绝不愿看到的现象，公众的负面评价不仅会影响政府的声誉，由此引发的罢工、游行还会降低社会运行效率，最终将损害全社会的福利（Simon et al.，2015）。对于企业来说，民众对于企业的负面评价带来的社会舆论将直接影响企业的业绩和股价（上市公司）。此外，民众也可以通过投诉、抗议等方式降低企业的运行效率。因此，在碳减排工作中，公众意愿机制是重要的一环，公众意愿的引入更贴近现实情况，也将有益于改善政企博弈结果。

碳交易作为一种以温室气体排放权为交易主体的市场机制（Duan et al.，2018；Entezaminia et al.，2021），被认为是减少碳排放和控制气候变化的重要政策（Sijm，2005）。一方面，碳交易提高了企业的减排成本（Xian et al.，2019），从源头上控制了碳排放；另一方面，碳市场作为新兴的排污权交易市场，在提高资源配置效率（陈真玲等，2019）的同时也丰富了财政来源（Carl and Fedor，2016），做到了经济效益与环境效益兼顾（Cai et al.，2016）。作为碳减排工作中的两个关键主体（焦建玲等，2017），政府和企业通过碳交易市场相互影响、相互制约（Fang et al.，2018），碳市场也在这个过程中得到发展。

目前，学界已经对节能减排中政企双方的关系及相互作用机制展开了较多研究。Li 等（2018）将政府与制造商之间的互动过程描述为 Stackelberg 博弈，并应用程式化模型来推导政府与制造商的均衡策略。Zhou 等（2019）同样基于 Stackelberg 博弈，构建了一个考虑碳排放的社会福利模型，认为区块碳税更有利于鼓励低碳生产。Wang 等（2019）建立了基于博弈论和复杂网络理论的低碳扩散模型，从复杂网络特征和消费者环保意识的角度研究了低碳扩散问题。佟岩和王云（2014）基于委托代理理论，构建了政府与企业之间的动态博弈模型，研究了政府的相关政策是否可以鼓励中小企业加强创新。万伦来和卢越（2015）在环境污染排放限额的前提下考虑政府和企业的博弈，认为企业减污成本与政府期望社会成本达成动态平衡有利于改善环保状态。任杰等（2016）的研究基于政府和企业间两阶段的动态博弈，发现政府不同的补贴政策和补贴标准将影响政企双方的行为策略和博弈结果。王志国等（2016）建立了动态定时博弈模型，分析了政府决策中低碳技术创新体系绩效指标的时间和数量特征，提出了关于低碳创新政策制定的合理构想。

现有关于政企双方演化博弈的研究成果也较为丰硕，诸多学者从不同角度分析了政企双方演化博弈的机制。聂丽和张利江（2019）着眼于政企双方在绿色技术创新中的博弈，建立了政府和排污企业演化博弈模型，发现两者无法通过自发行动达成最优均衡。马媛和潘亚君（2019）为探究煤矿绿色开采技术如何有效推广，从政企演化博弈过程中企业收益和监管强度两个方面提出了解决措施。Kang 等（2019）将演化博弈论应用于低碳供应链管理研究，为长期低碳供应链发展提供了研究思路。唐慧玲（2019）则是在演化博弈的基础上同时引入纳什均衡理论，探讨了如何优化绿色供应链中政企的行为策略。熊磊和胡石其（2018）充分关注了长江经济带生态环境的保护问题，认为可以通过改善政企之间的演化博弈结果建立起一种协同保护机制。李昌峰等（2014）以太湖流域为例，基于演化博弈模型指出上级监管部门必须会作为、善作为，才能确定适宜的罚金范围，从而促使博弈主体达到最优环保策略状态。

现实生活中，出于成本收益的考量，政府和企业往往会在碳减排工作中采取相对消极的策略，并且两者的行为将相互强化。因此，外部驱动机制的引入是重要的，适当的约束将有利于改善政企博弈的结果。本章正是在深入剖析两者相互作用机制的基础上，结合我国实际，探寻碳交易驱动下政企碳减排演化博弈的最优路径，从而为我国乃至世界碳减排工作的开展提供理论参考和现实依据。

9.1 碳交易驱动机制探讨

碳交易作为最有效率的市场手段之一，在碳减排工作中发挥着重要力量。首先，碳交易的开展将直接抑制区域碳排放的水平。在控排名单中的企业为完成履约目标，减少超标碳排放带来的损失，必然会自发采取措施降低碳排放强度。这种约束分为正反两面，一方面，积极采取减排措施的企业将拥有更多碳配额盈余，可以在碳市场中获取更多碳交易收入，这是一种正向激励；另一方面，消极减排的企业为完成履约目标，将不得不承担购买碳配额的额外成本，这是一种负向激励。其次，碳交易的开展也将加速新能源的发展，为企业提供更多能源选项，间接降低碳排放强度。最后，对于政府而言，碳试点政策也将活跃区域金融市场，政府也可从碳交易市场中获得可观的经济和社会效益。这就推动政府采取相应措施促进碳交易市场的建立健全。

事实上，虽然碳交易可以对政府及企业形成有效的驱动机制，但无论是政府还是企业依然会出于成本收益考量来选择是否在碳减排工作中采取积极策略。例如，碳交易市场发展初期，碳价格和碳交易额往往处于低位运行的状态，对控排企业难以形成有效的激励抑或是约束；对政府来说，碳交易初期给当地带来的经济社会效益也较为有限，且运行碳交易市场需要成本投入，此时政府对于发展碳交易、规制企业控排的积极性也将受到抑制。在碳交易发展的不同阶段，政企双方在碳交易机制的驱动下将相应地采取不同的行为策略，直接影响碳减排工作的实效。因此，对碳交易市场发展过程中政企行为模式及稳定策略的研究是必不可少的，这也将有利于采取针对性的措施改善双方行为，优化碳减排路径。

9.2 碳交易驱动下的政企演化模型构建

碳减排工作中，理性的政府和企业都会根据自身利益最大化的考量来做出相关决策，政企双方的博弈结果直接影响碳减排的状态和实施效果。公众意愿作为重要的外部机制，可以对政企双方的行为起到一定的约束作用，有利于改善政企博弈结果；碳交易作为最有效率的市场手段之一，碳交易的实施对于政企双方的行为模式有着深刻影响。政府和企业在碳交易的驱动下或将自发趋向于最优减排路径。本章正是在公众意愿约束的基础上，充分考虑碳交易因素对于政企双方行为的影响，构建碳交易驱动下的政企碳减排演化博弈模型。

9.2.1 模型参数设定

(1) 令 $P_1 = p(T - T_1)$，$P_2 = p(T_2 - T)$。p 为碳交易价格，T 为当期分配给企业的碳配额，T_1 为企业积极减排时的碳排放量。假定企业采取减排措施，碳排放量将大幅下降，低于免费分配的碳排放额度（$T_1 < T$），此时企业可以出售多余的碳配额，P_1 为企业积极减排情形下企业售出碳配额的获利，也可视作碳配额的出售收入；T_2 为企业不采取减排措施时的碳排放量，往往高于免费分配的碳配额（$T_2 > T$），P_2 为企业为完成碳指标在碳市场中购买碳配额付出的成本，也可视作碳配额的购入成本。

(2) 若地方政府积极作为，实施碳试点政策，则可以从碳交易中分得交易利润（交易手续费、会员费等），θ 为交易额分配系数，θP_1 和 θP_2 可视为政府从碳交易中获得的收益。

(3) 若地方政府在碳减排工作中不作为，不主动采取措施加强监管，完善碳交易市场机制，则无法分得碳交易市场的交易成果，企业也无须进行碳交易。

(4) 假定上述所有参数都大于零。

由于引入碳交易驱动机制后，模型参数较为繁杂，为使模型的含义更加直观，本节给出模型所需参数的符号及定义，如表 9.1 所示。

表 9.1　模型参数及其定义

参数	定义	参数	定义
U_1	企业减排时政府的社会收益	D_1	企业意愿对政府的约束
U_2	企业不减排时政府的社会收益	D_2	民众意愿对企业的约束
R_1	企业减排的综合收益	D_3	民众意愿对政府的约束
R_2	企业不减排的综合收益	p	碳价格
C_1	企业的减排成本	T	碳配额
C_2	政府的监管成本	T_1	企业减排时的碳排放量
S	给予企业的减排补贴	T_2	企业不减排时的碳排放量
F	企业不减排收取的罚金	P_1	碳配额的出售收入
θ	交易额分配系数	P_2	碳配额的购入成本

9.2.2　政企演化博弈复杂系统构建

在公众意愿视角下政企碳减排演化博弈模型的基础上，引入碳交易机制后，可得碳交易驱动下的政企双方博弈矩阵，如表 9.2 所示。其中假设政府作为的概率为 x，不作为的概率为 $1-x$；企业减排的概率为 y，不减排的概率为 $1-y$。

表 9.2　　碳交易驱动下的政企双方博弈支付矩阵

变量		政府 作为（y）	政府 不作为（$1-y$）
企业	减排（x）	$R_1 - C_1 + S + P_1$， $U_1 - C_2 - S + \theta P_1$	$R_1 - C_1$， $U_1 - D_1$
	不减排（$1-x$）	$R_2 - F - D_2 - P_2$， $U_2 - C_2 + F + \theta P_2$	$R_2 - D_2$， $U_2 - D_3$

将政府采取“作为”策略的期望收益记为 E_{11}，采取“不作为”策略的期望收益记为 E_{12}，由支付矩阵可得，政府选择作为和不作为的期望收益分别为：

$$E_{11} = y(U_1 - C_2 - S + \theta P_1) + (1 - y)(U_2 - C_2 + F + \theta P_2) \tag{9.1}$$

$$E_{12} = y(U_1 - D_1) + (1 - y)(U_2 - D_3) \tag{9.2}$$

由式（9.1）和式（9.2）可得政府的平均期望收益为：

$$\overline{E_1} = xE_{11} + (1 - x)E_{12} \tag{9.3}$$

进一步地，根据 Malthusian 方程可得政府行为的复制动态方程为：

$$\begin{aligned} F(x) &= \frac{d_x}{d_t} = x(E_{11} - \overline{E_1}) \\ &= x(1 - x)\{F - C_2 + D_3 + \theta P_2 - y[S + F + D_3 - D_1 + \theta(P_2 - P_1)]\} \end{aligned} \tag{9.4}$$

将企业采取“减排”策略的期望收益记为 E_{21}，采取“不减排”策略的期望收益记为 E_{22}，由支付矩阵可得，企业选择减排和不减排的期望收益分别为：

$$E_{21} = x(R_1 - C_1 + S + P_1) + (1 - x)(R_1 - C_1) \tag{9.5}$$

$$E_{22} = x(R_2 - F - D_2 - P_2) + (1 - x)(R_2 - D_2) \tag{9.6}$$

根据式（9.5）及式（9.6）可推得企业的平均期望收益为：

$$\overline{E_2} = xE_{21} + (1 - x)E_{22} \tag{9.7}$$

与政府类似，可得企业的复制动态方程为：

$$\begin{aligned} F(y) &= \frac{d_y}{d_t} = y(E_{21} - \overline{E_2}) \\ &= y(1 - y)[x(S + F + P_1 + P_2) + R_1 - C_1 - R_2 + D_2] \end{aligned} \tag{9.8}$$

根据上述分析，政企双方的复制动态方程可构成一个二维的动力系统：

$$\begin{cases}F(x)=\dfrac{d_x}{d_t}=x(1-x)\{F-C_2+D_3+\theta P_2-y[S+F+D_3-D_1\\ \qquad +\theta(P_2-P_1)]\}\\ F(y)=\dfrac{d_y}{d_t}=y(1-y)[x(S+F+P_1+P_2)+R_1-C_1-R_2+D_2]\end{cases} \tag{9.9}$$

为求演化博弈的均衡点，分别令 $F(x)=0$、$F(y)=0$，可得博弈双方动态演化过程中的5个局部均衡点，分别为 $P_1(0,0)$、$P_2(0,1)$、$P_3(1,0)$、$P_4(1,1)$、$P_5(x''_0,y''_0)$，其中 $x''_0=\dfrac{-R_1+C_1+R_2-D_2}{S+F+P_1+P_2}$，$y''_0=\dfrac{F+D_3-C_2+\theta P_2}{S+F+D_3-D_1+\theta(P_2-P_1)}$。当且仅当 $0<x''_0<1$，$0<y''_0<1$ 时，存在均衡点 $P_5(x''_0,y''_0)$。

根据 Friedman 的理论，通过雅克比（Jacobian）矩阵的局部稳定性分析可得到演化系统均衡点的稳定性。上述动力系统的雅克比矩阵可以用 J'' 表示为：

$$J''=\begin{bmatrix}\dfrac{dF(x)}{dx} & \dfrac{dF(x)}{dy}\\ \dfrac{dF(y)}{dx} & \dfrac{dF(y)}{dy}\end{bmatrix}=\begin{bmatrix}a'' & b''\\ c'' & d''\end{bmatrix}= \tag{9.10}$$

$$\begin{bmatrix}(1-2x)\{F-C_2+D_3+\theta P_2-y[S+F+D_3-D_1+\theta(P_2-P_1)]\} & x(x-1)[S+F+D_3-D_1+\theta(P_2-P_1)]\\ y(1-y)(S+F+P_1+P_2) & (1-2y)[x(S+F+P_1+P_2)+R_1-C_1-R_2+D_2]\end{bmatrix}$$

根据 Friedman 的思想，当且仅当均衡点在雅克比矩阵中同时满足行列式大于零，迹小于零（$Det(J)>0$，$Tr(J)<0$）时，才是系统的演化稳定策略（ESS）。由于系统参数的不确定性，均衡点的稳定性有待进一步考察。

9.2.3 模型系统动力学行为分析

命题 9.1

（1）当 $F-C_2+D_3+\theta P_2<0$，$R_1-C_1-R_2+D_2<0$ 时，系统的演化稳定策略为（不作为，不减排）；（2）当 $D_1-C_2-S+\theta P_1<0$，$R_1-C_1-R_2+D_2>0$ 时，系统的演化稳定策略为（不作为，减排）；（3）当 $F-C_2+D_3+$

$\theta P_2 > 0, R_1 - C_1 - R_2 + D_2 < -(S + F + P_1 + P_2)$ 时，系统的演化稳定策略为（作为，不减排）；（4）当 $D_1 - C_2 - S + \theta P_1 > 0, R_1 - C_1 - R_2 + D_2 > -(S + F + P_1 + P_2)$ 时，系统的演化稳定策略为（作为，减排）；（5）当 $F - C_2 + D_3 + \theta P_2 > 0, D_1 - C_2 - S + \theta P_1 < 0$ 且 $-(S + F + P_1 + P_2) < R_1 - C_1 - R_2 + D_2 < 0$ 时，系统存在 5 个均衡点，不存在演化稳定策略（ESS）。

证明：根据系统的雅克比矩阵，计算得出五个均衡点处 a''、b''、c''、d''的取值，如表 9.3 所示。

表 9.3　　各均衡点处的取值

均衡点	a''	b''	c''	d''
(0, 0)	$F - C_2 + D_3 + \theta P_2$	0	0	$R_1 - C_1 - R_2 + D_2$
(0, 1)	$D_1 - C_2 - S + \theta P_1$	0	0	$-(R_1 - C_1 - R_2 + D_2)$
(1, 0)	$-(F - C_2 + D_3 + \theta P_2)$	0	0	$R_1 - C_1 + S + P_1 - R_2 + D_2 + P_2 + F$
(1, 1)	$-D_1 + C_2 + S - \theta P_1$	0	0	$-(R_1 - C_1 + S + P_1 - R_2 + D_2 + P_2 + F)$
(x''_0, y''_0)	0	X''	Y''	0

注：$X'' = x''_0(x''_0 - 1)[S + F + D_3 - D_1 + \theta(P_2 - P_1)]$，$Y'' = y''_0(1 - y''_0)(S + F + P_1 + P_2)$；其中 $x''_0 = \frac{-R_1 + C_1 + R_2 - D_2}{S + F + P_1 + P_2}$，$y''_0 = \frac{F + D_3 - C_2 + \theta P_2}{S + F + D_3 - D_1 + \theta(P_2 - P_1)}$。

由于参数的不确定性，系统在各均衡点处的稳定性存在 12 种情形：

①$F - C_2 + D_3 + \theta P_2 < 0, D_1 - C_2 - S + \theta P_1 < 0$，$-(S + F + P_1 + P_2) < R_1 - C_1 - R_2 + D_2 < 0$；

②$F - C_2 + D_3 + \theta P_2 < 0, D_1 - C_2 - S + \theta P_1 < 0$，$R_1 - C_1 - R_2 + D_2 > 0$；

③$F - C_2 + D_3 + \theta P_2 < 0, D_1 - C_2 - S + \theta P_1 < 0$，$R_1 - C_1 - R_2 + D_2 < -(S + F + P_1 + P_2)$；

④$F - C_2 + D_3 + \theta P_2 < 0, D_1 - C_2 - S + \theta P_1 > 0$，$-(S + F + P_1 + P_2) < R_1 - C_1 - R_2 + D_2 < 0$；

⑤$F - C_2 + D_3 + \theta P_2 < 0, D_1 - C_2 - S + \theta P_1 > 0$，$R_1 - C_1 - R_2 + D_2 > 0$；

⑥$F - C_2 + D_3 + \theta P_2 < 0, D_1 - C_2 - S + \theta P_1 > 0$，$R_1 - C_1 - R_2 + D_2 < -(S + F + P_1 + P_2)$；

⑦$F - C_2 + D_3 + \theta P_2 > 0, D_1 - C_2 - S + \theta P_1 < 0$，$-(S + F + P_1 + P_2) < R_1 - C_1 - R_2 + D_2 < 0$；

⑧$F - C_2 + D_3 + \theta P_2 > 0, D_1 - C_2 - S + \theta P_1 < 0$，$R_1 - C_1 - R_2 + D_2 > 0$；

⑨ $F - C_2 + D_3 + \theta P_2 > 0, D_1 - C_2 - S + \theta P_1 < 0, R_1 - C_1 - R_2 + D_2 < -(S + F + P_1 + P_2)$；

⑩ $F - C_2 + D_3 + \theta P_2 > 0, D_1 - C_2 - S + \theta P_1 > 0, -(S + F + P_1 + P_2) < R_1 - C_1 - R_2 + D_2 < 0$；

⑪ $F - C_2 + D_3 + \theta P_2 > 0, D_1 - C_2 - S + \theta P_1 > 0, R_1 - C_1 - R_2 + D_2 > 0$；

⑫ $F - C_2 + D_3 + \theta P_2 > 0, D_1 - C_2 - S + \theta P_1 > 0, R_1 - C_1 - R_2 + D_2 < -(S + F + P_1 + P_2)$。

分析12种情形下雅克比矩阵行列式和迹的符号，可得各均衡点的稳定性，如表9.4所示。情形①③⑥的演化稳定点为（0，0），情形②⑧的演化稳定点为（0，1），情形⑨⑫的演化稳定点为（1，0），情形⑤⑩⑪的演化稳定点为（1，1）。比较特殊的是，情形④存在两个演化稳定点，即（0，0）和（1，1），情形⑦不存在演化稳定点。由此可以得证命题9.1。

表9.4　局部均衡点的稳定情况

均衡点	情形①			情形②			情形③		
	Det(J)	Tr(J)	结果	Det(J)	Tr(J)	结果	Det(J)	Tr(J)	结果
(0，0)	+	−	ESS	−	N	鞍点	+	−	ESS
(0，1)	−	N	鞍点	+	−	ESS	−	N	鞍点
(1，0)	+	+	不稳定点	+	+	不稳定点	−	N	鞍点
(1，1)	−	N	鞍点	−	N	鞍点	+	+	不稳定点
(x_0, y_0)	N	0	鞍点	N	0	鞍点	N	0	鞍点
均衡点	情形④			情形⑤			情形⑥		
	Det(J)	Tr(J)	结果	Det(J)	Tr(J)	结果	Det(J)	Tr(J)	结果
(0，0)	+	−	ESS	−	N	鞍点	+	−	ESS
(0，1)	+	+	不稳定点	−	N	鞍点	+	+	不稳定点
(1，0)	+	+	不稳定点	+	+	不稳定点	−	N	鞍点
(1，1)	+	−	ESS	+	−	ESS	−	N	鞍点
(x_0, y_0)	N	0	鞍点	N	0	鞍点	N	0	鞍点
均衡点	情形⑦			情形⑧			情形⑨		
	Det(J)	Tr(J)	结果	Det(J)	Tr(J)	结果	Det(J)	Tr(J)	结果
(0，0)	−	N	鞍点	+	+	不稳定点	−	N	鞍点
(0，1)	−	N	鞍点	+	−	ESS	−	N	鞍点

续表

均衡点	情形⑦			情形⑧			情形⑨		
	Det(J)	Tr(J)	结果	Det(J)	Tr(J)	结果	Det(J)	Tr(J)	结果
(1, 0)	-	N	鞍点	-	N	鞍点	+	-	ESS
(1, 1)	-	N	鞍点	-	N	鞍点	+	+	不稳定点
(x_0, y_0)	+	0	中心点	N	0	鞍点	N	0	鞍点
均衡点	情形⑩			情形⑪			情形⑫		
	Det(J)	Tr(J)	结果	Det(J)	Tr(J)	结果	Det(J)	Tr(J)	结果
(0, 0)	-	N	鞍点	+	+	不稳定点	-	N	鞍点
(0, 1)	+	+	不稳定点	-	N	鞍点	+	+	不稳定点
(1, 0)	-	N	鞍点	-	N	鞍点	+	-	ESS
(1, 1)	+	-	ESS	+	-	ESS	-	N	鞍点
(x_0, y_0)	N	0	鞍点	N	0	鞍点	N	0	鞍点

根据命题9.1及其证明，我们可以将政企演化博弈的12种情形进行归类，并具体阐述其经济含义：

（1）当 $F - C_2 + D_3 + \theta P_2 < 0, R_1 - C_1 - R_2 + D_2 + P_1 + P_2 < 0$ 时，可推得 $F - C_2 + \theta P_2 < -D_3, R_1 - C_1 + P_1 < R_2 - D_2 - P_2$。此时企业在政府不作为时选择“不减排”的收益较大，政府在企业不减排时选择“不作为”的收益较大。在长期演化过程中，博弈双方存在机会主义倾向，都有动机选择消极行为，所以此时系统的演化均衡点必定有 $P_1(0,0)$，即政企双方的策略是（不作为，不减排），碳减排状态最为消极，如表9.4情形①③④⑥所示。

（2）当 $D_1 - C_2 - S + \theta P_1 < 0, R_1 - C_1 - R_2 + D_2 + P_1 + P_2 > 0$ 时，可推得 $D_1 < C_2 + S - \theta P_1, R_1 - C_1 + P_1 > R_2 - D_2 - P_2$；由 $R_1 - C_1 - R_2 + D_2 + P_1 + P_2 > 0$ 进一步可知 $R_1 - C_1 - R_2 + D_2 + P_1 + P_2 > -(S + F)$，转换形式得 $R_1 - C_1 + S + P_1 > R_2 - F - D_2 - P_2$。此时无论政府作为还是不作为，企业选择减排的收益都大于不减排策略，所以“减排”策略是企业的最佳选择。由 $D_1 < C_2 + S - \theta P_1$ 可知，在长期演化过程中政府会识别企业的非减排行为，最终选择“不作为”策略。此时政企双方只有企业一方选择积极行动，碳减排达到次优状态，如表9.4情形②⑧所示。

（3）当 $F - C_2 + D_3 + \theta P_2 > 0, R_1 - C_1 - R_2 + D_2 + P_1 + P_2 < -(S + F)$ 时，可推得 $F - C_2 + \theta P_2 > -D_3, R_1 - C_1 + S + P_1 < R_2 - F - D_2 - P_2$；又由

$R_1 - C_1 - R_2 + D_2 + P_1 + P_2 < 0$ 可知 $R_1 - C_1 + P_1 < R_2 - D_2 - P_2$。此时无论政府作为还是不作为，企业的选择都是“不减排”策略。由 $F - C_2 + \theta P_2 > - D_3$ 可知，政府在企业不减排时选择“作为”策略的收益较大，理性的政府在明确企业行为后必然会选择“作为”策略。此时系统演化均衡策略为（作为，不减排），碳减排同样达到次优状态，如表 9.4 情形⑨⑫所示。

（4）当 $D_1 - C_2 - S + \theta P_1 > 0$, $R_1 - C_1 - R_2 + D_2 + P_1 + P_2 > -(S + F)$ 时，可推得 $D_1 > C_2 + S - \theta P_1$, $R_1 - C_1 + S + P_1 > R_2 - F - D_2 - P_2$。此时政府在企业减排时选择“作为”策略可以获得更多收益，企业在政府作为时的最优选择是“减排”策略。政企双方都有动机积极推动碳减排，存在（作为，减排）策略组合，碳减排可以达到最优状态，如表 9.4 情形④⑤⑩⑪所示。

比较特殊的是，同时加入 $F - C_2 + D_3 + \theta P_2 < 0$, $R_1 - C_1 - R_2 + D_2 + P_1 + P_2 < 0$ 两个条件后，政企双方会产生机会主义倾向，都有动机选择消极行为。经过长期演化，（不作为，不减排）也会是演化稳定策略，如表 9.4 情形④所示。

（5）当 $F - C_2 + D_3 + \theta P_2 > 0$, $D_1 - C_2 - S + \theta(P_1 - P_2) < 0$ 且 $-(S + F) < R_1 - C_1 - R_2 + D_2 + P_1 + P_2 < 0$ 时，可得 $F - C_2 + \theta P_2 > - D_3$, $D_1 > C_2 + S - \theta P_1$, $R_1 - C_1 + S + P_1 > R_2 - F - D_2 - P_2$ 且 $R_1 - C_1 + P_1 < R_2 - D_2 - P_2$。此种情形下政企双方会根据对方行为不断改变自身策略，存在周期性行为。此时系统只有一个中心点 (x_0, y_0)，不存在演化稳定策略，政企双方的最终选择受初始意愿影响，围绕中心点不断波动，如表 9.4 情形⑦所示。

9.3 碳交易驱动下的政企演化路径情景分析

为进一步研究政企双方在碳交易中的行为模式，本节将博弈双方的动态行为可视化。碳价、碳配额等因素对政企双方行为及碳市场演进的影响将会更为直观地体现。根据相关研究（石敏俊等，2013），当前单一碳排放交易机制情景下，减排成本（C_1）约为 60 元/吨 CO_2（为便于叙述，以下皆简写为元/吨），碳税水平（F）可模拟为 40 元/吨；政府监管投入往往低于企业行为投入（Li et al.，2019），因此可以认为政府监管成本（C_2）略低于企业低碳投资成本，设为 55 元/吨；低碳补贴约为低碳投资（C_1）的 50%（沈满洪和贺震川，2011），因此 S 设为元/吨；假定减排措施成本收益比率为 50%，则采取减排措施企业的收益（R_1）为 120 元/吨；企业采取节能降耗等减排措施的综合收益要比非减排情形下高出 20% 左右（Levinson and Akbari，2010），因此 R_2 参照 R_1，设置为 100 元/吨的水平进行模拟。

D_1 可视为企业意愿对于政府的约束，若企业减排时政府没有给予相应补贴，企业将通过各种渠道对政府进行申诉、抗议，政府将因此付出潜在的协调和补偿成本。长期来看，地方的营商环境也会受到负面影响。若部分企业因负面新闻撤资，地方政府将直接损失工业产值。具有减排压力的主要是工业企业，其中重工业企业减排压力和减排空间都较大，也更可能在政府不作为时发声。根据国家统计局的数据，近几年我国重工业企业产值占工业产值之比皆在 68% 左右，因此，D_1 可计为企业群体减排时收益（R_1）的 68%，约为 80 元/吨；D_2 可视为民众意愿对于企业的约束，若企业不减排，民众的负面评价给企业带来的损失可达企业累积超额收益的 23.89%（沈红波等，2012），因此本章将 D_2 设为企业非减排情形下收益（R_2）的 20%，即 20 元/吨；D_3 可视为民众意愿对于政府的约束，若政府未披露、惩处超标碳排放的企业，民众可以通过信访投诉、网络曝光等方式抗议政府在碳减排工作中的消极行为，居民也可以“用脚投票”，迁移到环境治理更有效的地区，长期来看，当地工业增加值也将受到负面影响（台冰和厉有为，2011）。此时政府的损失可以通过工业增加值的降低来体现。停工停产致使 2020 年第一季度我国工业增加值同比下降 8.5%，为便于数值计算，本章近似地将 D_3 设为企业非减排情形下收益（R_2）的 10%，即 10 元/吨。

当前全国统一的碳市场尚未建立，缺乏相应的数据和经验，因此可以选取代表性的碳市场进行研究。现阶段我国规模较大的碳交易试点有湖北、北京及上海碳市场，其中北京、上海碳交易价格波动幅度较大，极端情况较多，难以代表我国碳市场的一般水平。湖北交易所启动时间较晚，但却更为活跃，且运行以来碳价格稳中有进，无论是碳交易量还是碳交易额都居我国首位。2021 年 5 月生态环境部也对外宣布，全国碳排放权注册登记机构成立前，由湖北碳排放权交易中心承担全国碳排放权注册登记系统账户开立和运行维护等具体工作。这也从侧面显示了湖北碳交易市场相对于其他碳试点的成熟度。对湖北碳市场运行状况的研究，可以更好地描绘政企博弈的不同情景，对深入了解全国碳市场的运行也具有借鉴意义。基于此，碳价与碳配额的初值采用湖北碳交易所的交易数据，数据来源于湖北碳排放权交易中心及中国碳排放交易网。2014～2019年，湖北碳交易价格有所波动，但大部分时间维持在20元左右，因此本节将碳价格的初始值设为20元/吨。据湖北省生态环境厅的数据，近几年湖北企业碳配额总量维持在2.5亿吨左右，因此本节碳配额的初始值设置为25×10^7吨。截至2019年12月31日，湖北碳交所累计碳交易量为6382.09万吨，平均每年1000余万吨，因此假定$T-T_1$及T_2-T的初始值都为1×10^7吨，即配额外碳排放量为1×10^7吨，此时P_1和P_2都为20×10^7元。企业参与碳交易需要缴纳入会费、年费、交易手续费等费用，仅协商议价和定价转让交易手续费就可达到交易额的5%，因此将交易额分配系数θ设为0.1。

综上所述，各参数初始值设定为：$C_1=60$，$C_2=55$，$R_1=120$，$R_2=100$，$S=30$，$F=40$，$D_1=80$，$D_2=20$，$D_3=10$，$p=20$，$T=25$，$T_1=24$，$T_2=26$，$P_1=20$，$P_2=20$，$\theta=0.1$。本节依据湖北碳交所历年碳交易量，将配额外碳排放量设置为1×10^7吨，此时相关参数的单位（元/吨）就可进一步量化，除T、T_1、T_2、p和θ外，其余参数都乘以1×10^7吨，于是参数的量纲皆统一为1×10^7元。这里的初值是对湖北碳市场前期运行情况的一种真实映射。由于本章着重研究的是碳交易机制对于政企博弈的驱动作用，公众意愿等因素仅作为外生变量，形成对政企双方的固定约束，因此，本节将在其他参数不变的前提下，基于不同情形对碳交易的相关参数（T、T_1、T_2、p）进行动态调整，从而描绘出碳市场发展不同阶段的情景。研究湖北碳市场的运行情况不仅可以为其长期发展提供思路，也能为全国碳市场提供必要的经验，有利于全国范围内碳市场的建立健全。

根据参数设定及实际情况，$R_1-C_1-R_2+D_2$只会处于$[-(S+F+P_1+P_2),0]$的区间内，此时参数条件只满足情形①④⑦⑩。另外，这四种情形也充分反映了湖北碳市场不同发展阶段的特点，因此本章具体考察①④⑦⑩这几种情形。其中，部分情形无法自发趋向（作为，减排）的最优碳减排状态，需要采取相应措施来扭转，而另一部分情形可以通过进一步优化达成（作为，减排）的博弈均衡。

9.3.1 碳减排无法自发趋向最优状态的情形

9.3.1.1 政企双方都不采取行动的情形

假设碳交易价格$p=20$元/吨，碳配额$T=25\times10^7$吨，企业积极减排时

的碳排放量 $T_1 = 24 \times 10^7$吨，企业消极减排时的碳排放量 $T_2 = 26 \times 10^7$吨。此时碳配额的最大出售收入 $P_1 = 20 \times 10^7$元（$x=1$ 时），碳配额的最大购入成本 $P_2 = 20 \times 10^7$元（$x=0$ 时）。（为简化叙述，以下相关参数皆略去单位。）条件满足 $F - C_2 + D_3 + \theta P_2 < 0, D_1 - C_2 - S + \theta P_1 < 0, -(S + F + P_1 + P_2) < R_1 - C_1 - R_2 + D_2 < 0$，与情形①相吻合。由于企业群体采取减排措施的比例为 x，碳配额可能的出售规模为 xP_1，碳配额可能的购入规模为 $(1-x)P_2$，因此 $xP_1 + (1-x)P_2$ 可视为碳交易规模。情形①恰好与湖北碳市场前期的运行状况相符合，此时碳价格及碳交易规模都较低。碳市场处于起步阶段时，碳交易规模较小，政府从碳交易市场获得的收益有限因而缺乏作为动力，同时企业在政府不作为时选择“不减排”可获得更多收益。因此可以预见的是，无论政府或企业都缺乏相应的激励，政府和企业将会达成（不作为，不减排）的博弈均衡状态。一方面存在部分企业主动减排意愿不足的问题；另一方面碳市场相关建设不足，缺乏相关的政策支持。此时碳减排状态最为消极，碳交易在碳减排中发挥的作用相对有限。

图 9.1 描绘了情形①中政企博弈的动态演化路径，不同线条代表政企从不同初始行为概率出发得到的演化稳定结果，初始行为概率的高低可衡量双方初

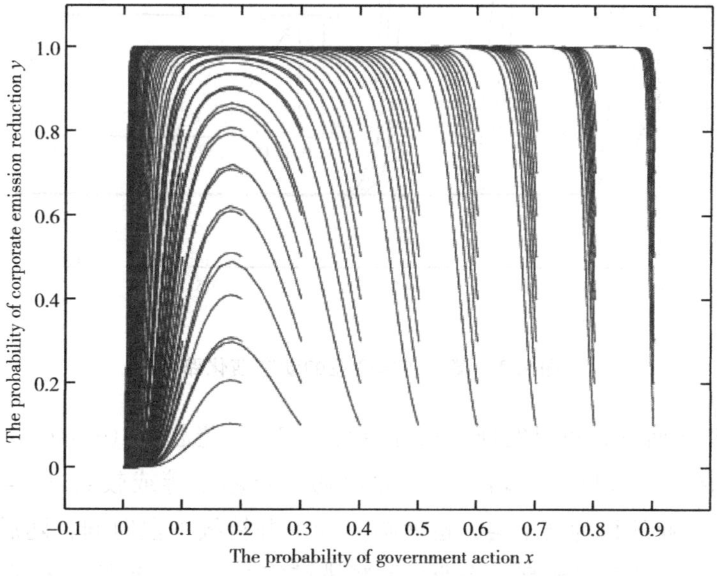

图 9.1　情形①中政企双方的动态演化路径

始意愿的强弱。可以发现，虽然政企的行为概率最终都会收敛于0，但是双方的行为模式有所区别。政府的行为策略比较坚定，无论何种初始意愿下，政府的行为概率都会快速向0趋近，而企业的行为策略出现了一种摇摆现象。当政府初始意愿较低时，企业的行为概率也会随之快速收敛于0；而当政府初始意愿较高时，企业会首先采取一段时间的减排措施（行为概率趋向于1），随后才会与政府一样采取消极行为。

图9.2描绘了情形①中企业行为的动态演化路径。纵轴表示企业的减排概率 y，横轴代表时间 t。这里的时间 t 无具体单位（以下类似），只用于研究企业行为概率的收敛速度。本章将政企的初始意愿分为低、中、高三个等级，即（0.2，0.5，0.8）。图9.2中三种射线分别代表政府初始意愿为低、中、高时企业行为策略的演化情况。

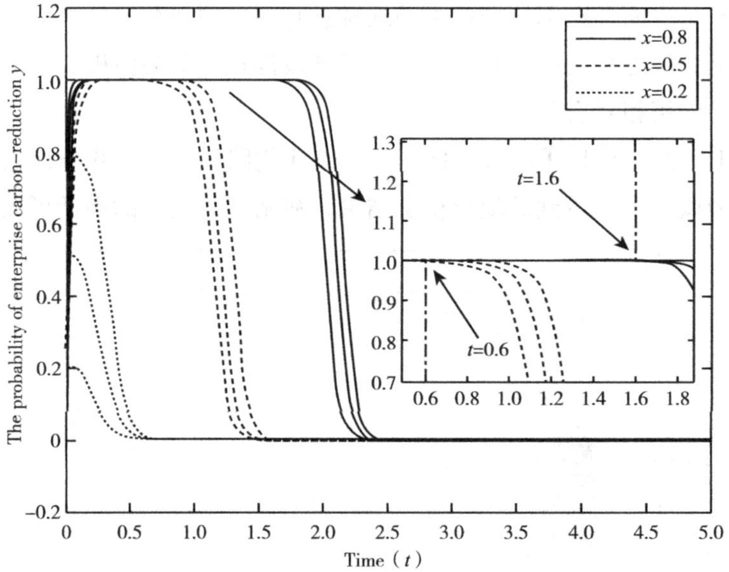

图9.2 情形①中企业的动态演化路径

如图9.2所示，可以发现，只有当政府初始意愿较低（$x=0.2$）时，企业会果断采取“不减排”策略。而当政府初始意愿中等或较高（$x=0.5$，$x=0.8$）时，企业的行为概率会先迅速提高到1并持续一段时间，随后会下降到0。并且政府初始意愿越高，企业采取减排措施的时间就越长。表现在图形上，$x=0.5$ 对应的射线从1到0的拐点到来的时间点为 $t=0.6$，而 $x=0.8$ 对应的射线的拐点到来的时间点为 $t=1.6$。由于碳交易机制的存在，企业不减排时不仅要负担来自政府的罚金，还要支付购买碳配额的成本。当政府初始作为意愿较低（$x=0.2$）时，不用担心政府的高额罚款，因此会迅速选择消极减排的策略；而一旦观察到政府有较强的初始意愿（$x=0.5$，$x=0.8$），企业迫于政府监管的压力，至少短期内会采取积极的减排措施，直到确认政府的最终选择是“不作为”。此时碳减排工作存在一个“窗口期”，企业初始的积极行动带来了充分的反应时间，以便碳市场及碳政策的成熟与完善。如何延长这个“窗口期”是我们要研究的内容。事实上，出于利益考量，企业这种积极减排的措施并不会持久，在确认政府的消极策略后最终还是会采取不减排的措施，除非参数的改变促使情形①向其他情形转变。因此，短期内企业这种“上升—下降”的趋势无法逆转，只能考虑通过延长“窗口期”来改善碳减排状态。

策略一　调整碳配额。

加强对企业的减排激励是延长企业减排“窗口期”的关键。我们认为对碳配额和碳价格的调整都是有效的，如何在两种对策中进行取舍有待进一步分析。

对碳配额的调整可分为两种：一是调低碳配额标准，二是调高碳配额。图 9.3 描绘了碳配额 T 提高到 25.5 时企业行为的动态演化路径。碳配额的提

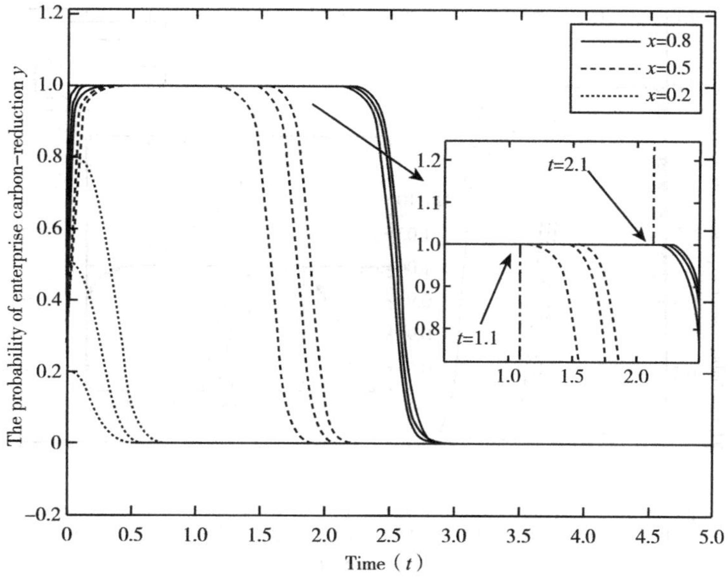

图 9.3　情形①中企业的动态演化路径（$T=25.5$）

高使碳配额的最大出售收入 P_1 上升到30，而碳配额的最大购入成本 P_2 相应地下降到10。从图中可以发现，$x = 0.5$ 对应的射线的拐点到来的时间点为 $t = 1.1$，而 $x = 0.8$ 对应的射线的拐点到来的时间点为 $t = 2.1$。相比于图9.2，两个拐点到来的时间都有一定程度的延迟，说明碳配额的提高有助于延长企业减排的“窗口期”。碳配额的提高使积极减排的企业群体获得了更加富余的碳配额，在一定程度上提高了这部分企业的减排收入（P_1）。虽然放宽碳配额标准相应地也会降低对非减排企业的约束，但企业初始的减排行为主要是受到减排收入的激励，因此碳排放成本（P_2）的降低对企业的影响有限。

图9.4描绘了碳配额 T 降低到24.5时企业行为的动态演化路径。碳配额的降低使 P_1 下降到10，P_2 相应地上升到30。从图中可以发现，$x = 0.5$ 对应的射线的拐点到来的时间点为 $t = 0.6$，而 $x = 0.8$ 对应的射线的拐点到来的时间点为 $t = 1.15$。相比于图9.2，两个拐点到来的时间都有一定程度的提前。毫无疑问，碳配额“从紧”带来的结果是令人沮丧的。碳配额的降低会使企业承受更多碳排放损失（P_2），对企业的碳排放形成一定约束。但是由于政府的不作为，企业没有相应的碳排放损失预期，因此企业实际受到的约束十分有限。另外，减排收入（P_1）的降低也使企业减排动力不足。碳市场发展初期，

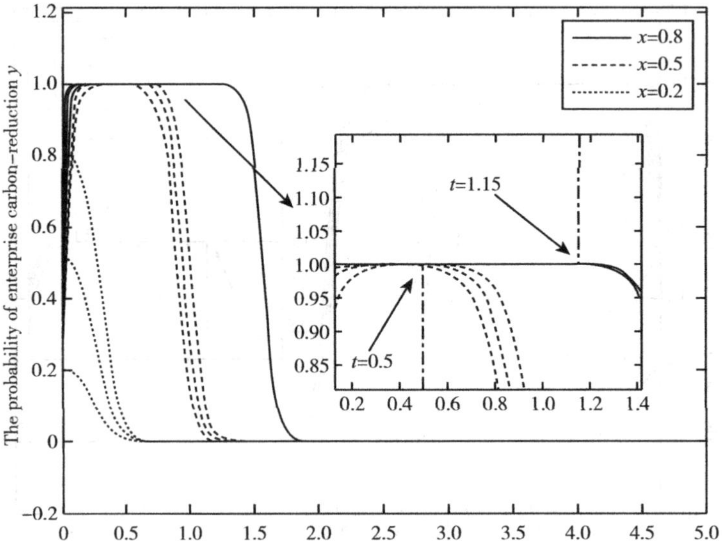

图9.4　情形①中企业的动态演化路径（$T = 24.5$）

很多企业在控制碳排放量方面准备不足，“从紧”的碳配额或将给企业带来巨大的减排压力，影响企业稳定行业发展，因此降低碳配额将不利于延长企业减排的“窗口期”。

对碳价格的调控同样可以分为调高和调低两种。在当前情形下若调低碳价，一方面减排企业由于减排收入（P_1）的降低，将缺乏减排动力；另一方面低碳价无法形成对非减排企业的有效约束（P_2）。因此可以采取相关措施推高碳价，进而扩大碳交易规模，形成对企业有效的激励和约束。

图9.5描绘了碳价格p提高到30（其他条件不变）时企业行为的动态演化路径。碳价格的提高使P_1和P_2同时上升到30。从图中可以发现，$x=0.5$对应的射线的拐点到来的时间点为$t=1.35$，而$x=0.8$对应的射线的拐点到来的时间点为$t=2.3$。相比于图9.3，两个拐点到来的时间有了进一步的延迟。这说明相对于提高碳配额，碳价格的提高更有利于延长企业减排的窗口期，但这种优势并不是很明显。碳价的提升会同时提升企业群体减排收入（P_1）和碳排放损失（P_2），给予企业更多的减排激励和约束。然而由于政府最终的不作为，碳排放损失（P_2）的增加对企业的约束十分有限。

碳市场处于起步阶段时，由于缺乏必要的约束和激励，政企出于自身利益

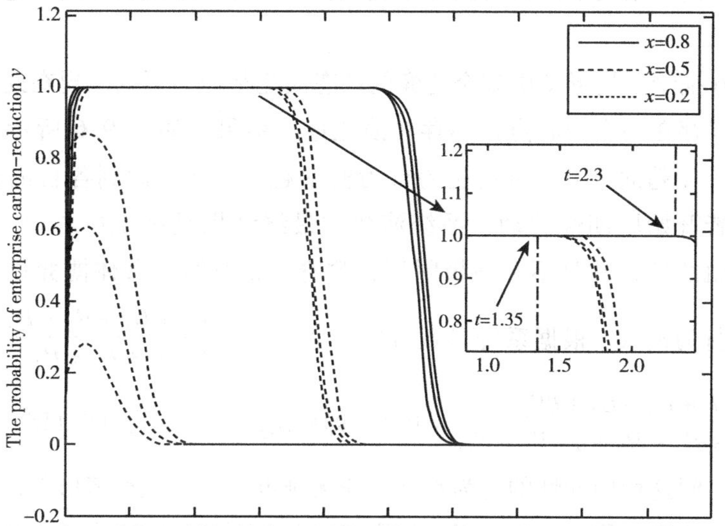

图9.5　情形①中企业的动态演化路径（$p=30$）

考量最终都会采取消极策略，适当采取相应措施可以推动碳市场的发展，也有利于碳减排状态的改善。碳配额和碳价格的提高有利于延长企业减排窗口期，其中提高碳价格的效果要略好于碳配额的提高，且两种策略的协同必然可以进一步延长企业采取减排策略的时间。但考虑到碳市场发展初期不够成熟，缺乏完善的价格机制，贸然调整价格会引起碳市场的剧烈波动，因此暂不考虑调控碳价格。可以适度放宽碳配额，提高对减排企业的激励，在一定程度上优化碳减排路径。

9.3.1.2 政企双方不存在确定行为策略的情形

假设碳交易价格 $p=40$，碳配额 $T=25$，企业积极减排时的碳排放量 $T_1=24$，消极减排时的碳排放量 $T_2=26.5$。此时碳配额的最大出售收入 $P_1=40$，碳配额的最大购入成本 $P_2=60$。条件满足 $F-C_2+D_3+\theta P_2>0$，$D_1-C_2-S+\theta P_1<0$，$-(S+F+P_1+P_2)<R_1-C_1-R_2+D_2<0$，与情形⑦相吻合。在此种情形下碳市场已经得到了一定程度的发展，碳价格和碳交易规模都有了一定程度的提升，可能是未来一段时间内湖北碳市场的运行状况。此时政企既有积极行动的意愿，也有采取消极策略的动机，双方行为存在着很大的不确定性。需要制定相应的政策促进碳市场的不断成熟，碳减排状态也会在这个过程中得到改善。

图 9.6 描绘了情形⑦中政企博弈的动态演化路径。可以发现在此种情形下系统演化只存在一个中心点，不存在演化稳定结果。如图 9.6 所示，政府的行为概率首先趋向于 0，而企业的行为概率趋向于 1，达到各自的极值后双方的行为皆开始周期性波动，系统演化的最终结果是围绕中心点（x_0''，y_0''）运动的闭轨线环，并且不存在极限环，政府和企业两个群体博弈过程表现出一种周期行为模式。根据系统参数计算可得$x_0''=\dfrac{-R_1+C_1+R_2-D_2}{S+F+P_1+P_2}=0.118$，

$y_0''=\dfrac{F+D_3-C_2+\theta P_2}{S+F+D_3-D_1+\theta(P_2-P_1)}=0.5$，即系统的中心点为（0.118，0.5）。

政企之间这种周期性的行为策略并非无迹可寻。在此种情形下，政府在企业采取消极策略时积极作为可以获得更多收益，而企业在政府作为时积极减排更加有利可图。这就使政府和企业一旦观察到对方采取了不利于自己的行为，就会立马转变自身行为策略，而双方行为的这种转变又促使对方再一次改变行

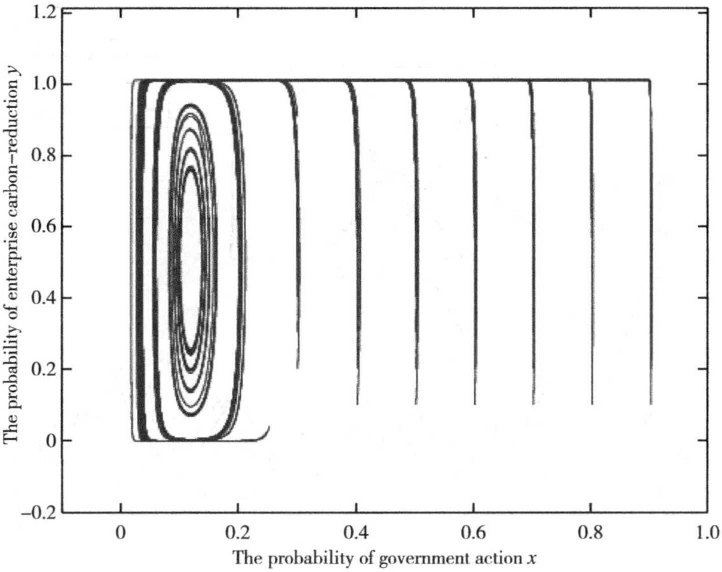

图 9.6　情形⑦中政企双方的动态演化路径

为策略。如此循环往复，最终政企必然无法形成稳定的博弈均衡，双方行为呈现出一种周期性模式。这种周期性行为模式无疑会导致政企之间“猫捉老鼠”的游戏，浪费人力物力资源，对碳减排工作造成较为负面的影响。

图 9.7 和图 9.8 分别描绘了情形⑦中政府和企业行为的动态演化路径。图 9.7 中三种射线分别代表企业初始意愿为低、中、高（$y=0.2$、0.5、0.8）时政府行为策略的演化情况。可以发现政府的行为概率会在一个快速下降后开始周期性波动，同时企业的初始意愿对政府的影响并不显著。在图 9.8 中，三种射线分别代表政府初始意愿为低、中、高（$x=0.2$、0.5、0.8）时企业行为策略的演化情况。可以发现企业的减排概率会先迅速上升到 1 并持续一段时间，随后再迅速下降到 0。如此循环往复，使企业行为周期性波动。企业的行为模式受到政府初始意愿的影响，政府初始意愿的提高会显著延长一个波段中 x 维持在 1 的时间。表现在图形中，相比于 $x=0.2$ 对应的射线，另外两条射线在每个波段中维持在 1 的时间更久，说明政府初始意愿越高，代表企业行为概率的射线在每个波段内保持在 1 的时间更长，也就意味着企业在每个行为周期内都更加趋向于选择“减排”策略，显然政府初始意愿的提高有助于改善企业行为。

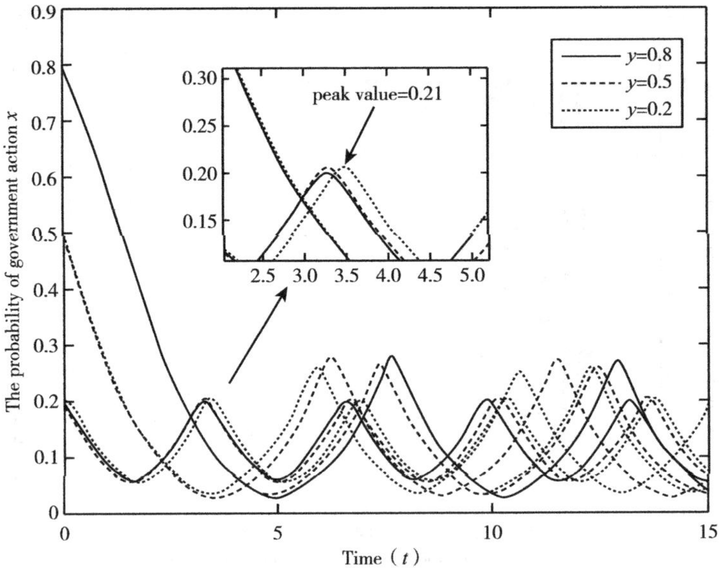

图 9.7　情形⑦中政府的动态演化路径

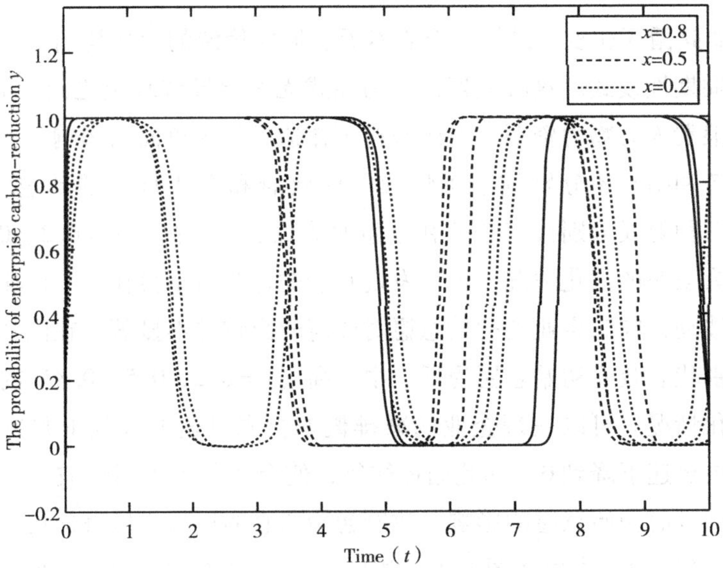

图 9.8　情形⑦中企业的动态演化路径

策略二　动态惩罚和动态补贴。

政企行为的周期性波动会阻碍碳减排工作的开展，同时在这种不断反复的过程中也会造成资源的无谓损失。我们考虑采取动态惩罚和动态补贴相结合的措施来解决这一问题。假设企业不采取减排措施所造成的环境损失与企业的减排概率 y 呈负相关，$1-y$ 可以用来表示企业不采取减排措施带来的环境损失程度。政府会根据环境压力的大小制定对企业的惩罚，此时惩罚 F 可以表示为 $(1-y)f$，f 代表惩罚的最高力度。政府给予企业减排补贴的初衷是激励企业积极采取减排措施。在补贴政策实行的初始阶段，采取减排措施的企业较少，政府会加大补贴力度。反之，当企业群体中采取减排措施的企业越来越多时，政府的控排任务基本完成，自然会降低补贴企业的意愿。因此，可以假设减排补贴与采取减排措施企业的比例成反比，此时补贴 S 可以表示为 $(1-y)s$，s 代表补贴的上限。

图 9.9 描绘了引入动态惩罚和动态补贴后政企博弈的动态演化路径。可以发现大部分情况下系统会收敛于（1，1）。少部分情形下系统会收敛于一个确定的点，这个点会随着政企初始意愿的变化而变化。显然在引入动态惩罚和动态补贴这一机制后，政企双方的周期性行为消失，系统趋于稳定，碳减排情形也得到了较大程度的改善。

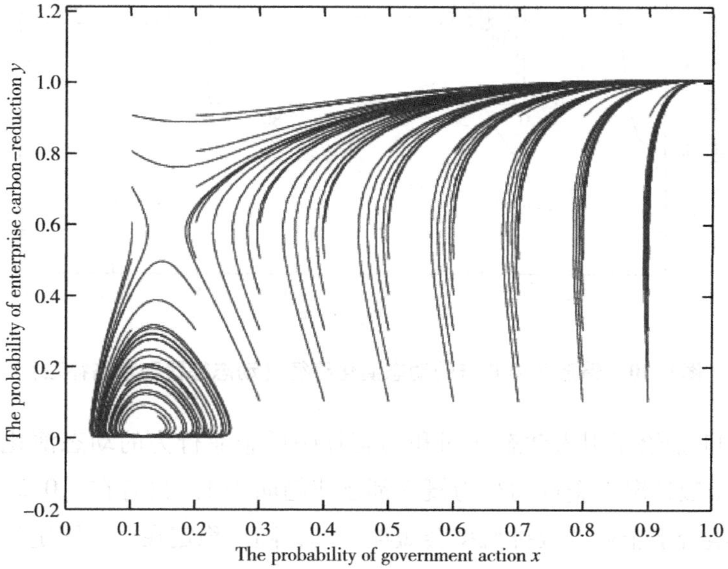

图 9.9　情形⑦中政企双方的动态演化路径（动态惩罚和动态补贴）

图 9.10 描绘了引入动态惩罚和动态补贴后政府行为的动态演化路径。缩略图详细演示了政企初始行为概率组合为［0.2，0.2］时政府行为的演化路

径。可以发现大多数情况下政府的行为概率都迅速趋向于1。只有双方初始意愿都比较低时（[0.2，0.2]）政府行为概率会存在短期波动，随着时间推移会在处于一个确定的值时稳定下来。动态补贴机制的引入，使政府在企业积极减排时不会付出过多补贴，这样一来政府就不会缺乏作为的动力。此时无论企业减不减排，政府都有较强的作为意愿。只有当双方初始意愿都较低时，政府的作为概率会由于行为惯性稳定在初始意愿附近。对比图9.7和图9.10中代表［0.2，0.2］概率组合的 $y = 0.2$ 对应的射线，可以发现政府行为波动的幅度无显著变化，峰值都在0.21左右。显然政府存在较大的行为惯性，在初始意愿较低时更加难以变动自身策略。

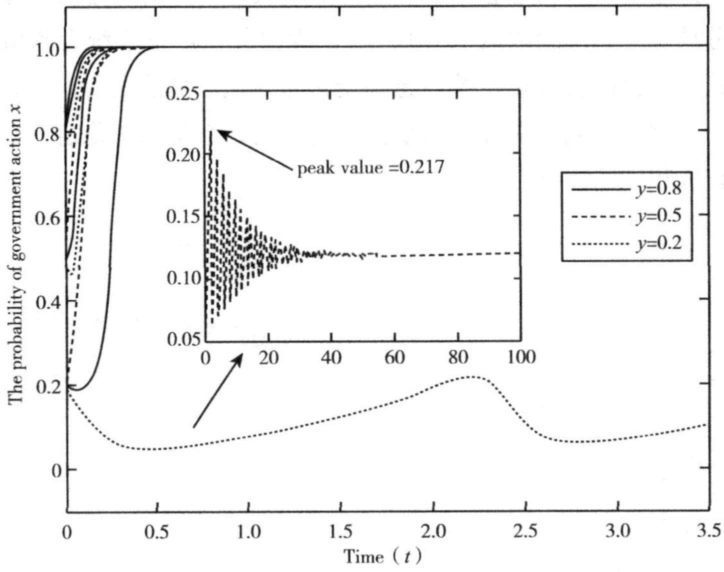

图9.10　情形⑦中政府的动态演化路径（动态惩罚和动态补贴）

图9.11描绘了引入动态惩罚和动态补贴后企业行为的动态演化路径。可以发现大多数情况下企业的行为概率都迅速趋向于1。只有在［0.2，0.2］的初始概率组合下企业的减排概率会短期波动，随后稳定在一个固定值。动态惩罚机制的引入使不采取减排措施的企业会蒙受更多损失，因此企业会在政府初始意愿较高时坚定地选择减排策略。当双方初始意愿都较低时，企业的减排概率会受到行为惯性和政府行为的影响，稳定在初始意愿附近。对比图9.8和图9.11中代表［0.2，0.2］概率组合的 $x = 0.2$ 对应的射线，可以发现企业

的行为稳定性得到了很大的加强。图 9.8 中企业的行为概率在 0 到 1 的范围内大幅波动，而图 9.11 中企业行为概率波动的峰值只有 0.285。显然动态惩罚和动态补贴机制加强了企业行为的稳定性。

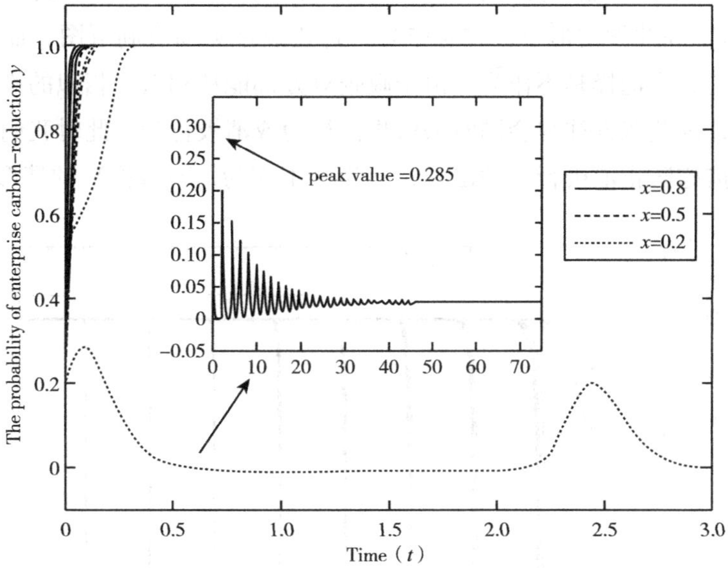

图 9.11　情形⑦中企业的动态演化路径（动态惩罚和动态补贴）

9.3.2　碳减排可以自发趋向最优状态的情形

9.3.2.1　政企双方存在两种稳定策略的情形

假设碳交易价格 $p=45$，碳配额 $T=25$，企业积极减排时的碳排放量 $T_1=23.5$，消极减排时的碳排放量 $T_2=26$。此时碳配额的最大出售收入 $P_1=67.5$，碳配额的最大购入成本 $P_2=45$。条件满足 $F-C_2+D_3+\theta P_2<0$，$D_1-C_2-S+\theta P_1>0$，$-(S+F+P_1+P_2)<R_1-C_1-R_2+D_2<0$，与情形④相吻合，此种情形下碳市场处于发展阶段。与情形⑦的区别在于，情形④中企业的减排收入（P_1）更高，政府也能从碳配额的出售中获得更多收益（θP_1）。此时政府在企业减排时积极作为可获取更多收益，同时企业在政府作为时采取减排措施的收益较大。这就导致了政企双方会根据对方行为的消极与否来对等地确定自身的策略。并且由于此时企业有较强的减排意愿，因此政企双方有较大概率选择（作为，减排）的策略组合，同时也存在一定采取消极策略的可能，达成（不

作为，不减排）的博弈均衡。

图 9.12 描绘了情形④中政企博弈的动态演化路径。右上方线段代表系统的演化均衡点为（1，1）的情形，左下方线段代表系统的演化均衡点为（0，0）的情形。显然政企双方存在两种策略组合，即（不作为，不减排）和（作为，减排）。在此种情形下，政府作为时企业减排更加有利可图，而企业不减排时政府的最优选择是不作为。由于政企双方都能从和对方相似的策略中获得更多收益，因此双方往往会同时采取积极行为或消极行为。此时我们需要考虑采取相应措施防止消极行为的出现，消除（不作为，不减排）的情形。

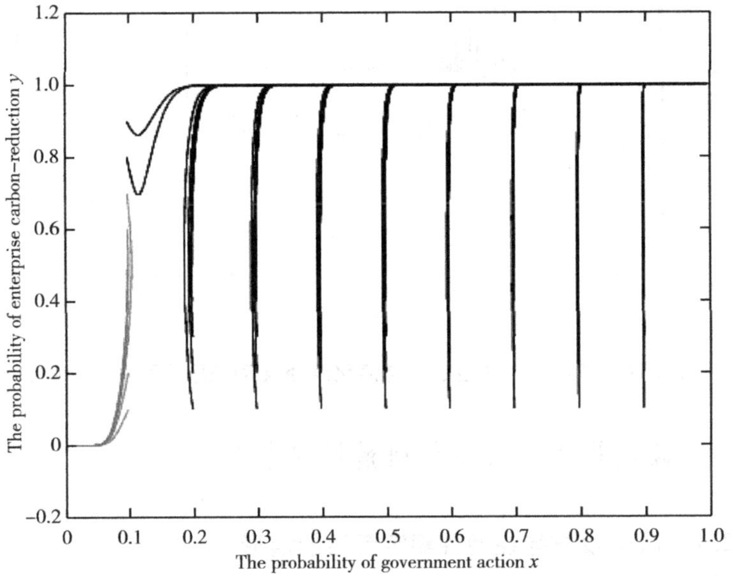

图 9.12　情形④中政企双方的动态演化路径

考虑到碳价和碳配额的变动都会对 P_2 产生影响，P_2 的不断提升会促使情形④向其他情形转变，而 P_2 的降低又会减少对企业的约束，给予企业负向激励。因此对碳价和碳配额的调整是不合时宜的。可以考虑在 P_2 不变的前提下提高 P_1，既不会转变为其他情形，也可形成对企业的正向激励，提高企业减排积极性，同步带动政府行为的改善。

策略三　降低减排企业碳排放（T_1）。

关于情形④，我们的策略是只对 T_1 进行调整。如减税降费、以奖代补等优惠政策可以鼓励采取减排措施的企业群体进一步减少碳排放，从而可以有效提升它们的减排收入（P_1）。一方面，减排收入的不断提升给予企业更多减排激励；另一方面，政府也可以从碳交易规模的扩大中获益（θP_1）。出于自身利益考量，双方都会更加偏向于采取积极策略。随着 T_1 的不断降低，碳交易的出售收入（P_1）不断扩大。经过大量数值模拟与仿真，我们发现在当前约束条件下系统存在一个"临界点"。也就是说，当 P_1 大于等于88时，政企双方的行为路径会彻底改变。

如图9.13和图9.14所示，当 T_1 下降到23.04时，双方只有在初始概率组合为［0.1，0.1］时才会收敛于（不作为，不减排）。当 T_1 继续下降到23.02时，双方在任何初始概率下都收敛于（作为，减排）。T_1 为23.04和23.02时对应的 P_1 恰好是88和89，验证了我们的观点。

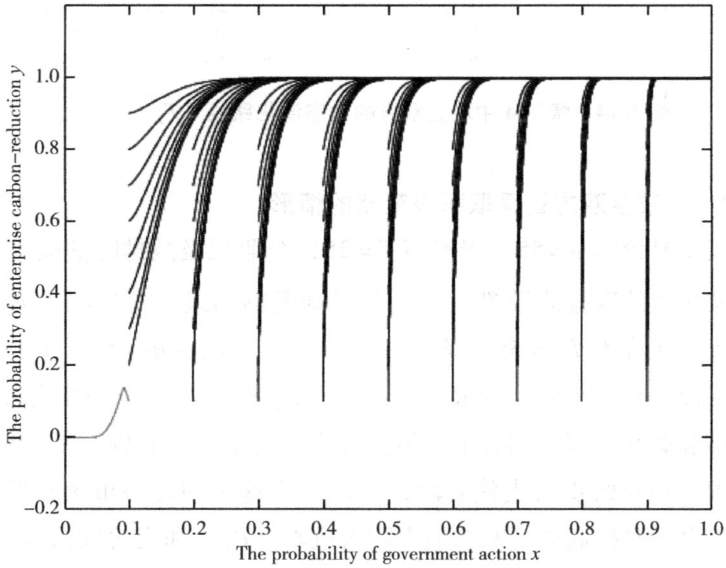

图9.13　情形④中政企双方的动态演化路径（T_1 =23.04）

图9.13和图9.14的现象说明了在碳减排工作中"龙头企业"的重要性。企业群体中积极减排的企业一方面有充足的碳配额可出售，可以有效提升碳交易规模，活跃碳交易市场，带动其他企业积极减排；另一方面碳交易规模的提升也给政府带来了更多收益，坚定了政府积极作为的策略。因此，鼓励减排企业进一步降低碳排放是行之有效的，并且在降低到一定程度后会彻底改变政企双方行为策略，趋于最优博弈均衡。

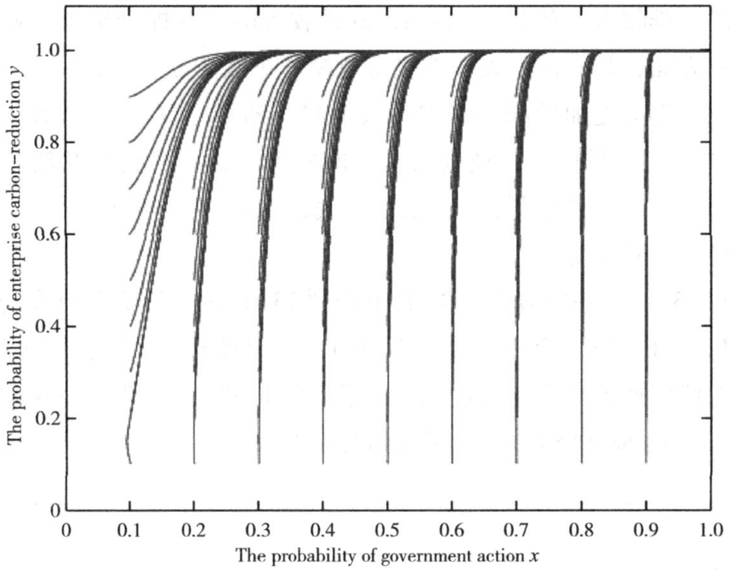

图 9.14　情形④中政企双方的动态演化路径（$T_1=23.02$）

9.3.2.2　政企双方皆采取积极策略的情形

假设碳交易价格 $p=55$，碳配额 $T=25$，企业积极减排时的碳排放量 $T_1=24$，消极减排时的碳排放量 $T_2=26$。此时碳配额的最大出售收入 $P_1=55$，碳配额的最大购入成本 $P_2=55$。条件满足 $F-C_2+D_3+\theta P_2>0$，$D_1-C_2-S+\theta P_1>0$，$-(S+F+P_1+P_2)<R_1-C_1-R_2+D_2<0$，与情形⑩相吻合。此种情形下碳价格和碳交易规模都有了长足的进步，处于碳价和碳交易规模“双高”的状态，碳市场开始步入成熟阶段，可以认为这是湖北碳市场长期的发展方向。高碳价会同时推高碳配额的最大购入成本（P_1）和出售收入（P_2），此时无论企业减不减排，政府都能从碳市场中获得更多收益（θP_1或 θP_2），因此政府必然选择“作为”策略。企业会根据政府的行为调整自身的策略，采取积极的减排措施。然而由于企业这种“亦步亦趋”的行为，企业在政府初始作为意愿较低时会出现消极倾向。为避免企业初始的消极策略给碳减排工作带来负面影响，相应措施的采取是必要的。

图 9.15 描绘了情形⑩中政企博弈的动态演化路径。左下方线段代表政府初始行为概率为 0.1 时双方行为的动态演化路径。可以发现虽然政企双方的行为概率最终都收敛到 1，但是在政府初始作为意愿较低（$x=0.1$）时，企业的

减排概率会出现短暂的下降，随后再上升到 1。由于企业在无政府监管时不减排能获得更多收益，一旦观测到政府初始作为意愿（$x=0.1$）较低，企业短期内便会采取消极的减排策略，直至政府转变行为模式为止。因此图形中左下方线段先下降后趋向于 1。

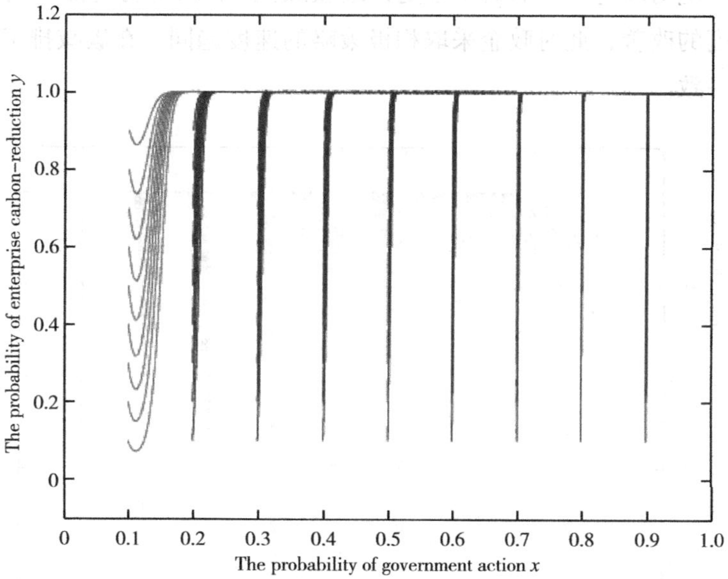

图 9.15　情形⑩中政企双方的动态演化路径

与此同时，政府对自身行为的调整相对于企业较慢。由于企业在政府作为时减排能获得更多收益，而政府在企业减排时积极作为的收益相对并不算高，因此政府相对于企业存在一定的滞后性，这种滞后在政府初始意愿较低（$x=0.1$）时表现得最为明显。表现在图形上，企业的减排概率 y 总是先收敛于 1。而政府作为的概率会在 y 收敛于 1 之后才会趋向于 1，显然政府的行动存在一定滞后性。

策略四　调控碳价格。

为避免企业初始的消极策略以及政府行为滞后带来的负面效应，我们考虑对碳价格进行调控。碳价格的提高可以同时推高碳配额的最大购入成本（P_1）和出售收入（P_2）。一方面可以形成对企业有效的减排激励和排放约束；另一方面也可提高政府在碳市场中的获益，强化政府作为的动机。

图 9.16 描绘了碳价格 p 提高到 88 时政企博弈的动态演化路径，此时 $P_1=$

$P_2=88$。可以发现相对于图 9.14，向下弯曲的曲线消失，代表企业初始的消极行为已经不复存在。此时无论政府还是企业都能从积极的行为策略中获得更高收益。出于利益最大化考量，双方都会自发采取积极行动促进碳减排工作的开展。部分初始概率组合下（如［0.1，0.1］～［0.1，0.9］），演化曲线向纵轴弯曲，说明政府作为的概率会更快地收敛到 1，政府行为滞后的现象得到了一定程度的改善，此时政企采取积极策略的速度趋同，在碳减排工作中的步调也更加一致。

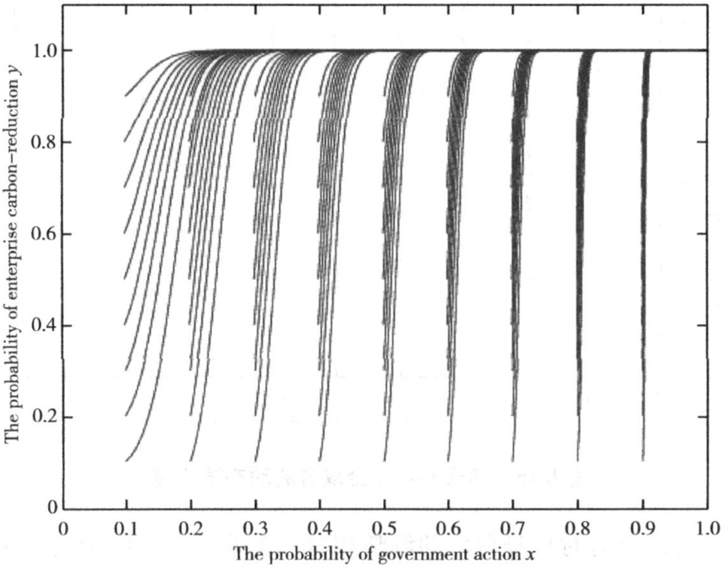

图 9.16　情形⑩中政企双方的动态演化路径（$p=88$）

可以预见的是，随着湖北碳市场的不断发展与完善，碳价格和碳交易规模的不断提升，企业的减排动力会愈发强劲，政府作为的动机也会不断加强，政企双方都会自发在碳减排工作中发挥应有的作用。双方也会不断加强步调一致性，从而有效避免滞后策略带来的资源环境损失。政企博弈的图像最终应是呈现出规律的弯曲曲线形式，代表政府和企业行为概率收敛于 1 的速度趋同。

湖北省内区域之间的差异在一定程度上反映了全国其他地区内部之间的碳交易情况，其演化路径是全国范围内碳交易驱动下的政企碳减排博弈的缩影。碳交易发展的各个阶段，其他省份和地区同样会经历；各阶段内政企碳减排博弈过程相仿。湖北省政企碳减排应对策略可以启发其他省份和地区有效规避碳交易进程中出现的各种不利因素，使博弈结果以更快的速度趋于（作为，减排）的最优均衡。

9.4 本章小结

本章在公众意愿等约束条件下，构建了碳交易驱动下的政企碳减排演化博弈模型。以湖北碳交易为例进行实证分析，通过对政企行为演化路径的可视化分析，厘清了湖北碳市场发展的不同阶段可能出现的政企博弈状况，并针对性地提出相应策略。对湖北碳交易驱动下的政企碳减排最优路径的探讨，可以给全国范围内碳交易背景下的碳减排带来启示。

本章的研究结果表明，在碳市场发展初期，政企出于自身利益考量往往会选择消极的碳减排策略，达成（不作为，不减排）的博弈均衡，碳交易在碳减排中发挥的作用相对有限；此时需要考虑加强企业短期内采取减排措施的积极性，即延长企业减排的“窗口期”。碳市场处于成长阶段时，存在两种可能的情形：一种是政企双方的博弈过程表现出周期性行为模式，没有确定的行为策略；另一种是政企双方存在两种策略组合，即（不作为，不减排）和（作为，减排），需要采取措施提高（作为，减排）情形的比例。

随着碳市场发展成熟，政企双方都会自发选择积极的碳减排策略，最终达成（作为，减排）的最优状态，但是企业初始会采取消极的减排策略，政府行为也会存在一定的滞后性，此时政企碳减排状态仍有优化的空间。最后，初始意愿在政企博弈过程中发挥的作用不容忽视。双方更高的初始意愿有利于碳减排状态的改善，特别是在情形⑦中可以影响政企博弈的最终结果。

参考文献

[1] 白玫．全球新能源汽车产业竞争格局研究 [J]．价格理论与实践，2020 (1)：25 –31.

[2] 仓定帮，魏晓平，曹明．我国化石能源消费多因素分析——基于新能源替代与能源技术进步视角 [J]．数理统计与管理，2020 (1)：1 –11.

[3] 曹霞，邢泽宇，张路蓬．政府规制下新能源汽车产业发展的演化博弈分析 [J]．管理评论，2018，30 (9)：82 –96.

[4] 曹先磊．碳交易机制下造林碳汇项目投资时机与投资期权价值分析 [J]．资源科学，2020，42 (5)：27 –41.

[5] 曹正汉．中国上下分治的治理体制及其稳定机制 [J]．社会学研究，2011 (1)：1 –40.

[6] 陈国平，董昱，梁志峰．能源转型中的中国特色新能源高质量发展分析与思考 [J]．中国电机工程学报，2020，v.40；No.652 (17)：104 –117.

[7] 陈国平，梁志峰，董昱．基于能源转型的中国特色电力市场建设的分析与思考 [J]．中国电机工程学报，2020，637 (2)：4 –14.

[8] 陈红敏．个人碳排放交易研究进展与展望 [J]．中国人口·资源与环境，2014，24 (9)：30 –36.

[9] 陈丽．政企风险水平与新能源企业创新可持续性——基于非沉淀性冗余资源的调节作用 [J]．财会通讯，2020，854 (18)：66 –70.

[10] 陈夏娟．《巴黎协定》后全球气候变化谈判进展与启示 [J]．环境保护，2020，674 (Z1)：87 –91.

[11] 陈晓红，王陟昀．欧洲碳排放权交易价格机制的实证研究 [J]．科技进步与对策，2010，27 (19)：142 –147.

[12] 陈彦飞．混沌系统的自适应同步与参数识别 [D]．桂林：桂林理工大学，2013：1 –40.

［13］陈玉玉，李帮义，柏庆国，王哲，王玥，周扬．碳交易环境下政府循环率规制对生产者尽规模式的影响机理［J］．管理工程学报，2020，133（4）：159－165．

［14］陈真玲，赵伟刚，李金铠．中国制造业能源拥挤效应研究：基于 RAM－DEA 模型的分析［J］．系统工程理论与实践，2019，39（7）：1831－1844．

［15］程永伟，穆东．我国试点碳市场运行效率评价研究［J］．科技管理研究，2017（4）：103－107．

［16］程永伟，穆东．应对碳价格波动的新能源汽车联合生产策略［J］．系统工程学报，2018，33（6）：780－792．

［17］崔连标，范英，朱磊，毕清华，张毅．碳排放交易对实现我国“十二五”减排目标的成本节约效应研究［J］．中国管理科学，2013，21（1）：37－46．

［18］丁凡琳，陆军，赵文杰．城市居民生活能耗碳排放测算及空间相关性研究——基于287个地级市的数据［J］．经济问题探索，2019（5）：40－49．

［19］丁黎黎，杨颖，王伟．合作创新是否真的助力企业节能减排［J］．运筹与管理，2020，169（4）：234－243．

［20］杜晓茜，张艳馥，黄辉．欧洲能源发展战略与政策研究及对我国的启示［J］．时代经贸，2011（29）：9－9．

［21］杜子平，刘富存．我国区域碳排放权价格及其影响因素研究——基于 GA－BP－MIV 模型的实证分析［J］．价格理论与实践，2018（6）：42－45．

［22］端利涛，李思瑞，李家琳，吕本富．政府创新激励干预下的分析师关注与企业研发投入——以《中国制造 2025》与“一带一路”为例的实证研究［J］．工业技术经济，2021，327（1）：97－105．

［23］方国昌，何宇，张悦．碳交易驱动机制及区域协同路径研究［J］．煤炭经济研究，2020，40（6）：37－46．

［24］方国昌，田立新，傅敏，孙梅．新能源发展对能源强度和经济增长的影响［J］．系统工程理论与实践，2013，33（11）：2795－2803．

［25］方国昌．一类新型节能减排系统的分析和应用［D］．江苏大学，2013．

［26］方恺，李帅，叶瑞克．全球气候治理新进展——区域碳排放权分配

研究综述［J］．生态学报，2020，40（1）：14－27．

［27］付萌，章永洁，叶建东．北京市碳交易试点市场分析及其发展现状研究［J］．科技和产业，2014：14（9）：61－63．

［28］傅京燕，代玉婷．碳交易市场链接的成本与福利分析——基于MAC曲线的实证研究［J］．中国工业经济，2015（9）：84－98．

［29］傅敏，田立新，方国昌．动物圈约束下的节能减排系统协调发展分析［J］．环境经济研究，2017，2：7－17．

［30］高伟，胡潇．新能源汽车政策效应：规模抑或创新中介［J］．科研管理，2020，294（4）：35－47．

［31］高莹，郭琨．全球碳交易市场格局及其价格特征——以欧洲气候交易体系为例［J］．国际金融研究，2012（12）：82－88．

［32］顾玢．中国汽车售后市场中汽车配件生产商营销渠道治理研究［D］．对外经济贸易大学，2019．

［33］郭立伟，叶峥．基于SEM的新能源产业集群形成影响因素实证研究［J］．科技管理研究，2020，40（9）：228－236．

［34］郭咪．欧盟气候政策探析［D］．苏州大学，2013．

［35］郭迎锋，顾炜宇，乌天玥等．政府资助对企业R&D投入的影响——来自我国大中型工业企业的证据［J］．中国软科学，2016（3）：162－174．

［36］国务院发展研究中心课题组．全球温室气体减排：理论框架和解决方案［J］．经济研究，2009（3）：4－13．

［37］何继善，傅春，龙妍．能源革命推动中部地区崛起的理论分析与实施路径［J］．中国工程科学，2021：1－192．

［38］何晶晶．构建中国探排放权交易法初探［J］．中国软科学，2013（9）：10－22．

［39］何小钢，张耀辉．技术进步、节能减排与发展方式转型——基于中国工业36个行业的实证考察［J］．数量经济技术经济研究，2012（3）：19－33．

［40］赫希曼，阿尔伯特．退出、呼吁与忠诚：对企业，组织和国家衰退的回应［M］．经济科学出版社，2001：75－82．

［41］洪涓，陈静．我国碳交易市场价格影响因素分析［J］．价格理论与实践，2009（12）：65－66．

［42］侯丽朋，余娇，赵荣钦．能源消耗、土地占用及劳动力投入对城市

典型企业碳排放的影响研究——基于郑州市181家典型企业的调查分析［J］.生态经济，2020（1）：40－46.

［43］胡静锋.建设低碳经济的演化博弈分析——地方政府和企业双方互动角度［J］.经济问题，2011（4）：53－56.

［44］胡珺，黄楠，沈洪涛.市场激励型环境规制可以推动企业技术创新吗？——基于中国碳排放权交易机制的自然实验［J］.金融研究，2020，475（1）：175－193.

［45］胡艺，魏小燕，沈铭辉.碳税比碳交易更适合发展中国家吗［J］.亚太经济，2020（4）：29－38.

［46］黄晟，李兴国.京津冀协同视阈下河北省碳排放和碳交易［J］.清华大学学报：自然科学版，2017（6）：655－660.

［47］黄维和，梅应丹，吴丽丽，梁赟玲，赵晓丽.能源革命与中国能源经济安全保障探析［J］.中国工程科学，2021：1－192.

［48］黄向岚，张训常，刘晔.我国碳交易政策实现环境红利了吗［J］.经济评论，2018（6）：86－99.

［49］黄永源，朱晟君.公众环境关注、环境规制与中国能源密集型产业动态［J］.自然资源学报，2020，35（11）：178－192.

［50］姜浩，李晓鹏，陈志，等.提升汽车产业的中国经济支柱地位［J］.科技中国，2020，271（4）：55－64.

［51］焦建玲，陈洁，李兰兰，等.碳减排奖惩机制下地方政府和企业行为演化博弈分析［J］.中国管理科学，2017，25（10）：140－150.

［52］雷立钧，荆哲峰.国际碳交易市场发展对中国的启示［J］.中国人口·资源与环境，2011，21（4）：30－36.

［53］李昌峰，张娈英，赵广川，莫李娟.基于演化博弈理论的流域生态补偿研究——以太湖流域为例［J］.中国人口·资源与环境，2014，24（1）：171－176.

［54］李君昌，樊重俊，杨云鹏，等.制造业企业内部创新行为的演化博弈分析［J］.工业工程与管理，2018（4）：163－171.

［55］李启庚，冯艳婷，余明阳.环境规制对工业节能减排的影响研究——基于系统动力学仿真［J］.华东经济管理，2020，34（5）：64－72.

［56］李倩，赵彦云，刘冰洁.新能源产业政策的量化分析及其环保效应

[J]．北京理工大学学报社科版，2021，23（4）：30－39.

[57] 李胜．两型社会环境治理的政策设计——基于参与人联盟与对抗的博弈分析 [J]．财经理论与实践，2009，30（5）：92－96.

[58] 李志学，张肖杰，董英宇．中国碳排放权交易市场运行状况、问题和对策研究 [J]．生态环境学报，2014，23（11）：1876－1882.

[59] 李治国，潘鑫馨．我国新能源产业发展的金融支持研究——基于上市公司2003~2012年的数据 [J]．工业技术经济，2015，34（10）：151－160.

[60] 刘宏，王贺武，罗茜等．纯电动汽车生命周期3E评价及微型化发展 [J]．交通科技与经济，2007，9（6）：45－48.

[61] 刘丽巍，张泽文．我国碳排放权交易存在的问题及对策 [J]．当代经济管理，2014，34（7）：84－88.

[62] 刘雯赫．新冠肺炎疫情对全球能源产业链影响的“四阶段”模型分析及应对 [J]．工业技术经济，2021，327（1）：5－14.

[63] 刘雅琴，余谦．新能源汽车产业技术创新网络的时空演化与创新集聚 [J]．大连理工大学学报（社会科学版），2020，172（6）：40－48.

[64] 刘宇，温丹辉，王毅，孙振清．天津碳交易试点的经济环境影响评估研究——基于中国多区域一般均衡模型 Term CO_2 [J]．气候变化研究进展，2016，12（6）：561－570.

[65] 刘月．碳交易市场体系比较分析研究 [D]．山东大学，2015.

[66] 刘志雄，王玥．中国新能源发展分析及路径选择 [J]．中国矿业，2012（6）：1－4.

[67] 刘自敏，朱朋虎．递增阶梯电价的分档电量优化设计——基于个人碳交易视角 [J]．财经问题研究，2020，000（4）：38－46.

[68] 刘自敏，朱朋虎，李兴．递增阶梯电价政策的价格优化与效果评估——基于个人碳交易视角 [J]．经济与管理研究，2018，39（8）：108－122.

[69] 柳卸林，游光荣，赵林榜．促进自主创新的政策 [M]．中国创新管理前沿（第三辑），北京：知识出版社，2007.

[70] 陆威文，张璞，苟廷佳．农村新能源产业现状与区域经济发展研究——以青海省为例 [J]．农业经济，2020，398（6）：107－108.

[71] 路正南，罗雨森．中国碳交易政策的减排有效性分析——双重差分法的应用与检验 [J]．干旱区资源与环境，2020，260（4）：3－9.

[72] 吕忠梅，王国飞．中国碳排放市场建设：司法问题及对策［J］．甘肃社会科学，2016（5）：161－168.

[73] 罗来军，朱善利，邹宗宪．我国新能源战略的重大技术挑战及化解对策［J］．数量经济技术经济研究，2015，32（2）：113－128，143.

[74] 罗铭杰，刘燕．新时代绿色消费理念的问题指向，内涵要义及价值意蕴［J］．经济学家，2020（7）：21－29.

[75] 马丽梅，史丹，裴庆冰．国家能源低碳转型与可再生能源发展：限制因素、供给特征与成本竞争力比较［J］．经济社会体制比较，2018（5）：70－79.

[76] 马亮，仲伟俊，梅姝娥等．政府补贴、准入限制与新能源汽车产业发展［J］．上海经济研究，2017，4（No.598）：19－27.

[77] 马媛，潘亚君．煤炭绿色开采技术推动策略研究：基于政府与企业的演化博弈视角［J］．中国矿业，2019，28（10）：97－101.

[78] 孟凡生．新能源装备协同智造体系及协同要素评价研究［J］．科研管理，2020，41（3）：151－163.

[79] 牟敦果，林伯强．中国经济增长、电力消费和煤炭价格相互影响的时变参数研究［J］．金融研究，2012（6）：42－53.

[80] 聂丽，张利江．政府与排污企业在绿色技术创新中的演化博弈分析与仿真［J］．经济问题，2019（10）：79－86.

[81] 牛学杰，李常洪．中国新能源产业发展战略定位、政策框架与政府角色［J］．中国行政管理，2014（3）：100－103.

[82] 潘婷，张兰英．环境污染治理的博弈分析［J］．价值工程，2018，37（36）：93－95.

[83] 彭纪生，仲为国，孙文祥．政策测量、政策协同演变与经济绩效：基于创新政策的实证研究［J］．管理世界，2008（9）：25－36.

[84] 彭桥，肖尧，陈浩．政府补贴，产业结构升级与阶段效应——基于古诺模型的分析框架［J］．工业技术经济，2020，39（5）：119－126.

[85] 齐绍洲，张振源．欧盟碳排放权交易、配额分配与可再生能源技术创新［J］．世界经济研究，2019（9）：119－133.

[86] 屈秋实，王礼茂，王博，等．中国有色金属产业链碳排放及碳减排潜力省际差异［J］．资源科学，2021，43（4）：756－763.

[87] 任海伟，赵泉霖，刘通．基于沼气化利用的生物质原料跨季节贮存方法和过程调控策略研究进展［J］．应用与环境生物学报，2020，143（1）：206－214.

[88] 任杰，何平，龚本刚．低碳经济下政企博弈与政府补贴策略研究［J］．运筹与管理，2016，25（6）：258－265.

[89] 任卫峰．低碳经济与环境金融创新［J］．上海经济研究，2008（3）：38－42.

[90] 沈红波，谢越，陈峥嵘．企业的环境保护，社会责任及其市场效应——基于紫金矿业环境污染事件的案例研究［J］．中国工业经济，2012（1）：141－151.

[91] 沈满洪，贺震川．低碳经济视角下国外财税政策经验借鉴［J］．生态经济，2011（3）：83－89.

[92] 盛文．关于加快推进适应碳中和目标的电力市场改革研究［J］．经济学，2021，4（2）：15－18.

[93] 石敏俊，袁永娜，周晟吕，等．碳减排政策：碳税，碳交易还是两者兼之？［J］．管理科学学报，2013，16（9）：9－19.

[94] 苏建兰，郭苗苗．中国碳交易市场发展现状、问题及其对策［J］．林业经济，2015，37（1）：110－115.

[95] 苏俊、王永洵、王强．全球能源安全的格局演变与地缘博弈［J］．自然资源学报，2020，35（11）：47－62.

[96] 孙礼科．统一碳市场下我国省际碳排放权分配效率研究［D］．华侨大学，2019.

[97] 孙睿，况丹，常冬勤．碳交易的“能源—经济—环境”影响及碳价合理区间测算［J］．中国人口·资源与环境，2014，24（7）：82－90.

[98] 台冰，厉有为．人均工业增加值与人口城市化水平关系研究［J］．深圳大学学报：人文社会科学版，2006（6）：28－32.

[99] 汤铃，武佳倩，戴伟，余乐安．碳交易机制对中国经济与环境的影响［J］．系统工程学报，2014，29（5）：701－712.

[100] 唐慧玲．低碳经济背景下绿色供应链中政企博弈的研究——基于企业自主减排的目标［J］．当代经济科学，2019，41（6）：108－119.

[101] 佟岩，王云．基于政企双主体动态博弈模型的中小企业技术创新

问题分析［J］. 产经评论，2014，5（2）：58-65.

［102］万伦来，卢越. 环境污染排放限额制度能有效降低企业污染排放吗？——一个政企动态博弈模型分析［J］. 华东经济管理，2015，29（9）：85-89.

［103］汪明月，刘宇，李梦明，史文强，钟超. 碳交易政策下区域合作减排收益分配研究［J］. 管理评论，2019（2）：264-277.

［104］汪中华，胡垚. 我国碳排放权交易价格影响因素分析［J］. 工业技术经济，2018，37（2）：128-136.

［105］王博，刘则渊，刘盛博. 我国新能源汽车产业技术标准演进路径研究［J］. 科研管理，2020，293（3）：14-24.

［106］王蕾. 新能源产业发展回顾与展望［J］. 中国发展观察，2019（16）：31-35.

［107］王倩，路京京. 中国碳配额价格影响因素的区域性差异［J］. 浙江学刊，2015（4）：162-168.

［108］王双英，李东，王群伟. 国际石油价格对世界碳交易市场的影响研究［J］. 价格理论与实践，2011（3）：52-53.

［109］王文兵，王启玘. 基于财政补贴退坡背景下新能源汽车产业发展路径探究［J］. 经济研究参考，2020（3）：110-119.

［110］王喜平，郄少媛. 碳交易机制下供应链CCS投资时机研究［J］. 管理工程学报，2020，34（2）：124-130.

［111］王艳，苏怡. 绿色发展视角下中国节能减排效率的影响因素——基于超效率DEA和Tobit模型的实证研究［J］. 管理评论，2020，32（10）：61-73.

［112］王跃峰. 德国新能源发电发展和运行研究［J］. 中国电力，2020，53（5）：112-121.

［113］王志国，李磊，杨善林. 动态博弈下引导企业低碳技术创新的政府低碳规制研究［J］. 中国管理科学，2016，24（12）：139-147.

［114］吴微，陈维强，刘波. 用BP神经网络预测股票市场涨跌［C］. Optimization Method, Econophysics & Risk Management - proceedings of cast. 2001.

［115］奚剑明，吴瀚然. 供给侧改革中资源与能源行业去产能政策效果研究［J］. 工业技术经济，2021，327（1）：115-121.

[116] 夏清，陈启鑫，谢开．中国特色，全国统一的电力市场关键问题研究（2）：我国跨区跨省电力交易市场的发展途径，交易品种与政策建议[J]．电网技术，2020（8）：2801－2808.

[117] 肖黎姗，王润，杨德伟，孙艳伟，刘健．中国省际碳排放极化格局研究［J］．中国人口·资源与环境，2011，21（11）：21－27.

[118] 谢东明，林翰文．排放权交易运行机制下我国企业排放成本的优化战略管理研究——基于企业目标和社会环保目标的实现［J］．会计研究，2012（6）：81－88，93.

[119] 熊磊，胡石其．长江经济带生态环境保护中政府与企业的演化博弈分析［J］．科技管理研究，2018，38（17）：252－257.

[120] 熊勇清，范世伟，刘晓燕．新能源汽车财政补贴与制造商研发投入强度差异——制造商战略决策层面异质性视角［J］．科学学与科学技术管理，2018（6）：72－83.

[121] 徐晓亮，许学芬．能源补贴改革对资源效率和环境污染治理影响研究——基于动态 CGE 模型的分析［J］．中国管理科学，2020，187（5）：224－233.

[122] 许箫迪，张志雯，余梦荻，王子龙．新能源产业演化模型及数值模拟分析［J］．统计与决策，2018，34（22）：45－50.

[123] 闫佩玉．基于 BP 神经网络研究二孩政策对我国人口结构的影响［D］．青岛大学，2018.

[124] 闫云凤．全球碳交易市场对中国经济—能源—气候系统的影响评估［J］．中国人口·资源与环境，2015，25（1）：32－39.

[125] 严振亚，李健．基于区块链技术的碳排放交易及监控机制研究［J］．企业经济，2020（6）：31－37.

[126] 杨骞，刘华军．中国二氧化碳排放的区域差异分解及影响因素——基于 1995～2009 年省际面板数据的研究［J］．数量经济技术经济研究，2012，29（05）：36－49，148.

[127] 杨庆舟，马平平，吕素姣．基于 DDF－DEA 三阶段模型国家能源开发效率研究——以国家划分的 20 个大型综合能源基地为例［J］．工业技术经济，2020，39（3）：143－153.

[128] 杨劬，钱崇斌，张荣光．试点碳交易市场的运行效率比较分析

[J]. 国土资源科技管理，2017，34（6）：19－29.

［129］杨宇，何则．能源地缘政治与能源权力研究［J］．地理科学进展，2021，40（3）：524－540.

［130］杨宇，何则．中国海外油气依存的现状、地缘风险与应对策略［J］．资源科学，2020，42（8）：178－193.

［131］杨宇，刘承良，崔守军．“百年变局，能源风云，世界眼光，家国情怀”——“世界能源地理与国家安全”专辑发刊词［J］．自然资源学报，2020，35（11）：3－5.

［132］于波涛，王锐浩．基于AHP的中国碳交易价格影响因素评价［J］．中国林业经济，2011（5）：18－20.

［133］于文轩．论可再生能源效率促进的工具选择［J］．暨南学报（哲学社会科学版），2018，40（12）：50－58.

［134］于智勇．美国与欧盟气候政策比较研究［D］．厦门大学，2014.

［135］余珮，蔡正芳．新冠肺炎疫情下汽车制造业的中法合作是否能够继续？——基于GVC国际分工新格局的量化分析［J］．经济问题探索，2020（7）：47－60.

［136］余萍，刘纪显．碳交易市场规模的绿色和经济增长效应研究［J］．中国软科学，2020，352（4）：51－60.

［137］曾鸣，刘英新，王星．区域综合能源系统仿真平台研发现状及技术路线初探［J］．中国电力，2019，52（6）：87－93.

［138］扎恩哈尔·杜曼，孙慧，王士轩．新能源产业集群规模、分布与地区经济增长水平关系研究［J］．科技管理研究，2020（13）：78－84.

［139］张柏林，郁娇山，黄万龙．甘肃地区高比例新能源大外送电网面临的挑战及思考［J］．电网与清洁能源，2020，36（4）：81－89，96.

［140］张国兴，高秀林，汪应洛．政策协同：节能减排政策研究的新视角［J］．系统工程理论与实践，2014，34（3）：545－559.

［141］张国兴，李佳雪，胡毅．节能减排科技政策的演变及协同有效性——基于211条节能减排科技政策的研究［J］．管理评论，2017（12）：74－85.

［142］张键，吕元礼．新加坡政府民意吸纳与反馈机制——以民情联系组为例［J］．学习月刊，2010（29）：41－42.

［143］张敬，杨冬，陈静．环境共治视阈下政府、企业与公众的利益冲

突问题研究 [J]. 价值工程, 2019, 38 (26): 290 - 292.

[144] 张敏. 解读"欧盟2030年气候与能源政策框架" [J]. 中国社会科学院研究生院学报, 2015 (6): 137 - 144.

[145] 张生玲, 胡晓晓. 中国能源贸易形势与前景 [J]. 国际贸易, 2020, No.465 (9): 23 - 31.

[146] 张涛, 任保平. 不确定条件下价格型和数量型减排政策工具的比较分析 [J]. 中国软科学, 2019 (2): 36 - 48.

[147] 张盈, 匡建超, 王众. 中外碳交易市场发展现状分析 [J]. 中外能源, 2014, 19 (3): 1 - 8.

[148] 张跃军, 魏一鸣. 化石能源市场对国际碳市场的动态影响实证研究 [J]. 管理评论, 2010, 22 (6): 34 - 41.

[149] 张云. 中国碳交易价格驱动因素研究——基于市场基本面与政策信息的双重视角 [J]. 社会科学辑刊, 2018 (1): 111 - 120.

[150] 张云. 中国碳金融交易价格机制研究 [D]. 吉林大学, 2015.

[151] 张志强, 刘金平. 节能减排政策对城市生态效率的影响——基于NDDF - DID的市级实证研究 [J]. 生态经济, 2020, 353 (5): 69 - 75.

[152] 赵立祥, 张雪红. 基于文献计量的个人碳交易研究态势分析 [J]. 科技管理研究, 2019, 39 (1): 225 - 234.

[153] 赵立祥, 赵蓉, 张雪薇. 碳交易政策对我国大气污染的协同减排有效性研究 [J]. 产经评论, 2020 (3): 148 - 160.

[154] 赵选民, 魏雪. 传统能源价格与我国碳交易价格关系研究——基于我国七个碳排放权交易试点省市的面板数据 [J]. 生态经济, 2019, 35 (2): 31 - 34, 52.

[155] 赵域圻, 杨婷, 王自发, 等. 基于KZ滤波的京津冀2013~2018年大气污染治理效果分析 [J]. 气候与环境研究, 2020 (5): 499 - 509.

[156] 郑思齐, 万广华, 孙伟增, 罗党论. 公众诉求与城市环境治理 [J]. 管理世界, 2013 (6): 72 - 84.

[157] 郑颖, 逯非, 刘晶茹. 我国典型城市化石能源消费CO_2排放及其影响因素比较研究 [J]. 生态学报, 2020, 40 (10): 165 - 177.

[158] 郑勇. 对我国面临碳金融及其定价权缺失的思考——我国应尽早建立碳排放权期货交易市场 [J]. 科技进步与对策, 2010, 27 (22): 146 - 149.

[159] 周迪，罗东权．绿色税收视角下产业结构变迁对中国碳排放的影响［J］．资源科学，2021，43（4）：693－709．

[160] 周谧，朱祖伟．我国纯电动汽车的生命周期可持续性评价［J］．工业技术经济，2018，37（10）：75－84．

[161] 周亚虹，蒲余路，陈诗一，方芳．政府扶持与新型产业发展——以新能源为例［J］．经济研究，2015，50（6）：147－161．

[162] 朱光喜．政策协同：功能、类型与途径——基于文献的分析［J］．广东行政学院学报，2015，27（4）：20－26．

[163] 朱松丽，朱磊，赵小凡．"十二五"以来中国应对气候变化政策和行动评述［J］．中国人口·资源与环境，2020，30（4）：1－8．

[164] 邹亚生，魏薇．碳排放核证减排量（CER）现货价格影响因素研究［J］．金融研究，2013（10）：142－153．

[165] Besley T, Burgess R. The political economy of government responsiveness: Theory andevidence from India [J]. The quarterly journal of economics, 2002, 117 (4): 1415－1451.

[166] Böhringer C., Keller A., Bortolamedi M., Seyffarth A. R. Good things do not always come in threes: On the excess cost of overlapping regulation in EU climate policy [J]. Energy Policy, 2016, (94): 502－508.

[167] Bird L. A., Holt E., Carroll G. L. Implications of carbon cap－and－trade for US voluntary renewable energy markets [J]. Energy Policy, 2008, 36: 2063－2073.

[168] Bird L., Chapman C., Logan J., Sumner J., Short W. Evaluating renewable portfolio standards and carbon cap scenarios in the U. S. electric sector [J]. Energy Policy, 2011, 39: 2573－2585.

[169] Cai B F, Bo X, Zhang L X, Boyce J K, Zhang Y S, Lei Y. Gearing carbon trading towards environmental co－benefits in China: Measurement model and policy implications [J]. Global Environmental Change, 2016 (39): 275－284.

[170] Cai W, Wu X, Zhou M. Review and development of electric motor systems and electric powertrains for new energy vehicles [J]. Automotive Innovation, 2021, 4 (1): 3－22.

[171] Carley S. Decarbonization of the US electricity sector: Are state

energy policy portfolios the solution? [J]. Energy Economics, 2011, 33 (5): 1004-1023.

[172] Carl J, Fedor D. Tracking global carbon revenues: A survey of carbon taxes versus cap-and-trade in the real world [J]. Energy Policy, 2016 (96): 50-77.

[173] De Souza LLP, Silva Lora EE, Escobar Palacio JC. Comparative environmental life cycle assessment of conventional vehicles with different fuel options, plug-in hybrid and electric vehicles for a sustainable transportation system in Brazil [J]. Journal of Cleaner Production, 2018, 203: 444-468.

[174] Dogan E., Seker F. The influence of real output, renewable and non-renewable energy, trade and financial development on carbon emissions in the top renewable energy countries [J]. Renewable and Sustainable Energy Reviews, 2016, (60): 1074-1085.

[175] Duan F, Wang Y, Wang Y, Zhao H. Estimation of marginal abatement costs of CO_2 in Chinese provinces under 2020 carbon emission rights allocation: 2005~2020 [J]. Environmental Science and Pollution Research, 2018 (2): 1-24.

[176] Duro, J. A., Padilla, E. International inequalities in per capital CO_2 emissions: A decomposition methodology by Kaya factors [J]. Energy Economics, 2006, 28 (2): 170-187.

[177] Emilie Alberola, Julien Chevallier, Benoı^t Chèze. Price drivers and structural breaks in European carbon prices 2005~2007 [J]. Energy Policy, 2008, 36: 787-797. Energy Policy, 2003, 31: 1531-1539.

[178] Entezaminia A, Gharbi A, Ouhimmou M. A joint production and carbon trading policy for unreliable manufacturing systems under cap-and-trade regulation [J]. Journal of Cleaner Production, 2021, 293 (2): 125-973.

[179] Fang C, Ma T, Boros E. Technology adoption with carbon emission trading mechanism: Modeling with heterogeneous agents and uncertain carbon price [J]. Annals of Operations Research, 2021, 300.

[180] Fang GC, He Y, Yin HB, Huang M. Research on the development path of new energy vehicles in the post subsidy era [J]. International Journal of

Nonlinear Science 2021.

[181] Fang G C, Liu M H, Tian L X, Fu M, Zhang Y. Optimization analysis of carbon emission rights allocation based on energy justice—The case of China [J]. Journal of Cleaner Production, 2018 (202): 748 - 758.

[182] Fang G C, Lu L X, Tian L X, He Y, Bai Y. Can China achieve the energy - saving and emission reducing objectives during the "13th Five - Year - Plan"? —A systematic evolutionary analysis. Journal of Cleaner Production. 2020, 121 - 256.

[183] Fang G C, Lu L X, Tian L X, He Y, Yin HB. Research on the influence mechanism of carbon trading on new energy—A case study of ESER system for China. Physica A: Statistical Mechanics and its Applications. 2020, 123 - 572.

[184] Fang G. C., L. X. Tian, M. Fu. Dynamic analysis of a Novel Four - dimensional ESER System [J]. International Journal of Nonlinear Science. 2013 (15): 10 - 14.

[185] Fang G C, Tian L X, Liu M H, Fu M, Sun M. How to optimize the development of carbon trading in China——Enlightenment from evolution rules of the EU carbon price [J]. Applied Energy, 2018: 1039 - 1049.

[186] Fang G C, Tian L X, Sun M, Fu M. Analysis and application of a novel three - dimensional energy - saving and emission - reduction dynamic evolution system [J]. Energy. 2012 (40): 291 - 299.

[187] Fang G C, Zhang Y. The impact of carbon emissions on north - south division of China - The case of Huaihe [J]. International Journal of Nonlinear Science, 2018, 25 (3): 187 - 192.

[188] Fan J. H., Todorova N. Dynamics of China's carbon prices in the pilot trading phase [J]. Applied Energy, 2017, (208): 1452 - 1467.

[189] Fan Y, Jia J J, Wang X. What policy adjustments in the EU ETS truly affected the carbon prices [J]. Energy Policy, 2017, 103: 145 - 164.

[190] Farzin Y H, Bond C A. Democracy and environmental quality [J]. Journal of Development Economics, 2006, 81 (1): 213 - 235.

[191] Fischer C., Preonas L. Combining policies for renewable energy: Is the whole less than the sum of its parts [J]. International Review of Environmental and

Resource Economics, 2010, 4 (1): 51 -92.

[192] Friedman D. Evolutionary game in economics [J]. Econometrica, 1991, 59 (3): 637 -666.

[193] Fu X., Yang Y., Dong W., Wang C. J., Liu Y. Spatial structure, inequality and trading community of renewable energy networks: A comparative study of solar and hydro energy product trades [J]. Energy Policy, 2017, (106): 22 -31.

[194] Geng J B, Du Y J, Ji Q. Modeling return and volatility spillover networks of global new energy companies [J]. Renewable and Sustainable Energy Reviews, 2021, 135: 110214.

[195] Gentzkow M, Shapiro J M. What drives media slant? Evidence from US daily newspapers [J]. Econometrica, 2010, 78 (1): 35 -71.

[196] Gu A, Teng F, Wang Y. China energy - water nexus: Assessing the water - saving synergy effects of energy - saving policies during the eleventh Five - Year Plan [J]. Energy Conversion & Management, 2014, 85 (9): 630 -637.

[197] Guo D. Y., Chen H., Long R. Y., Ni Y. Z. An integrated measurement of household carbon emissions from a trading - oriented perspective: A case study of urban families in Xuzhou, China [J]. Journal of Cleaner Production, 2018, 188: 613 -624.

[198] Guo D, Zhang H, Zheng C, Gao S, Wang D. Analysis of the future development of Chinese auto energy saving and environmental benefits [J]. Systems Engineering - Theory & Practice, 2016, 65 -70.

[199] Haken H. Synergetics: An introduction [J]. Springer - Verlag, Berlin - New York, 1983.

[200] Heil, M. T., Wodon, Q. T. Inequality in CO_2 emissions between poor and rich countries [J]. Journal of Environment & Development, 1997, 6 (4): 426 -452.

[201] Hermans M, Bruninx K, Bergh K. On the temporal granularity of joint energy - reserve markets in a high - RES system [J]. Applied Energy, 2021, 297 (2): 117 -172.

[202] He W, Zhang B, Li Y. A performance analysis framework for carbon

emission quota allocation schemes in China: Perspectives from economics and energy conservation [J]. Journal of Environmental Management, 2021, 296 (4): 113 -165.

[203] He Y. X., Xu Y., Pang Y. X., Tian H. Y., Wu R. A regulatory policy to promote renewable energy consumption in China: Review and future evolutionary path [J]. Renewable Energy, 2016, (89): 695 -705.

[204] Hildingsson R, Johansson B. Governing low - carbon energy transitions in sustainable ways: Potential synergies and conflicts between climate and environment policy objectives [J]. Energy Policy, 2016, (88): 245 -252.

[205] Hooidonk R V, Maynard J, Tamelander J, et al. Local - scale projections of coral reef futures and implications of the Paris Agreement [J]. Rep, 2016, 6 (1): 39666.

[206] Hårsman B, Quigley J M. Political and public acceptability of congestion pricing: Ideology and self interest [J]. Journal of Policy Analysis & Management, 2010, 29 (4): 854 -874.

[207] Hua W, Di W. The determinants of government environmental performance - an empirical analysis of Chinese townships [J]. Policy Research Working Paper Series, 2002: 704 -708.

[208] Jakob M. Can carbon pricing jointly promote climate change mitigation and human development in Peru? [J]. Energy for Sustainable Development, 2018, 44: 87 -96.

[209] Jebli M. B., Youssef S. B., Ozturk I. Testing environmental Kuznets curve hypothesis: The role of renewable and non - renewable energy consumption and trade in OECD countries [J]. Ecological Indicators, 2016, 60: 824 -831.

[210] Jenniches S. Assessing the regional economic impacts of renewable energy sources - A literature review [J]. Renewable and Sustainable Energy Reviews, 2018, (93): 35 -51.

[211] Jim T., Kim J. What is better for mitigating carbon emissions - Renewable energy or nuclear energy? A panel data analysis [J]. Renewable and Sustainable Energy Reviews, 2018, 91: 464 -471.

[212] Kang K, Zhao Y, Zhang J. Evolutionary game theoretic analysis on

low - carbon strategy for supply chain enterprises [J]. Journal of Cleaner Production, 2019, 230: 981 - 994.

[213] Karneyeva Y., Wüstenhagen R. Solar feed - in tariffs in a post - grid parity world: The role of risk, investor diversity and business models [J]. Energy Policy, 2017, 106: 445 - 456.

[214] Kehoe P. J. Coordination of fiscal policies in a world economy [J]. Journal of Monetary Economics, 1987, 19 (3): 349 - 376.

[215] Kim Y H. International policy coordination mechanism with respect to the moral hazards of financial intermediaries [J]. Economic Modelling, 2011, 28 (4): 1914 - 1922.

[216] Kirchner M, Schmidt J, Kindermann G. Ecosystem services and economic development in Austrian agricultural landscapes [J]. Economics, 2015, 109 (1): 161 - 174.

[217] Kocha N., Fuss S., Grosjean G., Edenhofer O. Causes of the EU ETS price drop: Recession, CDM, renewable policies or a bit of everything? —New evidence [J]. Energy Policy, 2014, (73): 676 - 685.

[218] Kosobud R F, Stokes H H, Tallarico C D, et al. Valuing tradable private rights to pollute the public's air [J]. Review of Accounting & Finance, 2005, 4 (1): 50 - 71.

[219] Larch M., Wanner J. Carbon tariffs: An analysis of the trade, welfare, and emission effects [J]. Journal of International Economics, 2017, 109: 195 - 213.

[220] Lee K., Leung J. Y. T., Pinedo M. L. Coordination mechanisms with hybrid local policies [J]. Discrete Optimization, 2011, 8 (4): 513 - 524.

[221] Levinson R, Akbari H. Potential benefits of cool roofs on commercial buildings: conserving energy, saving money, and reducing emission of greenhouse gases and air pollutants [J]. Energy Efficiency, 2010, 3 (1): 53 - 109.

[222] Liao C N, Chen M H. Average shadow price and equilibrium price: A case study of tradable pollution permit markets [J]. European Journal of Operational Research, 2009, 196 (3): 1207 - 1213.

[223] Li G, Zheng H, Ji X, et al. Game theoretical analysis of firms' opera-

tional low - carbon strategy under various cap - and - trade mechanisms [J]. Journal of cleaner production, 2018, 197: 124 - 133.

[224] Li H, Qiu P, Wu T. The regional disparity of per - capita CO_2 emissions in China's building sector: An analysis of macroeconomic drivers and policy implications [J]. Energy and Buildings, 2021.

[225] Li J, Jiao J, Tang Y. An evolutionary analysis on the effect of government policies on electric vehicle diffusion in complex network [J]. Energy policy, 2019, 129: 1 - 12.

[226] Lin B. Q., Tan R. P. Are people willing to pay more for new energy bus fares [J]. Energy, 2017, 130: 365 - 372.

[227] Liu B, Sun Z, Li H. Can Carbon Trading Policies Promote Regional Green Innovation Efficiency? Empirical Data from Pilot Regions in China [J]. Sustainability, 2021, 13 (5): 28 - 91.

[228] Li Z, Zhao T, Wang J, Cui X. Two - step allocation of CO_2 emission quotas in China based on multi - principles: Going regional to provincial [J]. Journal of Cleaner Production, 2021, 305 (1): 127173.

[229] Mansanet Bataller M, Pardo Tornero Á, Valor E. CO_2 Prices, Energy and Weather [J]. Social Science Electronic Publishing, 2007, 28 (3): 73 - 92.

[230] Matei A, Dogaru T. C. Coordination of public policies in Romania: An empirical analysis [J]. Procedia Social and Behavioral Sciences, 2013, 81 (5): 65 - 71.

[231] Meijers E, Stead D. Policy integration: What does it mean and how can it be achieved? A multi - disciplinary review [C]. Berlin: Berlin Conference on the Human Dimensions of Global Environmental Change: Greening of Policies - Interlinkages and Policy Integration, 2004.

[232] Metcalf E G. Designing a carbon tax to reduce U. S. greenhouse gas emissions [J]. Review of Environmental Economics and Policy, 2009, 3 (1): 63 - 83.

[233] Mo J. L., Agnolucci P., Jiang M. R., Fan Y. The impact of Chinese carbon emission trading scheme (ETS) on low carbon energy (LCE) investment [J]. Energy Policy, 2016, 89: 271 - 283.

[234] Müsgens F. Equilibrium prices and investment in electricity systems with

CO_2 – emission trading and high shares of renewable energies [J]. Energy Economics, 2018.

[235] Murray B C, Richard G N, William A P. Balancing cost and emissions certainty: An allowance reserve for cap – and – trade [J]. Review of Environmental Economics and Policy, 2009, 3 (1): 84 – 103.

[236] Mutani G, Santantonio S, Brunetta G. An energy community for territorial resilience: Measurement of the risk of an energy supply blackout [J]. Energy and Buildings, 2021, 240 (110906): 28.

[237] Nguyen K. H., Kakinaka M. Renewable energy consumption, carbon emissions, and development stages: Some evidence from panel cointegration analysis [J]. Renewable Energy, 2018, 132: 1049 – 1057.

[238] Oikawa K, Managi S. R&D in clean technology: A project choice model with learning [J]. SSRN Electronic Journal, 2015, 76 – 82.

[239] Oliver J E. Intergovernmental panel in climate change (IPCC) [J]. Encyclopedia of Energy Natural Resource & Environmental Economics, 2013, 26 (2): 48 – 56.

[240] Padilla E, Serrano A. Inequality in CO_2 emissions across countries and its relationship with income inequality: A distributive approach [J]. Energy Policy, 2006, 34 (14): 1762 – 1772.

[241] Pradhan S, Ale B B, Amatya VB. Mitigation potential of greenhouse gas emission and implications on fuel consumption due to clean energy vehicles as public passenger transport in Kathmandu valley of Nepal: A case study of trolley buses in Ring Road [J]. Energy, 2006, 31 (12): 1748 – 1760.

[242] Prell C., Feng K. S. The evolution of global trade and impacts on countries' carbon trade imbalances [J]. Social Networks, 2016, 46: 87 – 100.

[243] Qi S Z, Zhou C B, Li K. The impact of a carbon trading pilot policy on the low – carbon international competitiveness of industry in China: An empirical analysis based on a DDD model [J]. Journal of Cleaner Production, 2021, 281 (3): 125 – 361.

[244] Radgen P., Butterfield J., Rosenow J. EPS, ETS, Renewable obligations and feed in tariffs — Critical reflections on the compatibility of different instru-

ments to combat climate change [J]. Energy Procedia, 2011, (4): 5814 -5821.

[245] Rathmann M. Do support systems for RES - E reduce EU - ETS - driven electricity prices? [J]. Energy Policy, 2007, 35: 342 -349.

[246] Richstein J. C., Émile J. L. Chappin, Laurens J. de Vries. Adjusting the CO_2 cap to subsidised RES generation: Can CO_2 prices be decoupled from renewable policy? [J]. Applied Energy, 2015, (156): 693 -702.

[247] Río P. D. Why does the combination of the European Union emissions trading scheme and a renewable energy target makes economic sense? [J]. Renewable and Sustainable Energy Reviews, 2017, (74): 824 -834.

[248] Sewell W R D. J. H. Dales, pollution, property & prices: An essay in policy - making and economics. Toronto: University of Toronto Press, 1968, pp. vii, 111. [J]. Canadian Journal of Political Science/revue Canadienne De Science Politique, 1969, 2 (3): 386.

[249] Shahsavari A., Akbari M. Potential of solar energy in developing countries for reducing energy - related emissions [J]. Renewable and Sustainable Energy Reviews, 2018, 90: 275 -291.

[250] Shen X, Lin B. Does industrial structure distortion impact the energy intensity in China? [J]. Sustainable Production and Consumption, 2021, 25 (2 - 3): 551 -562.

[251] Sijm J. The interaction between the EU emissions trading scheme and national energy policies [J]. Climate Policy, 2005, 5 (1): 79 -96.

[252] Simon, Shackley, Carly, et al. The public perception of carbon dioxide capture and storage in the UK: results from focus groups and a survey [J]. Climate Policy, 2005, 4 (4): 377 -398.

[253] Song Y. Z., Liang D. P., Liu T. S., Song X. Q. How China's current carbon trading policy affects carbon price? An investigation of the Shanghai emission trading scheme pilot [J]. Journal of Cleaner Production, 2018, 181: 374 -384.

[254] Starkey R. Personal carbon trading: A critical survey: Part 1: Equity [J]. Ecological Economics, 2012, 73 (1): 7 -18.

[255] Tan X, Wang X. The market performance of carbon trading in China: a theoretical framework of structure - conduct - performance [J]. Journal of Cleaner

Production, 2017, 159: 410 -424.

[256] Tavins R N. Addressing climate change with a comprehensive US cap - and - trade system [J]. Oxford Review of Economic Policy, 2008, 24 (2): 298 -321.

[257] Tu Q. , Mo J. L. Coordinating carbon pricing policy and renewable energy policy with a case study in China [J]. Computers & Industrial Engineering, 2017, 113: 294 -304.

[258] Wang B. , Wang Q. , Wei Y. M. , Li Z. P. Role of renewable energy in China's energy security and climate change mitigation: An index decomposition analysis [J]. Renewable and Sustainable Energy Reviews, 2018, 90: 187 -194.

[259] Wang H W, Li C Z. Research on the evolutionary game of environmental pollution in system dynamics model [J]. Journal of Experimental & Theoretical Artificial Intelligence, 2011, 23 (1): 39 -50.

[260] Wang J, Cui Q, Sun X. A novel framework for carbon price prediction using comprehensive feature screening, bidirectional gate recurrent unit and Gaussian process regression [J]. Journal of Cleaner Production, 2021 (2): 128024.

[261] Wang LH. Sino - US cooperation on climate change [J]. International Studies, 2015, 1: 96 -110.

[262] Wang L, Zheng J. Research on low - carbon diffusion considering the game among enterprises in the complex network context [J]. Journal of cleaner production, 2019, 210: 1 -11.

[263] Wang Z. X. , Zheng H. H. , Pei L. L. , Jin T. Decomposition of the factors influencing export fluctuation in China's new energy industry based on a constant market share model [J]. Energy Policy, 2017, (109): 22 -35.

[264] Wu Q, Zhang H. Research on optimization allocation scheme of initial carbon emission quota from the perspective of welfare effect [J]. Energies, 2019, 12 (11): 2118.

[265] Xian Y J, Wang K, Wei Y M, Huang Z M. Would China's power industry benefit from nationwide carbon emission permit trading? An optimization model - based ex post analysis on abatement cost savings [J]. Applied Energy, 2019 (235): 978 -986.

[266] Yang Y, Yang W. Does whistleblowing work for air pollution control in China? A study based on three – party evolutionary game model under incomplete information [J]. Sustainability, 2019, 11 (2): 324 – 344.

[267] Yu M., He M. S., Liu F. T. Impact of emissions trading system on renewable energy output [J]. Procedia Computer Science, 2017, (122): 221 – 228.

[268] Zhao X. G., Jiang G. W., Nie D., Chen H. How to improve the market efficiency of carbon trading: A perspective of China [J]. Renewable and Sustainable Energy Reviews, 2016, (59): 1229 – 1245.

[269] Zhao X. G., Wu L., Li A. Research on the efficiency of carbon trading market in China [J]. Renewable and Sustainable Energy Reviews, 2017, (79): 1 – 8.

[270] Zhou D, An Y, Zha D. Would an increasing block carbon tax be better? A comparative study within the stackelberg game framework [J]. Journal of environmental management, 2019, 235: 328 – 341.

[271] Zhou J, Wang S. A carbon price prediction model based on the secondary decomposition algorithm and influencing factors [J]. Energies, 2021, 14 (5): 1328.

[272] Zou C. N., Zhao Q., Zhang G. S., Xiong B. Energy revolution: From a fossil energy era to a new energy era [J]. Natural Gas Industry B, 2016, (3): 1 – 11.

后　记

工业革命以来，社会生产力大幅提升，与此同时，大量人为温室气体排放引起气候恶化，并带来持续频繁的自然灾害，资源环境困境严重阻碍人类持续发展的脚步，各国纷纷制定了开发新能源等减少碳排放为核心的节能减排政策。碳交易兼具节能减排政策市场化手段和低碳转型政策工具的双重职能，碳交易机制的实施给新能源发展带来新的机遇和挑战。中国作为人口大国，同样面临着能源短缺问题与巨大的环境压力。改革开放40多年来，中国已经具备了提高资源环境利用效率的有利条件。但如何把握新能源与碳交易之间的关系，仍然是一个值得深入研究的问题。

本书基于中国特色节能减排现状，在充分研究国内外相关研究进展的基础上，综合多种节能减排理论和研究方法，系统集成，理顺碳交易影响下的新能源演化规律与驱动机制，探索新时期中国新能源演化发展的理论创新，从八个方面对碳交易驱动新能源发展路径优化与政策协同进行了研究：基于能源公正对碳排放权配额分配优化分析；构建碳交易约束下的节能减排模型，探究了系统政策协同的条件并给出协同措施；建立碳交易驱动下的新能源演化模型并进行情景分析；探讨了碳交易对新能源的驱动机制，分析了能源规划目标的同步性与差异性；借助碳交易背景下的新能源发展模型探究了新能源发展政策协同；以新能源汽车为例，探讨了政府企业消费者演化博弈情形；建立政企演化博弈模型并给出公众意愿视角下政企博弈演化路径情景分析；构建碳交易驱动下的政企演化模型，给出碳交易驱动下的政企演化路径情景分析。本书的研究将有助于丰富中国特色的新能源可持续发展理论体系，为更好地进行能源体系革命提供科学、可行的理论基础和战略选择，对保障我国经济、社会、环境的可持续发展具有重要的学术价值和现实意义。

本书采用经济系统分析、动态规划、非线性系统动力学等相关学科理论与方法，交叉融合，从理论和实证两个层面对碳交易驱动新能源发展路径优化与政策协同问题展开系统研究。构建的演化模型中涉及碳排放量、经济增长、碳交易量、新能源、碳价格、碳配额等变量及政府调控和公众意愿等约束条件，以新能源汽车为例，研究了新能源产业如何健康持续发展。研究中涉及的多是宏观模型，从分析角度来说，今后新能源和碳交易问题也可以从微观角度进行讨论。另外，因研究中参数识别样本容量的需求，对碳价格、经济增长相关变量对应的统计数据做了拟定，数据处理方法可能会对输出产生一些影响。未来研究中数据获取是亟待解决的问题。碳达峰和碳中和目标的提出是引领全球气候治理和实现美丽中国的重大举措，在约束性双碳目标的大语境下，碳交易与新能源的交互效应值得深入探讨。

方国昌

2023 年 1 月